本书为国家社科基金项目 10CZW017 成果

燕赵古典学术丛书

先秦黄老之学渊源与发展研究

◎ 李笑岩 著

上海古籍出版社

图书在版编目(CIP)数据

先秦黄老之学渊源与发展研究 / 李笑岩著. —上海：上海古籍出版社，2018.11
（燕赵古典学术丛书）
ISBN 978-7-5325-8970-8

Ⅰ.①先…　Ⅱ.①李…　Ⅲ.①黄老学派—研究　Ⅳ.①B223.05

中国版本图书馆 CIP 数据核字(2018)第 203110 号

燕赵古典学术丛书
先秦黄老之学渊源与发展研究
李笑岩　著
上海古籍出版社出版发行
（上海瑞金二路 272 号　邮政编码 200020）
　（1）网址：www.guji.com.cn
　（2）E-mail：guji1@guji.com.cn
　（3）易文网网址：www.ewen.co
浙江临安曙光印务有限公司印刷印刷
开本 890×1240　1/32　印张 16.625　插页 2　字数 373,000
2018 年 11 月第 1 版　2018 年 11 月第 1 次印刷
印数：1—2,100
ISBN 978-7-5325-8970-8
Ⅰ·3314　定价：68.00 元
如有质量问题，请与承印公司联系

目　录

第一编　黄老思想溯源考

第一章　原始方术与先秦诸子思想之来源

第二编　先秦黄老文献考

绪　论

　　一直以来,黄老之学作为一种流行于西汉初年的政治思潮而广为人知。从文献角度考察,"黄老"或"黄帝老子"之称,最早出现于司马迁的《史记》。《史记》中载录了多位汉代帝后及士大夫对"黄老之言"的偏好,如:

　　　　窦太后治黄老言,不好儒术,使人微得赵绾等奸利事,召案绾、臧,绾、臧自杀,诸所兴为者皆废。(《史记·孝武本纪》)

　　　　太后好黄老之言,而魏其、武安、赵绾、王臧等务隆推儒术,贬道家言,是以窦太后滋不说魏其等。(《史记·魏其武安侯列传》)

　　　　闻胶西有盖公,善治黄老言,使人厚币请之。既见盖公,盖公为言治道贵清静而民自定,推此类具言之。参于是避正堂,舍盖公焉。其治要用黄老术,故相齐九年,齐国安集,大称贤相。(《史记·曹相国世家》)

　　　　邓公,成固人也……其子章以修黄老言显于诸公间。

（《史记·袁盎晁错列传》）

王生者，善为黄老言，处士也。（《史记·张释之冯唐列传》）

田叔者，赵陉城人也。其先，齐田氏苗裔也。叔喜剑，学黄老术于乐巨公所。（《史记·田叔列传》）

汲黯字长孺，濮阳人也……黯学黄老之言，治官理民，好清静，择丞史而任之。（《史记·汲郑列传》）

郑庄以任侠自喜，脱张羽于厄，声闻梁楚之间……庄好黄老之言，其慕长者如恐不见。（《史记·汲郑列传》）

同时，《史记》中也记载了先秦诸子学术同黄老之学的关系，如：

申子之学，本于黄老而主刑名。著书二篇，号曰《申子》。（《史记·老庄申韩列传》）

韩非者，韩之诸公子也。喜刑名法术之学，而其归本于黄老。（《史记·老庄申韩列传》）

慎到，赵人。田骈、接子，齐人。环渊，楚人。皆学黄老道德之术，因发明序其指意。（《孟子荀卿列传》）

1973 年底，湖南长沙马王堆汉墓出土了一批包括《老子》甲乙本在内的帛书。其中，《老子》乙本卷前有四篇古佚书，分别标名为《经法》、《十六经》、《称》和《道原》。由于这四篇古佚书抄于《老子》之前，且内容不见于传世文献，因此一经出土，便立刻引起了学术界的广泛关注。

古佚书出土后，文本的复原整理与考释工作主要由马王堆汉墓帛书整理小组进行。从 1974 年到 1980 年，整理小组先后

发表了 4 种释文与注释。唐兰先生也在《考古学报》1975 年第
1 期上发表了《马王堆出土〈老子〉乙本卷前古佚书的研究》，
并附有古佚书的释文。这些释文与注释，成为四种古佚书研究
的坚实基础。2015 年，中华书局出版了《长沙马王堆汉墓帛书
集成》，又参考了最新的研究成果对四种古佚书的图版和释文
进行了修订，成为更加详实可靠的古佚书研究参考资料。

　　帛书《老子》乙本卷前古佚书①的思想内容和学派归属，是
学者们最为关心和热衷讨论的部分。相关研究基本围绕帛书
关于"道"和"道生法"的学说展开，而帛书思想内容中所包含
的儒、墨、阴阳、名、法等各家思想倾向，也是研究的方向之一。
经过长时间的研究和探讨，大部分学者终于达成共识，认为这
四篇珍贵佚籍同"黄老之学"联系密切，是研究西汉之前黄老
思想的重要材料。

　　除此之外，研究者还考察了马王堆《老子》甲本卷后古佚
书第三种《九主》的内容并且敏锐地指出，这篇古佚书乃《汉
书·艺文志》道家《伊尹》五十一篇中之佚篇，同黄老思想也有
着密切的联系。

　　从七十年代至今，对黄老之学的研究始终伴随着对马王堆
帛书的研究。这也是当代先秦黄老之学研究的起点。除了马

----

① "《老子》乙本卷前古佚书"是马王堆帛书出土之后，文物出版社及中华书局所
　出版的相关图书对它的称呼。唐兰先生最早提出这四篇古佚书可能为《汉书·
　艺文志》道家类下所载录的《黄帝四经》。自此，赞同其观点的学者开始直接称
　四篇古佚书为《黄帝四经》（如陈鼓应、余明光先生等），而持保守观点的学者则
　或将其统称为《黄老帛书》（如钟肇鹏、吴光、丁原明先生等），或称之为帛书《黄
　帝书》（如李学勤、魏启鹏先生等），还有学者认为此四篇佚文不是一部著作，因
　此还是以"《老子》乙本卷前古佚书""《经法》等四篇"称呼比较适当（如裘锡
　圭、李零）。本文为慎重起见，使用了"马王堆《老子》乙本卷前古佚书"指称此
　四篇文献，或根据上下文直接称其为"古佚书"、"《经法》等四篇"，而以《经
　法》、《十六经》、《道原》、《称》指称单篇文献。本文将在文献编第五章第一节详
　述四篇古佚书的命名经过。

王堆帛书外,银雀山汉简《孙子兵法》佚篇《黄帝战蚩尤》和《地典》,以及上博简《恒先》、《三德》、《凡物流形》等等,都是七十年代以来出土的与黄老之学有关的文献。

先秦时期黄老之学渊源与发展研究回顾

黄老之学渊源与发展研究,旨在讨论黄老之学的产生背景、思想渊源以及发展阶段的研究,其中涉及对"黄老"之称的辨析,思想发源地、代表人物、思想背景和来源的分析,以及黄老之学从产生到成熟的发展阶段的描述。可以说,黄老之学的渊源与发展研究,不是简单地分析黄老的人物思想和文献思想,而是试图对黄老之学作一种追根溯源式的探索,并且整理其内在的发展理路。

马王堆帛书出土之前,蒙文通先生的《杨朱学派考》、《略论黄老学》①,郭沫若先生的《稷下黄老学派的批判》②等是为数不多的先秦黄老之学研究论文。1973 年之后,对马王堆出土《老子》乙本卷前古佚书的解读,成为 20 世纪黄老之学研究的新起点。

一、"黄老"之称辨析

"黄老"一词,未见于先秦文献,始见于汉代司马迁《史

① 蒙文通:《杨朱学派考》、《略论黄老学》,见《先秦诸子与理学》,桂林:广西师范大学出版社,1999 年。
② 郭沫若:《稷下黄老学派的批判》,见郭沫若:《十批判书》,北京:东方出版社,1996 年,第 152 页。

记》。在追述先秦学术发展时，司马迁曾多次提到"黄老"。《老子韩非列传》谓"申子之学本于黄老而主刑名"。① 《孟子荀卿列传》谓"慎到，赵人。田骈、接子，齐人。环渊，楚人。皆学黄老道德之术，因发明序其指意"。② 这些记载说明，虽然在先秦文献中并未出现"黄老"之名，但是黄老之学的传播实际上已经开始了。但是，司马迁只列举了黄老学者之名，却并未给"黄老"一个明确的界定，"黄老"之实——其内涵特征，一直是个没有很好解决的问题。

马王堆《老子》乙本卷前古佚书出土之后，由于内容与传世文献所见的黄老思想有着共同的特征，因此研究者将其认定为汉代之前的黄老学著作，并纷纷撰文提出对"黄老"内涵的见解。

对于"黄老"的内涵特征，研究者基本达成共识，认为司马谈所言之"道家"实际上确指先秦的黄老思想："因阴阳之大顺，采儒、墨之善，撮名、法之要，与时迁移，应物变化"，"其术以虚无为本，以因循为用"③，也就是说，黄老思想作为道家思想的一种发展，在宇宙观上仍然秉承以虚无为本的传统，同时对儒、墨、名、法、阴阳等各家理论均有所吸收借鉴。

然而，对于"黄老"二字的具体所指，也即"黄老"与"黄帝"的关系上，研究者还有争论。

马王堆帛书出土之后，早先的很多研究者都认为"黄帝"对于"黄老"而言，是一个旗帜和称号，是一种对黄帝形象的依托，其象征意义大于实际意义。他们认为，在战国时期的

---

① 《史记·老子韩非列传》，见司马迁：《史记》，北京：中华书局，1959 年，第2146 页。

② 《史记·孟子荀卿列传》，见司马迁：《史记》，第2347 页。

③ 《史记·太史公自序》，见司马迁：《史记》，第3289、3292 页。

诸子著述中,黄帝是十分重要的人物,根据司马迁的叙述"《尚书》独载尧以来,而百家言黄帝,其文不雅驯,缙绅先生难言之"①,可见他虽然撰写了关于黄帝的本纪,但对于流行在社会上的传说的真实性和历史价值颇为怀疑。况且《汉书·艺文志》中,在作者被标为黄帝君臣的书目之后,班固均加以注释,说明该书是"起六国时"或者"托名"。因此可以推测,这些"黄帝书"或者"黄帝学",只是战国中后期"黄帝"潮流的产物,并非实质的"黄帝"之学,而之所以选择"托黄",也是出于"打出远古帝王的招牌,以示源远流长并以此声势压倒其它学派"②的目的。

黄老之学中"黄帝"不具备实质内涵的另一个原因与齐国稷下学宫有关。很多研究者认为黄老之学起源于稷下学术。当时田齐政权的政治需要为黄老之学的兴起创造了条件。田氏代齐之后,为了取得诸侯的认可,便祖述黄帝,证明自己政权的合理性。所以,战国诸国中齐国尊黄帝的风气特别浓厚。"黄帝"成为田齐政权的身份证明。黄老之学也正是因为这些政治和社会原因,有了一个托名的远古始祖。

这种观点曾经在先秦黄老思想研究中占有主流的地位。很多学者的研究,基于上述理由,都没有注意到黄老之学中"黄帝"所具备的丰富内涵。像熊铁基《秦汉道家略论稿》、吴光《黄老之学通论》、陈鼓应《黄帝四经今注今译》、丁原明《黄老学论纲》、白奚《稷下学研究》、胡家聪《稷下争鸣与黄老新学》等等,皆将研究的重点放在了黄老之学对《老子》道家的继承和发展之上。

---

① 《史记·五帝本纪》,见司马迁:《史记》,第46页。
② 白奚:《先秦黄老之学渊源述要》,载于《中州学刊》2003年第1期。

虽然上述观点从帛书出土之时便占据学术界的主流,但是仍然有一部分学者,坚持认为"黄帝"背后存在着"黄帝之学",而"黄帝之学"在"黄老之学"中有着实质且重大的意义。

较早提出"黄帝之学"的是余明光先生。余明光先生在《黄帝四经与黄老之学》中有这样一种观点:世上本无"黄老"这一学派,所谓"黄老",实际上是司马迁的误解。"黄学与老学同源而异流","虽同属道家,但分属两个不同的流派。这个问题在先秦是很清楚的。但到了汉代则为之一变,《史记》首倡'黄老',将黄与老混同在一起。只是后世学者步趋汉人之后,黄老并提,不加分辨,以为当然"。① 而黄老混同对后世的影响之一,就是"以'老'代'黄',造成黄学的淹没"。后代研究者所谓的"黄老之学",实际上就是从汉代便湮没已久的"黄学"。

而更多肯定"黄帝之学"的学者,主张"黄帝"与"老子"都是"黄老"中有机组成部分,例如魏启鹏、陈丽桂、李零、葛兆光、葛志毅、曹峰②等。如前所述,在战国中后期,曾经出现过托名黄帝著述的潮流,从《汉书·艺文志》的记载来看,各家各派都留下了大量所谓"黄帝书"。考察这些著述的分布状况和内容,可以看出其主要集中在阴阳家、道家、数术、方技类中。陈丽桂指出,"战国、秦、汉的黄帝学说,主要的其实就是阴阳

① 余明光:《黄帝四经与黄老之学》,第 158 页。
② 诸位学者的观点可参考:魏启鹏:《黄帝四经思想探源》,见《中国哲学》第四辑,1980 年;陈丽桂:《战国时期的黄老之学》,台北:联经出版事业公司,1991 年;李零:《说"黄老"》,见《李零自选集》,桂林:广西师范大学出版社,1998 年,第 278 页;葛兆光:《中国思想史》第一卷,上海:复旦大学出版社,2001 年,第 112 页;葛志毅:《黄帝与黄帝之学》,见葛志毅、张惟明:《先秦两汉制度与文化》,哈尔滨:黑龙江教育出版社,1998 年;曹峰:《出土文献视野下的黄老道家研究》《黄老思想与民间术数》,见《近年出土黄老思想文献研究》,北京:中国社会科学出版社,2015 年,第 23、37 页。

与道两家","阴阳家是范围最宽泛,篇卷最庞杂的一支;道家则是较清爽而重要的另一支"。① 而在秦汉时期,"道家一路的黄帝之学,经过长期的道、法融合,发展成为政治哲学",②也就是黄老之学。李零认为,数术和方技"各为阴阳家和道家所本,是他们的知识背景。阴阳家和道家之'黄'与数术、方技之'黄'在内容上也是互为表里"。③ 而道家与阴阳家"黄学"的一个显著区别,就在于前者倾向于"形而上"而后者倾向于"形而下"。在这方面,还有田旭东先生的《从〈汉志〉著录及出土文献看战国秦汉间的黄帝之学》④以及苏晓威先生《中国早期文献及考古材料中黄帝形象的研究》。⑤

对先秦秦汉文献中黄帝形象的研究,近年来也成为学者们关注的热点,刘全志先生认为,先秦时期黄帝被"百家言"的起点,是自古相传的黄帝故事和言辞。春秋时期对黄帝故事的言说主要集中于德行和征战,二者在《逸周书·尝麦解》中得到了结合。同时,黄帝与炎帝征战也衍变成黄帝与蚩尤的对抗,原因在于炎帝德行的流布以及黄、炎后裔的合流,随后黄帝故事风行于战国。黄帝言辞源于"先王之书",它们使黄帝成为"先王之道"的代表;战国时期,黄帝先以言说内容的形式出现,随后变成独立的言说主体,并以"师"的身份进行训诫;在此基础上,黄帝的身份在师徒之间变换而又偏向于"徒",与之对话的人物多出于虚构,至此黄帝完全成为诸子学派的代言人。⑥

① 陈丽桂:《战国时期的黄老思想》,第 27 页。
② 陈丽桂:《战国时期的黄老思想》,第 31 页。
③ 李零:《说"黄老"》,见《李零自选集》,第 280 页。
④ 《西部考古》第 3 辑,西安:三秦出版社,2008 年,第 175 页。
⑤ 载于《文史哲》2016 年第 2 期。
⑥ 刘全志:《先秦话语中黄帝身份的衍生及相关文献形成》,载于《中国社会科学》2015 年第 11 期。

二、"黄老"的其它称谓:"道法家"与
"秦汉新道家"

　　还有一些学者,提出了"道法家"或者"秦汉新道家"之名。前者来源于四种古佚书与传世文献《管子》中某些篇章以及田骈、慎到"道法融合"的主张,后者则是相对于先秦老庄道家思想而言。

　　裘锡圭在讨论《老子》乙本卷前古佚书主旨时,提出了"道法家"这一称谓。他认为,汉代人所谓的"道家"即为"黄老",而"黄老"并不专指"道法家",直接将帛书中的道法思想指称为黄老思想是不妥当的。马王堆帛书所谈之"道"实际上与《老子》之"道"无太大差别,但帛书中又有许多观点和《老子》不甚一致,比如说肯定法治,重视形名,而且能够看出,帛书观点明显接受了儒、墨、阴阳诸家的影响,是有别于老庄的另一派道家。正如裘锡圭先生所言,"乙本佚书所代表的西汉流行的道家思想,虽然内容比较庞杂,但是其核心思想显然是关于道和法的学说"。因此他认为,"为了称说的方便,我们可以把这种道家称为'道法家',以与老子等道家相区别"。①

　　一些学者沿用了这个称呼,如郭齐勇先生在关于上博简黄老文献《恒先》的论文中也使用了"道法家"一词②。

　　一些日本研究者在论及《老子》乙本卷前古佚书时,也没有直接使用"黄老"一词,池田知久先生在《马王堆汉墓出土老

---

① 　裘锡圭:《马王堆〈老子〉甲乙本卷前后佚书与"道法家"》,见《中国出土古文献十讲》,上海:复旦大学出版社,2004 年,第 337 页。
② 　郭齐勇:《〈恒先〉——道法家刑名思想的佚篇》,载于《江汉论坛》2004 年第8 期。

子乙本卷前古佚书经法·亡论篇译注·序》①中使用了"道法折衷"的描述。

　　"秦汉新道家"是熊铁基先生最早在《秦汉新道家略论稿》②中提出,后来又在《再论秦汉新道家》中沿用了这个提法。在阐述提出"秦汉新道家"一词的原因时,他总结了两点,首先,"看到了汉代黄老之学与道家的联系和区别,故提出新道家之说";第二,"'秦汉新道家'也可称为'黄老道家'",但是"没有突出提'黄老道家'是有意与'黄老之学'"作点区别,因为"从黄老之学到黄老道道家有一个发展过程"③。

三、黄老之学背后的战国文化背景

　　黄老之学产生的背后,有其特定的历史背景。春秋战国时代的一般知识和思想传统对黄老之学的产生起到了什么样的作用,而黄老之学又从这些丰厚的土壤中汲取了哪些营养,已经成为研究者越来越关注的问题。

　　葛兆光先生在探讨先秦诸子思想时,多次强调春秋战国时代的一般知识与思想,认为这些知识与背景虽然不是诸子思想的精髓,但却是思想家们的出发点,思想史的真正背景就在这种普通的知识土壤之中。

　　　　春秋战国时期……除了实用性的政治、经济、军事技术外,最重要的精神性知识大约仍然是殷周时代沿袭下来

---

① 池田知久:《马王堆汉墓出土老子乙本卷前古佚书经法·亡论篇译注》,东京大学马王堆帛书研究会,平成十一年六月,第 3 页。
② 熊铁基:《秦汉新道家轮略略稿》,上海:上海人民出版社,1984 年。
③ 熊铁基:《再论"秦汉新道家"》,载于《哲学研究》2007 年第 1 期。

的,历算与星占为主的天象之学、龟策为主的预测之学、象
征为主的仪礼之学……①

　　宇宙、社会与人类的一体意识与阴阳五行思想,使人
们有了这样一种普遍的认识,即在天、地、人之间,凡相对
称的部分都有一种神秘的联系,人们在经验的基础上把这
种对称和对应的联系分别概括为阴阳与五行,由阴阳与五
行以及一些次要的关系,宇宙成为一个和谐和统一的整
体……世界是一个充满了神秘联系的整体,而人就在这个
世界中。②

　　在黄帝之学的形而上的哲理背后,拥有春秋战国时代
相当丰富的天文历算、地理物宜、法律制度甚至占星、推
历、望气、德、形法的知识,以及种种治世和处世之道。③

李零也表达了这样的看法:由于史料的欠缺遮蔽了人们的视
线,他们往往忽略了一个重要方面,即在诸子百家思想活跃之
前,真正作为基础和背景的东西到底是什么。学界对中国古代
文化的认识往往注意的是从百家争鸣到儒家定于一尊这一过
程,而很少考虑在先秦诸子"之前"和"之下"还有以数术方技
之学为核心的各种实用文化。④

　　其实,像"占卜"和"天文历算"这样的数术知识,是作为沟
通人神的技术手段而普遍存在于社会思想之中的重要内容。
而这样的内容,在黄老之学中的作用又体现得十分鲜明。因
此,从这个视角审查黄老之学的产生,应该是更加符合历史、符

---

① 葛兆光:《中国思想史》(第一卷),上海:复旦大学出版社,2001 年,第 71 页。
② 葛兆光:《中国思想史》(第一卷),第 77 页。
③ 葛兆光:《中国思想史》(第一卷),第 113 页。
④ 详见李零:《中国方术考》,第 3—5 页。

合学理的。

四、黄老之学发源地域研究

现在学界多将马王堆《老子》乙本卷前古佚书作为现存最早的黄老著作,因此黄老之学发源地的讨论,在很大程度上取决于马王堆《老子》乙本卷前古佚书的产生地。

关于黄老之学的发源,学术界主要有"北方稷下说"与"南方说"两种看法。

主张北方稷下说的学者,认为黄老之学是"培植于齐,发育于齐,昌盛于齐"。① 论据主要有以下两点:一方面,马王堆《老子》乙本卷前古佚书是早期稷下黄老的作品,它与产生于齐国稷下的《管子》一书有很多相似之处,这表明这两部作品可能产生于同一地域。检讨"古佚书"的内容,发现古佚书除了强调道外,还主张以法治国,这当是政治改革背景下的产物,而当时的齐国正具备这样的政治背景。第二,正是齐国稷下学宫宽容自由的学风,与多元化的学术氛围,才使道家学术与先秦百家学术取长补短,形成了黄老之学。证据之一便是成书于稷下学宫的《管子》书中包含有很多黄老思想。支持这种论点的有胡家聪、陈鼓应、白奚等学者。

主张南方说的学者,基于如下论点:

首先,认为《老子》乙本卷前古佚书是南方的作品。龙晦先生最早对这个问题做出论证,证明"古佚书"最早是江淮地区楚人的作品,后又经过了稷下学者的整编②。之后李学勤、

① 郭沫若:《十批判书·稷下黄老学派的批判》,第 152 页。
② 详见龙晦:《马王堆出土〈老子〉乙本前古佚书探源》,载于《考古学报》1975 年第 2 期。

余明光、吴光等先生都作了补充论证。另外有一些研究者虽然没有肯定"古佚书"是楚国作品,但同样认为它出自南方,如魏启鹏和王博。王博先生说:"《黄帝四经》是南方作品,作者却不是楚人。从各方面情况来推测,它很有可能是战国中期以前越国人的作品。"①唐兰先生力主郑国说②,刘蔚华、苗润田两位先生在《稷下学史》中认为"古佚书"具有楚国方言的特征,很可能是来自楚国的稷下先生环渊之遗著。③

李学勤先生认为,"汉初风行一时的黄老道家,过去的学者多以为源于齐学,有人认为与齐稷下一些学者有关。现在由于马王堆帛书的发现,知道齐的道家并非这一流派的主流,黄老道家的渊源实在楚地"。④

而丁原明先生则提出战国黄老学分为"南方黄老学"和"北方黄老学"的观点,南方黄老学源于江汉地区,后扩至长江下游和淮泗领域,而影响北方⑤。张富祥先生则认为,稷下黄老学者有北派、南派之分,北派治学托名于黄帝,南派托名于老子,二者治学路径有异,言道则一,合之可称"黄老",亦可称"道家"。老子之学至庄子始显,渐至独占"道家"的名目,黄帝之学反而隐没不彰。创始黄老之学的中坚力量是以慎到、田骈为代表的早期道法家,《黄老帛书》可能是这一派后学的作品。⑥

除对上述出土文献的分析外,主张"南方派"的学者还从

① 详见王博:《论〈黄帝四经〉产生的地域》,见陈鼓应主编:《道家文化研究》(第三辑),上海:上海古籍出版社,1993 年。
② 详见唐兰:《马王堆出土〈老子〉乙本卷前古佚书的研究》,载于《考古学报》1975 年第 1 期。
③ 刘蔚华、苗润田:《稷下学史》,北京:中国广播电视出版社,1992 年。
④ 李学勤:《简帛佚籍与学术史》,南昌:江西教育出版社,2001 年,第 19 页。
⑤ 丁原明:《黄老学论纲》,济南:山东大学出版社,1997 年,第 42 页。
⑥ 张富祥:《黄老之学与道法家论略》,载于《史学月刊》2014 年第 3 期。

道家的产生、楚文化与道家的关系、《国语·越语下》中的范蠡思想以及《鹖冠子》、《文子》等先秦古籍进行了分析，认为黄老之学的发源地确实在南方楚越地区，之后又传播到齐国稷下，并取得进一步的发展。

五、黄老之学渊源探讨

1. 黄老之学的道家属性及其对《老子》思想的发展

司马谈在《论六家要旨》中说："道家使人精神专一，动合无形，赡足万物。其为术也，因阴阳之大顺，采儒墨之善，撮名法之要，与时迁移，应物变化。"又说："道家无为，又曰无不为……其术以虚无为本，以因循为用……虚者道之常也，因者君之纲也。"①学术界已经基本达成一致观点，司马谈所说的道家并非后人所熟悉的老庄道家，而是战国中晚期综合各家思想的学派——黄老之学。

考察黄老之学文献，无论是早期的马王堆《老子》乙本卷前古佚书、上博楚简《恒先》、《三德》、稷下学者兼论道法的著作篇章，还是秦汉时代的《吕氏春秋》、《淮南子》诸书，都是以"道"作为其理论的根本法则和立论起点。同时，这些黄老文献中都不约而同地使用了"无为"、"不争"、"虚"、"静"等概念，这些概念同《老子》思想息息相关而又有明显的不同。黄老之学如何继承并改造《老子》学说，一直是研究者关心的一个话题。

《论六家要旨》将"道家"称为"君人南面之术"。余明光先生说，黄学与老学最大的不同就在前者是政治性的，重在治国安民之术，后者却是哲学性的，重在为人处事之道、贵己重生

---

① 司马迁：《史记·太史公自序》，见《史记》，第3292页。

之理①，陈丽桂先生也认为，黄老学家的确各个都讲求治术。这便是黄老之学撮名法之要的根本原因。曹峰先生提出黄老之学著作中存在"老子类型道论和政论"以及"黄帝类型道论和政论"两种思路，并且认为，"（老子类型道论）既为万物存在的合理性提供了依据，又为圣人（《黄帝四经》常常称为'执道者'）走上至高政治地位及完成天下一统政治之目标的合理性提供了依据"②，也是主张黄老之学的存在意义即为支持圣人完成政治目标的。

　　黄老之学"援法入道，道法并论"的主张是对《老子》思想的重要发展，体现出黄老之学由"天道"向"人道"、由形而上向形而下的倾斜。陈鼓应先生认为："道"的具现，也即社会性，黄老道家对老子道家在此点上有着更突出的发展，并且多所是正。③　正因如此，黄老对于"刚"与"柔"、"争"与"不争"、"无为"与"无不为"的论述，与老子道家有着明显的差别。

　　"刑名说"④是黄老之学中相当重要的内容。马王堆《老子》乙本卷前古佚书、《九主》、上博楚简《恒先》、《管子》四篇乃至多位稷下学者的著作中都谈到刑名的问题。程武先生曾在《汉初黄老思想和法家路线》中提出，形名与法都是抽象的"道"在政治层面上的体现⑤。陈丽桂先生特别强调"刑名"在黄老之学体系中的重要性，认为"刑名"同"法"一样具有重要的意义。"道、法与刑名糅合的静因术，的确是黄老思想的主

---

① 余明光：《黄帝四经与黄老思想》，第 153 页。

② 曹峰：《近年出土黄老思想文献研究》，第 25 页。

③ 陈鼓应：《先秦道家研究的新方向——从马王堆〈黄帝四经〉说起》，载于《管子学刊》1995 年第 1 期。

④ "刑名"即"形名"，"刑"是"形"的借字，当代的相关研究论著中，这个词的用法并不统一。

⑤ 程武：《汉初黄老思想和法家路线》，载于《文物》1974 年第 10 期。

要内容"。①"刑名"的产生,在黄老学家看来,也和"法"一样,是由"道"而生,源之自然,有其先天的必然性。② 在分析马王堆《老子》乙本卷前古佚书和帛书《九主》时,她认为帛书下降老子的"道"去牵合"刑名",为"刑名"取得合理的根源,也用"刑名"去诠释"无为"。③ 实际上,不同时期的黄老著作中,"刑名"的含义也有所不同,是随着时代发展而不断变化的。魏启鹏先生认为帛书《九主》是伊尹学派形名之学,是"前黄老",而黄老形名之学,便是以早期形名之学这种以天命为思想基础,逐步演变为以自然无为的道论为理论依据的④。陈丽桂先生认为帛书《九主》全篇讨论"刑名"而不及于"法",这一点和先秦其它黄老学者申、慎、韩以及《经法》等四篇帛书里"刑名"与"法"并论的情况是不大一样的。⑤ 在社会政治领域中,马王堆《老子》乙本卷前古佚书的"名"往往是"法律制度"之意,⑥而《管子》四篇的作者已经提出"物固有形,形固有名,此言名不得过实,实不得延名"⑦的看法,这是形名关系在认识论中的辨析。丁原明先生认为这实际上就是明确宣布:在名与实的关系上,事物的形、实是第一性的,名不过是认识过程中所得到的概念,是客观对象在主观世界中的反映。⑧ 这是对形名观念的一种深化。

　　陆建华先生曾撰文讨论《黄帝四经》同《老子》的关系,认为

①　陈丽桂:《战国时期的黄老思想》,第 151 页。

②　陈丽桂:《战国时期的黄老思想》,第 73 页。

③　陈丽桂:《战国时期的黄老思想》,第 108 页。

④　魏启鹏:《前黄老形名之学的珍贵佚篇》,见陈鼓应主编:《道家文化研究》(第三辑),第 339 页。

⑤　陈丽桂:《战国时期的黄老思想》,第 54 页。

⑥　余明光:《黄帝四经与黄老思想》,第 37 页;丁原明:《黄老学论纲》,第 98 页。

⑦　《管子·心术上》,见黎翔凤:《管子校注》,北京:中华书局,2004 年,第 771 页。

⑧　丁原明:《黄老学论纲》,第 149 页。

《黄帝四经》并非注解《老子》的专门著作,但是,在阐述自己思想时对《老子》的部分章节作了注解,并且注解了《老子》的主要思想道、无为、柔弱、反对纵欲等。《黄帝四经》对老子思想的解读和其中所反映的老学思想,也是围绕道、无为、柔弱、反对纵欲等而进行的。《黄帝四经》的"《老子》注"比较准确地传达了《老子》文本之意;建立在"《老子》注"基础上的老学思想也还是大体符合老子思想之本意,并在此前提下有所发挥。[①]

白奚先生在《先秦黄老之学源流述要》中阐述,基于道论的若干形而上的问题,是黄老之学对道论的丰富和发展。其中关于对"时变"的认识、关于"因循"的理论、天道环周的思想、阴阳消长的理论以及动静、盈虚等问题的探讨,都是早期道家所没有的内容。[②]

《鹖冠子》和《管子》四篇中都提到了"气"。《管子·内业》更提出了"精气"说。丁原明认为,北方稷下黄老道家真正改造了《老子》的"道":

> 与原始道家相比较,黄老之学在很大程度上则扬弃了老庄道家的有、无范畴,而偏重于以"有形"、"无形"推阐"道",并最终赋予"道"以"气"的物质意义……
>
> 而在战国黄老之学中,真正把道与气作了沟通,并将道释为"气"的是北方稷下黄老道家。如《管子》说:"道之在天者日也。在人者心也,故曰:有气则生,无气则死,生者以其气。"[③]

[①]　陆建华:《〈黄帝四经〉"〈老子注〉"研究》,载于《兰州学刊》2016 年第 12 期。
[②]　白奚:《先秦黄老之学源流述要》,载于《中州学刊》2003 年第 1 期。
[③]　丁原明:《从原始道家到黄老之学的逻辑发展》,载于《山东大学学报》1996 年第 3 期。

从哲学意义上讲,《管子》的"精气"思想在中国思想史上产生了重要的影响,从而使道家的"道一元论"开始向"气一元论"转变,并且通过《鹖冠子》、《吕氏春秋》等黄老著作,最终在《淮南子》中形成一种道含阴阳二气,生生不息、流转运动的理论。

"形上之道由客观形态落向人的主体心灵,这是由春秋末老子之道到战国中期稷下黄老及庄子之道的一个重要发展"。① 《管子》四篇所提出的"心术"是同其精气说相联系的、独具特色的治心术。正因如此,《管子》四篇的"心术"历来也受到学者的关注。当把《管子》心术之学放在黄老之学的理论框架中时,便可以发现,所谓虚静的修心之术,正是通过正形饰德、形正德至的主张,从而实现静因无为的治国术的。冯友兰在《中国哲学史新编》的"稷下黄老之学的精气说"中也谈到,在黄老之学中,治身和治国是一个道理。

2. 黄老之学同范蠡思想的关系

马王堆《老子》乙本卷前古佚书同《国语·越语下》的关系,最早是唐兰先生指出的。他在《马王堆出土〈老子〉乙本卷前古佚书的研究》文后附有《老子乙本卷前古佚书引文表》。对比之下,可以看到二者有不少共通之点,而重出互见之处大部分是范蠡的重要观点,约有十七八条之多。

这一发现引发了研究者对范蠡思想同黄老之学相关联系的思考。李学勤先生认为,"《越语下》所载范蠡的话既然有那么多同于《黄帝书》的地方,而且内容多涉及根本的思想,其亦属道家黄老一派当无疑义"。② 陈鼓应先生指出:

---

① 陈鼓应:《道家在先秦哲学史上的主干地位》,载于《中国文化研究》1995 年夏之卷。

② 李学勤:《范蠡思想与帛书〈黄帝书〉》,载于《浙江学刊》1990 年第 1 期。

　　从现有资料看,范蠡是老子发展到源于战国楚而盛行于战国中期的黄老之学的重要环节。范蠡可能是黄老之学的创始者,也可能是老学到黄老学之先河的重要中间环节。①

魏启鹏和王博先生也认为,范蠡思想已经具备了黄老之学的特征,魏启鹏先生撰文《范蠡及其天道观》,论述范蠡学术思想及其与黄老之学的关系。而余明光先生则认为,不但"范蠡的思想对黄老思想的形成起了极为重大的影响",且"黄老思想的形成,也与长达47年之久的吴越战争有关"。②

　　葛兆光将道家粗略划分为几类相近但又略有区别的思路:

　　　《国语·越语下》中的范蠡思想,《越绝书》中的《计然》等,多少都是有些半是阴阳数术半是道者的色彩,他们是把对宇宙天地的揣摩和理解,作为他们的自然与社会知识的基础和依据,最后的落脚处,还是在以"天道"确认那些解决现世问题的知识的权威性。而马王堆汉墓帛书《黄帝书》、《管子》中的若干篇,则已经把这种尚偏重于实用的知识与技术范畴的思路引向了对宇宙观念、制度建设、个人生存各个方面的理论思考;而《老子》思考的中心则是通过宇宙之道的体验,追寻对天道、世道、人道的全面而终极的理解……这三种思路,第一种可能应该称为"古道者之学",第二种近于后来的所谓"黄帝之学",第三种近于后世所谓的"老子之学"……后人大体上用"道家"这

---

① 陈鼓应:《论老子晚出说在考证方法上常见的谬误》,见陈鼓应主编:《道家文化研究》(第四辑),上海:上海古籍出版社,1994年。
② 余明光:《黄老思想的起源与吴越战争的关系》,载于《湘潭大学社会科学学报》2002年第3期。

一称呼来指称他们。①

在葛兆光看来,黄帝之学的关键也在于对宇宙、天象之理的推衍与应用。如此一来,范蠡、《计然》与黄帝之学之间,必然有着密切的联系。

从多位学者的比较研究来看,所谓"范蠡思想同黄老思想的关联",主要集中在"天道阴阳"这一点上。天道阴阳的观念,按照葛兆光先生的看法,是春秋战国时代社会思想"大传统"的一种,是人们对于一种宇宙自然普遍的认识,人们日用而不知,也无须获得理性的证明。

葛志毅先生认为,司马谈论道家时所言的"因阴阳之大顺",实际上即指这种"天道阴阳观"。"阴阳是天地间两种根本势力,万物皆在其作用下流转变化;其自身变化与天地四时的循环往复相关;人类行事应以天地阴阳的变化推移为法则"。他又进一步认为,较之《老子》,马王堆《老子》乙本卷前古佚书在天道阴阳观方面与范蠡更为接近。②

另外,徐文武先生也详论了范蠡"人事与天地相参"思想同黄老道家"推天道以明人事"的思路、范蠡"贵因"方法论同黄老道家"以因循为用"实践原则之间的关联,以及范蠡的"天道循环"思想以及阴阳转化学说对黄老道家的影响。③

3. 黄老之学同阴阳数术的联系

研究者对黄老之学同阴阳数术之间联系的发掘,使得研究进入到更深层的领域。这种探索对厘清黄老学术的发源无疑

---

① 详见葛兆光:《中国思想史》(第一卷),第111—112页。
② 详见葛志毅:《先秦两汉制度与文化》,第155页。
③ 徐文武:《论范蠡对黄老道家思想体系的理论贡献》,载于《长江大学学报》2017年第1期。

是十分有价值的。

对于数术之学以及阴阳观念,李零先生曾经有谈论。他认为西周的官学中有一类包含了数术学(以天文、历算和各种占卜为中心)和方技学(以医药养生为中心)的知识。而阴阳、道以及从道家派生的法、名两家正是从这一类官学的背景中产生出来的。中华文化存在一条值得深入研究的线索,即以数术方技为代表,上承原始思维,下启阴阳家和道家,以及道教文化的线索。① 李零认为,道家思想本身就同数术方技脱不了干系。

数术学包含的内容十分丰富。其中,研究者十分关注"黄帝"同阴阳数术的联系。

据李零先生的统计,《汉书·艺文志》著录的"黄帝书"②有十五类,其中有十一类同阴阳家及数术方技有关。且阴阳家和道家之"黄"与数术、方技之"黄"在内容上是互为表里③。出土文献《孙子兵法》佚篇、《黄帝伐赤帝》和《地典》,马王堆简帛《十六经》和《十问》也不例外,前两种是兵阴阳类古书,《十六经》借黄帝君臣讲阴阳刑德,《十问》则为方技房中术。

曹峰先生也从黄帝的形象入手,讨论黄老思想同民间数术的关系。他认为,从宗教、文化的角度考察,黄帝亦神亦人的面目、创天地、判阴阳以及创立制度、秩序、文明的丰功伟绩,使得黄帝成为一位无所不能的大巫师,中国传统数术的发生几乎都和他有关。同时他又是用数术治理天下万物的代表。④

---

① 详见李零:《中国方术考》,东方出版社,2001 年,第 14 页。
② 李零先生认为"黄帝书"不是一种书,而是一类书,这类书的共同点是以黄帝故事为形式。它们都讲黄帝故事,这些故事不仅是众口相传的成说,还发展为书籍题材的一种。详见李零《说"黄老"》,《李零自选集》,广西师范大学出版社,1998 年。
③ 详见李零:《说"黄老"》,《李零自选集》,第 279—280 页。
④ 《黄老思想与民间术数——以出土文献为线索》,见曹峰:《近年出土黄老思想文献研究》,第 37 页。

曹峰先生还对"刑名"这个屡现于马王堆《老子》乙本卷前古佚书、《管子》、《鹖冠子》的词汇进行了考察。认为《黄帝四经》中"刑名"一词所使用的范围主要不在君臣之间,主要含义也非督责、操纵臣下的"法术",它代表着人间那些确定的、不变的、与赏罚相关的规范、制度。这种从生成角度讲"刑名"的方式,为名家、法家、兵家所无。很有可能是黄老道家直接借用了民间数术中的生成理论,或者用数术家的表达方式来阐释自己的理论。①

通过对比上博楚简《恒先》、《鹖冠子·环流》、上博楚简《语丛一》中相关的内容以及马王堆帛画上的文字,曹峰先生认为,黄老思想中的"刑名"观念,必然与数术之学存在关系。

而"刑德"一词,本身便是一个数术名词,据李零《中国方术考》介绍:

> 刑德是与阴阳概念有关的一种择日之术。
>
> 在数术之学中,"刑德"则指按历日干支推定的阴阳祸福。
>
> 从"阴阳"的概念派生,"刑德"一词有许多不同用法。古代推刑德,往往托之黄帝。②

曹峰先生也这样分析:

> "刑德"的基本原理是同阴阳对应,"刑",为月,为阴,为坤,为凶,为祸,为有伤害,为杀罚剥夺;"德",为日,为

---

① 《黄老思想与民间术数——以出土文献为线索》,见曹峰:《近年出土黄老思想文献研究》,第37页。
② 李零:《中国方术考》,第47—48页。

阳,为干,为吉,为福,为喜,为有佑助,为庆赐爵赏。当与四时配纳时,则春夏为德,秋冬为刑。

与上述基本理论相关的"刑德"在《黄帝四经》中极为常见,它指代赏罚,使这两种政治行为和天地之阴阳消长、四时变迁结合起来。

虽然《黄帝四经》中"刑德"不是什么值日的神煞,而是顺时的法度,讨论更多的是"刑"、"德"两者之平衡关系。但"刑"、"德"与吉凶相关,与阴阳相合的观念,毋庸置疑来自民间术数。只是《黄帝四经》作了提炼升华,扬弃了术数的细节部分。

带有术数色彩,利用"刑德"基本理论于政治、军事实践的内容,在具黄老道家倾向的传世文献中不胜枚举。①

一些研究者也有不同的意见,如陈松长指出:

> 从语义的使用情况看,在《黄帝书》中,基本上使用的是"刑"、"德"的本义和引申义,即与"文武"、"道法"之类概念可以对应的政治思想概念,还没有多少数术的内涵,就是"春夏为德,秋冬为刑"的这种把四时和刑德联系起来的概念使用也还远不是帛书《刑德》中使用的概念。②

有一些学者注意到黄老思想同楚文化之间的联系,李学勤先生曾撰文《简帛和楚文化》,谈及楚文化注重数术的传统,并将其

---

① 《黄老思想与民间术数——以出土文献为线索》,见曹峰:《近年出土黄老思想文献研究》,第53—54页。
② 陈松长:《帛书〈黄帝书〉中的刑德概念》,见陈福滨主编:《本世纪出土文献与中国古典哲学研究论文集》,新北:辅仁大学出版社,1999年,第429页。

与黄老思想联系起来。

李学勤先生说,20 世纪 70 年代陆续出土的几批简帛中,都包含大量的数术书。而且,从时代上看,即使在秦人占领之后,楚地的数术仍然继续流行。通过了解战国时期楚人的数术,便可以进一步探讨当时的阴阳家思潮以及宇宙结构的观念。

> 楚地的黄老道家,在晚周时与阴阳数术进一步密切结合。前面提到的楚国的鹖冠子,其学以黄老为本,而其著作以"阴阳"、"天官"等与"道德"相提并论,就是一个例证。[①]

黄老文献中还有许多与天文、历算、占卜之学有联系的词汇,例如,马王堆帛书《经法》有"天执一"、"明三"、"定二"、"建八正"、"行七法"的表述,《鹖冠子·泰鸿》中有"月信死信生,进退有常,数之稽也,列星不乱其行,代而不干,位之稽也,天明三以定一,则万物莫不至矣"的表述。研究者也有所注意,但是目前对此的系统研究做得还不够。

本文的研究起点

先秦黄老之学的渊源与发展,是我们了解、研究黄老之学的重要起点。70 年代马王堆《老子》乙本卷前古佚书的出土,丰富了黄老文献的种类,使得描摹先秦黄老之学的发展状况成为一种可能;近年来,上博简《恒先》、《三德》以及《凡物流形》

---

① 李学勤:《简帛佚籍与学术史》,第 27 页。

等文献的出现,又为先秦黄老之学增加了新的课题,使得研究
有了新的着眼点。

在充分占有这些材料的基础上,学术界对于先秦黄老之学
的渊源与发展固然做出了卓有成效的探索,取得了一些阶段性
的成果,但是我们也看到,在这个问题的研究方法、视角以及内
容上,为本课题的继续深入留下了不少的空间和可能。

一、更丰富的材料的利用

随着黄老之学研究的深入,越来越多的传统文献从"伪书"
的标签下被解放出来,重新进入了先秦两汉研究者的视野,比如
《鹖冠子》、《尹文子》、《慎子》皆如此。而将这些材料系统地纳
入先秦黄老之学的体系之中,尚待研究者更多的努力。

在出土的黄老文献中,马王堆《老子》乙本卷前古佚书是
出土较早,释文出版最早,也是利用率、研究率最高的文献。
20 世纪 80 年代大规模且成果颇丰的黄老之学研究风潮,正是
从《老子》乙本卷前古佚书开始的。研究者普遍将《老子》乙本
卷前古佚书作为早期的黄老文献进行处理。

也许正是因为马王堆帛书的出现太过瞩目,使得人们无意
间忽视了同期出土的其它黄老相关文献,比如说马王堆帛书
《九主》,以及之前的银雀山汉简《孙子兵法》中的佚篇《黄帝战
蚩尤》和《地典》。关于帛书《九主》,除了帛书整理小组所作释
文、李学勤先生(署名凌襄)的《试论马王堆汉墓帛书〈伊尹·
九主〉》①、魏启鹏先生的《前黄老形名之学的珍贵佚篇——伊

---

① 李学勤(署名凌襄):《试论马王堆汉墓帛书〈伊尹·九主〉》,载于《文物》
1974 年第 11 期。

尹及其学术源流初探》①以及《〈伊尹·九主〉笺证》②的研究外,几乎很少受到国内研究者的注意。而银雀山汉简《地典》,至 2010 年才有了正式出版的整理本。③

　　上博简《恒先》、《三德》出版之后,很多研究者认为这些材料同黄老之学有关,但是由于出现时间较晚,因此将其放在黄老之学发展环节中进行讨论的成果也不太多。上博简七中的《凡物流行》自发表之后,得到学者广泛的重视,但此篇毕竟晚出,虽然很多学者对其学派属性和思想内容进行了分析,但《凡物流行》的基本研究还处于释读和分析文句阶段。

　　其它诸如有关范蠡的传世资料、马王堆帛书中有关数术方技类的文献,实际上也应该进入黄老之学的研究视野中。但目前,运用这些材料考察黄老之学的研究成果仍然比较少见。

　　虽然占有了材料,但是却没有能够充分利用材料,这些问题在近年来的黄老之学研究中体现得较为突出。这也从另一个角度说明,黄老之学研究的展开,尚大有可为。

二、对黄老之学产生背景的关注

　　诚如本文上节所言,黄老之学产生的思想背景和环境,特别是其中的"前黄老"阶段,是黄老之学研究的一项空白。很多学者在论述先秦诸子学时,对殷商官学到东周春秋战国的一般知识与思想提及不多,但实际上,像历算与星占、中国人早已

---

① 魏启鹏:《前黄老形名之学的珍贵佚篇——伊尹及其学术源流初探》,见陈鼓应主编:《道家文化研究》(第三辑),第 339 页。
② 见魏启鹏:《马王堆帛书〈黄帝书〉笺证》(卷四),北京:中华书局,2004 年。
③ 银雀山汉墓竹简整理小组:《银雀山汉墓竹简》(二),北京:文物出版社,2010 年。

有之的"对称、和谐、交互关联的宇宙、社会、人类的一体观",以及源自形而下,而最终提升至形而上的阴阳与五行思想等等这些在后来人看来充满理性的缜密思维,实际上早就以并不为人所瞩目的方式存在于古代中国的思想世界中。葛兆光先生多次强调过这种现象,他说:

> 相当多看似玄虚与纯粹的思想表述,其实与一些具体的、经验的知识和技术密不可分,往往是思想家把有特指的、具体的知识性术语转化成无特指的、抽象的哲理名词,把实际的具体的思想转译成终极的抽象的理念,把经验中的思路与步骤转化成理智中的分析与推理。于是,"一般知识与技术"就作为知识背景融入了"精英与经典思想"。①

又列举《易传》的例子加以说明:

> 本来实用性的占筮之术,被解释成了道德化的伦理学说,在各种卦、爻之象和卦、爻之辞中似乎都蕴含了关于君子个人道德与社会伦理乃至政治的道理。②

《庄子·天下篇》中曾言"道术将为天下裂",可见在那个时代,是存在一个普遍的"原始道术"的,诸子的兴起同这个"原始道术"密切相关。这本是在诸子百家的产生之初的根源性问题,但在目前,考虑到这个因素并且加以考察的研究成果并不多

---

① 葛兆光:《中国思想史》(第一卷),第137—138页。
② 葛兆光:《中国思想史》(第一卷),第139页。

见。在这方面,也应当着力加以突破。

三、黄老之学的渊源问题

笔者认为,黄老之学的渊源包含两部分:"黄帝方术之学"和"道家之学"。实际上黄老之学是以"道家"为本而以"黄帝方术"为用。随着对新出土文献研究的深入,越来越多的研究转向了"黄帝"这一部分,开始挖掘其中湮没了数千年的内涵。在这个问题上,研究者提出了很多有价值的见解和假说,但是,对于"黄帝之学"的研究尚处于起步阶段。

曹峰先生认为目前对于黄帝之学的研究,主要侧重于对其哲学原理的分析,较少涉及"黄帝之言"的思想来源与民间观念系统之间的关系。究其原因,可能"与'黄帝之言'相关的部分由于缺少文献的对照,往往不易释读,妨碍了研究的进一步展开。以《黄帝四经》为例,至今为止的研究大部分集中于《经法》、《道原》这两部较为容易解读的文献,而对《十六经》及《称》的研究远远不足"。①

李零先生认为黄老是"术"而非"哲学",这也为追寻黄老之学的渊源提供了一条线索。众所周知,诸子百家的兴起,实际上都是言治乱事,以干世主。不但黄老是"术",百家之学从根本目的上来讲,也都是"治术"。从这条思路出发,对黄老中的"道"、"形名"、"法",单纯从哲学角度加以解析是远远不够的。

上文曾提到范蠡思想在黄老之学中的重要地位,魏启鹏、

---

① 《黄老思想与民间数术——以出土文献为线索》,见曹峰:《近年出土黄老思想文献研究》,第 37 页。

李学勤等先生都已经在这方面做了探索,但所用资料还是限于《国语·越语下》。实际上,先秦到汉代文献中,关于范蠡思想的内容还有不少。董治安先生曾撰文《略谈范蠡及其有关文献记载》①,从《墨子》、《韩非子》、《吕氏春秋》、《战国策》以及《韩诗外传》等文献中搜集到很多使用价值颇高的范蠡资料,并对其前后不一致之处进行了细致分析。董治安先生认为,《吴越春秋》和《越绝书》对范蠡研究具有重要的参考价值,此二书在载他书之未载方面颇有建树,但也包含不少明显是在流传中增饰的内容,因此使用时须注意有所取舍。这些资料,对于考察黄老之学渊源是颇有价值的。

四、黄老之学发展的内在理路的探索

上节笔者介绍了几种黄老之学研究专著的写作理路。笔者认为,在黄老之学发展研究中,能够以思想发展的内在理路为线索,无疑是一种较为理想的研究方法。

黄老文献体现出不同于其它诸子文献的特征,一是出土资料多,二是分布散乱,三是传世文献情况复杂。

涉及黄老之学的出土文献,前后已经出土了两三批,银雀山汉简、马王堆帛书、上博楚简中都有,且大部分都是未见于传世文献的佚文。这些出土文献内容的释读比较困难,而且文献的时间不容易确定。而在传世的黄老文献中,又有这样的情况,即一部古书中往往只有一部分被学者确定为黄老作品,像《管子》、《韩非子》、《庄子》、《吕氏春秋》等,需要分辨哪些属于黄老文献的范畴。即便有一些可以被整体认作黄老作品的,

---

① 董治安:《略谈范蠡及其有关文献记载》,载于《山东大学学报》1997 年第 3 期。

其真伪情况也比较复杂,需要经过细致的"辨伪"工作,材料不能拿来就用,比如像《尹文子》、《鹖冠子》等。这些情况都造成了黄老研究的困难。

在目前的研究成果中,很多论著都是以文献为单位展开的。这需要在写作前先为这些古书确定时间先后。用这种方法处理传世文献时尚不至于有很大问题,但是如何处理目前尚无法确定时间的文献,诸如《恒先》、《三德》等,这是研究工作面临的一个很现实的问题。

笔者认为,解决这个问题,需要换一个角度审视"黄老之学的发展",着重从黄老之学思想内容中提取一些代表性问题加以讨论。像"道"、"刑名"、"法"的思想,都是黄老中极为重要和具有代表性的概念。以考察这些概念的发展状况为主线,以文献的考察批判为工具,这样似乎可以更加清晰地描绘出黄老思想发展的内在理路。

第一编 ┃ 黄老思想溯源考

先秦文献不见"黄老"字样,学者追溯"黄老"之学名称的来历时,莫不称引司马迁《史记》中的论述。黄老之学产生在先秦,这已是无争的事实。过去对于黄老之学渊源的探讨,大部分主要围绕老子道家思想进行,最多也只是涉及战国时依托黄帝的思潮。

然而近年来李学勤、李零等先生的研究认为,黄老之学的渊源恐怕不仅如此,它同起源颇早的巫史数术、阴阳历算等原始方术技术有较为密切的联系。黄老之学中的种种重要元素,例如宇宙来源、天道阴阳以及涉及数术方技技巧的颇多内容,都需要从更古老思想中寻找根源。黄老之学作为一种时代思潮,同先秦其他诸子一样,既有理论背景,又有学术渊源。通过本文的分析,我们会发现黄老之学体现出非常强烈的重实用的特色,这同当时的社会风俗有密切的关系。黄老之学的思想元素直接植根于中国古代的原始学术中。因此,本文将先行探讨先秦诸子学产生的大背景——前诸子时代的原始学术,这对于考察黄老之学的渊源与产生有重要的作用。

第一章
原始方术与先秦诸子思想之来源
——兼论官方知识系统及黄老之学思想产生的背景

"黄老之学"四字虽然在先秦典籍中没有直接出现,但黄老思想生发土壤却是客观存在的。作为先秦诸子学中的一支,诸子学的生发背景和环境也是孕育黄老之学的背景和环境。因此,当探讨黄老之学思想产生的背景之时,我们有必要将视野开拓至整个前诸子时代的文化背景。无论是殷商祭祀文化,抑或是西周礼乐文化,都蕴含了黄老之学发生发展的最初诱因和线索。

第一节　论诸子思想起源的几种思路

"先秦诸子"是一个惯用名称,包括两层含义,一是指著书者本人,二是指同其有关的著作。既有其人,又著其书,因此从另一个角度也可以说,诸子的产生意味着自由学术、私人著述的产生,这显然是西周"学在官府"之后发生的事情。

目前所见秦汉材料中讨论诸子学派的文献,以《庄子·天下》篇为最古,继之又有《荀子·非十二子》、《淮南子·要略》、《论六家要旨》、《七略》及《汉书·艺文志·诸子略》等。而以"儒"、"墨"、"道"、"法"等名称称论诸子,是从《论六家要旨》开始。一说"儒"、"墨"、"道"、"法"之称始于《尹文子》①,不过《尹文子》中的这几个词,主要指治国主张,因此有"以名、法、儒、墨治者"之语,不是对于学派的称呼,因此我们认为,司马谈的概念,大约是继承这种说法而来。到《诸子略》,刘向、刘歆父子及班固则从考察先秦诸子学术源流方面提出了"九流十家"的说法。

对于先秦自由学术的形成,《庄子·天下》这样描述:

> 天下之治方术者多矣,皆以其有为不可加矣。古之所谓道术者,果恶乎在? 曰:"无乎不在。"曰:"神何由降? 明何由出?""圣有所生,王有所成,皆原于一。"

> 古之人其备乎! 配神明,醇天地,育万物,和天下,泽及百姓,明于本数,系于末度,六通四辟,小大精粗,其运无乎不在。

> 天下大乱,贤圣不明,道德不一,天下多得一察焉以自好。譬如耳目鼻口,皆有所明,不能相通。犹百家众技也,皆有所长,时有所用。虽然,不该不遍,一曲之士也。判天

---

① 《尹文子·大道上》指出:"大道治者,则名、法、儒、墨自废;以名、法、儒、墨治者,则不得离道。"这里的"儒""墨""名""法"等字眼,是《尹文子》所提出的各种治国主张。《尹文子》一书过去被怀疑为魏晋时期的伪书,当代学者如董英哲(《〈尹文子〉真伪及学派归属考辨》,载于《西北大学学报》1997 年第 3 期)、王晓毅(《国学举要·道卷》,第 71 页,武汉:湖北教育出版社,2002 年)等皆论证此书非伪,成书亦在秦之前。

地之美,析万物之理,察古人之全,寡能备于天地之美,称
神明之容。是故内圣外王之道,暗而不明,郁而不发,天下
之人,各为其所欲焉,以自为方。悲夫,百家往而不反,必
不合矣！后世之学者,不幸不见天地之纯,古人之大体,道
术将为天下裂。①

《天下》篇作者认为最初存在一种"其运无乎不在"的道术,随
着世道衰微,原本统一的"道术"分裂为"百家"。墨翟、禽滑
厘、宋钘、尹文、田骈、慎到、关尹、老聃、庄周、惠施等学派,都只
是"得一察焉以自好",发挥了"古之道术"内容的是一部分,是
为"一曲之士"。

　　同样,《荀子·非十二子》也表达了世道衰微,邪说横行的
主张:

　　　　假今之世,饰邪说,文奸言,以枭乱天下,矞宇嵬琐,使
　　天下混然不知是非治乱之所存者有人矣。②

《非十二子》又列举了六种学说、十二个代表人物分别加以褒
贬:它嚣、魏牟、陈仲、史鰌、墨翟、宋钘、慎到、田骈等诸人均在
其列。文中侧重论述诸人学术主张特别是其弊端,但对诸派学
术的来龙去脉并未多谈,对各类"邪说"产生之前的学术局面
也没有过多表述。

　　秦汉之际的《淮南子·要略》和《庄子·天下》一样,也认
为世上原本存在一种无所不包之"道"。但随着时代的推移,

---

① 王先谦:《庄子集解》,北京:中华书局,1987年,第287—288页。
② 王先谦:《荀子集解》,北京:中华书局,1988年,第89—91页。

各种各样的社会问题开始滋生，不同人物应时而出，各种思想流派开始流行，取代了"道"。这些思想流派的产生是为了"应世之急"：

> 文王欲以卑弱制强暴，以为天下去残除贼而成王道，故太公之谋生焉。
>
> 孔子修成、康之道，述周公之训，以教七十子，使服其衣冠，修其篇籍，故儒者之学生焉。
>
> 烧不暇撌，濡不给扢，死陵者葬陵，死泽者葬泽，故节财、薄葬、闲服生焉。
>
> 桓公忧中国之患，苦夷狄之乱，欲以存亡继绝，崇天子之位，广文、武之业，故《管子》之书生焉。
>
> 齐景公内好声色，外好狗马，猎射亡归，好色无辨……故晏子之谏生焉。
>
> 下无方伯，上无天子，力征争权，胜者为右，特连与国，约重致，剖信符，结远援，以守其国家，持其社稷，故纵横修短生焉。
>
> 晋国之故礼未灭，韩国之新法重出，先君之令未收，后君之令又下，新故相反，前后相缪，百官背乱，不知所用。故刑名之书生焉。
>
> 孝公欲以虎狼之势，而吞诸侯，故商鞅之法生焉。①

《淮南子》所描述的，正是战国以来，诸子思想蜂起的局面。将诸子思想的产生与社会环境相结合，这是《淮南子》较其它诸子起源说的高明之处。作者认为，每一种思想学说源起的背

---

① 何宁：《淮南子集释》，北京：中华书局，1998 年，第 1458—1462 页。

后,都必有其特殊的历史环境与社会需要。这个思路结合了思想产生的社会背景,无疑是较为符合历史实际的。也正是从这个思路进行延伸,作者在《要略》结尾处标榜《淮南子》是"统天下,理万物,应变化,通殊类,非循一迹之路,守一隅之指,拘系牵连之物,而不与世推移",①认为《淮南子》思想超越了上述门派之见,而其原因,正在于《淮南子》书的创作正处于汉朝一统天下的年代,故其所述之"道"也可以"置之寻常而不塞,布之天下而不窕"②,可以说是回归了诸子思想分野之前的总"道"。

到了汉代,司马谈《论六家要旨》具体论述了六个派别:

> 《易大传》:"天下一致而百虑,同归而殊涂。"夫阴阳、儒、墨、名、法、道德,此务为治者也,直所从言之异路,有省不省耳。③

司马谈这样总结诸子的成因:他们的共同目标是致力"为治",由于采取的路数不同而形成了不同的派别。不过《要旨》一文,旨在总结六家学说得失,对各派学术来龙去脉没有多加讨论。

《汉书·艺文志》延续了刘歆《七略》中的分类。从《汉志》看,刘歆将诸子百家分为十个门类,称为"十家",其中除六家与司马谈所述相合之外,另有纵横家、杂家、农家、小说家。但同时,刘歆认为"诸子十家,其可观者,九家而已",并提出了诸子出于王官论:

---

① 何宁:《淮南子集释》,第1463页。
② 何宁:《淮南子集释》,第1463页。
③ 司马迁:《史记·太史公自序》,见《史记》,第3289页。

　　儒家者流,盖出于司徒之官,助人君顺阴阳明教化者也。

　　道家者流,盖出于史官。历记成败存亡祸福古今之道,然后知秉要执本,清虚以自守,卑弱以自持,此君人南面之术也。

　　阴阳家者流,盖出于羲和之官。敬顺昊天,历象日月星辰,敬授民时。

　　法家者流,盖出于理官。信赏必罚,以辅礼制。

　　名家者流,盖出于礼官。古者名位不同,礼亦异数。

　　墨家者流,盖出于清庙之守。茅屋采椽,是以贵俭;养三老五更,是以兼爱;选士大射,是以上贤;宗祀严父,是以右鬼;顺四时而行。是以非命;以孝视天下,是以上同。

　　纵横家者流,盖出于行人之官……言其当权事制宜,受命而不受辞。

　　杂家者流,盖出于议官。兼儒、墨,合名、法,知国体之有此,见王治之无不贯。

　　农家者流,盖出于农稷之官。播百谷,劝耕桑,以足衣食。

　　小说家者流,盖出于稗官。街谈巷语、道听途说者之所造也……如或一言可采,此亦刍荛狂夫之议也。[①]

刘歆认为,西周的社会制度"官师不分",学术全部由官府部门掌握,所有古代文献也由王官负责掌管。官学衰落、学术下替之后,诸子之自由学术蜂起,他们秉承了官学系统,每家各守一端,最终形成这样"九流十家"的格局。

---

① 班固:《汉书》,北京:中华书局,1962年,第1728—1745页。

　　诸子出于王官论在历史上影响很大，历代不少学者，即便认为刘、班的观点过于牵强附会，但也不能说诸子与王官毫无干系。而支持者更由此生出张本，章学诚认为：

　　　　有官斯有法，故法具于官；有法斯有书，故官守其书；有书斯有学，故师传其学；有学斯有业，故弟子习其业。官守学业皆出于一，而天下以同文为治，故私门无著述文字。

　　　　后世文字，必溯源于六艺。六艺非孔氏之书，乃《周官》之旧典也。《易》掌太卜，《书》藏外史，《礼》在宗伯，《乐》隶司乐，《诗》领于太师，《春秋》存乎国史。[1]

也就是说，不但"诸子出于王官"，甚至连"经学"也是自王官而出了。

　　从先秦以来，学术史上对诸子起源的讨论中，影响较大的理论不外乎以上几种。简而言之，《庄子·天下》及《荀子·解蔽》主张"诸子出于世道衰微"，《淮南子·要略》主张"诸子出于应世之急"，而刘向歆父子及班固主张"诸子出于王官"；其中，《天下》和《要略》都认为在诸子出现之前，存在一个圆满、周到、无所不包的"道术"——诸子产生前的原始学术。

　　不能否认的是，从西周"学在官府"到东周"诸子蜂起"的过程中，"官学"到"子学"的演变是历史必然经历的过程。与此同时，社会的演进，时代的变革也对诸子学的产生存在必然的影响。从这个角度而言，上述几种诸子起源论都有合情合理的成分在其中。但从古至今，对诸子学术的溯源往往上至西周

---

[1]　章学诚：《校雠通义》，见章学诚著，王重民通解：《校雠通义通解》，上海：上海古籍出版社，1987年，第1—2页。

"官学"便戛然而止了。这种断代上的局限极大限制了诸子研究的视野。实际上，诸子的产生当然不止如此。李零先生曾在《中国方术考》绪论中提出，思想史研究者总是十分注意中国历史上那个获得巨大突破的"轴心期"，也即公元前800至前200年间，特别是公元前500年前后，那个诞生了孔、墨、老、庄的思想空前活跃的年代，现代研究者追溯中国思想总是从那个年代开始。但由于史料的欠缺，研究者往往忽略了一个重要的方面，即在诸子百家之下和他们的思想活跃之前，真正作为基础和背景的东西到底是什么。① 这个问题正是针对诸子思想渊源研究所存在的局限性而提出的。

　　思想的发展是缓慢而隐蔽的，西周官学对诸子学的兴起固然重要，时代变革分裂了"道术"，产生了百家学术，但实际情况肯定并非简单的分化。这方面仍有很多问题尚未解决，其中两个尤其值得深思：一是原始民间思想对官学和诸子思想的影响，二是诸子自由学术对于"官学"的具体接受方式及内容。

第二节　原始方术与知识思想

　　司马迁在《史记·太史公自序》中历述太史公世谱家学之本末，说到重黎氏世代掌管天文地理，程休甫便是其在周代时的传人时认为：

　　　　其在周，程伯休甫其后也。当周宣王时，失其守而为司马氏。司马氏世典周史。惠襄之间，司马氏去周适晋。

---

① 详见李零：《中国方术考》，第3页。

晋中军随会奔秦,而司马氏入少梁。自司马氏去周适晋,
分散,或在卫,或在赵,或在秦。①

实际上,类似这种官学下移的情况在史籍中不乏记载,《左
传·昭公十七年》载郯子回答昭子"少皞氏鸟名官,何故也"的
问题时,郯子先答:"吾祖也,我知之。"之后详细讲解了这个古
代官制的问题。孔子闻之,立刻"见于郯子而学之",并且既而
告人曰:"吾闻之:'天子失官,学在四夷',犹信。"②
　　据《汉书·艺文志·诸子略》,诸子出于王官的理论共涉
及十种王官,有:司徒之官、史官、羲和之官、理官、礼官、清庙
之守、行人之官、议官、农稷之官及稗官,其职能也几乎统摄了
政治生活的各个方面,这种将学术与政府机构进行机械对称的
安排,显然是出自人为而并非历史原貌。过分的"对号入座",
使得整个诸子出于王官的理论难以全部落实。但从另一方面
来讲,中国古代的自由学术当然并非生而有之,自由学术来自
官学下移,历史上确实存在这样一个过程。而在古代中国西周
甚至之前的时代,政府职官系统也确实负有掌握保存知识的职
能,因此诸子出于王官论虽屡遭诟病,但诸子与王官的关系,却
是不能一笔抹杀的。
　　同时我们依然要认识到,中国古代诸子思想中的诸多命题
和概念,特别是诸子百家中流行的共同话题——天命、从天地
自然到政治统治的中央与四方的观念等等,几乎为各派思想家
所重视、所讨论——当然其角度各有所异,结论各有所长。这
使我们想到,这些共同话题,其实并不仅是源于官学,而是有着

---

① 司马迁:《史记》,第3285页。
② 杨伯峻:《春秋左传注》,北京:中华书局,2009年,第1387页。

更为深远的渊源。《庄子》言:"道术将为天下裂",这句话一方面告诉我们诸子门派之分是历史发展的必然趋势,另一方面则提示着人们,中国古代学术在分裂之前,确实有着共同的源头。这就是本章所要讨论的"原始学术"。

一、知识与思想的起源

中国文化起源甚早。中国古代的思想,自三代至秦汉,虽然屡经变化分合,但仍有很多贯穿前后的观念和命题,许多对后代思想影响至深的命题,都可以在早期文化中寻找到踪迹。

1. 原始方术活动的考古发现及意义

方术,是"方技"与"数术"的合称。《史记·秦始皇本纪》中曾提到"文学方术之士",实际上是合指"文学士"与"方术士"两种人。而其中的方术士同时包括擅长侯星气等技术的数术家以及擅长医药养生的方技家。其后《后汉书·方术列传》也使用了"方术"这一名词,从所属内容来看,数术之学包括星历、占卜;方技之学包括治病、养生,同《秦始皇本纪》所载相差不大。同时,《汉书·艺文志》分述"数术略"和"方技略",二者之间也有着密切的联系。

方术一词的使用虽然是在秦汉时代,但方术活动本身的渊源却是极为古老的。史前的考古活动往往发掘出包含显著数术、方技性质的器物,特别是原始巫术活动的遗存。

巫觋传统在殷商时代大放异彩,为后人留下了数以十万计的甲骨卜辞,加上传世文献对商代占卜活动的记载,足见殷商时代巫觋占卜之流行。但是巫觋并非起源于商代,原始的方术活动可能可以上溯至史前时代。据张光直先生的介绍,从新石器时代仰韶文化遗址发掘到的器物中,考古学家们发现了很可能是描摹巫术活动的陶器花纹、地画以及包含巫术意味的、用蚌摆放的图形。[①]

1973 年青海大通县上孙家寨遗址中一座马家窑类型墓葬（384 号墓）中出土的陶器里面有一件彩陶盆，内壁上缘有舞蹈形画面三组，[②]结合舞蹈画面的特征，很多研究者分析，这幅图画表现的并非纯粹娱乐性的舞蹈，而是某种礼乐仪式类的重要活动。

1982 年甘肃秦安县五营乡大地湾仰韶文化遗址中，发现一座房基。在上层居住面近后壁的中部，有一幅用黑炭画成的地画，画面中包含两个人物和两个动物，人物手握器物，两个动物形象外画有一长方边框。对于这幅地画的具体含义，研究者有不同的解释，有的理解为人类使用动物牺牲来供奉祖灵，有的理解为巫师和女主人手持法器驱赶害人生病的鬼像等，但总体都认为这幅画表现的是原始社会中的某种巫术活动。[③]

1987 年河南濮阳西水坡的仰韶文化遗迹中，发现了用蚌摆放的三组动物形象，包括龙虎、龙虎鹿以及人骑龙、骑虎腾空而起的图案，图案形象壮观。从内容看，似乎是表现巫师与助他上天入地的动物的情形。

以上这些考古发现，生动地证实了我国方术活动出现之早。仰韶文化的时间是在公元前 5000 年到公元前 3000 年左右，我们目前所能够了解的最早的方术活动大约开展于这

---

① 张光直：《中国考古学论文集》，北京：生活·读书·新知三联书店，1999 年，第 137 页。
② 详见《青海大通县上孙家寨出土的舞蹈纹彩陶盆》，载于《文物》1987 年第 3 期。
③ 地画情况详见《大地湾遗址仰韶晚期地画的发现》，《文物》1986 年第 3 期；研究者意见可参考严文明：《仰韶文化研究》，第 211 页；李仰松：《秦安大地湾遗址仰韶晚期地画研究》，《考古》1986 年第 11 期；宋兆麟：《巫与民间信仰》，北京中国华侨出版公司，1990 年，第 166—178 页。

一时期。有学者认为上文提到的出现地画的房基，其原貌是专门用来进行宗教活动的建筑。而传世文献《抱朴子》和《道藏》中的《太上登真三蹻灵应经》中，记载了原始道士使用龙、虎、鹿三蹻进行活动。这一记载同濮阳西水坡的蚌画似乎也可以相互印证。当然仰韶文化同《抱朴子》之间尚有数千年间隔——数千年之前，先民们便已经通过类似性质的活动开始对自然界以及人类自身进行探索。从这些出土的遗迹情况可以看出，我国早在仰韶文化时期所进行的方术活动已经颇具系统和规模了。

2. 宇宙观等各类知识的确立

中国古代思想中十分重要的"天圆地方"的宇宙观，以及种种对于天象及相关知识的认识，在上古时代的遗址中也时有发现。濮阳西水坡仰韶文化墓葬（45 号墓）中用蚌壳组成的龙虎图，不但其图形本身具有深刻的含义，并且龙虎图形还同墓葬中的人骨架一起，构成了富有含义的形状——在人体的下方，有用三角形蚌堆与两根胫骨构成北斗星，同时墓穴的头部作圆弧形，脚部作平方形等等。众多研究者都认为，这幅图像的背后，隐藏着天圆地方、二十八星宿的宇宙模式。因此很多学者将这幅图形放在天文学的范畴中加以研究。冯时先生曾撰文，认为"墓形为一盖图：墓南的圆弧形墓壁为春秋分日道中衡；东西两侧的蚌龙和蚌虎，为星空东宫苍龙和西宫白虎之象；墓主脚下的蚌塑三角形为北斗魁"[①]等等。这一切说明早在新石器时代，人们不仅具有明确的方位观，而且也具备了相当丰富的宇宙天文星象等知识。

---

① 详见冯时：《河南濮阳西水坡 45 号墓的天文学研究》，载于《文物》1990 年第 3 期。

　　除了墓葬中发现的方术活动遗迹,一些器物的出土也向人们印证了中国原始方术的发展状况,以及在此过程中人类对自然界认识的加深。玉琮便是其中之一。

　　玉琮的出土被很多研究者视为我国宇宙观念起源古老的明证。玉琮原本被认为是周代才出现的器物,根据《周礼》的记载,它不但是祭地的礼器,同时也象征着家族中贵族女性的权力。如果是这样,那么玉琮出现时间本不会太早,但后来考古学者在新石器时代的良渚文化墓葬中,发现了玉琮。现代研究者普遍用"天圆地方"的观念解释玉琮外方内圆、中央贯通的形状与结构,其中"方"象征地,"圆"象征天,而琮兼具方圆,正象征着天地之贯通。它与巫觋关系密切,是巫觋行使通天地职能的重要法器。同时,玉琮表面常常装饰的兽类或飞鸟图案,据说也是用以协助巫师开展巫术活动的。从玉琮在巫术中的作用来看,当玉琮被设计成这种富有含义的形状之时,人们便已经开始具备了天圆地方的"盖天说"宇宙观。而且先民还将这些知识不断与祭祖、祭神、驱病等活动结合起来,作为在实践中的运用。

　　占卜是方术的大宗,也是巫的本职工作之一。古代中国占卜方法甚多——运用星象和云气、运用模仿宇宙结构的"式"、使用兽骨、龟甲、筮草以及风角、五音等等。这些方式源起时间并不一致,但从文献记载来看,大部分方法在春秋时代之前,都已经出现或初具形态。

　　我国在内蒙古巴林左旗富河沟门的龙山文化遗迹中,发现了用以占卜的鹿肩胛骨,这是考古发现中最早的卜骨;安徽含山凌家滩新石器时代遗址中,还曾发现一件玉龟,玉龟由一副背、腹甲组成,有穿孔可以缀连。这件器物在有关占卜的考古发现中,是颇具有代表性的。古代中国对于龟的崇拜,从殷墟的十万片甲骨中可见一斑,"龟"在很早的时候便成为有灵性和神秘意义的象征,而这件玉龟又摆放在墓底的正中央,应该更具深长的意味。另外,这件玉龟中夹有一枚玉片,上刻有四方八位、外方内圆图案。学者对此图有不同理解,李零先生认为这与中国古代占验时日的工具"式"有关,饶宗颐先生认为这是一种原始人表示"方位"和"数理"的工具。无论如何,这件物品表达了史前人类,对自己所生存的时间和空间的把握。这使我们认识到史前人类对宇宙的感性认识,以及试图从理性角度对其加以把握的努力。

在各种占卜方法中,星气之占与自然科学知识的关系最为密切。我们在甲骨卜辞中也见到许多关于天文星象的记载。这说明在商代,人们已经开始有意识地观测天象,并逐步积累了大量知识。历法是天文学在生活中的实际应用,这方面最显见可靠的是甲骨刻辞中的日期记载:甲骨卜辞中常载有日期,虽然借此对殷商历法进行研究尚存在不少困难,但至少说明殷商历法已经颇具规模,能够加以推广使用,这同当时人们对于天象有规模、有系统地观测、分析是分不开的。

以上例证深刻表明,先民的思想意识中已经具备了丰富、系统的宇宙时空、方位地理以及人类自身的种种知识。在他们的观念里,天、地神秘而伟大,对天体地形进行观察体验的同时,人们一方面积累了知识,另一方面也加深了崇拜,将"天"、"地"推向一个不证自明的绝对权威地位,成为"天经"和"地义"。这种崇拜对后世思想史发展尤为重要,在中国古代思想中,对"天地"的终极信仰是一个重要背景,"天不变道亦不变",诸子思想中的许多重要命题都以此为前提。

二、民间方术的发展对诸子
思想兴起的影响

《汉书·艺文志》有数术略和方技略。《数术略》分为天
文、历谱、五行、蓍龟、杂占、形法六种,《方技略》分医经、经方、
房中、神仙四种。数术类书籍,从数量来看仅次于诸子及六艺
类典籍。方术类作为专述"生生之具"的技巧书,数量达到八
百多卷,也是相当可观的。这两类书籍的共同特点是,皆记载、
讲解可具体操作的技术——数术书籍大多与占候禁忌、预测卜
筮有关,方技类则是在保健养生之道上加以探索。

从《汉志》所载方术典籍看,汉代的方术之学已经十分系
统化,而且具有相当的规模。从中我们可以推测,先秦时期,方
术之学的原貌应该也是非常繁复,支流繁多,著述丰富的。而
且先秦方术技术的应用也遍布了社会的各个层次,在民众中的
流行程度很高。这样才能在汉代中留下如此宏大规模的书籍
和记载。因此可以明确地说,《汉志》中所载典籍虽然是汉代
所见之书,其分类和整理的原则也是依照汉代标准,但这些技
术的创生却并非在汉代,至少大部分知识与技术在先秦时代便
有流传。

从《汉书·艺文志》对数术之学的分类来看,数术学主要
包含三类知识和技术,占卜预测技术(天文、历谱、蓍龟、杂
占)、择日技术(历谱和五行)以及相术(形法)。

《汉志》记载的天文和历谱书籍中包含很多古代科学知
识,像天文学、气候学、历法、星度和算术等等。这些包含了科
学因素在内的技术,其原初本意是用来占卜吉凶、预测未来。

大量出土实例已经证明,数术之大宗——占卜是人类早在

史前便已经开展的活动。占卜的类别纷繁众多,有龟卜、筮占、星占、式占种种,渊源都非常古老。已知早期的占卜用兽骨有新石器时代大汶口文化时期的牛、羊、猪、鹿的肩胛骨,而疑似式盘的玉片则出土于安徽含山凌家滩的新石器时代遗址。遇事则占是先民的一种生活方式,占卜所包含的内容也涉及了原始人精神世界各个主要方面:天—地—人、灵魂、疾病、鬼怪等等。先民精神世界与客观世界的沟通正借此展开。上文曾指出,通过这些巫术占卜,一些自然科学知识得到普及,人民大众已经掌握了天圆地方、上下四方、天穹运转等等规律。这是当时对于客观世界的普遍认识,也是商周官学乃至后世诸子思想发展的知识背景。

《汉志·数术略》中有过半类别——天文、历谱、蓍龟、杂占,都包含占卜与预测未来的性质。从中我们可以得到某些提示,占卜是原始方术的重要内容,也是先民获得知识的重要途径,负责占卜的人固然是职业卜者,而其工作却已经涉及百姓日常生活的方方面面。《史记·日者列传》中司马季主尝与贾谊云:(卜筮者)"以义置数十百钱,病者或以愈,且死或以生,患或以免,事或以成,嫁子娶妇或以养生。"①一来可见卜筮为有偿服务的职业,二来可见卜筮确为百姓所日用。不但如此,"自古受命而王,王者之兴何尝不以卜筮决于天命哉!其于周尤甚,及秦可见。代王之人,任于卜者。太卜之起,由汉兴而有",②"自古圣王将建国受命,兴动事业,何尝不宝卜筮以助善!唐虞以上,不可记已。自三代之兴,各据祯祥。涂山之兆从而夏启世,飞燕之卜顺故殷兴,百谷之筮吉故周王"。③ 兴邦

---

① 司马迁:《史记》,第 3219 页。
② 司马迁:《史记·日者列传》,见《史记》,第 3215 页。
③ 司马迁:《史记·龟策列传》,见《史记》,第 3223 页。

之大事,也历来与占筮相关。从《汉志·数术略》所列书名来看,其中技术含量较高的那些种类,涵盖了对星象、云气的观察、记录和预测,对四时气候、阴阳的把握,安排历法,规定禁忌等等关乎国家兴亡、社稷民生的大事。这些类别由于操作较为复杂,日后也多为政府部门所管理;而那些与其原始形态相差不大的占卜种类——蓍龟、杂占、形法等,也应用于政府事务——"王者决定诸疑,参以卜筮,断以蓍龟,不易之道也"。① 而民间占卜则也更多地使用这些科技含量相对较低的方式——占梦、占嚏耳鸣、请雨止雨、除妖祥、执不祥劾鬼物、相宅墓地形、相六畜等等。

司马迁将占卜的产生归功于圣王,"或以为圣王遭事无不定,决疑无不见,其设稽神求问之道者,以为后世衰微,愚不师智,人各自安,化分为百室,道散而无垠,故推之至微,要絜于精神也"。② 这当然是理想化的说法,但可以看出,占候卜筮的技术是一个发展的过程,从神秘思想的产生到归结为一些明白可见的兆象,到占筮方法分化为纷繁多端,都经历了世代卜人"推之至微"的过程。

《史记·龟策列传》中记载了六十种龟卜兆象,详述兆象形态以及所占结果。足见龟卜操作与释读的复杂以及应用的广泛。而百姓普遍将占卜作为预测、避祸的不二法门。《史记·日者列传》尝云:"今夫卜者,必法天地,象四时,顺于仁义,分策定卦,旋式正棋,然后言天地之利害,事之成败。"③卜者需要具备法天地、象四时、顺仁义的知识。同时,百姓作为受众,他们对天地四象乃至一切涉及占卜操作知识的接受,对于

---

① 司马迁:《史记·龟策列传》,见《史记》,第3223页。
② 司马迁:《史记·龟策列传》,见《史记》,第3223页。
③ 司马迁:《史记》,第3218页。

日后诸子思想的发展——特别是道家、阴阳家、甚至儒家而言，都极为重要的。

占卜中还有一种渊源古老、但技术含量似乎不是很高的门类——杂占。杂占的操作技术不像观天、占星、望气那样细致，但它在民间的开展却较为广泛，受到百姓的认可程度也较高。这与其占卜性质有密切关系。杂占体现"杂"字，"纪百事之象，候善恶之征"①，从《汉志》看，占梦、占嚏耳鸣、执不祥劾鬼物、除妖祥，到请祷致福、请雨止雨无所不包，其技术既涉及人类生理、心理范畴的现象，也有属于驱鬼除邪、祈福禳灾范围的神秘法术，与人类日常生活较为贴近。其所占之事物虽小，技术含量也不太高，但《汉志》中却郑重提出："众占非一，而梦为大。"看来在诸多占卜类别中，隶属于杂占的占梦是古人非常重视的一门学问——甚至在周代官府中也特别设有占梦之官。

与上述龟卜筮占等"大术"相比，"杂占"虽属"小术"，似乎不登大雅之堂，但是这些杂占却有着与原始数术方技更为相似的操作技巧，而且恐怕比后来兴起并占据主流的"天文"、"望气"类占卜都更贴近方术的原始形态。因此从中体现出的思想内涵也更为原汁原味。

数术技术除了帮助人们预测未来以外，另一功能是教人们如何趋利避害，选择吉时吉日，选择正确方位等等。这种择日与宜忌技术因其具有极大的实用性，同样广为流传。

择日与宜忌同占卜预测有相似之处，也需要运用"观测"和"推算"——观测天体运行的方法，推断吉凶，利用各种历法推算日禁、月忌。这些技术同百姓生活的相关程度较龟卜筮占更为密切。

---

① 班固：《汉书·艺文志》，见《汉书》，第1773页。

择日禁忌之术与占卜有很大联系，择日及禁忌的依据——如何规定何时辰举何事为宜，何时辰举何事为忌——实际本身就是占卜的结果。从各种将禁忌与历日相结合的时令书、日书内容来看，这些文献实际接近占卜结果的大汇集——将各种各样的占卜结果直接汇成工具书以供人随时查询。这比龟卜筮占更加符合实用的要求，流行也更加广泛。

择日术有多种派别，《史记·日者列传》中讲述汉武帝曾卜问某日是否可娶媳，召集来的日者分不同派别，有五行家、堪舆家、建除家、丛辰家、历家、天人家、太一家。当时各家辩讼不决，最后武帝认为："避诸死忌，以五行为主。"于是采纳了五行派的意见。可见五行在汉代是择日术中的重要技术。因此一些学者推测，《汉志》五行类下所载《泰一阴阳》、《黄帝阴阳》、《黄帝诸子论阴阳》、《诸王子论阴阳》、《太元阴阳》、《三典阴阳谈论》、《神农大幽五行》、《四时五行经》、《猛子闰昭》、《阴阳五行时令》等书，大约也是以时令历法排列吉凶的日书。古书中有时也称时令书为"阴阳书"。从这些都看出，择日技术与阴阳五行知识是相辅相成的。

一些学者认为，择日和历忌是从式法派生而出，"式"是用以占卜或推算历数的工具。它并非真正的天文仪器或计时工具，但它模拟天象、模拟历数，目的是想创造一种可以自动推演的系统，以代替真正的天象观测与历数推步。战国秦汉之际阴阳五行学说所表现出的符号化和格式化特点，同式法的观念十分相似，适合从任何一点做无穷推演，因此也渗透在占卜、择日、历忌等几乎每一种实用技术中。[1]

选择时日及规定禁忌，这是与百姓生活密切相关的内容。

———————————

① 详见李零：《中国方术考》，第40页。

从出土的秦汉时期日书来看,择日与禁忌的内容从日常动土、穿衣、出行,到农业五谷丰收,再到政府人员拜官赴任,纷繁芜杂,无所不包。月令、日书等物是百姓的生活用品,而这些宜忌规定背后的那些高深莫测的神秘思想,也在人们头脑中留下了深刻的烙印。

除了择日历忌,各种各样的相术之学也是百姓日常生活中的一部分。从《汉书·艺文志》记载看,无论对于住宅、坟墓,还是牲畜家禽,乃至兵器刀剑,都有相应的相术,这在《汉志》中被称为"形法"。相术是观察的技术,其中包含大量实践经验的总结。对于类似山川走向和形势、屋舍墓地结构和方位的观察并将结果系统化,实际上需要几代人的经验积累。

相术的流行,除了满足人们日常的生活需要外,也包含有思想史意义。《汉志·数术略》谈论形法时说,形法是"大举九州之势以立城郭室舍形,人及六畜骨法之度数、器物之形容,以求其声气贵贱吉凶",①这种观察事物的眼光是颇有讲究的,要以某种标准来衡量对象的"声气",这个"标准"正来自世代经验的积累。上文曾提到先民通过观测掌握各种天文气象的变化,制定历谱来使人的活动同于"天道",可以证明这种天人一体观很早便已经存在了。而相术的技巧也在于此,"天人一体"思想信仰的涵盖已不仅仅是人,还包括"天"下所有的具形具相的事物——人或事物的外相与本质、变化之间有某些神秘的联系,这与天—人、天—物的联系是息息相关的。

《山海经》是《汉志》所举数术书中唯一保存下来的形法类书籍,《四库全书总目》中《山海经》提要云:"卷首有刘秀校上奏,称为伯益所作……司马迁但云《禹本纪》、《山海经》所有怪

---

① 班固:《汉书》,第 1395 页。

物,余不敢言,而未言为何人所作。……观书中载夏后启、周文王及秦、汉长沙、象郡、馀暨、下巂诸地名,断不作于三代以上,殆周、秦间人所述,而后来好异者又附益之欤?"①《山海经》篇幅巨广,应该不是一人一时之著作,而且其最终成书时间恐怕也不会在夏禹伯益之时。但是,这却无碍《山海经》中保存上古时代的古老思想,足见"形法"技术渊源的古老。《尚书·召诰》中曾讲述周公营建洛邑,有"相宅"、"卜宅"的步骤;《左传·昭公三年》载齐景公与宴子讨论住宅,晏子引用的谚语云:"非宅是卜,唯邻是卜。"②可见对住宅进行占卜的风俗早在宴子时代之前已经流行。《管子·地员》中也有"相土"技术的详细讲述。因此人们开始着意于对相术经验的积累,时间应该是很早的。

概括说来,在诸子学派分化之前以及分化初期,民间已经蕴含了颇多的相关思想内容。这些内容源自原始数术方技之学,原本只是一些仪式的具体操作技术以及随之而来的客观知识,但随着仪式一代一代传承,知识一点一点普及,形而下的技术操作渐渐被赋予形而上的思想意义:

第一,卜筮的起源同原始人利用动物、植物之灵去沟通天人的原始崇拜习俗有关。早在史前社会,人们便拥有了这样的想法:人是宇宙万物的一部分,通过某种特殊手段,人类可以模拟天地的运行而使得自身更好地融入宇宙天地。墓葬中的龙虎图像及星象摹图、外方内圆的玉琮以及各种原始方术的开展都可以说明这一点。达到"天地人同源同构"的认识当然需要漫长的时间,而早在史前社会便已沉淀在人们头脑中的上述

---

① 《四库全书总目》,北京:中华书局,1965年,第1205页。
② 杨伯峻:《春秋左传注》,第1238页。

想法无疑是个良好的起点。

第二，一些占卜术的操作技术较为复杂，比如星占、候气等等，而作为这些技术的副产品，很多天文、地理、气候方面的知识，便由此推广与普及开来。人们实际正通过这些"迷信"的活动而获得"科学"知识。当然，大规模的天文观测以及历法的安排等等活动还需要政府部门的参与，但民间同样知晓荧惑与火灾，慧孛与灾祥之间的联系。也许是知其然而不知其所以然，但是牢固的想法普遍渗透于民间——宇宙天象与人间灾异之间存在密切联系。

以上论及原始方技数术对于知识和思想的启蒙。对于国家而言，官学亦是保存知识和思想的途径之一。国家建立之后，职官系统也渐渐分化。《国语·楚语下》中楚昭王与大夫观射父讨论的"重黎绝地天通"涉及了职官体系的分化过程：

> 古者民神不杂。民之精爽不携贰者，而又能齐肃衷正，其智能上下比义，其圣能光远宣朗，其明能光照之，其聪能听彻之，如是则明神降之，在男曰觋，在女曰巫。是使制神之处位次主，而为之牲器时服，而后使先圣之后之有光烈，而能知山川之号、高祖之主、宗庙之事、昭穆之世、齐敬之勤、礼节之宜、威仪之则、容貌之崇、忠信之质、禋絜之服，而敬恭明神者，以为之祝。使名姓之后，能知四时之生、牺牲之物、玉帛之类、采服之宜、彝器之量、次主之度、屏摄之位、坛场之所、上下之神祇、氏姓之所出，而心率旧典者为之宗。于是乎有天地神民类物之官，是谓五官，各司其序，不相乱也。民是以能有忠信，神是以能有明德，民神异业，敬而不渎，故神降之嘉生，民以物享，祸灾不至，求

用不匮。①

　　观射父认为,上古时代原本的秩序是,治理土地人民和侍奉祖先神明的职责,是分属不同职官体系的。负责事神的巫觋是上帝指派的使者,他们具有超凡众人的才能。由巫觋继而又发展出祝、宗等官职,他们的职责都是负责神祖的祭祀;之后又继续分化出天地神民类物之官,是谓五官,分管天上事神祖与人间事人民的职务,这就是所谓的"民神异业"。

　　但随着时代的变迁,传统的秩序屡次被异端所破坏,民神混杂,家家事神,因为祭祀的法度不周全,神灵不降,社会产生了动乱。颛顼于是出手整顿秩序,命重黎绝地天通,恢复了旧时的常法。

　　根据这一段的叙述,原始巫觋分化出祝、宗之类王官的时间早在少皞氏之前。这里面当然有一些后人追思、想象成分。但可以推想在我国古代的官制系统中,巫、祝、宗及所谓"五官"之职的分化,距《国语》中楚昭王的时代也十分久远了,确实可以称之为"古者"。职官分化的年代虽然未必是在发生在颛顼时代,但从文中所表述来看,至少应该是在巫觋普遍开展且已经建立了一定系统的夏商时代。

　　这段记载同时提供给我们这样的信息:颛顼命重黎绝地天通,实际上使得天地之通成为统治阶级的特权,而通天地的法器也便成为统治阶级的象征。② 无论祭祀还是占卜,人们必须依赖专职的巫师或者由其分化出的职官来与神灵沟通。

　　可见,古代职官系统分化产生之后,至少导致了三个后果:

① 　徐元诰:《国语集解》,北京:中华书局,2002 年,第 512—514 页。
② 　详见张光直:《青铜挥麈》,上海:上海文艺出版社,2000 年,第 352 页。

一是原来的一些民间活动,现在则有一些专门人员司职,民间不能再随意开展;二是使民神之业,各自发展,相对独立,每种事务由专业部门分管;三是随着各种事务管理的专业化,"官学"渐渐产生并发展起来。

古代所谓官学,实际上是指职业知识。政府中系统的职官体系建立起来之后,每一个职位背后都有其相应的知识和技术。对于职业知识的管理,也是职官的责任之一。1967 年在陕西扶风周白村西周窖藏出土一件史墙盘,是西周微氏家族中一位名叫墙的人,为纪念其先祖而作的铜盘,因作器者墙为史官而得名。从铭文内容可知,该家族世代以"作册"为职业。"作册"在西周后期的文献记载中很少见,但在殷墟卜辞和西周铭文中却经常可以看到。这是非常尊荣的职位,是各种政治、宗教活动的重要参与者。他们的职责就是起草册命文书。[①] 史墙盘说明,史官所从事的职业,同时政、历史密切相关,而记录史事和记载官爵的册命则是他们的专业知识和技术——这其中至少涉及了对文字和书法的熟练掌握和运用。从史墙盘中我们可以看到,王官确实负责着他们的职业知识,并且确保其代代相传。

职官体系不断完善,在祭祀、占卜等巫术活动背后,作为背景的知识和技术——那些对宇宙时空的探索、天文星气的观测、地理方向的体察、人类自身生老病死的猜测等等,都集中在了官学内部。过去是政府将民间方术中较为重要的技术加以垄断,现在是这部分被垄断的技术在官府的经营下发展壮大,专业知识越积越多,技术分化越来越细,并且将这些实用知识

---

① 详见张亚初、刘雨:《西周金文官制研究》,北京:中华书局,1986 年,第 34—35 页。

与技术的更新逐渐向民间渗透。

知识的储备是思想生发的前提。在日复一日的技术操作中,祭祀礼仪渐渐形成规范,在周而复始的自然观测、生生死死的深刻体察中,天文历算、医药方技知识逐渐积累,思想也逐渐地从这些知识背景中生发出来。随着国家官制的发展,巫觋以及由之分化出的祝、宗等,成为中国早期知识、文化与思想的掌握者——其实不必到西周的官学,政府掌握了这批文化精英,自然对思想文化事业的最前沿状况有了牢固的掌控。

李零先生曾将西周的官学分为两大类型七项内容,类型一是数术方技和专业技术类,包括工艺(司空系统的工官)、农艺(司徒系统的农官)、养生技术和烹饪知识(宰/膳夫系统的宫廷内官);类型二是礼制法度和簿籍档案类,包括古代王命、成文法(司士、司寇)、各种图籍(司徒系统掌土地人民的官员)等。① 另外,古代大部分官文书,是由祝宗卜史系统的文职官员来掌守,同时,祝宗卜也要掌管祭祀神祖和占卜,史官又要掌管天文历法,他们的职业知识是兼跨以上两个类型,既有数术类的专业技术,又有文书档案类的专业知识。据张亚初先生研究,西周金文中所见的官名有一百种,可以分为 15 大类之多。殷商的官制系统也许没有西周完备,但仅在甲骨卜辞中便出现了 20 多种官名,可以分为臣正、武官、史官三类。② 可以推测,古代中国的职官系统,至少在商代便已经开始确立。这些组织有序的职官,在作为行政部门行使日常职务的同时,也保存了先人们积累各种职业知识与技术——包括上述李零先生总结的所有内容,范围广泛。

---

① 　详见李零:《中国方术考》,第 7—9 页。
② 　陈梦家:《殷虚卜辞综述》,北京:中华书局,1988 年,第 503—522 页。

除此以外,西周学校系统也对当时的知识和技术有保存之职能,也属于官学的系统。周代学校的教学内容,和上文所述李零先生所划分的第二类官学内容大致相当。至于第一类数术方技等职业技术的传授,则保留在职官系统内,由祝、史、医以及专责各种工艺技术的官吏世代相传。

以上总体讨论夏商西周时期官学对于知识和技术的保存,但实际上,无论从传世文献还是从出土文献及实物的角度,夏商周三代官学发展状况都有极大的不同,特别是商代祭祀文化和周代礼乐文化中官学的发展,对子学的萌芽和发展,特别是黄老之学的启蒙影响巨大。下文将设专章讨论殷商官学中的前诸子思想。

从上述民间和官方知识技术的流传发展状况看,民间流传偏重于各种数术实用知识与技巧,而官学系统则将礼制法度与方术之学并存,并且在方术之学中有选择地侧重。

以占卜预测技术为例分析官方与民间的分流。在占卜预测技术中,星占望气、龟卜筮占等是所谓“大术”。商周两代,龟卜筮占曾成为王室占卜的主要形式。随着时间的推移,星气之占以及式法也逐渐发展到较高水平,以至于产生了后来专门的“天文”、“历法”的学问。这种发展是同官学的支持分不开的。

但卜、筮传统源远流长,其产生和流传都没有离开民间。史前的卜筮同原始人利用动物、植物之灵去沟通天人的原始崇拜习俗有关。而从《左传》、《国语》、《战国策》中,我们也可见到大量卜、筮的用例。几千年来,卜、筮在民间的活跃从未停止,成为平民日常生活的一部分,只是因其后官学的接管才使一部分技术被职官部门所垄断。这也使巫、祝、史的占卜操作技术成为专门职业,使得占卜本身更具有神秘性和权威性。而其它占卜预测种类,比如择日宜忌、厌劾妖祥等等,更多地保留了巫术的原始面貌,也更多地在民间使用,官方则对此较少选择。

再以礼法制度为例。礼法制度的兴起虽然最初也不能离开民间约定俗成的传统,但其形成系统、成为定制,却应是在官学内部发展的结果——掌握礼仪的秩序、规范和礼节一直是殷商西周时代最大的权力和最重要的知识。

古代礼仪,既包括封禅、郊祭和各种朝礼等国家大典,也包括各式各样的民间俗礼。礼仪本身便具有形而上的思想意义,因为礼仪是秩序的象征,而殷商西周时代的所谓“秩序”,直接与人们信仰中的“天人一体”有关。中央、四周与八方的观念来自天文观测,一年分四季、四季配四方来自气象体察。人们相信天下一切事物都应与宇宙天地的运行规则相同,这种信仰不仅体现在方术技术运用的范畴中,而且延伸到社会的各个领域。人们曾在殷墟发掘出平面图为“亞”字结构的墓以及木室,为数不少,并非偶然。据高晓梅先生研究,“平面做‘亞’形的木室……很清楚的表示它有一定的涵义,非如此不可……它是祭祀祖先的地方,也是祭祀上帝和颁布政令举行重要典礼的处所”。[①] 礼制建筑成“亞”字形的平面结构引起众多学者的极大兴趣。除了礼制建筑外,汉代还存在其它与天地之象有关的器物,同样具有“亞”字形结构,最显著的便是汉代的日晷。张光直先生推测,在作为天地沟通场所的宗庙明堂在四隅都植有(实有或象征性的)四木,“若木”、“建木”或“扶桑”这一类沟

---

① 转引自张光直《中国青铜时代(二集)》,北京:三联书店,1990 年,第 85 页。原文见高去寻:《殷代大墓的木室及其涵义之推测》,载于《中央研究院历史语言研究所集刊》39(1969),第 181—182 页。

通天地的神木,平面图为了四木的植入而有了四角的凹
入。① 这样看来,殷商时代的"亞"形实际上代表了当时古老的
天人一体观念。到了周代,这种象征秩序化的礼仪更加繁复,
天子须祭天地、祭四方,祭一切时人认为具有神秘意义,象征与
天地同构的事物,《周礼》载祭祀之礼仪讲到大宗伯之职时言:
"掌建邦之天神、人鬼、地示之礼,以佐王建保邦国。以吉礼事
邦国之鬼神示,以禋祀祀昊天上帝,以实柴祀日、月、星、辰,以
槱燎祀司中、司命、飌师、雨师。以血祭祭社稷、五祀、五岳,以
狸沈祭山林川泽,以疈辜祭四方百物。以肆、献、裸享先王,以
馈食享先王,以祠春享先王,以禴夏享先王,以尝秋享先王,以
烝冬享先王。"②

这虽然是一系列具体操作的规范,但背后体现的却是周代
社会深入人心的天人一体思想,不但存在于上层社会、思想精
英中间,更是大传统与小传统皆具备的信仰。

从史前文化产生到春秋及其后一段时期,流传保存在民间
和官学的知识与技术正是诸子思想生发的基础和土壤,有的学
者将其称之为"前诸子"时代。不同的思想群体着重吸收了不
同方面的知识加以利用,并形成了不同的学派。西周末年,礼
坏乐崩,天子失官、学在四夷,政府机关已经衰败到无力保存、
发展知识和思想,但流传在民间的非精英思想意识依然存在并
发展着,直到诸子学派形成之后,这些非精英思想也作为普遍
的知识背景,为儒、墨、道、法等派的思想家所汲取。这些民间
思想与官学,实际正是《庄子·天下》中所谓"道术将为天下
裂"中的"道术"。

---

① 　详见张光直《中国青铜时代(二集)》,第 91—92 页。
② 　《周礼·春官·大宗伯》,见王弼注,孔颖达正义:《周礼正义》,北京:北京大学
　　出版社,2000 年,第 529—540 页。

　　黄老之学也正是从这种文化传统中脱胎而来。成熟的黄老之学思想文献马王堆帛书《经法》等四篇中，突出表现了其老子道家思想与黄帝数术思维相结合特征。特别是原始方术活动、商代祭祀方术以及西周以"世业"的方式流传下来的数术方技，皆成为黄老之学学术思路中不可缺少的知识环节。特别是对于其"推天道以明人事"的思维特征，诸子之前的方术传统起到了积极推动的作用。

第二章
殷商官学中的前诸子思想

　　中国文化的早期发展要追溯到夏商周三代。夏文化之详貌目前尚难确定,真正奠定中国文化之基础的是殷商与西周。特别是西周。西周在文化方面的政策是"学在官府",教育与文化完全为官府垄断,平民无权问津,于是便有了所谓"王官之学"。虽从严格意义而言,王官之学本身并非学术思想,而只是职业知识,但在学术史上,它却有着承先启后的独特价值和意义。它不仅综合融会了此前各种文化思想,更孕育启迪了以儒、墨、道等为代表的诸子学术。殷商西周时期,掌握知识文化的巫、史、祝、卜,其身份既是国家政府官员,也是世袭的职业文化人,凡卜筮、祭祀、星历、教育、医药、音乐、歌舞、婚庆、葬丧等诸般文化活动,均由他们操作执掌。那个时代的巫、史、卜、祝是中国知识阶层的原初状态。当时的文化思想,不存在"道术将为天下裂"的隐患,王官之学作为一个有机整体存世。随着王朝式微,王官失守,学术下移,"道术"也即王官之学逐渐分化演变。在这种文化背景下,诸子百家无论哪一派别,在著书立说、阐发个人主张的同时,都摆脱不了商周官学传统的影响。

正是看到先秦诸子之学与西周官学传统千丝万缕的联系,西汉末年刘歆首倡"诸子出于王官",载诸文献始见于班固《汉书》。据《汉书·艺文志·诸子略》,诸子出于王官的理论共涉及十种王官:司徒之官、史官、羲和之官、理官、礼官、清庙之守①、行人之官、议官、农稷之官及稗官,其职能也几乎统摄政治生活的各个方面。从某个角度讲,诸子各家学说的基本主张与某种王官的职能之间确实存在着相通之处。而在西周及之前,政府职官系统也确实负有掌握保存知识的职能,这正是汉代学者在辨章学术、考镜源流的过程中所得到的认识。自刘歆及班固提出后,直至近代很多学者亦承其说。但是,从胡适撰《诸子不出王官论》后,"诸子出于王官"开始引发争议,成为学术史上的一桩公案。以章太炎为首的拥护者竭力为王官说找寻依据,胡适等另外一些学者则激烈反驳,时至今日尚无定论。所以诸子思想同西周官学的关系仍然是值得思考和探讨的问题。

"诸子出于王官"说,将学术思想与政府执掌进行机械对称的安排,显然是出自人为安排而并非历史原貌。过分的对号入座,使得整个理论难以全部落实。但从另一方面讲,中国古代的自由学术当然并非生而有之,自由学术来自官学下移,历史上确实存在这样一个过程。因此"诸子出于王官"说虽屡遭诟病,但殷商西周的王官之学中,确实存在着诸子之学的萌芽,这是不能一笔抹杀的。

---

① 据杨树达意见,"守"字当为"官"字之误。参见杨树达《汉书窥管》,上海:上海古籍出版社,1983 年,第 235 页。

对于春秋战国诸子之学而言,商周王官之学未必是其直接的母体,但绝对是诸子学说发生的文化根源,是春秋战国诸子必须直接面对的传统文化。不过,二者之间的关系确实较为复杂。诸子思想在形成之初固然受到商周王官之学的影响,然而早期零碎模糊的观念与成系统的诸子思想,毕竟不可同日而语。

官学是王官之学的简称,是属于以王朝文化为中心的官府文化系统的一部分。从这个视角而言,王官之学可以表述为上古社会统治阶层主导的文化。而我国可考的最古老的王官文化,当属上古夏商时期的祭祀文化,以及周代的史官文化。

第一节　殷商官学及其对知识的执守

夏代文化从考古学上尚无法证实,但《左传》、《离骚》、《天问》和《史记·夏本纪》、《书序》等传世文献中,都载有较为完整的夏王室世系,这表明夏代祭祀文化基本已经形成规模。而就殷墟甲骨卜辞所见,殷人的祭祀文化已可谓蔚为大观。殷人的祭祀对象可以分为三大类型:祭祀天神、祭祀山岳等自然神、祭祀以先公先王为主的祖先神。以数量最丰富的祖先祭祀为例,大量卜辞可以证实商代已经开始繁复且系统有序的祖先祭祀。研究发现,至先王祖甲时期,殷人已开始用盛大漫长的祭礼祭祀先公、先王、先妣以及先公先王诸兄。特别是对先公先王的祭祀,一个周期长达一年,祭祀种类多达三类五种。[①] 这种祭

①　详见陈梦家:《殷墟卜辞综述》,北京:中华书局,1986年。

祀文化及其繁复的仪轨、制度,当然不是一朝一夕形成的。殷商时期最重要的文化传统,便是从殷人祭祀文化中生发出的知识与思想。

在祭天神、祭自然神、祭祖神的仪式中,仪轨本身具有形而上的重要意义,这是不言而喻的。殷人祭祀的目的,是通过"沟通神人",得到神旨来指导人事。无论是祭祀还是占卜,其具体操作都以这种观念为指导。甲骨卜辞记载了人们祭祀中使用的一些方法,比如通过寮、炎等方式,焚柴使得烟气上升,以示诚于上天;用沉、埋等方式,向水中沉牲畜、玉璧,向土中掩埋牺牲,用以祭奠河川。人们认为通过这些方法,能够使人的请求上达于天,取悦神灵,并获得启示。无论是焚烟或是掩埋,都是使神灵意图下达、使世人意愿上传的方法。实际上,沟通人神的手段正是殷商王朝最重要的职业知识,掌管这类知识的职官也成为祭祀、占卜的专业人才。同时,在以神为本的殷商时代,掌握祭祀及占卜礼仪的秩序、规范和礼节的具体操作也一直是最高的权力。在礼仪中,相当一部分程序甚至是需要由商王本人和社会地位崇高的神职人员——巫、祝操控的。

这一局面的形成历时甚久,据文献所载,上古时代曾经"夫(人)人作享",颛顼或尧时代开始禁止"民神杂糅",实行"绝地天通"。如《尚书·吕刑》载:"民兴胥渐,泯泯棼棼,罔中于信,以覆诅盟……上帝监民,罔有馨香德,刑发闻惟腥。皇帝哀矜庶戮之不辜,报虐以威,遏绝苗民,无世在下。乃命重黎,绝地天通,罔有降格。"①《墨子·非攻下》载:"昔者三苗大乱,

---

① 孔安国传,孔颖达疏:《尚书正义》,北京:北京大学出版社,2000 年,第 630—634 页。

天命殛之……高阳乃命禹于玄宫,禹亲把天之瑞令,以征有苗……禹既已克有三苗,焉磨为山川,别物上下,乡制大极,而神民不违,天下乃静。"①言之最详的是《国语·楚语下》中楚大夫观射父所言:

> 及少皞之衰也,九黎乱德,民神杂糅,不可方物。夫人作享,家为巫史,无有要质。民匮于祀,而不知其福,烝享无度,民神同位。民渎齐盟,无有严威。神狎民则,不蠲其为。嘉生不降,无物以享。祸灾荐臻,莫尽其气。颛顼受之,乃命南正重司天以属神,命火正黎司地以属民,使复旧常,无相侵渎,是谓绝地天通。②

显然,民神杂糅、民神同位的现象对统治者非常不利,因此将祭祀上帝鬼神的权利高度集中也就成为必然的结果,殷商政府的现实也是如此。当时,神权巫术与王权结合得非常紧密,殷商王室的首要任务便是"率民以事神,先鬼而后礼"。甚至商王本人也兼有大巫的身份,如《吕氏春秋·顺民》载:"昔者汤克夏而正天下,天大旱,五年不收。汤乃以身祷于桑林,曰:余一人有罪,无及万夫;万夫有罪,在余一人……于是翦其发,磨其手,以身为牺牲,用祈福于上帝,民乃甚说,雨乃大至。"③商王亲自承担"巫"的职责,充分说明在殷商祭祀文化中此类神职人员的崇高地位和重要性。

由于巫祝等掌管祭祀文化的神职人员充当着人神沟通的使者之职,社会地位显赫,殷商时期的重要知识都掌握在他们

---

① 吴毓江:《墨子校注》,北京:中华书局,1993年,第220页。
② 徐元诰:《国语集解》,第514—515页。
③ 许维遹:《吕氏春秋集释》,中华书局,2009年,第200—201页。

的手中。如巫祝的主要职责包括主持贞卜祭祀、主祈雨,甚至主禳病驱疾。这些工作都涉及相当丰富的知识和技术,其背后都有深刻的思想背景为支撑。简而言之,殷商的祭祀文化所生发的底蕴,对春秋战国时期的诸子而言,是重要的思想传统。它其中所包含的对文字的使用,对祖先的崇敬,对血族的祭祀,对一年四季、四方八面、风雨雷电等自然现象及人类自身的认识和思考,都昭示了后世思想史发展的方向。

第二节　西周官学知识系统及思想发展

一、集中保存知识的西周职官系统

西周是中国历史上最早运行官僚体制的政府。相对于殷商而言,西周政府在相当大程度上实现了专门化和常规化的运作,其政体已有了很大改变,而官方知识系统的存在和保存方式也发生了重大的变化。

西周时期的政府职官系统较殷商已相当复杂和完善,各官署与职官的执事分工也相对较为明确。西周王朝设有卿事寮和太史寮。[①]“寮”这种职官集合体的出现,以及卿事寮和太史寮的分工行政,正是西周政府制度化的重要标志。西周两寮所分管的政务及官署的性质是学术界仍在讨论的话题。但一些初步的结论已经可以帮助我们了解西周职官的概况。至少到西周

---

① 卿事寮在西周早期便已设立可以通过令方彝(集成 9901)铭文确定。在西周中期和晚期的铜器铭文中,卿事寮和太史寮一同出现,可参考番生簋(集成 4326)和毛公鼎(集成 2841)。详见中国社会科学院考古研究所:《殷周金文集成释文》,香港中文大学出版社,2001 年。

中期,政府已并设卿事寮和太史寮。卿事寮管理民事行政,总管
"三事"和"四方";太史寮兼管神职与人事,掌册命、制禄、图籍、
记录国家大事、祭祀、祝卜、礼制、时令、天文、历法等等。

在对西周官学知识系统的讨论中,引人注目的是所属太史
寮的两类职官上,一类是主管文职书籍的"史",一类是执行宗
教功能的"卜"和"祝"。同时,在西周的职官系统中,"作册"
一职也与本文所讨论的官学知识与思想系统有紧密联系。

"作册"在西周后期的文献记载中很少见,但在殷墟卜辞
和西周铭文中却经常可以看到,是各种政治、宗教活动的重要
参与者,一般负责起草册命文书。关于"作册"与"史"的关系,
孙诒让认为,制造典册是史的职责之一,因此承担此项工作的
"史"也被称为"作册"。① 王国维认为铜器铭文中出现的"作
命内史"、"作册内史"都是作册的别名。② 在目前的研究中,学
界对"史"和"作册"并没有做严格意义上的区分。二者皆有文
书类职官的特点,他们工作性质非常接近,因此本文皆以"史"
统称之。

根据《汉志》著录先秦的文献典籍,李零曾将西周的官学
分为两大类型,一类是专业技术和数术方技类,包括工艺、农
艺、养生技术和烹饪知识;一类是礼制法度和簿籍档案类,包括
古代王命、成文法、各种图籍等。③ 由于古代大部分官方系统
文书是由祝宗卜史类的文职官员来掌守,同时,祝卜也要掌管
祭祀神祖和占卜,史官又要掌管天文历法,他们的职业知识是
兼跨以上两个类型,既有数术类的专业技术,又有文书档案类

---

① 孙诒让曾在"内史"下疏:"尹逸盖为内史,以其所掌职事言之谓之作册。"见孙
　　诒让:《周礼正义》,中华书局,1987 年,第 2130 页。
② 王国维:《观堂集林》,北京:中华书局,1959 年,第 272 页。
③ 详见李零:《中国方术考》,北京:东方出版社,2001 年,第 7—9 页。

的专业知识。因此无论是制作和保存文字记录的文书职官"史",还是掌握制度礼仪操作的宗教职官"祝"、"卜",他们执守的知识与文化都属于本文要讨论的西周官学的主体部分。

二、史官职守及其知识系统

政府中大量设置史官是西周官制从早期便呈现出的特点,这也体现出西周文化和知识系统较殷商的发展。

从铜器铭文中的记载看来,西周时期普通的史数量很多,出现在政府行政各个层级,主要担任文书和秘书的工作。如在吴方彝(集成9898)、望簋(集成4272)、蔡簋(集成4340)等铭文中出现的,都是西周中央政府中的"史"。除此以外,诸侯国中亦设立史官。[①] 史官之长即"太史",应是"太史寮"的主要领导者,作为职官的"太史",出现在西周早期的中方鼎(集成2785)、太史友甗(集成915)中。张亚初、刘雨先生认为,太史的主要职能包括:助王册命、赏赐;[②]命百官官箴王阙;[③]保存和整理文化典籍;[④]为王之助手和顾问。[⑤] 而普通的史官,其职守则包括传达周王命令、代王册命及赏赐诸侯群臣、参与册命

---

① 详见李峰:《西周金文所见官名列表》,载《西周的政体》附录一,北京:三联书店,2010年,第314页。

② 《尚书·顾命》有"太史秉书,由宾阶隮,御王册命"之语(《尚书正义》,第601页。)中方鼎(集成2785),有"王令大史兄褔土"。北京:中国社会科学院考古研究所编:《殷周金文集成释文(二)》,第359页。

③ 据《左传·襄公四年》:"昔周辛甲之为大史也,命百官,官箴王阙。"杨伯峻撰:《春秋左传注》,第938页。

④ 据《左传·昭公二年》:"晋侯使韩宣子来聘,且告为政,而来见礼也。观书于大史氏,见《易》、《象》与鲁《春秋》。"杨伯峻撰:《春秋左传注》,第1226页。

⑤ 据《左传·哀公六年》:"是岁也,有云如众赤鸟,夹日以飞三日。楚子使问诸周大史",杨伯峻撰:《春秋左传注》,第1635页。《国语·周语上》:"太史赞王",徐元诰:《国语集解》,第18页。以上同时参考张亚初、刘雨:《西周金文官制研究》,第26—27页。

或宗教仪式并担任一定职务,以及参加视察地方诸侯及一些军事活动。这些工作和《周礼·春官·宗伯》所载"大史"职守非常接近。可见《周礼》在此处所载大体符合历史实际。总之,研究者从文献资料及铜器铭文中爬梳出先秦史官的职掌,这些工作包括记录、策命、典礼,占卜、制历等。概括而言,大约为天官职能和文史职能两方面,其中文史职能既包括文书管理工作,也包括文字记录工作。

在关注史官天官职能时,很多学者都注意到司马迁《太史公自序》中自述家学的一段话,并将其作为讨论早期史官职责的材料:

> 昔在颛顼,命南正重以司天,北正黎以司地。唐虞之际,绍重黎之后,使复典之,至于夏商,故重黎氏世序天地。其在周,程伯休甫其后也。当周宣王时,失其守而为司马氏。司马氏世典周史。①
>
> 余维先人尝掌斯事,显于唐虞,至于周,复典之,故司马氏世主天官。至于余乎,钦念哉! 钦念哉!②

重黎家族世序天地,《国语·楚语下》又载重黎曾经"绝地天通",因此他们实际上就是巫一类的神职人员。《楚语下》中又载尧时代,"复育重黎之后,不忘旧者,使复典之",据韦昭注,羲、和即为重黎氏后代,"尧继高辛氏,平三苗之乱,绍育重、黎之后,使复典天地之官,羲氏、和氏是也"。③ 这一点在《史记·天官书》中也可得到印证。关于重黎羲和等人的职责,传世文

---

① 司马迁:《史记》,第3285页。
② 司马迁:《史记》,第3319页。
③ 徐元诰:《国语集解》,第516页。

献不乏记载。他们的工作是与历象日月星辰、敬授人时密切相关，《史记·历书》载："明时正度，则阴阳调、风雨节、茂气至，民无夭疫。"[1]观测天象、制定历法仍是史官具有代表意义的重要职掌，而此项工作的技术含量比较高，与此相关的知识、技术是西周代表性官学知识之一。

历法是天文学知识在生活中的实际应用，西周时期的天文学已经相当发达。这一方面是承自商代对天象星辰的观测，另一方面也是生产生活实际需要的结果。史官一职不但需掌握历法的制定，更进而负担起颁行朔政的任务。《周礼》载太史"正岁年以序事，颁之于官府及都鄙，颁告朔于邦国"，[2]无论是历法还是朔政，在古代社会中都是非常重要的政治事件，古人认为它们是天命在人间的直接体现。在制定历法的过程中，史官需要观测各种天相变化、日、月、星、辰、岁等等。正如《礼记·月令》所载：（大史）"守典奉法，司天日月星辰之行，宿离不贷，毋失经纪，以初为常。"[3]对此，孙希旦进一步解释："天与日月星辰各有行度，大史主审候之也……日有永短盈缩，月有朒朓迟疾，其占候不可以有所差失，日月之行审，而天与星辰在其中矣。"[4]《周礼·冯相氏》则云："掌十有二岁、十有二月、十有二辰、十日、二十有八星之位，辨其叙事，以会天位。冬夏致日，春秋致月，以辨四时之叙。"[5]从这些记载可以看出，天文、历算的许多专业知识和技术，正为史官一职所掌握。

在中国早期文化中，人们相信各种天象是"天命"的体

---

① 司马迁：《史记》，第 1257—1258 页。
② 郑玄注，贾公彦疏：《周礼注疏》，第 815—816 页。
③ 郑玄注，孔颖达疏：《礼记正义》，第 538 页。
④ 孙希旦撰：《礼记集解》，北京：中华书局，1989 年，第 415 页。
⑤ 郑玄注，贾公彦疏：《周礼注疏》，第 823—824 页。

现,人间的各种政治事务、宗教礼仪乃至社会活动都应以此为依据。由于史官的本职工作之一便是观测天文,因此解释各种灾异现象,决定如何应对都成为史官职责中的应有之义。《左传·昭公十七年》夏六月戌朔日发生日食,为避免祸患,太史决定"在此月也,日过分而未至,三辰有灾……祝用币,史用辞"①。《汉书·艺文志》天文类小序中说:"天文者,序二十八宿,步五星日月,以纪吉凶之象,圣王所以参政也。《易》曰:'观乎天文,以察时变。'"②可见观察记录天文现象本身并非目的,推天道以明人事才是古人重视天文观测的原因。

除了天官事务外,史官还负责周朝政府的文史职务,其中既包括文书、典籍等的管理,也包括各种文字的起草、记录。

《周礼·宰夫》叙述官府八职中的"史"时,说其职事特征为"掌官书以赞治",《国语·周语上》也载:"故天子听政,使公卿至于列士献诗,瞽献曲,史献书……瞽史教诲,耆艾修之,而后王斟酌焉,是以事行而不悖。"③史所献之书,为天子行政提供了重要参考。同时,史官还要担负君主顾问的职责。《大戴礼记·保傅》云:"博闻强记,接给而善对者,谓之承。承者,承天子之遗忘者也。常立于后,是史佚也。"④这就是史官的本职工作之一。而西周史官所从事的文字类工作,则更是西周史官文化的代表性内容。据许兆昌统计,史官在政府中所从事的文字、文书工作,包括记事、宣读册命、书写册命、宣读文告、诵读往事之要戒、为王诵读文书、登录保管契约、记录刑书、书写盟

---

① 杨伯峻:《春秋左传注》,第1384页。

② 班固:《汉书》,第1765页。

③ 徐元诰:《国语集解》,第11—12页。

④ 黄怀信:《大戴礼记汇集校注》,西安:三秦出版社,2005年,第361—362页。

誓、管理文字等。①

除此以外,周代史官以文史之职参与王朝政事的用例还有很多,如在大祭祀中,史官与群执事读礼书而协事;国家迁移中,史官抱司空营国之法先王而至,以备迁国之后君臣处位不误;聘问中,史官负责撰写聘使文书,并宣读、核对礼单;在军事活动中,两军交接时由史官致辞礼问。最典型的,是史官在监察和参谋咨询中所负有的职责,如实记录君王言行,特别是其过失,取往事之要戒,献古今善败于君王,掌叙事之法,收集百官官箴,献书于君主。这些职能,充分说明了史官一职的文化优势,也表明在史官职掌中,文字的应用、史料的融汇、礼仪的熟悉是重要的组成部分。

综上可知,史官的职责统辖了数术和文职两个方面。② 既负责以天文、历算为主题的数术操作,又负责保存各种礼法制度、历史典籍,起草各类册命、祝文、载书等等行政工作。兼管神事和人事,也使史官具备了能够兼得形而下操作与形而上思考的视角。这种思路对于后世诸子思想的启发具有重要意义。

三、宗教类职官及其知识系统

卜祝类职官都曾在西周金文中出现。《周礼·春官·宗伯》有大祝一职,下设小祝、丧祝、甸祝、诅祝等。祝官系统掌祖先及神灵祭祀,大祝"掌六祝之辞,以事鬼神示,祈福祥,求

---

① 许兆昌:《周代史官文化——前轴心期核心文化形态研究》,长春:吉林大学出版社,2001 年。

② 本文此处以"数术"代称史官职责中的天官职务,原因在于与史官天官职责相联系的很多典籍著录在《汉志》的数术类下,且"数术"一语是从职务内容角度出发对史官的这一类职务进行指代。

永贞"，"掌六祈，以同鬼神示"，"作六辞，以通上下亲疏远近"，
"辨六号"，"辨九祭"，"辨九撢，"并且"凡大禋祀、肆享、祭示，
则执明水火而号祝"①等等，大祝之下的其他各祝则具体分管
不同事宜，掌辅佐大祝掌小祭祀，掌大丧劝防之事，掌四时之
田、表貉之祝号，掌盟、诅、类、造、攻、说、禬、禁之祝号等
等。② 在各种礼仪场合以祝禳之法祈求神助。《周礼·春官》
亦设卜职，卜职官系统掌占卜预测，大卜"掌三兆之法"，"掌三
易之法"，"掌三梦之法"，"以邦作龟之八命"，并利用这些"观
国家之吉凶，以诏救政"③。大卜下设职官，包括卜师、龟人、菙
氏、箸人、占梦等，均负责以不同方式进行占卜预言。从《周
礼》记载看，西周时期卜祝类职官同殷商时期巫之职能非常接
近，且无论是祝禳还是占卜，他们都掌管着这些活动中具体的
数术操作过程。《史记·日者列传》尝云："今夫卜者，必法天
地，象四时，顺于仁义，分策定卦，旋式正棋，然后言天地之利
害，事之成败。"④这些看似无意、繁琐的操作背后，总蕴含着古
人对世界的认识和思考方法。而这思想背景中所包含的基本
常识和认识，便是卜祝职官历代以来的职责。

　　以上述《周礼》所云卜祝之职考之金文，西周时期祝、卜之
职及其属官，虽然未必与《周礼》尽同，但祝与卜确属西周官制
的一部分。随着职官体系不断完善，随着祭祀、占卜等巫术活
动的不断进行，那些作为背景的知识和技术——包括对宇宙时
空的探索、天文星气的观测、地理方向的体察、人类自身生老病
死的猜测等等，集中在官学内部成为人类新知识的基础，知识

---

① 郑玄注，贾公彦疏：《周礼注疏》，第774—788页。
② 郑玄注，贾公彦疏：《周礼注疏》，第798—807页。
③ 郑玄注，贾公彦疏：《周礼注疏》，第746—753页。
④ 司马迁：《史记》，第3218页。

的储备是思想生发的前提。在日复一日的技术操作中,祭祀礼仪渐渐形成规范,在周而复始的自然观测、生生死死的深刻体察中,天文历算、医药方技知识逐渐积累,思想也逐渐从这些知识背景中生发出来。人们逐渐树立起天人同源同构、推天道以明人事的宇宙观,这便使得卜与祝所进行的操作不再是盲目从俗的,每一个动作都有了不言而喻、不证自明的天道作为支撑。显然,在这种文化背景下,祝与卜便跻身于中国早期知识、文化与思想的保有者之列。他们所拥有的,是西周时期最丰富和先进的知识和思想,也是后世诸子学术体系赖以建立的基础。

四、西周学校系统及知识的保存与传授

除了政府官职部门之外,西周的学校也是保存知识的部门之一,属于官学系统范畴。西周学校对知识的保存之功,主要体现在学校以典籍教授学子,从而使典籍得到较为系统完整的传承。

周代学校担任教职的老师均有政府职官之身份。《周礼》中,《春官》下的大师、小师,《地官》下的师氏、保氏等等,都是专司教育的职官。然而《周礼》内容同西周金文的记载略有出入,特别是关于"师"之职守,这已为许多学者所关注。西周金文中,"师"身兼数职,是军事长官、行政长官,同时兼及教育长官,而在这些职责中,军事之职最为重要。[①] 关于"师"在军事和教育方面的双重身份,李零先生曾有论述,认为此二者是相通的。[②] 无论如何,西周时期的教育为政府所主导的事业,教

---

① 详见张亚初,刘雨:《西周金文官制研究》,第3—6页。
② 详见李零:《西周金文中的职官系统》,载《李零自选集》,第119页。

学人员的身份为政府职官,这一点是毋庸置疑的。由于学校属于官学,因此接受教育之人的身份,也必须是贵族子弟。

　　西周学校教授的内容,根据《周礼》所载,包括礼、乐、射、御、书、数之"六艺",所谓"养国子以道,乃教之六艺:一曰五礼,二曰六乐,三曰五射,四曰五驭,五曰六书,六曰九数"。① 具体而言,大司乐以乐德、乐语、乐舞教国子,乐师则掌教"六诗",保氏之官、司徒、司乐、师儒、乐师等以礼乐教化"国子"。"礼"属政治、伦理、道德、礼仪的教育,而"乐"则属于艺术教育,包括诗歌、音乐、舞蹈等。但也有学者认为,礼乐本身也分文武,礼乐之中原本也包含有军事的内容。② 据史籍记载,原本被认为是乐师之职的太师本是军事长官,同时兼掌钟鼓之乐,《逸周书·武顺》有"吉礼左还,顺天以立本;武礼右还,顺地以立兵"的记载,吉礼就是文礼。③ 因此,礼、乐实际上是从文武两方面,对学生进行道德礼仪知识以及军事理论的教育。射、御则是更具体的军事训练。书、数则是有关书写和计算技能的基础教育。可以看出,西周时期的最富代表性的礼乐文化已在学校教育中得到系统传授。另外,据《国语·楚语上》的记载,贵族弟子还要学习"春秋"、"世"、"令"、"语"、"故志"、"训典"等内容,这些历史、王命之典籍与知识很多来自当时的史官系统。通过学校教育,包括《易》、《诗》、《书》、《礼》、《乐》在内的很多重要典籍世代流传,这是除史官保管典籍之外的传承途径。

　　西周学校系统对于古代知识与文化的保存方式,主要是通

----

① 　郑玄注,贾公彦疏:《周礼注疏》,第416页。
② 　详见李零:《西周金文中的职官系统》,载《李零自选集》,第120页。
③ 　关于这方面的详细论述,详见李零:《西周金文中的职官系统》,见《李零自选集》,第120页。

过上述礼法制度以及各种涉及政治、经济的簿籍档案和历史典籍实现的。而这些知识与文化同当时的史、祝卜等职官系统又有着密切的联系。

第三节　商周官学中所蕴含的
诸子思想背景

殷商时代祭祀文化流行,各类祭祀及占卜的主要参与者巫是祭祀文化的主角。巫以崇高的身份和所掌握的知识技巧扮演了"沟通天人"之中介角色。当时,祭祀与占卜的权力已归政府——对祖先和各种神灵的祭祀不但规模宏大,而且过程繁复、旷日持久,这种规模只能举政府之力,依靠各部门职官的分工与配合才能实现。而这种权利的垄断也造成了知识和技术只能在政府内部保存。殷商时期,人们已对宇宙有了相当多的直观感受和认识,而这些知识在殷人经年累月的祭祀、占卜中又进一步得到积累和深化。

首先,殷人对祖先的崇拜和祭祀对后世思想史有着深远影响。在殷商祭祀文化中,商人对祖先非常重视,这一点也成为中华传统文化的一部分流传至今。甲骨卜辞中,有关祖先祭祀的内容占绝大多数,商人用虔诚的心情和繁琐的程式对祖先进行祭祀。在殷人心目中,社会和家庭已经非常秩序化,组成、贯穿社会的主轴是纵向的血缘关系。这对于儒家的一些思想主张有着密切的关系。而先秦诸子儒墨道家,都习惯于追溯历史、回首历史,向先王之道和前朝之事寻求确认,这种思路和习惯不能说和祖先崇拜毫无关系。同时,在殷商时期,记录祖先世系成为重要的政治事件,由专门职官负责。

其次,殷人掌握了大量关于外部世界和人类自身的知识,这是后世诸子思想兴起的知识基础。卜辞内容中,有大量关于中央、四方与八面的方向性描述,有对风雨雷电等自然现象的明确概念,这些都来自殷人对当时的天文、地理和气象的体察与观测。卜辞还有著名的"四方风"内容,这是殷人将抽象的概念同四季与四方相配而产生。① 这些自然知识全部为巫祝等职官所掌握。而对风雨雷电的祈禳祝祷意味着殷人对自然气象的了解,对天干地支、四时、十二月及置闰的使用意味着殷人对历法的熟悉,卜辞中对医方之术的记载则表明他们对于身体和生命的认识。这在当时乃至之后,都是相当重要的知识和技术,先秦诸子思想,便是萌生在这些基础知识与技术之上的。

再次,社会上产生了一批以书写文字为职业的人。主持或襄助各种祭祀祝祷仪式的祝、巫等政府官员,他们是有文字历史以来第一批文化人,同时也是殷商官学的执守者,掌握着当时社会最为重要的知识和技术。虽在西周时期,政府结构和职能均有了较大程度的改变,但从巫祝等宗教职官演化出的政府官员——主要是负责文职工作的史官、作册等,仍然是当时社会文化程度较高的一批人。而这批人一直代表着社会上最高层次的文化水平,掌握着最高层级的知识和思想。

以上是殷商官学文化中对先秦诸子思想具有启发意义的内容。

西周时期更是思想史上理性萌生、知识积累、思想成型的黄金阶段。史官以及宗教类职官所职守的知识与技术是后世思想萌生的沃土。

首先,从西周史官的数术职责可以看出,对后世思想史影

---

① 参胡厚宣主编:《甲骨文合集释文》,中国社会科学出版社,1999 年。

响至深的"天人一体"的观念已经形成。西周时期,象征秩序的礼仪更加繁复,天子须祭天地、祭四方,祭一切时人认为具有神秘意义、象征与天地同构的事物,《周礼》载祭祀之礼仪:

> 大宗伯之职,掌建邦之天神、人鬼、地示之礼,以佐王建保邦国。以吉礼事邦国之鬼神示,以禋祀祀昊天上帝,以实柴祀日、月、星、辰,以槱燎祀司中、司命、飌师、雨师。以血祭祭社稷、五祀、五岳,以狸沈祭山林、川泽,以疈辜祭四方百物,以肆献祼享先王,以馈食享先王,以祠春享先王,以禴夏享先王,以尝秋享先王,以烝冬享先王。①

日月星辰的运行、山岳社稷和四方百物的状况,都同人类社会的兴衰成败有关。这种思维路数直接被后世诸子所继承。

其次,随着天人观念的发展,西周官学思想中"推天道以明人事"的倾向越来越明确。在长期观测天象和推演历法中,史官形成了推天事人的文化传统。而天文观测、历算推演的操作,始终作为史官的本职之一保存在官学内部。"推天道以明人事",这一点对后世思想史的发展影响深远。在中国古代思想中,对"天"的终极信仰是一个重要背景,"天不变道亦不变",诸子思想中的许多重要命题都以此为前提。

除此以外,随着西周职官制度的发展与分化,史、祝、卜等具有文史及宗教职能的职官成为聚集和发展知识文化的政府部门。在这些职官所进行的祭祀、占卜等活动背后,作为背景的知识和技术——那些对宇宙时空的探索、天文星气的观测、地理方向的体察、人类自身生老病死的猜测等等,都被保存在

---

① 郑玄注,贾公彦疏:《周礼注疏》,第529—540页。

官学内部。这部分被垄断的技术在官府的经营下发展壮大,专业知识越来越丰富,技术分化越来越细密,这些知识都成为新思想发生的前提。

　　无论殷商还是西周,在相关政府职官日复一日的技术操作中,祭祀礼仪渐渐形成规范,在周而复始的自然观测、生生死死的深刻体察中,天文历算、医药方技知识逐渐积累,思想也逐渐从这些知识背景中生发出来。随着国家官制的发展,巫觋以及由之分化出的祝、宗等,成为中国早期知识、文化与思想的掌握者。从史前文化产生到春秋后期,特别是殷商和西周时期,保存在官学的知识与技术是诸子思想生发的主要基础。不同的思想群体着重吸收了不同方面的知识加以利用,并形成了不同的学派。西周末年,礼崩乐坏,天子失官、学在四夷,政府机关已经衰败到无力保存、发展知识和思想,官学所保存的知识流传到民间,直到诸子学派形成之后,这些思想也作为普遍的知识背景,为儒、墨、道、法等派的思想家所汲取。《庄子·天下》所谓"道术将为天下裂",所指的正是这样一种情况。商周官学中所保存的先秦诸子思想萌芽,终于在春秋战国的历史、文化背景中,生发出先秦诸子思想的奇葩。

第四节　诸子学说对"原始道术"的承袭

　　儒、墨、道在诸子中是三个源起较早的学派。它们与西周官学以及民间数术都有较为直接的联系,其中儒、墨的名称,都在先秦古籍中便有记载。本节主要介绍儒墨道对"原始道术"的吸收,借此作为下一章对黄帝之学分析的背景。

一、儒家对原始道术的继承

"儒"的来源,两千年来一直相当暧昧模糊。不少学者主张儒与原始巫术礼仪有关。章太炎先生认为"儒"最早泛指术士,"儒有三科,关达、类、私之名。达名为儒,儒者,术士也。""儒之名盖出于需。需者,云于上天。而儒亦知天文,识旱潦"。后来用以指称熟悉礼、乐、射、御、书、术以教民的知识分子,也就是"类名为儒,儒者,知礼乐射御书数"。直到孔子自称为"儒",这个概念才缩小成私名①。胡适先生认为儒者是以"治丧相礼"为职业的殷民族的教士。《论语·雍也》中有"女为君子儒,勿为小人儒"之语,对此,钱穆先生解释说:

> 儒为术士,即通习六艺之士。古人以礼、乐、射、御、书、数,为六艺,即得进身贵族,为之家宰小相,称陪臣焉。孔子然,其弟子亦无不然。儒者乃当时社会生活一流品……非学者自锡之嘉名,故得有君子有小人,而孔子戒其弟子勿为小人也。②

《说文解字》释"儒"为"柔也,术士之称",③《汉书·司马相如传》有:"相如以为列仙之儒居山泽间。"颜师古注曰:"凡有道术皆为儒"。④ 从这些对"儒"的解释来看,"儒"在古代确

---

① 章太炎:《原儒》,《国故论衡》,上海:上海古籍出版社,2003 年,第 104—105 页。
② 钱穆:《古史辨序》,罗根泽:《古史辨》第四册,上海:上海古籍出版社,1982 年,第 1 页。
③ 许慎:《说文解字》,北京:中华书局,1992 年,第 162 页。
④ 班固:《汉书》,第 2592 页。

实是掌握某种技艺并以之谋生的人,"儒"所掌握的技艺中包含一些实用的知识和技术,因此可以说儒者属于古代的知识阶层。后来在孔子的倡导下,儒者停留在操作层面的技术才逐渐被赋予深厚的思想内涵,成为"祖述尧舜,宪章文武,宗师仲尼,以重其言"①学者的专称。

马王堆帛书《要》有一段"子曰"之语,内容大约是伪托孔子,但也表达了古人的一种看法:

> 子曰:"易,我复其祝卜矣,我观其德义尔也。幽赞而达乎数,明数而达乎德,又仁口者而义行之耳。赞而不达于数,则其为之巫;数而不达于德,则其为之史。巫史之筮,乡之而未也,好之而非也。后世之士疑丘者,或以易乎? 吾求其德而已,吾与巫史同途而殊归也。"②

按文意,孔子认为,巫祝虽"祷"却没有运用历算推步等"数"的技巧,史运用了数术技巧却没有达于"德"的高度,而孔子本人却利用巫史的操作技巧,在思想上达到了"德",因此较之巫祝史官更进了一层。《论语·子路》中也有类似的记载:

> 子曰:"南人有言曰:'人而无恒,不可以作巫医。'善夫!""不恒其德,或承之羞。"子曰:"不占而已矣。"③

孔子拿自己与巫医相比,认为自己也有恒德,只是不用实

---

① 班固:《汉书》,第1728页。
② 陈松长、廖名春:《帛书〈要〉释文》,见陈鼓应主编:《道家文化研究》(第三辑),上海:上海古籍出版社,1993年,第435页。
③ 何晏注,邢昺疏:《论语注疏》,北京:北京大学出版社,2000年,第203页。

际操作占卜罢了。

从上述文献记载可以看出，儒家的出身，确实同巫史有一定联系，而"儒"者的职业技术，同原始方术也非常相似。孔子作为儒家学派的创始人，他对于原始道术，不仅传承了其中的巫史传统，而且更把源自上古并存留于当世的社会习俗提取、转化为自觉的思想意识；既依守传统——保持了方术中的礼仪等外在形式，又创发新知——将形式赋予了思想的内涵，更将此传统与创新相结合，建构起博大精深的思想体系。

孔子自言生活在一个礼崩乐坏的时代。当时，在夏商周社会中逐渐形成的那一套礼制系统已经开始分崩离析，由"礼乐征伐自天子出"向"礼乐征伐自诸侯出"的转变意味着社会的最大问题是秩序的失控。

在先秦诸子中，儒家津津乐道于对传统的继承，孔子认为"周监于二代，郁郁乎文哉，吾从周。"对于礼乐追求的初衷虽然是维护"礼治"、希望恢复西周时代的社会秩序，但是礼乐等形式本身所具有的象征意义，也是孔子殊为重视的——这也许同"儒"与巫史的渊源有关。

据许慎《说文解字》："礼，履也，所以事神致福也。从示从豊。"[1]"豊"为礼器。因此"礼"之本义乃指祭神之器，之后引用为祭神的宗教仪式，之后才泛指人类社会日常生活中的各种行为仪式。"礼"字形本身的背后，便无疑映射出上古巫祝文化的缩影。

《周易》豫卦象辞：

　　先王以作乐崇德，殷荐之上帝，以配祖考。[2]

---

[1]　许慎：《说文解字》，第7页。
[2]　王弼注，孔颖达正义：《周易正义》，北京：北京大学出版社，2000年，第101页。

《礼记·乐记》：

> 乐者敦和，率神而从天；礼者辨宜，居鬼而从地。故圣人作乐以应天，制礼以配地。①
>
> 礼乐侦天地之诚，达神明之德，隆兴上下之神。②

可以看出，礼乐文化中非常明显地保留着巫祝文化的精神。

《史记·孔子世家》记载，孔子少即习礼，十几岁便可以礼教授他人。晏婴曾就孔子的政见同齐景公议论说："孔子盛容饰，繁登降之礼、趋详之节，累世不能殚其学，当年不能究其礼"③，认为孔子试图以这套礼仪的东西来改变齐国的风俗，恐怕不是什么好办法。这从一个侧面可以反映出孔子对于礼乐仪式本身的重视。

礼乐仪式本身是一种象征，从行礼的场所、器物的陈设、礼器的数量，到行礼的全过程——着装和服饰、致词与言语仪式，直至各类身份不同的人站立、致礼的位置，以及行礼顺序和方式等等，虽然都是礼仪过程中的细节，但其中却包含着意义深远的上下有差、次第有等的格局。这不但是礼乐仪式上的规则，同时也是人间秩序的体现——鼎、尊、爵等礼器以及不同的仪式是权力与氏族等级地位的标识。"惟名与器，不可以假人"，礼器之类具有象征性的器物，是王公贵族地位与权力的象征，须子子孙孙永保用；礼不下庶人，"礼"的权力不得与非特权者分享。由此看来，礼乐仪式并不仅仅是仪式本身那么简

---

① 郑玄注，孔颖达正义：《礼记正义》，北京：北京大学出版社，2000 年，第1274 页。
② 郑玄注，孔颖达正义：《礼记正义》，第 1301 页。
③ 司马迁：《史记》，第 1911 页。

单,仪式中还隐含着重要的伦理制度。因此子贡在"欲去告朔之饩羊"时,孔子才感叹:"尔爱其羊,我爱其礼。"①

在《论语》、《礼记》等史书记载中不乏孔子及儒家弟子在礼仪规范上的专业表现,《论语·乡党》载孔子:

> 入公门,鞠躬如也,如不容。立不中门,行不履阈。过位,色勃如也,足躩如也,其言似不足者。摄齐升堂,鞠躬如也,屏气似不息者。出,降一等,逞颜色,怡怡如也。没阶,趋进,翼如也。复其位,踧踖如也。
>
> 执圭,鞠躬如也,如不胜。上如揖,下如授。勃如战色,足蹜蹜,如有循。享礼,有容色。私觌,愉愉如也。②

《礼记·檀弓》载孔子弟子:

> 曾子袭裘而吊,子游裼裘而吊。曾子指子游而示人曰:"夫夫也,为习于礼者,如之何其裼裘而吊也?"主人既小敛,袒、括发。子游趋而出,袭裘带绖而入。曾子曰:"我过矣,我过矣,夫夫是也。"③

从"礼"的形式到"礼"的内容,都在孔子的维护范围内,礼可以使国家维持在一个稳定和谐的状态,这是孔子一直试图恢复西周礼乐制度的根本原因。所以孔子才发出"八佾舞于庭,是可忍也,孰不可忍也"④的感慨。《左传·昭公二十六年》有云:

---

① 《论语·八佾》,见何晏注,邢昺疏:《论语注疏》,第42页。
② 何晏注,邢昺疏:《论语注疏》,第142页。
③ 郑玄注,孔颖达正义:《礼记正义》,第252页。
④ 《论语·八佾》,见何晏注,邢昺疏:《论语注疏》,第30页。

> 礼之可以为国也久矣。与天地并。君令、臣共，父慈、
> 子孝，兄爱、弟敬，夫和、妻柔，姑慈、妇听，礼也。君令而不
> 违，臣共而不贰，父慈而教，子孝而箴；兄爱而友，弟敬而顺；
> 夫和而义，妻柔而正；姑慈而从，妇听而婉：礼之善物也。①

　　礼可以使国家维持在一个稳定和谐的状态，这是孔子一直试图恢复西周礼乐制度的根本原因。儒家比其它诸子都看重礼仪及其象征意义，因为整饬和谐的仪式，象征了整饬和谐的社会秩序。

　　孔子确实仰慕周代早期的礼乐秩序，但孔子所做的并不仅仅是"从周"而已，他对礼乐制度及"礼治"的理解并不仅在礼仪表面，作为对礼乐传统的突破，他同样重视礼乐制度背后所包含的思想。

　　《论语·八佾》孔子解释"礼之本"，谓："子曰：'礼，与其奢也，宁俭。丧，与其易也，宁戚。'"②《礼记·檀弓》进一步详述，子路曰："吾闻诸夫子：丧礼，与其哀不足而礼有余也，不若礼不足而哀有余也。祭礼，与其敬不足而礼有余也，不若礼不足而敬有余也。"③孔子向子夏解说"素以为绚"，而"绘事后素"，子夏即刻触类旁通进一步推理道："礼后乎？"这里再次提出了"礼之本"的问题——礼需要建立在仁的基础上。

　　《礼记·哀公问》记孔子之言，"古之为政，爱人为大，所以治爱人，礼为大，所以治礼，敬为大，敬之至矣……是故君子兴敬为亲；舍敬，是遗亲也。弗爱不亲，弗敬不正。爱与敬，其政之本与？"④《论语·颜渊》中释"仁"为"爱人"。原本扎根于原

---

①　杨伯峻：《春秋左传注》，第 1480 页。
②　何晏注，邢昺疏：《论语注疏》，第 32 页。
③　郑玄注，孔颖达正义：《礼记正义》，第 250 页。
④　郑玄注，孔颖达正义：《礼记正义》，第 1606 页。

始巫术神秘世界的礼乐,由于社会的发展与理性的生发而渐渐失去了不言自明的权威性,渐渐成为外在的形式,但如有"仁"作为"礼乐"的支撑,则使礼乐所代表的"秩序"成为人内在的感情。"人而不仁如礼何? 人而不仁如乐何?"这也是孔子儒家对于原始道术的重大发展。

二、墨家特点及对原始道术的继承

同儒家一样,墨家也是渊源古老的诸子学派,墨家的门徒自称"墨者",其名在先秦时期就已存在。《吕氏春秋·当染》曾记载墨子在鲁国,向史角的后人学习郊庙之礼。《汉书·艺文志》论述墨家渊源时说"盖出于清庙之守",清庙亦为祭祀场所,可见墨家的学术思想同儒家一样,生发自相似的环境。《淮南子》曾说:"孔丘、墨翟修先圣之术,通六艺之论。"[1]又说"墨子学儒者之业,受孔子之术。"[2]墨子书中引用了大量《诗》、《书》文句,而且很多经过了语言加工,以散文的形式出现,足见其"旧法世传之史"的修养。《墨子·公孟》曾谈到孔子的学说,评论其有不可易的道理,不能不称述:

> 程子曰:"非儒,何故称于孔子也?"子墨子曰:"是亦当而不可易者也。今鸟闻热旱之忧则高,鱼闻热旱之忧则下,当此虽禹、汤为之谋,必不能易矣。鸟鱼可谓愚矣,禹、汤犹云因焉,今翟曾无称于孔子乎?"[3]

---

① 《淮南子·主术训》,见何宁:《淮南子集释》,第 674 页。
② 《淮南子·要略》,见何宁:《淮南子集释》,第 1459 页。
③ 吴毓江:《墨子校注》,北京:中华书局,1993 年,第 707 页。

这说明,墨家思想同西周时期诗书礼乐的贵族教育关系密切,至少受到了这一思想文化背景的熏陶渲染。

但是从《墨子》内容看来,墨家的理论主张似乎恰恰与孔子相对立。墨子对儒术的态度是,"以为其礼烦扰而不说,厚葬糜财而贫民,服伤生而害事,故背周道而用夏政",①墨家的施政主张,也是针对儒家而提出的,《墨子·公孟》谓:

> 儒之道足以丧天下者,四政焉。儒以天为不明,以鬼为不神,天鬼不说,此足以丧天下。又厚葬久丧,重为棺椁,多为衣衾,送死若徙,三年哭泣,扶后起,杖后行,耳无闻,目无见,此足以丧天下。又弦歌鼓舞,习为声乐,此足以丧天下。又以命为有,贫富寿夭、治乱安危,有极矣,不可损益也。为上者行之,必不听治矣。为下者行之,必不从事矣。此足以丧天下。②

对于儒家四方面的质疑,概括来说可以视为对儒家所遵从的礼乐之象征意义的质疑。隆重的丧葬仪式对于社会的富庶和人民安定没有贡献,可以废除;音乐只能耗费财富而不能创造财富,需要禁止;相信命运使人丧失信念和动力,于上于下都只能扰乱人心,必须钳制;而对"天志"、"明鬼"的信念却使人们行为有矩,道德有序,因此要大力倡导。

可以看出,墨家思想是一门讲求实际的救世学问,《墨子·鲁问》载墨子为乱世开出的药方曰:

---

① 《淮南子·要略》,见何宁:《淮南子集释》,第1459页。
② 吴毓江:《墨子校注》,第706页。

　　子墨子曰："凡入国，必择务而从事焉。国家昏乱，则语之尚贤尚同；国家贫，则语之节用节葬；国家憙音湛湎，则语之非乐非命；国家淫僻无礼，则语之尊天事鬼；国家务夺侵凌，即语之兼爱非攻。故曰择务而从事焉。"①

　　每一条都针砭时弊，力图解决一个问题是为墨家的"十论"。《庄子·天下》评论墨子为："不侈于后世，不靡于万物，不晖于数度，以绳墨自矫，而备世之急"，②司马谈评价为："俭而难遵"，但仍不失为"强本节用，则人给家足之道也"，③十分贴切。

　　墨家的思路是："思想如何指导行动"，他们注重的是结果，主张的是现世的实用的思考，是"亲贫则从事乎富之，人民寡则从事乎众之，众乱则从事乎治之"④此类直截了当的实用解决之道，一切都围绕着现实的社会问题，取消形式上的繁文缛节。思考路数的不同，无怪乎《墨子·非儒》对儒家作如此评价："累寿不能尽其学，当年不能行其礼，积财不能赡其乐。繁饰邪术以营世君，盛为声乐以淫遇民，其道不可以期世，其学不可以导众。"⑤

　　这种重视实用的风格不仅体现在墨子对社会问题的思索上，作为行动的一派，墨子称"禹亲自操橐耜而九杂天下之川；腓无胈，胫无毛，沐甚雨，栉疾风，置万国"，"使后世之墨者多以裘褐为衣，以跂蹻为服，日夜不休，以自苦为极。曰：'不能如此，非禹之道也，不足谓墨'。"⑥从史籍记载墨者的事迹看，墨家有着

────────────

① 吴毓江：《墨子校注》，第 737 页。
② 《庄子·天下》，见王先谦：《庄子集解》，第 288 页。
③ 司马迁：《史记》，第 3291 页。
④ 《墨子·节藏》，见吴毓江：《墨子校注》，第 257 页。
⑤ 吴毓江：《墨子校注》，第 439—440 页。
⑥ 《庄子·天下》，见王先谦：《庄子集解》，第 290 页。

近似军事团体的严密组织和严格纪律,《淮南子·泰族训》云：
"墨子服役者百八十人。皆可使赴火蹈刃,死不还踵。"①

　　司马迁说："墨者亦尚尧舜道。"②墨子所称道的禹,相传在
实用技术方面建树颇多,在治理洪水之际,做过很多观察山川
形态,标注高下走势的工作,于是发明出勾股测量之术,为后世
匠人所采用。墨家以禹为祖,也传承了很多涉及自然科学知识
的内容,如"平,同高也"、"圆,一中同长也"、"端,体之无序而
最前者也。"《墨子·备城门》等篇中还载有大量防御战术和守
城工具与兵器,据史书讲,墨翟有一套手工业生产技术,自己能
制造工具,有时被称为"贱人"。据《墨子·公输般》篇载,他同
当时的著名工匠公输般齐名,在制造攻守城器械的比赛中,以
九种守城器械战胜公输般的攻城器械。这种对实用的知识与
技术的追求,在诸子学中是独特的。这种偏好,既同墨家述祖
尧舜有关,更直接的恐怕是继承了古代的工艺知识,也即西周
官制中的司空之职的专业知识。这部分学问,为贵族教育所不
齿,因此只作为职业知识世代继承,没有进入官学教育的范畴。

　　后世墨学将墨子思想向两方面进行了发展,一方面表现于
逻辑思维,一方面表现于科学思想。实际上,这二者都可归结
为对于实用的追求,虽然在此追求中,实际上或多或少削弱了
对思想本身的重视。

三、道家对原始道术的继承

　　《汉书·艺文志》说："道家者流,盖出于史官。历记成败

---

①　何宁：《淮南子集释》,第 1406 页。
②　司马迁：《史记》,第 3290 页。

存亡祸福古今之道,然后知秉要执本,清虚以自守,卑弱以自持,此君人南面之术也。"①对于道家与史官的联系,陈松长先生曾提出,从马王堆汉墓出土的文献来看,墓主将道家的《老子》、《黄帝四经》与历史类著作《战国纵横家书》和《春秋事语》放在一起,也许可以推断出道家确实与史官同源。"道家思想既然主要是君人南面之术,那么,参稽历史,熟悉历代君王的'存亡成败祸福古今之道'自然是道家之本分"②,这也从一个侧面说明对于"道家者流,盖出于史官"的判断不能全然否定。

从西周的职官系统来看,史官的职责统辖数术和文职两个方面,既负责天文、历算和各类占卜为主题的数术操作,又负责保存各种礼法制度、历史典籍;起草各类册命、祝文、载书等等行政工作。兼管神事和人事,也使史官具备了能够兼得形而下操作与形而上思考的视角。这种工作性质承自殷商时代巫史不分的传统。

巫史同源,巫是最早的神职人员,随着商代祭祖事神程序日益繁琐,从巫分化出祝、卜、史等职官,导致巫史并存的局面。据甲骨卜辞记载,商代的史官主要分御史、大史和作册等,其中分工又有不同——卜辞中有大史参与祭祀占卜活动,御史参与祭祀、军事活动的记录,作册即是将这些活动以文字记载于典册的职官。由此看来,史官实际上是殷商祭祀活动复杂化下的产物。《史记·太史公自序》自述家学云,从颛顼时代的重黎司天地,到唐虞之际,绍重黎之后,使复典之,到夏商之际,重黎氏世序天地。传承至周,到程休甫手中,宣王时,程伯失其守而

---

① 班固:《汉书》,第1732页。
② 陈松长:《马王堆汉墓帛书的道家倾向》,见陈鼓应主编:《道家文化研究》(第三辑),第413页。

为司马氏,司马氏仍然世典周史。

重黎等人的职责,都与历象日月星辰,敬授人时密切相关,世职代代相传,到了司马氏手中,观测天象、制定历法仍是史官具有代表意义的重要职掌。而这种职掌同殷商巫史交通人神的职责又是一脉相承的。

另一方面,史官职责中的记事与文书,也是从巫史活动中分化出的职能。这在作册之职中已初显雏形。张光直先生提出,古人认为,占卜的结果可能来自已逝去祖先的智慧,则记录占卜结果以备查询(甚至综合)也许表明:卜辞同后来的文字记载有着同样的目的。①

作为承史官之学的道家一派,与儒家的发展理路有所不同,葛兆光先生认为"道者并非后人想象中的一个流派","道者则几乎无法确定其起源及传续的痕迹,只能说当时有一批知识人有一种大体一致的思想路数和思考兴趣,这大体一致的思路和兴趣就成为一种思潮"。而这同一种思路,便是史官的职责所掌。"史官在古代中国,既掌史事之记载,也要掌星历占卜之验证,对天人时空有深切的体验。正如《庄子·天道》所说,'古之明大道者,先明天而道德次之',他们体验宇宙变与不变的'道',然后把这个道推衍到社会与人类,这是道者的一个共同思路","他们思想的起点是从天道开始的,然后才从这里推衍出一个知识系统。"②

葛兆光先生关于道家起源与传续的表述,与史籍所能推测出的道家传承较为一致,道家确实没有儒家那种载于史籍的可靠的传承历史。甚至学者们在面对早期的道家著作《老子》

---

① 张光直:《青铜挥麈》,第 288 页。
② 葛兆光:《中国思想史》(第一卷),第 111 页。

时,虽然拥有多种《老子》版本,但却仍不能确定其产生与流传的来龙去脉。《老子》思想确实渊源有自,《老子》文中常有"古之善为道者"、"古之所以贵此道"、"古之所谓"、"建言有之曰"等说法,可见作者当时是参考了更古的资料。但这些资料史籍未载,出土未现,实无法说清楚。如果说考察儒家的发展历程,能够清晰地看到他们对于原始道术中"礼乐"传统的继承以及巫祝职业的体现,那么道家思想与原始道术的关系则更为复杂。

"道家"之名不像"儒"那样古老,目前还没有看到使用"道家"字眼的先秦文献。"道家"的称呼最早为汉代人所使用,其中的"道"指"天道"。"天道"是这一派思想者的共同话题。《庄子·天下》中论及后世所谓"道家"的相关流派,包括田骈慎到、关尹老聃和庄周三派。细观他们的论点,除了"推衍天道"是统一的思路之外,各派的主张并不十分近似。田、慎主张"公而不当,易而无私,决然无主,趣物而不两,不顾于虑,不谋于知,于物无择,与之俱往"[1],死板地接受"天道"、"物理",不怀己见;关、老主张"以本为精,以物为粗,以有积为不足,澹然独与神明居"[2],对天道有着微妙玄通的认识,充满贵柔尚弱的辩证法;庄周主张"芴漠无形,变化无常,死与生与,天地并与,神明往与",[3]目光由外界转向人的内在精神世界,并力求将精神世界从"天道"的高度加以超越。

道家的流派其实不止这三类,被后代学者归本于道家的诸多著作,像《国语·楚语》中所载计然与范蠡思想、《管子》中《内业》、《白心》、《心术》等篇、马王堆汉墓帛书《老子》乙本卷

---

① 《庄子·天下》,见王先谦:《庄子集解》,第292页。
② 《庄子·天下》,见王先谦:《庄子集解》,第294页。
③ 《庄子·天下》,见王先谦:《庄子集解》,第295页。

前古佚书、马王堆帛书《九主》、战国末年的《尹文子》、《鹖冠子》等等，每一本著作都有其具体的倾向性和主张，但从其推衍天道以明人事的思路看，它们之间确实又相互关联，实为同一类学说。甚至从马王堆出土的大批数术方技类图书来看，这种"推天事人"的思路依然存在，故很多学者将其视为具有道家倾向的文献。

从这些文献可以看出，道家的传承，不像儒家那样有明确可循的线索和师承关系，思想发展的脉络比较松散，且具有相当的开放性。因此才能在某一总体特征中包容如此多的思想内涵，形成多向的发展——比如计然范蠡思想的阴阳数术倾向、帛书《九主》的刑名法术倾向、《管子》诸篇的静因倾向等等。

推天道以明人事的思路是道家流派对于原始道术的分流，思路来源可以上溯到史官前身——巫祝的职业本身。这一点十分容易理解，因为无论是祭祀还是占卜，其本质都是降神以指导人事，与道家的"推天事人"相去不远。而"推天道"在操作过程中则更需要实用的知识与技术加以指导。天文与历法最初是与占卜有关的数术技术，后来演变成为学官职守的专门学问，史官与此职官密切联系，因此对宇宙天象之理的推演和运用都很熟悉，在此过程中形成"天不变，道亦不变"的观念也比较容易。

值得一提的是，道家不仅接受了原始道术中理性思维的"推天事人"，更将其与原始数术、方技相关的技术承接了下来。上文曾提及，史官的职责统辖数术和文职两个方面，兼管神事和人事，这一工作性质使得史官兼备形而下操作与形而上思考的视角。道家也因之而承袭了方术技巧及思想理论两方面的内容。银雀山汉简中的兵书和马王堆汉墓出土的大量数术方技图书,被研究者定义为兵阴阳、阴阳刑德、数术以及方技类文献,其内容固然是用兵、医药、养生、房中等等,但这一类实用知识与技术从其理论来看,都与道家思想有着密切的联系,都秉承了世间当效仿天地,"万举不失理,论天下而无遗策"①的思路。

原始道术系统分为民间方术之学和官学知识两部分,这是先秦诸子之学产生的共同基础。诸子学之间的关系,原本不似后人想象得那般泾渭分明,它们既有共同的生发环境,在产生之初也有着共同的思想基础和元素,这正是《庄子·天下》所谓的"古之所谓道术者,无乎不在"。但是"天下大乱,贤圣不明,道德不一,天下多得一察焉以自好。譬如耳目鼻口,皆有所明,不能相通。犹百家众技也,皆有所长,时有所用。"②这种分化也是历史的必然。

儒墨道是先秦诸子百家中产生较早的流派。它们与原始道术都有较为直接的联系。本文分析儒墨道对于原始学术之承袭的原因,就在于希冀通过分析这三派学术思想的渊源,从而提出下文对黄帝之学的研究。本文认为,黄帝之学的主体内容便是以原始道术、特别是其中的原始方术技术为基础而发展起来的。黄帝之学对原始方术技术的继承,恰如儒家对巫术祭祀礼仪、墨家和道家对数术技术一样,都有将形而下的操作,升华为形而上的思想这样一个过程。

关于黄帝之学的发生与发展,本文将在下一章《黄帝之学辨析》中详细论述。

---

① 《经法·论约》,见《长沙马王堆汉墓帛书集成》(四),北京:中华书局,2015 年,第 57 页。
② 王先谦:《庄子集解》,第 288 页。

第三章
黄帝之学辨析

关于黄帝的传说，在春秋战国之际流传甚广，《左传》、《国语》、《逸周书》、《战国策》、《世本》以及众多诸子之书都记载了黄帝的事迹。对于这些传说的由来，学者们倾向于认为源于远古神话，而诸子称黄帝，目的只是以古史传说来论证自家学术。

中国古代的神话自有其特征，虽然被儒家思想者世代加以历史化，但遗留下来的篇章仍然给人以想象多于理性，编造大过史实的印象，而且支离破碎，难成体系。但实际上古史传说中亦可勾稽历史的脉络，而传说能够得以流传也往往是由于顺应了社会的某些需要。黄帝之学正经历了这样一种情况。

本文使用"黄帝之学"这一名词，亦有学者使用"黄帝之言"来代称，都是指托名于黄帝的种种知识、技术、思想及学说。本文认为，关于黄帝的古史传说体系清晰，托名于黄帝的思想学说也并非空穴来风，自有其深厚的内涵。

第一节　关于黄帝的古史传说

黄帝是先秦战国诸子百家的重要话题,正如司马迁在《史记·五帝本纪》中所言:"百家言黄帝,其文不雅驯,荐绅先生难言之。"甚至不语怪、力、乱、神的孔子也有关于黄帝的讨论,《太平御览》卷七九引《尸子》曰:

> 子贡曰:"古者黄帝四面,信乎?"
>
> 孔子曰:"黄帝取合己者四人,使治四方,不计而耦,不约而成,此之谓四面。"①

可以看出,孔子对黄帝保持着理性的态度。司马迁写《史记·五帝本纪》时,认为黄帝传说虚妄难信,文献又不足征,落笔十分为难,最后研读《春秋》、《国语》、《大戴礼·五帝德》、《帝系姓》以及《尚书》中"其轶乃时时见于他说"者,认为其中确有可互相发明者,终于"并论次,择其言尤雅者",完成《五帝本纪》。可见司马迁心中的黄帝具有真实的意味,作为中国有史以来创业垂统的第一代帝王,其人其事值得从古书中披索。

司马迁《史记·五帝本纪》根据《大戴礼》中的《五帝德》及《帝系》等材料,以姬姓祖先黄帝为中心,完成周系统的帝系。如此一来,黄帝的神秘色彩被消解得干干净净,黄帝成为华夏民族始祖。这也是历来史家都采用说法。但考察文

---

① 李昉:《太平御览》,北京:中华书局,1959 年,第 369 页。

献记载,在春秋战国时期,黄帝的形象仍然处于传说阶段,带有浓厚的神话色彩。诸子言黄帝,作了许多附会加工,使得黄帝面貌呈现出多样化的发展,司马迁认为这种记载是非常不可靠的。

有关黄帝形象的传说,从内容上大致可以分为古史传说及诸子百家言黄帝两部分。古史传说较早的文献记载包括《左传》、《国语》及《逸周书》。

《左传·僖公二十五年》记载:

> 秦伯师于河上,将纳王……使卜偃卜之,曰:"吉。遇黄帝战于阪泉之兆。"公曰:"吾不堪也。"对曰:"周礼未改,今之王,古之帝也。"①

黄帝与异族争战的传说,起源古老。晋文公之时,黄帝的阪泉之战已经成为一条占卜成语,说明在当时的古史中,黄帝的形象已经平实并深刻地体现在古史中。关于黄帝和战争的记载,《国语·晋语四》记司空季子所言:

> 凡黄帝之子二十五宗,其得姓者十四人,为十二姓,姬、酉、祁、纪、滕、箴、任、苟、僖、姞、儇、衣是也……昔少典氏取于有蛟氏,生黄帝、炎帝。黄帝以姬水成,炎帝以姜水成。成而异德,故黄帝为姬,炎帝为姜,二帝用师以相济也。异德之故也。②

---

① 杨伯峻:《春秋左传注》,第431页。
② 徐元诰:《国语集解》,第334—337页。

这条材料前半段谈论黄帝的家族谱系，之后谈论由于成而异德，炎黄二帝展开战争。对话人物同样是晋文公，但比起上一条材料，这里的记载包含了更多细节，古史之中显然已经有了传说的成分。《初学记》卷九引《归藏·启筮》：

> 蚩尤出自羊水，八肱八趾，疏首，登九淖以伐空桑，黄帝杀之于青丘。①

而《逸周书·尝麦》又载：

> 昔天之初□作二后，乃设建典，命赤帝分正二卿，命蚩尤于宇少昊，以临四方，司□□上天末成之庆，蚩尤乃逐帝，争于涿鹿之河，九隅无遗。赤帝大慑，乃说于黄帝，执蚩尤，杀之于中冀，以甲兵释怒，用大正顺天思序。②

这两条材料也突破了古史平实的性质，其虚幻色彩与《国语·晋语》相近，黄帝成为面目鲜明的人帝和战神。

《逸周书集训校释》云："甲兵，刑之大者，黄帝始以兵定天下，故首溯之。顺天思序致天讨，使民畏法而思伦序。"③可以看到，大部分古史传说中，黄帝首先是以战神的形象出现的，黄帝战炎帝、战蚩尤的故事流传深远。《大戴礼·五帝德》记：（黄帝）"以与赤帝战于版泉之野，三战然后得行其志。"④这些关于战争的故事，原本就是原始社会末期氏族间战争的艺术再

---

① 徐坚：《初学记》，北京：中华书局，1962年，第205页。
② 黄怀信：《逸周书校补注释》，西安：西北大学出版社，1996年，第315页。
③ 朱右曾：《逸周书集训校释》，北京：商务印书馆，1937年，第166页。
④ 戴德编，方向东撰：《大戴礼记汇校集解》，北京：中华书局，2008年，第689页。

现。而在《国语·晋语》中,司空季子言黄帝与炎帝有着共同的祖先——少典氏。对此,杨向奎先生认为,"少典"可能是姬姜两族联盟,融合成华夏族后,加上去的"共祖"。①

《左传·昭公十七年》载郯子论官:

> 昔者黄帝氏以云纪,故为云师而云名;炎帝氏以火纪,故为火师而火名。②

黄帝氏以云纪,炎帝氏以火纪,这是讲述不同氏族间的图腾情况。郭沫若先生在《两周金文辞大系·献侯鼎》中指出:"天鼋即轩辕也。《周语下》:'我姬氏出自天鼋'犹言出自黄帝。"③杨向奎先生认为:"这的确是最好的解释,出自天鼋即出自轩辕,而轩辕即黄帝,也就是姬氏出自黄帝。而黄帝之称作'轩辕'(天鼋)实在是图腾崇拜,即水族动物龟蛇的崇拜。"④可见,"以云纪"与"出自天鼋"都与黄帝氏族的图腾有关。

在上述历史中,黄帝虽然被描画为战神般的英雄人物,但仍没有脱离原始社会部落首领的原型。不过在《国语·鲁语上》中,展禽讲国家制定"祀典"的原则,其中的黄帝形象已经有了转变:

> 夫圣王之制祀也,法施于民则祀之,以死勤事则祀之,以劳定国则祀之,能御大灾则祀之,能捍大患则祀之……黄帝能成命百物,以明民共财,颛顼能修之。帝喾能序三

---

① 详见杨向奎:《宗周社会与礼乐文明》,北京:人民出版社,1997年,第4页。
② 杨伯峻:《春秋左传注》,第1386页。
③ 郭沫若:《两周金文辞大系》第3册,东京:东京开明堂,昭和七年(1932年),第31页。
④ 杨向奎:《宗周社会与礼乐文明》,第18—19页。

辰以固民……故有虞氏禘黄帝而祖颛顼,郊尧而宗舜。夏后氏禘黄帝而祖颛顼,郊鲧而宗禹。①

从文中所叙祀典的祭祀对象可以看出当时人对古代帝王世系的重视。而"黄帝能成命百物,以明民共财"的形象表明,人民似乎已经开始将黄帝当作文化始祖。从炎、黄二帝拥有"共祖"少典氏,到黄帝成为有虞氏、夏后氏的祭祀对象,这样的黄帝形象,最终为司马迁所接受,登上正史,成为华夏始祖。

在我国古代神话中,黄帝传说是一块丰富的资源。《山海经》中保存了很多关于黄帝的神话。《山海经》成书时间虽然不早,但其中包含很多时代较早的材料。书中提及黄帝的很多处居所,有轩辕山、轩辕之丘、轩辕之国、轩辕之台等,还记载了很多关于黄帝的神话,《山海经·大荒北经》载:

> 蚩尤作兵伐黄帝,黄帝乃令应龙攻之冀州之野。应龙畜水,蚩尤请风伯雨师,纵大风雨。黄帝乃下天女曰魃,雨止,遂杀蚩尤。②

《山海经·海外西经》:

> 形天与帝至此争神,帝断其首,葬之常羊之山,乃以乳为目,以脐为口,操干戚以舞。③

《山海经·海内经》:

---

① 徐元诰:《国语集解》,第154—156页。
② 袁珂撰:《山海经校注》,成都:巴蜀书社,1993年,第490页。
③ 袁珂撰:《山海经校注》,第258页。

> 洪水滔天。鲧窃帝之息壤以堙洪水，不待帝命。帝令祝融杀鲧于羽郊。鲧复生禹。帝乃命禹卒布土以定九州岛。①

这几条神话都是流传广泛，耳熟能详的故事，其中所描述的黄帝，从本质上说还是一位优秀的氏族首领和成功的军事将领。因此本文认为，这些材料从某个角度真实地反映了黄帝古史传说早期流传时的面貌。

由上述分析可以得出这样的结论，在战国早期甚至春秋末年，黄帝的古史传说便已经开始流传了。早期传说中的黄帝形象由原始部落首领脱胎而来，而在原始社会中，部落拥有的军事实力代表着部族的规模与地位。从上古两次著名的战役可以看出，黄帝部族的实力显然非常强大。司马迁在《五帝本纪》中记载："炎帝欲侵凌诸侯，诸侯咸归轩辕。轩辕乃修德振兵，治五气，艺五种，抚万民，度四方，教熊罴貔貅貙虎，以与炎帝战于阪泉之野，三战，然后得其志。"又说："蚩尤作乱，不用帝命。于是黄帝乃征师诸侯，与蚩尤战于涿鹿之野，遂擒杀蚩尤。而诸侯咸尊轩辕为天子，代神农氏，是为黄帝。"从那以后，"天下有不顺者，黄帝从而征之。平者去之，披山通道，未尝宁居。"②《逸周书·尝麦》中也有关于涿鹿之战的记载，但与《史记》略有差异。据《尝麦》记载，赤帝先与蚩尤"争于涿鹿之河，九隅无遗。赤帝大摄，乃说于黄帝"，黄帝帮助赤帝"执蚩尤，杀之于中冀"。在这个传说中，黄帝与赤帝从相互敌对的关系转化为相互协助的关系，这个改变同《国语·晋语》中认为炎黄两帝本

---

① 袁珂撰：《山海经校注》，第536页。
② 司马迁：《史记》，第3页。

出于一祖有相同的倾向。也从一个角度论证了杨向奎先生所言:"少典"共祖之说恐怕确实是后人所增添的猜测。司马迁在写作《五帝本纪》时,大约是采纳了《山海经·大荒北经》的说法(引文如上),认为黄帝胜炎帝、擒杀蚩尤,最后被尊为"天子"的过程较为可信。为黄帝的传说留下了正史版本的记载。

第二节　诸子百家所论黄帝

　　百家言黄帝是先秦时代黄帝传说流传的主要途径。诸子百家对黄帝的描述各有侧重。对于黄帝的托名与改造,以道家及阴阳家着力最深,影响最大。但从《汉书·艺文志》著录看,托名黄帝的作品数量最多的,还是数术类和方技类。这两点并不矛盾,甚至是一为本、一为用,一为思想、一为技术,相辅相成的。因此,要追寻诸子百家言黄帝的发展线索,须将重点放在与数术、方技有关的知识领域,包括兵家、数术家、方技家,以及诸子中的道家和阴阳家之上。

　　《汉书·艺文志》中所著录的托名黄帝或黄帝臣的图籍为数不少,而诸子、兵书、术数、方技诸类别均有分布,如下表所示。

诸子	道家	《黄帝四经》四篇。 《黄帝铭》六篇。 《黄帝君臣》十篇,起六国时,与老子相似也。 《杂黄帝》五十八篇,六国时贤者所作。 《力牧》二十二篇六国时所作,托之力牧。力牧,黄帝相。
	阴阳家	《黄帝泰素》二十篇,六国时韩诸公子所作。 《容成子》十四篇。
	小说家	《黄帝说》四十篇,迂诞依托。

（续表）

兵书	兵阴阳	《黄帝》十六篇,图三卷。 《封胡》五篇,黄帝臣,依托也。 《风后》十三篇,图二卷。黄帝臣,依托也。 《力牧》十五篇,黄帝臣,依托也。 《鹈冶子》一篇,图一卷。 《鬼容区》三篇,图一卷。黄帝臣,依托。 《地典》六篇。
数术	天文	《黄帝杂子气》三十三篇。
	历谱	《黄帝五家历》三十三卷。
	五行	《黄帝阴阳》二十五卷。 《黄帝诸子论阴阳》二十五卷。 《风后孤虚》二十卷。
	杂占	《黄帝长柳占梦》十一卷。
方技	医经	《黄帝内经》十八卷。 《外经》三十（九）〔七〕卷。
	经方	《泰始黄帝扁鹊俞拊方》二十三卷。 《神农黄帝食禁》七卷。
	房中	《容成阴道》二十六卷。 《天老杂子阴道》二十五卷。 《黄帝三王养阳方》二十卷。 《黄帝杂子步引》十二卷。 《黄帝岐伯按摩》十卷。 《黄帝杂子芝菌》十八卷。 《黄帝杂子十九家方》二十一卷。①

这些著述除托名黄帝之外,有一些还与黄帝臣有关。并且除医经《黄帝内经》外,几乎都没有流传下来,只在文献中有零星文

---

① 班固:《汉书》,第 1732—1780 页。

字得以保留,如《太平御览》卷三〇九引黄帝《金人铭》,《路史·后记》卷九引黄帝《巾几铭》。这是《汉志》记载的黄帝书情况。

出土文献方面,银雀山汉简中有《地典》残简,长沙马王堆汉墓帛书《老子》乙本卷前古佚书被很多学者确认为《汉志》道家类中的《黄帝四经》。另外,《汉志》著录所有黄帝书中,有关实用知识与技术的书籍占有很大比重,包括兵家、数术、方技类等,这是值得注意的现象。

一、兵 家 黄 帝

兵阴阳是兵法对阴阳天道数术之学的运用,《汉志》中托名黄帝的兵家著述集中在兵阴阳类下,遗憾的是这些著述除出土于山东临沂的银雀山汉简《地典》残简以外,已尽数亡佚。

黄帝的多重形象中,最显著的角色是战神和部族首领。这一特点在兵家言黄帝的内容中体现得最为直接。《孙子兵法·行军》:

> 凡此四军之利,黄帝之所以胜四帝也。[①]

《行军》主要叙述了黄帝善用地利,在处山、处水、处斥泽、处平陆的情况下,能够各用其法,战胜四帝。另外,银雀山汉简《孙子兵法》的佚文里,题为《黄帝伐赤帝》的文献,也有类似记载:

---

① 杨丙安:《十一家注孙子校理》,北京:中华书局,1999年,第188页。

　　（黄帝南伐）赤帝，（至于□□），战于反山之原，右阴，
顺术，背冲，大灭有之……东伐□帝……北伐黑帝……西
伐白帝……已胜四帝，大有天下……天下四面归之。①

《黄帝伐赤帝》属于兵阴阳类文献，同《孙子兵法·行军》中"黄
帝之所以胜四帝也"相当一致。通篇论及战争时多次提及"右
阴、顺术、背冲"等战法，同上文《行军》的描述也十分符合②。
除上述两种文献外，有关黄帝与兵法的记载，还见于《尉缭
子·天官》：

　　　　梁惠王问尉缭子曰："黄帝刑德，可以百胜，有之乎？"
　　尉缭子对曰："刑以伐之，德以守之，非所谓《天官》时日、
　　阴阳、向背也。黄帝者，人事而已矣。"③

文中所提到的"时日、阴阳、向背"等，正是当时社会上流行的
以占算、阴阳指导用兵的黄帝之学。
　　此外银雀山汉简的《地典》残文，被很多研究者认为即是
《汉志·兵书略》兵阴阳类的《地典》。银雀山《地典》以黄帝
与其臣地典的对话形式展开，围绕关于作战地形，以及相关的
忌讳等等，涉及方向、阴阳、高下、死生、顺逆、向背，是大量战争
实践经验的总结。
　　在兵家著述中，黄帝同时是兵器的发明者。银雀山汉简
《孙膑兵法·势备》：

---

① 银雀山汉墓竹简整理小组：《银雀山汉墓竹简》（壹），北京：文物出版社，
　　1985 年，第 32 页。
② 李零：《兵以诈立》，北京：中华书局，2006 年，第 260 页。
③ 刘仲平：《尉缭子今注今译》，台北商务印书馆，1977 年，第 1 页。

　　黄帝作剑,以阵象之。羿作弓弩,以势象之。禹作舟
车,以变象之。汤、武作长兵,以权象之。凡此四者,兵之
用也……凡兵之道四:曰阵,曰势,曰变,曰权。[1]

除此以外,黄帝的发明还有很多,其中不少同战争相关。《周
易·系辞》中记载:"黄帝……刳木为舟,剡木为楫,舟楫之利,
以济不通,致远以利天下……服牛乘马,引重致远……断木为
杵,掘地为臼,臼杵之利,万民以济……弦木为弧,剡木为矢,弧
矢之利,以威天下。"[2]与黄帝相关的很多人物也有军事发明,
如在《汉书·艺文志》著述中出现的风后、天老、地典、力牧等
人。相传,玄女授黄帝以"战法",风后助黄帝以"法斗机作指
南车"。这些器械的原理与数术家的"式"有关。另外,《管
子·五行》将蚩尤列为黄帝"六相"之一,《世本》中记载蚩尤发
明兵器,《史记·封禅书》更记载了蚩尤"兵主"的称号。

　　可以看出,兵家黄帝不但继承了古史战神黄帝的骁勇善
战,同时又深明数术之学。黄帝及其臣下将阴阳天道数术理论
多方面运用于兵家作战的领域,成为深明天道阴阳的数术战
争家。

二、阴阳家黄帝

　　虽然《汉志》著录的阴阳家黄帝书全部散佚,但阴阳家所
描绘的黄帝形象在传世文献中仍有很多保留。黄帝是邹衍推
衍的古史系统里的第一位帝王,也是运用阴阳五行方法使天下

---

[1]　银雀山汉墓竹简整理小组:《银雀山汉墓竹简》(一),第63页。
[2]　王弼注,孔颖达正义:《周易正义》,第354—355页。

大治的成功帝王：

《管子·五行》载：

> 昔者黄帝得蚩尤而明于天道，得大常而察于地利，得
> 奢龙而辩于东方，得祝融而辩于南方，得大封而辩于西方，
> 得后土而辩于北方。黄帝得六相而天地治，神明至。①

《淮南子·览冥训》载：

> 昔者黄帝治天下，而力牧、太山稽辅之，以治日月之
> 行，律治阴阳之气；节四时之度，正律历之数；别男女，异雌
> 雄，明上下，等贵贱……于是日月精明，星辰不失其行；风
> 雨时节，五谷登熟。②

在阴阳家的记述中，黄帝是一位成功的人帝，他"生阴阳"，"考
定星历，建立五行，起消息，正闰馀，于是有天地神祇物类之官，
是谓五官"③。《吕氏春秋·应同》载邹衍五行相胜之终始说，
言五行配方、色分列历代帝王，以言王朝更替，其说乃以黄帝土
德始。《管子·幼官》已经有了"君服黄色"居中策应四时之
说，《吕氏春秋》十二纪、《礼记·月令》、《淮南子·天文》、《时
则》中，都有以方、色配五帝的描述，其中讲五行相生，也都是
以黄帝为制四方的中央帝。《吕氏春秋·季夏纪》云：

> 中央土，其日戊己，其帝黄帝，其神后土，其虫倮，其音

---

① 黎翔凤：《管子校注》，2004 年，第 865 页。
② 何宁：《淮南子集释》，第 476—478 页。
③ 司马迁：《史记》，第 1256 页。

宫,律中黄钟之宫,其数五,其味甘,其臭香,其祀中溜,祭
先心。①

综合上述文献记载,足见以五行配五帝、五色、五味、五音、乃至
春夏秋冬四季以及自然现象等等,以"五行"解释五帝更迭、朝
代气运,这是阴阳家的思路。将黄帝置于居中央以运制四方的
核心地位,是阴阳家言黄帝的一大独特之处。

三、道 家 黄 帝

《老子》中没有提到黄帝,《庄子》所说之黄帝,具有浓厚的
庄学特色。内篇《大宗师》中的黄帝,是《庄子》的重言手法,与
上文中诸子托言黄帝的性质似乎不同。到外杂篇中,才开始出
现黄帝事迹的记载。但谈及黄帝处,都没有将黄帝塑造得十全
十美,以道家标准衡量黄帝的战神形象,黄帝无疑是被批判的
对象。《庄子·在宥》:

> 昔者黄帝始以仁义撄人之心,尧、舜于是乎股无胈,胫
> 无毛,以养天下之形,愁其五藏以为仁义,矜其血气以规法
> 度。然犹有不胜也。②

贵为创业垂统的首位人帝,黄帝竟被批评为因"以仁义撄人之
心"而致使天下疲役多事。《庄子·盗跖》也评价黄帝不能致
德,不能全德:

---

① 　许维遹:《吕氏春秋集释》,第 133 页。
② 　王先谦:《庄子集解》,第 92 页。

世之所高，莫若黄帝，黄帝尚不能全德，而战涿鹿之野，流血百里……以利惑其真而强反其情性，其行乃甚可羞也。①

《天运》中借老聃之口非议黄帝：

老聃曰："……余语汝三皇、五帝之治天下。黄帝之治天下，使民心一，民有其亲死不哭而民不非也……三皇、五帝之治天下，名曰治之，而乱莫甚焉。三皇之知，上悖日月之明，下睽山川之精，中堕四时之施。其知憯于蛎虿之尾，鲜规之兽，莫得安其性命之情者，而犹自以为圣人，不可耻乎，其无耻也！"②

同时，《庄子》外杂篇也按道家标准对黄帝进行塑造，如《天运》中写到黄帝向北门成解释《咸池》之乐：

夫至乐者，先应之以人事，顺之以天理，行之以五德，应之以自然，然后调理四时，太和万物……奏之以阴阳之和，烛之以日月之明……奏之以无怠之声，调之以自然之命，故若混逐丛生，林乐而无形；布挥而不曳，幽昏而无声……故有焱氏为之颂曰："听之不闻其声，视之不见其形，充满天地，苞裹六极。"③

这位黄帝，似乎颇合《论六家要旨》里的道德家形象，"因阴阳

---

① 王先谦：《庄子集解》，第 263 页。
② 王先谦：《庄子集解》，第 129—130 页。
③ 王先谦：《庄子集解》，第 123—125 页。

之大顺,采儒墨之善,撮名法之要",同时对老子道论也有深刻体会。

《庄子·知北游》中,知向黄帝问"道",黄帝也俨然是一位自然无为的体道者:

> 无思无虑始知道,无处无服始安道,无从无道始得道……夫知者不言,言者不知,故圣人行不言之教。道不可致,德不可至。仁可为也,义可亏也,礼相伪也。故曰:"失道而后德,失德而后仁,失仁而后义,失义而后礼。礼者,道之华而乱之首也。"故曰,"为道者日损,损之又损之,以至于无为,无为而无不为也。"①

在《庄子·在宥》和《列子·黄帝》中,黄帝又成为一名求道者,他"顺下风膝行而进",向广成子问"治身奈何而可以长久";为了求得"养身治物之道",又"放万机,舍宫寝,去直侍,彻钟悬。减厨膳,退而间居大庭之馆,斋心服形,三月不亲政事",终于知道"至道不可以情求矣"②。

可见,以庄子轻天下、细万物的价值标准来衡量,以战争取天下的有为君主——黄帝自然不能与庄子笔下的"神人"、"至人"同日而语。因此黄帝在老庄道家笔下没有得到极度推崇。

但在战国中晚期至秦汉之际,确实有一派道家著作着力推崇黄帝,这便是后来被称为黄老道家的一派。黄老思想家对于黄帝的推崇,在马王堆汉墓帛书《老子》乙本卷前古佚书的《十六经》中体现得十分突出。《十六经》共有八章言及黄帝,内容

① 王先谦:《庄子集解》,第185—186页。
② 杨伯峻:《列子集释》,北京:中华书局,1959年,第40—43页。

涉及天道阴阳、刑德数术等思想,黄帝兼具战神、帝王、数术家、方技家等形象,《十六经·立命》:

> 昔者黄宗质始好信,作自为象(像),方四面,傅一心。四达自中,前参后参,左参右参,践立(位)履参,是以能为天下宗。
>
> (黄帝)唯余一人□乃肥(配)天,乃立王、三公,立国,置君,三卿。数日,历月,计岁,以当日月之行。允地广裕,吾类天大明。①

《十六经·观》:

> 黄帝曰:群群□□□□□□为一囷,无晦无明,未有阴阳。阴阳未定,吾未有以名。今始判为两,分为阴阳。离为四【时】,□□□□□□□□□□□因以为常,其明者以为法,而微道是行。②

在这些描述中,黄帝被赋予丰富的阴阳天道数术知识,并充分将这种天道理论提升为宇宙万物的最高指导原则,建立起"推天道明人事"的治国方略,"推天道以明人事"成为黄老道家的一大特色。

在具有黄老色彩的传世文献中,也有借用黄帝的形象阐明"推天道明人事"的用例。《吕氏春秋·序意》:

---

① 《马王堆汉墓简帛集成》(四),第 151 页。
② 《马王堆汉墓简帛集成》(四),第 152 页。

　　　　良人请问十二纪。文信侯曰:"尝得学黄帝之所以诲
颛顼矣,爰有大圜在上,大矩在下,汝能法之,为民父母。"
盖闻古之清世,是法天地。①

黄老道家的黄帝,同时是深具道法观念的人间帝王,《管子·
任法》:

　　　　黄帝之治天下也,其民不引而来,不推而往,不使而
成,不禁而止。②

《玉函山房辑佚书》载《太平御览》卷六三八引《申子·佚文》:

　　　　尧之治也,盖明法察令而已。圣君任法而不任智,任
数而不任说。黄帝之治天下,置法而不变,使民安乐其
法也。③

从上述文献可以看出,黄老道家的黄帝形象和庄子道家的黄帝
形象颇为不同,在庄子道家中一派逍遥无为气象的黄帝,在黄
老道家笔下成为深明数术、善用刑名之术的人间帝王。

四、数术、方技家黄帝

　　数术与方技之学同源而异流,使用同一套原理解决不同领
域的问题。数术之学与阴阳家之间也有着密切联系。数术基

① 　许维遹:《吕氏春秋集释》,第273—274页。
② 　黎翔凤:《管子校注》,2004年,第901页。
③ 　马国翰:《玉函山房辑佚书》,上海:上海古籍出版社,1990年,第4页。

础知识为阴阳家思想所本,阴阳派学者正是利用这些形而下的数术知识和技术,来开展形而上的思考。

上述兵家称黄帝,带有浓厚的兵阴阳色彩,这是对阴阳数术思想一方面的应用。《汉志》中同时著录有更多包含数术理论的实用技术黄帝书,是为数术、方技家所属。

从《汉志》所载书目的名称来考察,黄帝的“专业知识”涉及天文、历谱、五行、杂占以及医药养生等各方面。天文、历谱一直是贴近实用的知识,这些知识的来源同原始占卜关系密切,极有可能便是在占卜过程中取得的,甚至可以称为占卜的副产品。而杂占则是某些原始占卜巫术形态的直接流传。需要说明的是,《汉志》所录著述的“五行”,也是占卜的一种,内容涉及“阴阳五行时令”、“堪舆”、“灾异”、“钟律”、“从辰”、“天一”、“太一”、“刑德”、“遁甲”、“孤虚”、“六壬”、“羡门式”、“五音”等,与历忌、择日、天地阴阳有关、风角五音、“式法”等等的占卜术有关①,《汉志》的五行类应该也是集合了择日术与式法的占卜预测技术,黄帝在数术家著作中首先被塑造成一位通晓占卜预测术的大巫师。

虽然《汉志》数术类黄帝书尽数亡佚,但马王堆帛书中的大量数术类书籍具有补充参考价值。其中帛书《五星占》是一篇兵家的星占术,其说以五行理论的架构将五帝与五星相配,并以中央之帝为黄帝:“中央(土),其帝黄帝,其丞后土,其神上为填星。”②其中将五帝与方、色相配的思路,与《吕氏春秋》十二纪、《礼记·月令》、《淮南子·天文》十分相似,运用了数术家的思路和技术。黄帝形象全面占领了数术技术的各个

---

① 　李零:《中国方术考》,第19页。
② 　刘乐贤:《马王堆天文书考释》,广州:中山大学出版社,2004年,第48页。

分支。

　　方技类黄帝书按照技术可分为内服和外练两种,内服包括服用各种草药、丹食等,外练则指包括呼吸吐纳和肢体动作的行气导引、屈伸俯仰之术以及房中术等等,从《黄帝内经》、大量出土方技书以及后世流传的医经、医方书籍来看,方技技术的施治、保健理论——如人体整体观念、人体阴阳五行、精气理论以及藏相、经络学说,其理论基础也是阴阳数术之学。

　　《黄帝内经》是《汉志》中唯一传世的方技黄帝书,而其中的《素问》主要以黄帝和岐伯的对话形式,集中论述了《内经》的理论。潘雨廷先生认为,《内经》中的黄帝人格已被汉人神仙化,与战国时有不同,而且《内经》的哲学思想,全部是发展《老子》“修之于身,其德乃真”的思想。由于“以具体的医理,纳入老子的思想”,明显是受到“汉代之视老,以医学修养为主”的影响,所以,他进一步认为,这种托言黄帝的形式,来自《庄子·在宥》中黄帝问道于广成子寓言,只是《庄子》走的是形而上路线,《黄帝内经》是谈形而下的实际医理。① 方技书籍的理论受到道家思想的影响,这在战国后期百家争鸣的学术氛围中是十分正常的现象。《黄帝内经》成书过程比较复杂,《素问》与《灵枢》两个部分在战国时期很可能是单篇流传,直到刘向校书之时才合二为一并得名《黄帝内经》。况且技术类书籍的一大特点是更替性极强,随着医学水平的提高以及医疗技术的发展,内容也在不断地更新换代,因此今本《黄帝内经》中的医术未必全是先秦时原貌,但它托黄帝君臣对答之形式却是战国时期这一潮流的真实反映。

---

① 潘雨廷:《黄帝内经与老庄》,载于陈鼓应:《道家文化研究》(第四辑),第159—162页。

　　马王堆出土帛书《十问》①，是目前所见年代最早的托言黄帝的方技书。据推测，其成书年代大约在战国晚期。《十问》共十组问答，其中有黄帝君臣以问对形式讨论房中术养阳之法，还有托古帝王问答谈阴阳之道。可与《汉志》所载《尧舜阴道》、《务成子阴道》、《汤盘庚阴道》相印证。另外还有两组内容是托言齐威王、秦昭王问战国霸主，将霸业与阴阳同书而论。另外竹简《天下至道谈》，也是讲房中术，虽不确定其中的人物"黄神"是否是"黄帝"，但将房中术当作"天下至道"来谈，也可以看出当时社会的一种潮流，而且黄帝与这种养生学的关系非常密切。

　　实际上，黄帝与养生挂钩，成为养生之鼻祖，这也与战国社会要求君主善治身的潮流相关。《庄子·在宥》曾载黄帝问广成子"至道"，广成子所言尽是长生久视之道，《列子·黄帝》中记载黄帝为了求得"养身治物之道"，不惜"放万机，舍宫寝，去直侍，彻钟悬。减厨膳，退而间居大庭之馆，斋心服形，三月不亲政事"，终于知道"至道不可以情求矣"，最后体悟养身治物之道，天下大治若华胥仙国，最终"登假"而去②。马王堆《老子乙本卷前古佚书·十六经·五正》中黄帝问阉冉治国之道，阉冉答以"始在于身"，后来黄帝辞其国大夫，于山中谈卧自求。这些都是战国时期要求君主"治身"的思想潮流的真实反映。《管子》四篇进一步讲帝王心术，将道家"不可以情求"的形而上之哲理，落实为具体养生术，《管子·白心》："欲爱吾身，先知吾情，君亲六合，以考内身，以此知象，乃知行情，既知行情，乃知养生……命乃长久。"③运用养生术以求长生，才是"爱身"

①　《马王堆汉墓帛书》(四)，北京：文物出版社，1985 年。
②　杨伯峻：《列子集释》，第 40 页。
③　黎翔凤：《管子校注》，2004 年，第 810 页。

的宗旨,养生术既成为君主必修,方技家必然相对受重视,技术发明与更新自然日新月益,以致方技家借黄帝之口来大谈"天下至道",便也顺理成章。

战国后期及秦汉之际的黄帝形象越来越趋向神仙化,这同阴阳家与数术、方技家塑造黄帝的倾向有关。方技家黄帝通晓生命奥秘,能够运用阴阳五行数术之学调理人体自身,达到长生久视的目的,这也是房中、经方、杂占等方术多托名黄帝的原因;而在阴阳家五方神帝的排列中,黄帝为中央之帝,是祭祀的主神。因此,战国后期及秦汉之际,随着阴阳家理论逐步沦为灾异谶纬之说,黄帝的面貌也日趋诡异神奇。《史记·封禅书》中详细描述了黄帝登仙的情形。这种神仙形象,与君主希望长生久视的心意十分合拍,而选取黄帝作为登仙的典型,同黄帝的方技家形象也比较吻合。可以说将黄帝与登仙联系在一起,是对方技家黄帝形象的进一步发展。

五、儒 家 黄 帝

儒家述祖尧舜,孔子等先儒并不推崇黄帝,后儒开始讨论黄帝,具有平实、理性的特色。

《尸子》载子贡问孔子有关"黄帝四面",孔子答:"黄帝取合己者四人,使治四方,不计而耦,不约而成,此之谓四面。"①以理性消解了其中浓厚的神话色彩。《大戴礼记·五帝德》则融合阴阳、道家之黄帝形象云:

　　　生而神灵,弱而能言,幼而彗齐,长而敦敏,成而聪明。

---

① 　李昉:《太平御览》,第 369 页。

治五气、设五量、抚万民、度四方、教熊罴、貔貅、豹虎，以与赤帝战于版泉之野，三战，然后得行其志。黄帝黼黻衣，大带、黼裳、乘龙扆云，以顺天地之纪、幽明之故、死生之说、存亡之难，时播百谷草木，故教化淳鸟兽昆虫，历离日月星辰，极畋土石金玉，劳心力耳目，节用水火材物。生而民得其利百年，死而民畏其神百年，亡而民用其教百年，故曰三百年。①

《五帝德》中体现出的黄帝形象并不纯粹，其中既有原始部落首领形象，也有所谓"不雅驯"的诸子言黄帝的色彩——农家、阴阳家、道家、数术方技家等等特色都可以在这个黄帝身上发现，但经过儒家的改造，原本的神话色彩消失殆尽。这种处理方法深得司马迁的赞赏，因此成为司马迁《史记·五帝本纪》的原材料。

除了讲述黄帝的古史传说，儒家在追溯帝系，为祀典之需要时，也将黄帝纳入其中。如《国语·鲁语上》中展禽所云"有虞氏禘黄帝而祖颛顼，郊尧而宗舜；夏后氏禘黄帝而祖颛顼，郊鲧而宗禹"②，《荀子·非相》在"五帝"中提及黄帝，劝诫世人勿"舍后王而道上古"；另外《世本》、《大戴礼·帝系》、《五帝德》中的"五帝"为：黄帝、颛顼、帝喾、尧、舜，同于《国语·鲁语上》以及《礼记·祭法》的祭祀系统，其特点都是以姬姓始祖黄帝为中心，这种帝王系统也为《史记·五帝本纪》所本，后为史家所宗。

---

① 戴德编，方向东撰：《大戴礼记汇校集解》，第689—690页。
② 徐元诰：《国语集解》，第154页。

六、黄帝的制作发明

先秦古书中时有黄帝发明的记载,内容丰富。在生活方面,传说黄帝发明锅灶,烹谷为粥,蒸谷为食,燔肉为炙。《管子·轻重戊》言"黄帝作,钻燧生火,以熟荤臊"①。在音乐方面,《韩非子·十过》言"昔者黄帝合鬼神于西泰山之上……作为清角"②,《庄子·天运》言黄帝"张《咸池》之乐于洞庭之野"③,《吕氏春秋·古乐》言"黄帝令伶伦作为律",又说"黄帝又命伶伦与荣将铸十二钟,以和五音,以施英韶。以仲春之月乙卯之日日在奎,始奏之,命之曰《咸池》。"④《管子·五行》也载:"昔黄帝以其缓急作五声,以政五钟。令其五钟,一曰青钟,大音,二曰赤钟,重心,三曰黄钟,洒光,四曰景钟,昧其明,五曰黑钟,隐其常。"⑤此外,《周易·系辞》也记载:"黄帝、尧、舜垂衣裳而天下治……刳木为舟,剡木为楫,舟楫之利……服牛乘马,引重致远……重门击柝,以待暴客……断木为杵,掘地为臼……弦木为弧,剡木为矢,弧矢之利"①。

还有一些器物制度,为了和黄帝能够产生联系,即使不是黄帝发明,也被说成是黄帝使为之,那些发明者也被称为是黄帝臣下。比如《山海经》记载,帝俊妻羲和生十日、常仪生十二月,《吕氏春秋·勿躬》记载羲和占日,常仪占月,荣成造历,胡曹作农,《淮南子·修务》记载荣成造历,胡曹作农,按照《世本》的说法,这些人都是黄帝臣子,其所作也都是依黄帝的使

---

① 黎翔凤:《管子校注》,2004 年,第 1507 页。
② 王先慎:《韩非子集解》,北京:中华书局,1998 年,第 65 页。
③ 王先谦:《庄子集解》,第 123 页。
④ 许维遹:《吕氏春秋集释》,第 120—123 页。
⑤ 黎翔凤:《管子校注》,2004 年,第 865 页。

令。"黄帝使羲和占日，常仪占月，臾区占星气，伶伦造律吕，大桡作甲子，隶首作算数，容成综此六术而著调历也"。[1] 再如文字的发明，虽然《荀子·解蔽》、《韩非子·五蠹》、《吕氏春秋·君守》等都记载是仓颉，但《世本·作》却在仓颉之外又加上沮诵，并标明二者都是黄帝的史臣。

考察文献可知，黄帝的发明制作在兵家、阴阳家、数术家、方技家等著作中都有出现，《史记》、《汉书》等正史也接受这样的说法。为黄帝作如此安排，目的无非是提高其地位，塑造其人文始祖的形象。这种做法非常符合诸子百家言黄帝的心理，同时更助长了托名黄帝著述的风潮。

通过对兵家、阴阳家、道家、数术家、方技家以及儒家黄帝形象的分析可以看出，黄帝形象为先秦诸子百家所用，各家各派皆出于自己的目的对其进行了加工改造。然而，在各派中，仍然以阴阳家、道家黄老派、数术和方技家的黄帝理论最为丰富和系统。从《汉志》所录著述看来，战国中后期天文、星占、历算、阴阳、五行、医方、导引等知识技术都与黄帝有关。李零先生认为，黄帝书见于史志著录和传于后世，主体是数术方技之"黄"。阴阳家和道家之"黄"与数术、方技之"黄"在内容上也是互为表里。[2] 在先秦诸子文献中，涉及天道阴阳以及医药养生的黄帝形象偏重"技术"方面的特点已经体现出来。这一特点，不但同先秦诸子的学术渊源有关，而且与兴起于战国中后期的显学——黄老之学也有密切联系。

---

① 司马迁：《史记》，第 1256 页。
② 李零：《李零自选集》，第 280 页。

第四章
黄帝与黄老之转关

第一节　道家思想同黄帝思想的契合[①]

黄帝是先秦诸子百家的重要引述对象,但正如司马迁所言:"百家言黄帝,其文不雅驯,荐绅先生难言之。"[②]司马迁写《史记·五帝本纪》时,认为黄帝传说虚妄难信,文献又不足征,落笔十分为难。最后他通过研读《春秋》、《国语》、《大戴礼·五帝德》、《帝系姓》以及《尚书》中"其轶乃时时见于他说"者,认为这些文献中确有可互相发明者,终于"并论次,择其言尤雅者",[③]完成《五帝本纪》。可见,司马迁通过检索史料,将其塑造为中国有史以来创业垂统的第一代帝王,认为其

---

① 本节内容曾以论文形式发表于《河北师范大学学报》2013 年第 1 期,此处文字略有修改。
② 见《史记·五帝本纪》,司马迁:《史记》,第 46 页。
③ 见《史记·五帝本纪》,司马迁:《史记》,第 46 页。

人其事具有历史真实性。

学术界有关黄帝神话、黄帝文化的研究,随着近年来传统文化的升温一直倍受关注,特别是有关黄帝同传统医学和兵法的研究,成果颇丰。立足于考古,对黄帝史迹的考察也结出令人瞩目的成果。但从思想史角度,将托言黄帝的著述作为诸子一支来进行考察的研究,学术界尚不多见。知水《〈管子〉的主流属"黄帝之言"》、《关于"黄帝之言"的两个问题》认为,"黄帝之言"是一个完整的学术体系,不但有著述,其内容还与刑名之学有关。① 汉初,"黄老"逐渐成为"黄帝之言"的代名词,而"黄帝言"之名反倒黯淡下去。② 而李桂民的《先秦诸子的黄帝观述论》则对先秦诸子对黄帝的崇拜做了思想史上的梳理。③ 关于先秦黄帝之学的存在与考证研究,目前在学术界成果较少。如果能够从百家言黄帝这一历史现象的背景入手,分析其中的规律与共性,对比《汉书·艺文志》中托名"黄帝"君臣的著述,应该可以论证"黄帝之学"在先秦的确存在。

一、先秦诸子"言黄帝"的传统和
"黄帝之学"的产生

司马迁对黄帝形象的这种态度,是基于先秦时期"百家言黄帝"的传统,由此可见诸子学说是先秦时代黄帝传说的主要载体。他们对黄帝的描述各有侧重,甚至采取了"各取所需"的托名与改造,这使得各家黄帝呈现出不同的特色。如儒家孔子解释"黄帝四面"曰:"黄帝取合己者四人,使治四方,不计而

---

① 详见知水:《〈管子〉的主流属"黄帝之言"》,载于《管子学刊》1997 年第 2 期。
② 知水:《关于"黄帝之言"的两个问题》,载于《管子学刊》2000 年第 1 期。
③ 详见李桂民:《先秦诸子的黄帝观述论》,载于《西北大学学报》2005 年第 6 期。

耦,不约而成,此之谓四面。"①这显然是出于儒家对人君勤政爱民的要求。庄子道家的黄帝大谈"无思无虑始知道,无处无服始安道,无从无道始得道"②,又成为具有道家风范的自然无为的体道者。兵家黄帝骁勇善战,《孙子兵法·行军》载:"凡此四军之利,黄帝之所以胜四帝也。"③阴阳家黄帝深明阴阳之说,数术家、方技家黄帝不但通晓天文历谱五行之术,而且本身就是长生久视的典范……各家各派都在打造适合本学派的黄帝形象,这是真实存在于战国中后期诸子著述中的现象。

　　黄帝何以成为如此炙手可热的人物,诸子学派为何纷纷以黄帝为重,甚至不惜托名改造,也要将此人物纳入自家学派?这要从"言黄帝"潮流的源头说起。

　　关于先秦托名黄帝而自重的潮流,学术界的主流意见几乎都认为始于齐国田氏自称为黄帝后裔,并利用稷下学者造说这一事件。首先提出这一看法的是郭沫若,他根据陈侯因资敦铭文中,齐宣王称黄帝为"高祖"这一细节,以及《史记·田敬仲完世家》《孟子荀卿列传》中,宣王招揽文学游说之士的线索提出此说。④ 之后,刘蔚华、苗润田、胡家聪等学者都认同其见,并从文献中找到了可资佐证的材料⑤。同时,刘毓璜及知水都指出,从《越绝书·计倪内经》与《管子·幼官》、《四时》、《五行》等篇中所包含的五行流转模式中,可以发现其中"炎帝传黄帝"的思想十分突出,而这些都是稷下诸子为了讨好齐国

①　李昉:《太平御览》,第 369 页。

②　《庄子·知北游》,王先谦:《庄子集解》,第 185 页。

③　杨丙安:《十一家注孙子校理》,第 188 页。

④　详见郭沫若:《稷下黄老学派的批判》,见《十批判书》,第 156—158 页。

⑤　详见刘蔚华,苗润田:《黄老思想源流》,载于《中国哲学史》1986 年第 2 期。胡家聪:《管子新探》,北京:中国社会科学出版社,1993 年。

君主的杰作。① 总之，这些学者的看法是将稷下学术作为"百家言黄帝"的源头。

李零则从另一个角度提出了诸子托名黄帝的原因之思考。他认为，依托之风，原本是古代技术书流传的惯例。这种风气同古人对世系的也重视密切相关。"'依托'是古代实用之书表达其技术传统的一种特殊形式，不同于伪造。""技术传统都是累世积淀……它不可能像诸子之学有晚近的'宗师'，当然只好依托……它依托谁，不依托谁，还是很有讲究。其来源是《世本·作篇》这样的东西。"中国古代的贵族社会最重血统宗法，而《世本》专门讲述"世系"，对古人而言这是非常重要的知识，也是贵族弟子的必修课。因此，古代诸子家法、技术传授中也都体现着对谱牒世系的重视。同时，在春秋战国时期，家族血缘关系一方面借地缘关系扩大，另一方面也被地缘关系稀释。时代越是发展，世系越显得混乱，人们就越是重视和强调理清血缘关系，梳理宗法世系。因此当时的铜器铭文常常以"某某之子，某某之孙某某"开头，甚至如上文所提及，陈侯因齐敦铭文中干脆直接溯其初祖于"黄帝"。②

从《世本·作》这种以谱牒形式记录技术传承的书可以看出，"黄帝"确实为当时人们依托之时，乐于选择的一个重要对象。但为何在这种世系的流传中，往往托"黄帝"之名？李零认为，"由于黄帝族的后裔特别发达……《世本·作篇》把大多数发明都归于黄帝君臣的名下"。③ 从各种史料来看，黄帝族裔确实发展较为繁荣，其后裔散布各地大多建立了国家。仅其

---

① 详见刘毓璜：《先秦诸子初探》，南京：江苏人民出版社，1984年，第193页；知水：《关于"黄帝之言"的两个问题》，载于《管子学刊》2000年第1期。
② 李零：《说"黄老"》，见《李零自选集》，第280—281页。
③ 李零：《说"黄老"》，见《李零自选集》，第281页。

姬姓后裔周族的发展便蔚为大观。周人在武王时期代商而立，大举分封同姓弟子为诸侯，建立了以姬周宗族体系为主干，并融合了异姓诸侯的王朝。战国时期出现的以黄帝为始祖的帝王谱系，和这些举动是大有关系的。

李零的观点同《汉书·艺文志》的相关记载亦可相互呼应。根据《汉书·艺文志》著录，诸子学说中数术类和方技类托名黄帝的著述最多。数术方技合称"方术"，包括星历、占卜、治病、养生等古代中国的各类实用知识与技术。方术类的著述，正是李零所谓的"技术书"。而受到这种依托之风的影响，属于思想意识领域的诸子百家，也竞相抬出更高远于尧、舜、禹的重要人物——黄帝，并将其塑造成或孔武有力的战神、或勤政爱民的圣君，这十分符合战国时代各国君主的需要。这也使得黄帝族后人追溯祖先功德成为一种荣誉的象征。

本文认为，正是由于上述原因，黄帝成为举足轻重的人物，使得齐田能够自豪地宣称自己为黄帝族的后裔，同时也开启了战国中后期百家言黄帝的传统。

上文曾考察《汉书·艺文志》收录的托名黄帝或黄帝臣的著述，《诸子略》有道家五种、阴阳家两种、小说家一种；《兵书略》有兵阴阳家一种；《数术略》天文、历谱、杂占各一种，五行三种；《方技略》有医经两种、经方两种、房中三种、神仙四种。这些"黄帝书"除托名黄帝外，有一些还与黄帝臣有关。《汉志》著录的所有"黄帝书"，从书名判断，有关实用知识与技术的书籍占很大比重，包括兵家、数术、方技类等，这是值得注意的现象。然而除医经《黄帝内经》外，这些书籍几乎都没有流传下来，仅有零星文字得以保留，例如《太平御览》卷三〇九引黄帝《金人铭》，《路史·后记》卷九引黄帝《巾几铭》等。

《汉志》记载的"黄帝书"虽然几乎全部烟消云散，但出土文献中却屡见"黄帝书"的踪迹。银雀山汉简中有《地典》残简，长沙马王堆汉墓帛书《老子》乙本卷前古佚书被很多学者确认为《汉志》道家类中的《黄帝四经》，这些文献内容都同"黄帝"有着直接联系，亦属于"黄帝书"范畴。

考察上述材料可见，先秦战国中后期所流行的"言黄帝"风潮，绝不仅仅是托名黄帝著述而已，在这种托名的背后，其著述往往有着较为相似的内容和较为接近的思维方式。这类托名黄帝的"黄帝书"，多将战国时期得到长足发展的方技数术运用在实际应用领域，而这类以"黄帝书"为载体的学说即为"黄帝之学"。

二、"黄帝之学"发生的思想、社会背景

《汉书·艺文志·数术略》六类内容中，"黄帝书"分为天文、历谱、五行、杂占几类。其中，天文、历谱、五行技术的起源同原始占卜、祭祀密切相关，它们都在战国时代得到长足发展，属于"科技含量"比较高的知识技术；《兵书略》中的兵阴阳类托名黄帝的著述也不少，从传世文献《孙子兵法》及出土兵书涉及黄帝的文献内容也可看出，这些兵书所运用的数术技术，大部分是战国中后期才兴起并得到发展的技术类型。可见，所谓"黄帝之学"，是指在战国社会特别是战国中后期科技发展的背景下，数术家与方技家所掌握的、科技含量较高的、托名黄帝的实用知识与技术。这种源自方术的知识与技术构成了"黄帝书"的主干。

黄帝之学所包含的各类技术的渊源，应为上古时代的原始巫术活动。原始巫术是相当综合的一门"学问"，其思维背景和前提是先民"天人合一"的观念。"天人合一"来源于人类对

宇宙和自然的朴素认识,他们倾向于认为天、地、人同源同构,人是宇宙万物的一部分,通过某种特殊手段——用后世的数术术语可以称为巫术、占卜、历算等,人类可以模拟天地的运行,从而使得自身更好地融入宇宙天地。如何采用具体手段来获得上天对人类的启示,这正是巫术需要解决的问题。最初人们对巫术实施者的性情、才能要求非常严格。《国语·楚语下》载:"民之精爽不携贰者,而又能齐肃衷正,其智能上下比义,其圣能光远宣朗,其明能光照之,其聪能听彻之,如是则明神降之,在男曰觋,在女曰巫。"①可以看出,当时,巫觋更多是凭借天生异秉,辅之以特定的技术手段来通神。原始巫术从手段到目的都与后世的方术直接相通。而巫术的两大分支祝诅和占卜,在战国时期的黄帝之学中都大有发展,特别是占卜预测技术,在战国中后期取得了"现代化"式的进步。黄帝之学与原始巫术有着密切的渊源关系,原始巫术的思维基础"天人一体"观念,同样也是黄帝之学的思想背景。

　　中国古代的巫术传统源远流长,《汉书·艺文志》中《数术略》所罗列的六种类型和《方技略》所罗列的四种类型大体勾勒出先秦汉代此类技术的风貌,如此齐整的规模固然已经过了时代的筛选和班固等人的整理,很多书籍记载的已经是汉代的面貌,但不可否认的是,这其中相当多的具体操作模式很早就已为人所用,成为流行于民间的普遍知识和传统。而以这类实用的知识与技术为代表的"小传统"同时也成为先秦诸子学的产生背景,它们为诸子思想提供了大量"形而下"的实用技术与实践。其中最典型的莫过于天文学技术为人类所提供的大量天象观测结果。诸子思想家们正是在这些形而下的"实验

① 　徐元诰:《国语集解》,第512—513页。

数据"基础上,才依据"天人一体"的规律,将宇宙、天象之理推衍运用到人间社会。这正是《吕氏春秋·序意》所谓"爰有大圜在上,大矩在下,汝能法之,为民父母"①的背景。这些"形而下"的技术操作,后来被不约而同地"挂名"黄帝——不是他最早发明,便是他曾经运用,于是也被统摄到黄帝之学中。因此黄帝之学所涉及的范围非常广泛——天文、历算、星占、地理、医药、养生等等无所不包。这些原本用以解决实际问题的知识与技术,结合先秦诸子渐趋成熟的理性思维,逐渐演变成一种比原始的"天人一体"观更现代、科技含量更高的"推天道以明人事"的思维模式。黄帝之学包含的实用的技术操作正是这种思维模式的基础。黄帝之学的"形而下"操作,同诸子之学的"形而上"思辨产生了共鸣。

　　同时,战国中后期生产力的提高和社会的需求,也使黄帝方术之学得到广阔的发展空间。黄帝之学实用的、基础的知识和技巧不但在种类上不断扩大,科技含量也显著提升。"兵阴阳"便是其中非常明显的范例。"兵阴阳"是《汉书·艺文志》"兵书略"中的一类,此类著述无论是传世文献如《孙子兵法》,还是出土文献如马王堆《五星占》、《天文气象杂占》、《刑德》(甲、乙、丙)、《阴阳五行》(甲、乙)以及银雀山《地典》、《雄牝城》、《天地八风五行客主五音之居》等,托言黄帝的用例都很丰富。"兵阴阳"也即阴阳之术在军事中的运用,其基本特点是"顺时而发,推刑德,随斗击,因五胜,假鬼神而为助者也"②。其中所谓"推刑德"、"随斗击"、"因五胜",都需要天文星占的支持。通过仪器的测度、天象的观测与时历的计算,"技术人

---

① 　许维遹:《吕氏春秋集释》,第 273 页。
② 　见《汉书·艺文志》,班固:《汉书》,第 1760 页。

员"推衍行事吉凶,供军事将领作为战术战略的参考。《史记·天官书》也说:"田氏篡齐,三家分晋,并为战国。争于攻取,兵革更起,城邑数屠。因以饥馑疾疫焦苦,臣主共忧患,其察禨祥候星气尤急。近世十二诸侯七国相王,言从衡者继踵,而皋、唐、甘、石因时务论其书传,故其占验凌杂米盐。"①战国中后期频繁发生的战争确实推动了黄帝之学的发展,巨大的市场需求也刺激了黄帝之学的技术进步。

时局的动荡使得人们急需黄帝方数之学的知识与技术为其服务,先秦诸子也需要以黄帝方术之学的"科技成果"为自己的思辨寻找依据,这对于内容庞杂又无比实用的黄帝之学而言,确实是一个发展的黄金时代。

三、黄帝之学"推天道以明人事"与
道家学术的契合

《汉志》所载录的为数众多的"黄帝书",充分表明黄帝之学所包含的知识技术在先秦、秦汉之际的繁荣发展。黄帝之学借助先秦之际"推天道以明人事"的思想背景,借助对诸子思想的渗透,得到了强有力的思想层面的支撑。这也就意味着,黄帝之学的知识与技术不再单纯为实用而存,它拥有了更为广阔深远的哲学意味。

"推天道以明人事",视天地人为整体,认为它们遵循某些共同法则。战国时期,这种思维模式渗透在诸子各家学派中,而非先秦某子之专属。"天人时空"是百家争鸣时思想者热衷的话题,推演天道运行规律也成为一项重要的工作。孟子说:

---

① 司马迁:《史记》,第1344页。

"天之高也,星辰之远也,苟求其故,千岁之日至,可坐而致也。"①荀子说:"天行有常。"日月星辰的运行轨迹可以通过演算可以得到准确掌握。一个典型的例子即为,战国中期的天文学家甘公、石申在测度五行星的运行时,发现行星有逆行现象,之后,秦汉时期的天文学家又陆续观测到其它行星的逆行,如《汉书·天文志》载:"古历五星之推,亡逆行者,至甘氏、石氏《经》,以荧惑、太白为有逆行。"②《隋书·天文志》又载:"古历五星并顺行,秦历始有金火之逆。又甘、石并时,自有差异。汉初测候,乃知五星皆有逆行。"③在古代,天象观测与历法制定关系密切,历法又与农业生产和人民生活密切相关。根据观测到的行星逆行,人们修订了历法,使置闰更加精密和严格,不但解决了长期以来历法失闰的困扰,并且使得日月星辰的运行更加有例可循。这个事例表明,在当时,天与人的距离不再如上古时期那般遥不可及,人们对掌握自然界变化规律已经充满了自信与把握。

正如葛兆光先生在《中国思想史》(第一卷)中所分析,战国时代思想家们所接触到的天文学、地理学,已经不可与过去同日而语,对于天象的观察和对地理的了解,已经走出了"观象授时"以及"定之方中"这种在室外实测的水平,走入了室内推演运算的阶段。各种传统的前提和依据在这个时代已经不再具有不言而喻的权威,而现实的社会秩序、人生存在需要有不言自明的依据,于是对于"天地"、"宇宙"的讨论的意义就超出了其本身,成了思想的中心话题。而对于天道的把握,无论是室外实测还是室内推演,都属于黄帝方术之学的实用知识技

① 焦循撰:《孟子正义》,北京:中华书局,1987年,第588页。
② 班固:《汉书》,第1290—1291页。
③ 魏征:《隋书》,北京:中华书局,1973年,第561页。

术。这同时意味着,战国诸子理性天道观念的觉醒,势必不能缺少背后黄帝之学的技术支持。

在先秦诸子之中,道家思想与黄帝之学的契合程度无疑是最高的,因为道家思想相对于其他学派而言,"推天道以明人事"的倾向最为明显。《老子》中有"人法地,地法天,天法道,道法自然"之语,真正从自然的运行中体察社会和人生。其他道家著述中也有很多体现天文、星历、阴阳、五行等数术技术发展的内容:传世文献《尉缭子》、《鹖冠子》、《吕氏春秋》、《淮南子》,出土文献长沙楚帛书、马王堆帛书《经法》等四篇古佚书等等,都表现出这种融合天文星历等数术技术与治国方略为一体的"推天道以明人事"的观念。实际上,"推天事人"的思路正是道家同黄帝之学间的契合点。

道家思想者如此秉承"推天事人"的观念,同其与史官的渊源不无关系。简单追溯史官一职的渊源,西周时期便已有辅政机构"太史寮"一署,掌册命、制禄、图籍、记录国家大事、祭祀、祝卜、礼制、时令、天文、历法等等,是兼管神职与人事的机构,作用非常重要,而史官的职守在这一时期也开始形成。春秋之后,随着社会的发展,虽然"太史寮"逐渐销声匿迹,史官的地位也大大下降,但史官的实际工作仍然统辖数术和文职两个方面,既负责天文、历算和以各类占卜为主题的数术操作,又负责保存各种礼法制度历史典籍、起草各类册命、祝文、载书等等行政工作。这种工作的性质也使他们获得了形而下操作与形而上思考兼备的视角。从现有文献资料中,我们虽无法追溯道家作为诸子流派究竟始自何时,但从道家代表著述看来,他们所注重的"推天事人"、探究天道规律的思路,与西周春秋时期史官的职守是吻合且一脉相承的。

道家所秉承的"推天事人"观念,与黄帝之学的技术发展相辅相成,甚至可以说是"互为表里"的。黄帝之学的发展,使人们在天文、星历等古代科学技术上取得了长足进步。人们相信,帝王人君如果能够恰当运用已经掌握的天道运行规律,对其施政、治国是能够产生神秘而重大的益处和实效的。

因此在战国时期的诸子言论中,运用天文星历等术语成为风潮,"嬴缩"、"逆顺"、"天时"、"度数"、"终始"、"环周"这样的专门词汇大量出现在论时政、论用兵的篇章中。更具有典型意义的是,很多具有道家倾向的思想者积极主张通过模仿天道运行的方式,求得治道的成功。如《国语·越语下》中,范蠡反复强调掌握"天地之恒制"、"天道"的重要性,警告勾践不可"逆于天而不和于人":

> 天道盈而不溢,盛而不骄,劳而不矜其功。夫圣人随时以行,是谓守时。天时不作,弗为人客;人事不起,弗为之始。今君王未盈而溢,未盛而骄,不劳而矜其功,天时不作,而先为人客,人事不起,而创为之始,此逆于天而不和于人。
> 知天地之恒制,乃可以有天下之成利。
> 古之善用兵者,嬴缩以为常,四时以为纪,无过天极,究数而止。天道皇皇,日月以为常,明者以为法,微者则是行。阳至而阴,阴至而阳;日困而还,月盈而匡。[1]

范蠡的言论中运用了大量天文星历术语,其所主张的"持盈者与天,定倾者与人,节事者与地"的观点,也是建立在数术之学的技术支持之上的。

马王堆帛书《经法》等四篇古佚书也典型反映出这一特

---

[1]　徐元诰:《国语集解》,第584—585 页。

点。古佚书不但鲜明体现出推天事人的倾向,而且将黄帝方术之学的思路直接运用在治国理民之中。如《经法·四度》:

> 日月星辰之期,四时之度,动静之立(位),外内之处,天之稽也。①

《经法·论》:

> 天执一,明三,定二,建八正,行七法……明以正者,天之道也。适者,天度也。信者,天之期也。极而反者,天之性也。必者,天之命也。□□□□□□□□□者,天之所以为物命也。此之谓七法。七法各当其名,谓之物。物各合于道者谓之理。理之所在,谓之顺。物有不合于道者,谓之失理。失理之所在,谓之逆。逆顺各自命也,则存亡兴坏可知也。②

《十六经·立命》:

> (黄宗)数日、历月、计岁,以当日月之行。③

李零认为,道家思想和数术方技学说,皆有同黄帝相关的部分,且道家之"黄"与数术、方技之"黄"在内容上是互为表里。的确如此,黄帝之学的实用知识技术与道家天道观念相结合对战国中后期社会的影响非常明显。以银雀山出土的《孙

---

① 裘锡圭:《长沙马王堆汉墓简帛集成》(四),第138页。
② 裘锡圭:《长沙马王堆汉墓简帛集成》(四),第140页。
③ 裘锡圭:《长沙马王堆汉墓简帛集成》(四),第151页。

膑兵法》佚篇为例,《孙膑兵法》虽为兵家著述,讲用兵作战的具体操作,但其思路仍不脱"推天事人"之模式。《孙膑兵法·月战》典型地表现了兵家对黄帝之学中天文历算技术发展成果的吸收,天时、历数等词语以及星占术在文中比比皆是:

> 孙子曰：间于天地之间,莫贵于人。战□□□人不单(战)。天时、地利、人和,三者不得,虽胜有央(殃)。是以必付与而□战,不得已而后战。故抚时而战,不复使其众。无方而战者小胜以付靥者也。
> 孙子曰：十战而六胜,以星也。十战而七胜,以日者也。十战而八胜,以月者也。十战而九胜,月有……(十战)而十胜,将善而生过者也。[1]

所谓"抚时而战",所谓"无方而战者小胜以付靥者",皆指用兵要循时、合于历数,因为日、月、星与战争胜败皆有关系。对于这段文字,汉简整理小组引《管子·四时》的内容作为比对参考:

> 东方曰星……此谓星德……南方曰日……此谓日德……中央曰土……此谓岁德……西方曰辰……此谓辰德……北方曰月……此谓月德……日掌阳,月掌阴,星掌和。阳为德,阴为刑,和为事。[2]

在这段文字中,日、月、星也与阴阳刑德、人间政事发生了

---

① 《银雀山汉墓竹简》(一),第59页。
② 黎翔凤：《管子校注》,第842—855页。

关联,充分体现出当时的时代特色。无独有偶,《淮南子·兵略训》也说:"明于奇赍、阴阳、刑德、五行、望气、候气、龟策、機祥,此善为天道者也。"①文中提到的"奇赍"、"刑德"、"五行"都是数术技术的分支,属于黄帝之学的范畴。可见若要推行"推天道以明人事"思路,没有黄帝之学的技术支持是不可能实施的。

四、黄帝之学在战国中后期的发展方向

战国中后期,黄帝之学与道家之学的结合发展同时向两个向度延伸:一是黄帝数术之学理论结合道家"天道"思路,辅助政治,朝着"外王"的方向开拓;一是黄帝方技之学理论结合道家"养生"思路,辅助精神,朝着"内圣"的方向延伸。前者例如马王堆帛书《经法·论》所言:

> 天执一以明三。日信出信入,南北有极,度之稽也。月信生信死,进退有常,数之稽也。列星有数,而不失其行,信之稽也。天明三以定二,则壹晦壹明,□□□□□□□。天定二以建八正,则四时有度,动静有位,而外内有处。②

这是典型的黄帝之学与《老子》道论结合,并在政事上的运用。《老子》第二十五章:"人法地,地法天,天法道,道法自然。"这本是道家"推天事人"的原始思路,《经法》体现出这种精神本不足为奇。而上文中"日信出信入","月信生信死","列星有

---

① 何宁:《淮南子集释》,第1094页。
② 裘锡圭:《长沙马王堆汉墓简帛集成》(四),第140页。

数,而不失其行",却又显然已经不再是空谈"道法自然",而已步入黄帝之学的范畴了。《经法·四度》说:"极而反,盛而衰,天地之道也,人之李(理)也。"《管子·重令》也说:"天道之数,至则反,盛则衰。"[1]自然天体运行之循环往复,四时节序之循环往复,都被人们明白掌握且用以证明人间政事的兴衰祸福。在道家的理论中,执政者即为执"道"者,必须要了解"万物之于人也,无私近也,无私远也。巧者有余,而拙者不足,其功顺天者天助之,其功逆天者天围之。天之所助,虽小必大;天之所围,虽成必败。顺天者有其功,逆天者怀其凶"[2]的深刻道理,因此也必然掌握了解"道"的工具——黄帝方术之学。

"天道"之理不但运用在治国上,同样运用在治身、治心过程中。马王堆帛书《道原》论"道"曰:

> 恒先之初,迥同大虚。虚同为一,恒一而止。湿湿梦梦,未有明晦。神微周盈,精静不熙。故未有以,万物莫以。故无有形,大迥无名……天地阴阳,四时日月,星辰云气,蚑行蛲动,戴根之徒,皆取生,道弗为益少;皆反焉,道弗为益多……故唯圣人能察无形,能听无声。知虚之实,后能太虚。乃通天地之精,通同而无间,周袭而不盈。服此道者,是谓能精。[3]

《经法·论》还说:

> [强生威,威]生惠,惠生正,[正]生静。静则平,平

---

① 黎翔凤:《管子校注》,第 289 页。
② 黎翔凤:《管子校注》,第 44 页。
③ 裘锡圭:《长沙马王堆汉墓简帛集成》(四),第 189 页。

则宁,宁则素,素则精,精则神。至神之极,[见] 知不惑。
帝王者,执此道也。①

身心的宁静也是"执道"的必备条件之一。从上文来看,这里
所讲的"道"依旧是自然天道的一部分,是世间万物运行的规
律。根据天地人同源同构的推测,人体内在的运行规律同天道
运行存在感应关系。黄帝之学的方技知识中有很多类似理论,
如《黄帝内经》认为宇宙是个大天地,相对应的,人身是个小天
地。《灵枢·邪客篇》说:"天圆地方,人头圆足方以应之;天有
日月,人有两目;地有九州,人有九窍;天有风雨,人有喜怒;天
有雷电,人有音声;……天有阴阳,人有夫妻;天有三百六十五
日,人有三百六十节。"②《素问·针解篇》也说:"夫一天、二地、
三人、四时、五音、六律、七星、八风、九野,身形亦应之……人皮
应天,人肉应地,人脉应人,人筋应时,人声应音,人阴阳合气应
律"③等。此外,《黄帝内经》还把自然界和人体的规律进行
对比:天象有日月运行、一寒一暑,人身有气血运行,水火既
济;气候有春升、夏浮、秋降、冬沉,人身有肝应春气主升、心
应夏气主浮,肺应秋气主降,肾应冬气主沉;自然界之气候异
常为灾异,人身之气化异常则为疾病。这一切,都是人类利
用黄帝之学的知识技术,掌握了自然规律后所做出的一系列
推衍。

黄帝之学自战国中期以来,从原始方术的小传统中渐渐剥
离之后,代表了战国中后期科技含量较高、较为重要的一类实
用的知识和技术。由于黄帝之学产生的土壤同先秦诸子学的

①　裘锡圭:《长沙马王堆汉墓简帛集成》(四),第141页。
②　张志聪:《黄帝内经灵枢集注》,北京:学苑出版社,2006年,第476页。
③　《黄帝内经素问译释》,上海:上海科技卫生出版社,1959年,第334页。

学术背景有共通之处,因此黄帝之学与诸子学术特别是道家思想之间有着天然的内在联系。黄帝之学与道家之学契合程度最深,这也正是所谓道家之"黄"与数术、方技之"黄"在内容上互为表里。在"推天道以明人事"的思路中,黄帝之学形而下的实用知识技术,通过来自道家"道法自然"的理论得到形而上升华;道家"推天道以明人事"的理论,得到来自黄帝之学的技术支持,能够在政治上将理论落到实处。二者的契合同时也为战国后期道家黄老之学的出现提供了可能。

第二节　黄老之学的内涵

一、《史记》中的"黄老"概念辨析

《史记》是最早使用"黄老"一词的文献。先秦的学者中,被司马迁归为"本于黄老"或习"黄老"的有六、七人。《史记·老子韩非列传》:

> 申子之学本于黄老而主刑名。著书二篇,号曰《申子》。
> 韩非者,韩之诸公子也。喜刑名法术之学,而其归本于黄老。[1]

《孟子荀卿列传》:

---

[1]　司马迁:《史记》,第2146页。

> 慎到,赵人。田骈、接子,齐人。环渊,楚人。皆学黄
> 老道德之术,因发明序其指意。①

这是目前所见文献中最早的关于黄老学者的记录,"黄老"一词也由此而来。除此之外,《汉书·艺文志》对于"黄老"也有提及,《诸子略·小说家》类《宋子》下有班固注曰:"孙卿道宋子,其言黄老意。"②

实际上,秦汉时代是黄老之学传播和盛行的时代,这一时期文献中对于黄老之学的记载非常丰富。以《史记》为例:

> 窦太后治黄老言,不好儒术,使人微得赵绾等奸利事,召案绾、臧,绾、臧自杀,诸所兴为者皆废。(《史记·孝武本纪》)
> 太后好黄老之言,而魏其、武安、赵绾、王臧等务隆推儒术,贬道家言,是以窦太后滋不说魏其等。(《史记·魏其武安侯列传》)
> 闻胶西有盖公,善治黄老言,使人厚币请之。既见盖公,盖公为言治道贵清静而民自定,推此类具言之。参于是避正堂,舍盖公焉。其治要用黄老术,故相齐九年,齐国安集,大称贤相。(《史记·曹相国世家》)
> 邓公,成固人也……其子章以修黄老言显于诸公间。(《史记·袁盎晁错列传》)
> 王生者,善为黄老言,处士也。(《史记·张释之冯唐列传》)

---

① 司马迁:《史记》,第2347页。
② 班固:《汉书》,第1744页。

田叔者,赵陉城人也。其先,齐田氏苗裔也。叔喜剑,学黄老术于乐巨公所。(《史记·田叔列传》)

汲黯字长孺,濮阳人也……黯学黄老之言,治官理民,好清静,择丞史而任之。(《史记·汲郑列传》)

郑庄以任侠自喜,脱张羽于厄,声闻梁楚之间……庄好黄老之言,其慕长者如恐不见。(《史记·汲郑列传》)

在《史记·乐毅列传》中,司马迁详细叙述了战国末至西汉初年黄帝老子之学的传承情况:自河上丈人起至安期生,至毛翕公,至乐瑕公,至乐臣公,至盖公,至曹参,共传承七代。河上丈人之前大约有更早源头,但司马迁没有记载。看来,在黄老之学的传承系统中,"河上丈人"是能举出名姓的最早的"祖师"。但关于这位河上丈人的资料,史籍里却几乎没有,只知他曾注《道德经》。《隋书·经籍志》在《老子道德经》下有注云:"汉文帝时河上公注。梁有战国时河上丈人注《老子经》二卷。"①可见到梁代时还存有题作战国河上丈人所注之《老子》。但不知为何,这个《老子》注本在《汉书·艺文志》中却没有记载,使得"河上丈人"其人其事显得十分扑朔迷离。《四库全书总目》中《老子注》提要对这种情况加以解释说:"《隋志·道家》载老子《道德经》二卷,汉文帝时河上公注。又载梁有战国时河上丈人注《老子》经二卷,亡。则两河上公各一人,两《老子注》各一书。战国时河上公书在隋已亡,今所传者实汉河上公书耳。"②似又认为战国时代确实有一位河上丈人,而且对于《老子》道家颇有心得。《史记》此处所载传承黄老学的,应该

---

① 魏征:《隋书》,第1000页。
② 《四库全书总目》,第1242页。

是这位战国时代的河上丈人。有关他的详细生平事迹,由于史料的缺失,我们只能了解这么多了。

随着出土文献的陆续发掘,黄老之学的资料近年来已经大大丰富,像马王堆帛书《经法》等四篇古佚书、上博简的《三德》等篇都成为最直接鲜活的素材。更有价值的是,这些出土文献还盘活了大量被前人确定为"伪书"的传世文献,极大开拓了研究者的眼界。这一事实明确告诉我们,"黄老"虽然在汉代才得名,但其学术思想却早在先秦时期便已形成。

不过,我们要考察"黄老"确切内涵,还是应从司马迁在《史记》中所提供的原始线索开始讨论。《史记》中所记载的"学黄老道德之术"或"其学归本于黄老"的诸位先秦思想家:田骈、慎到、接舆、环渊、申不害、韩非等人,他们的学术思想中,都不同程度地包含了司马迁所谓的"黄老"之学内容。

虽然司马迁对黄老之学的记述并不详细,但考察"黄老"一词出现的语境,我们仍能够发现,《史记》中所谓的"黄老"之学,其在先秦时期的内涵与汉代并非全然一致,而是在统一的指导思想下略存不同的价值取向。

我们首先来分析一下汉代的"黄老"之学。从司马迁《史记》对汉代黄老的描述看,"黄老"字眼的出现,常常与"道德"、"清静"等词语搭配。崇尚"道",这是先秦及汉代黄老思想的总体特征之一,也体现了黄老思想对《老子》道家思想的继承。而关于汉代黄老之学的清净无为,《史记》中有具体描绘:胶西盖公,善治黄老,主张"治道贵清静而民自定",曹参实行"无为之治",百姓歌之曰:"萧何为法,顜若画一,曹参代之,守而勿失,载其清静,民以宁一。"[1]《史记·汲郑列传》也描绘

―――――――――

[1]　司马迁:《史记》,第 2031 页。

"黯学黄老之言,治官理民,好清静,择承史而任之。其治,责大指而已,不苛小。黯多病,卧闺阁内不出。岁余,东海大治……治务在无为而已,弘大体,不拘文法。"①同时,《后汉书·光武帝纪下》:"皇太子见帝勤劳不怠,承间谏曰:'陛下有禹汤之明,而失黄老养性之福,愿颐爱精神,优游自宁。'"②《后汉书·任李邳刘耿列传》:"隗字仲和,少好黄老,清静寡欲。"③《后汉书·樊阴列传》:"父瑞,好黄老言,清静少欲。"④《论衡·自然》:"贤之纯者,黄、老是也。黄者,黄帝也;老者,老子也。黄、老之操,身中恬澹,其治无为;正身共己而阴阳自和,无心于为而物自化,无意于生而物自成。"⑤

可见清静无为对于汉代的黄老而言,是一个显著的特征。而从文献中的表述看,黄老之学所讲求的清静无为,是既包含内圣,也包含外王的内外兼修之道。"内圣"是强调内在的精神修养,即"养性",具体表现为清静寡欲,也就是王充所说的"身中恬澹",这是道家传统的"虚静"思想;"外王"则是一种看似无为,其实有为的治术,曹参和汲黯的统治方法可以称作是其最典型的表现。曹参守成法,依照既定的规则治理国家,汲黯"责大指"、"不苛小",不必事事躬亲,而只掌握关键,让手下的官员各尽其能,这也就是王充所说的"其治无为"。同时,黄老之学的内圣与外王,相互之间并非孤立无涉,而是相辅相成的。统治者如果不能达到内在精神的虚静恬澹,在政治上也难以真正实施无为之治。

与汉代黄老之学不同,在《史记》的记载中,慎到、申不害、

---

① 司马迁:《史记》,第 3105 页。
② 范晔:《后汉书》,北京:中华书局,1999 年,第 58 页。
③ 范晔:《后汉书》,第 501 页。
④ 范晔:《后汉书》,第 755 页。
⑤ 黄晖:《论衡校释》,北京:中华书局,1990 年,第 781 页。

韩非等法家学者的思想,特别是其中"刑名"、"法术"的倾向,与先秦黄老有着密切的关系。这是先秦黄老之学体现出的不同于汉代黄老学的特点。

慎到,赵人,曾为齐国稷下先生,班固说他"先申韩,申韩称之"。《庄子·天下》中曾称述慎到思想,在庄子学派眼中,慎到是一位道家人物。他"弃知去己,而缘不得已,泠汰于物以为道理……夫无知之物,无建己之患,无用知之累,动静不离于理,是以终身无誉",①但《荀子·非十二子》中却把他当作法家人物来批判,认为他"尚法而无法,下修而好作……不可以经国定分",②《解蔽》也说"慎子蔽于法而不知贤"。如此看来,慎到思想实际兼及道法,且具有比较明显的由道入法倾向。司马迁《史记·孟子荀卿列传》认为《慎子》十二篇发明了黄老道德之意,指的正是慎到兼容道法,以道论法的思想主张。从慎到身上可以体现出先秦黄老之学中"因道全法"的倾向。

《史记》评价申不害,说他"学术以干韩昭侯,昭侯用为相,内修政教,外应诸侯,十五年。终申子之身,国治兵强,无侵韩者。"③商鞅、申不害等人原本同是法家学术的提倡者,但若细致分析,则实际上,申商二人思想主张并不完全一致。如果将商鞅、李悝、吴起等人归为"法治"派人物的话,申不害实际上却是主张"术治"。《韩非子·定法》云:"今申不害言术,而公孙鞅为法。"④司马迁又说"申子之学,本于黄老而主刑名",⑤可见"术"本是黄老思想中的一部分,而申不害则特别提出,对其发扬光大。从法家学派思想发展的脉络来看,这种

---

① 王先谦:《庄子集解》,第 292—293 页。
② 王先谦:《荀子集解》,第 93 页。
③ 司马迁:《史记》,第 2146 页。
④ 王先慎:《韩非子集解》,第 397 页。
⑤ 司马迁:《史记》,第 2146 页。

"术"后来又被韩非所吸收——《韩非子》一书中也保存有大量论"术"的内容。为何黄老思想中的"术"这门学问受到如此热捧？这恐怕同战国时代背景有关。战国之时，诸侯力政，游士驰说，争相取悦人君，渔权钓势的风气甚浓。在这种情况下，人君必须具备这种帝王南面之"术"才能保全自我、保全政权。申不害认为，人君需要谨言慎行，深藏而不露：

> 慎而言也，人且知女；慎而行也，人且随女；而有知见也，人且匿女；而无知见也，人且意女。女有知也，人且臧女；女无知也，人且行女。故曰：惟无为可以规之。[①]

《汉书·艺文志》所录申不害的六篇著述大都已亡佚，仅《申子·大体》尚有残篇。从此篇中，可看出申不害试图将先秦"名"思想与帝王南面之术加以结合。申子认为："为人君者，操契以责其名。"因为名正事定，"以其名听之，以其名视之，以其名命之"，则万物之情无所逃之矣。所以他强调，"名者，天地之纲、圣人之符"，又说，"故善为主者，倚于愚，立于不盈，设于不敢，藏于无事，窜端匿疏，示天下无为，是以近者亲之，远者怀之"。[②] 这些君主暗中御用群臣的手段，是战国中后期社会的现实需要。

　　韩非是典型的法家代表人物，但司马迁却将他的学术归本于黄老，这又一次提示我们黄老之学与法家思想的密切联系。韩非的法家思想大量融会了前代学者思想要素，慎到和申不害皆为韩非所称述。虽为法家之集大成者，但韩非所作的工

---

① 《韩非子·外储说右上》，见王先慎：《韩非子集解》，第 318 页。
② 魏征：《群书治要》，厦门：鹭江出版社，2004 年，第 589—590 页。

作——"集"却是对前人思想充分批判、修正后的选择和融贯。慎到之"势"、申不害之"术",都经过了韩非的扬弃而成为成熟的法家思想的一部分。《韩非子·难势》为慎到"势"理论辩护,又将其"自然之势"进化为"人设之势";韩非继承申不害"术"之衣钵,又认识到单纯以"术"治国的不足之处,在《定法》中批评他"言术未尽","有术无法"。当然,韩非学术的最终趋向是法家。但从韩非对慎到和申不害学说的运用上,我们完全可以理解司马迁将其"归本于黄老"的原因——韩非之"法"同黄老之"术"是难以绝对分开的。

从《史记》中对黄老思想以及黄老学者的记述,我们可以看出,在不同的时代背景下,黄老之学突出了不同的特点和价值取向。战国时期,黄老之学以道法结合的刑名法术之学的面貌示人,而秦汉阶段则体现出清静无为的特征。实际上,道法结合、刑名法术和清静无为都是黄老之学的思想特征。而在不同历史阶段,黄老学者根据社会的不同需要而加以应用,体现出不同的时代特色。黄老之学"与时迁移"的特点,在司马谈《论六家要旨》中表述得十分清楚。

二、《论六家要旨》"道家"辨析

梁启超云:"庄荀以下,论列诸子,皆对一人或其学风相同之一二人以立言,其罹括一时代学术之全部而综合分析之,用科学的分类法,厘为若干派,而比较评骘,自司马谈始也。"[①]司马谈《论六家要旨》中论列六家,在学术史上有首创意义。阴阳、名、法、道德之名称都从此篇而来,后世论及先秦诸子学,不

---

① 梁启超:《中国古代学术流变研究十篇》,中华书局,1947年。

再只举诸子姓名或仅提儒、墨两家之名。但是司马谈所论诸子学术情况，却并非全是先秦原貌，恐怕更多的是先秦子学余绪在汉代学术标准下经过取舍的状况。司马谈评价六家之短长：

> 尝窃观阴阳之术，大祥而众忌讳，使人拘而多所畏；然其序四时之大顺，不可失也。儒者博而寡要，劳而少功，是以其事难尽从；然其序君臣父子之礼，列夫妇长幼之别，不可易也。墨者俭而难遵，是以其事不可遍循；然其强本节用，不可废也。法家严而少恩；然其正君臣上下之分，不可改矣。名家使人俭而善失真；然其正名实，不可不察也。道家使人精神专一，动合无形，赡足万物。其为术也，因阴阳之大顺，采儒墨之善，撮名法之要，与时迁移，应物变化，立俗施事，无所不宜，指约而易操，事少而功多。①

司马谈详细分析各家的特点，认为诸子学说各有其短长和价值，最后的结论是道家于诸家之中为最优，原因在于道家能博采众长，"因阴阳之大顺，采儒墨之善，撮名法之要"。

很多学者认为司马谈所述"道家"并非先秦老庄道家，而是战国中后期兴起的黄老之学，这是十分正确的看法。司马谈所谓"道家"的特征是：

> 道家……至于大道之要，去健羡，绌聪明，释此而任术。夫神大用则竭，形大劳则敝。形神骚动，欲与天地长久，非所闻也。②

---

① 司马迁：《史记》，第 3289 页。
② 司马迁：《史记》，第 3289 页。

他又将道家与儒家进行对比,认为儒家所主张的"主劳臣逸"不符合"大道之要"。从字面上看,这一观点与《老子》道家中所强调的"绝圣弃智"、清心寡欲类似,同《要旨》所说的"凡人所生者神也,所托者形也。神大用则竭,形大劳则蔽,形神离则死。死者不可复生,离者不可复反,故圣人重之。由是观之,神者生之本也,形者生之具也。不先定其神,而曰我有以治天下,何由哉"①的议论也可相印证,似乎是对老庄追求长生久视的总结。但仔细考察会发现,司马谈此段谈论的主旨是"治道",而并非单纯《老子》道家的"养生之道"。《老子》、《庄子》屡谈长生久视,其"养生之道"虽然是天道向人间的落实,但其阐释中却没有明确的"形"、"神"分论,而形神关系论恰恰是黄老之学代表性的一个论题。"形神"的辩证关系同战国中后期流行的君主治身心问题关系密切,这在所谓的"《管子》四篇"中论述得最为精辟,《管子·内业》:

> 形不正,德不来,中不静,心不治。正形摄德,天仁地义,则淫然而自至。神明之极,照乎知万物,中义守不忒。不以物乱官,不以官乱心,是谓中得。有神自在身,一往一来,莫之能思。失之必乱,得之必治。敬除其舍,精将自来。精想思之,宁念治之,严容畏敬,精将至定。②
>
> 凡人之生也,天出其精,地出其形,合此以为人。和乃生,不和不生。③

《心术下》:

---

①　司马迁:《史记》,第3292页。
②　黎翔凤:《管子校注》,第937—938页。
③　黎翔凤:《管子校注》,第945页。

> 形不正者德不来，中不精者心不治。正形饰德，万物
> 毕得。翼然自来，神莫知其极。昭知天下，通于四极。是
> 故曰：无以物乱官，毋以官乱心，此之谓内德。①

《要旨》和《管子》关于形神关系论述的一大特色，便是皆从道
与万物的关系开始引申，最后落脚在"治道"或"内德"，带有强
烈的政治色彩。《管子》论述从治心到治身的过程中，还特别
强调要以保持"精气"为要务，从而达到"精气入舍"的目的，而
这样做的目的，不但使得身心同治，更是治国的需要。因此，
《心术下》认为：

> 圣人裁物，不为物使。心安，是国安也。心治，是国治
> 也。治也者，心也。安也者，心也。治心在于中，治言出于
> 口，治事加于民；故功作而民从，则百姓治矣。②

从思想来源看，无论是《论六家要旨》中的"形神俱定"，还是
《管子》中的"精气驻于心"，都是对老庄道家养生养心理论的
发展，也是属于黄老之学的内容。

《要旨》又云：

> 道家无为，又曰无不为，其实易行，其辞难知。其术以
> 虚无为本，以因循为用。无成执，无常形，故能究万物之
> 情。不为物先，不为物后，故能为万物主。有法无法，因时
> 为业；有度无度，因物与合。故曰"圣人不朽，时变是守。

---

① 黎翔凤：《管子校注》，第 778 页。
② 黎翔凤：《管子校注》，第 780—782 页。

虚者道之常也,因者君之纲也"。①

"无为"是道家一贯秉行的传统。"无为而无不为"则是汉代黄老政治家最大的特色。善治黄老言的盖公,及以清静治官理民的汲黯,在政治上都以表面的清静无为和实际的行之有效为典型代表。"虚无为本"对应"无为","因循为用"对应"有为"。黄老之学的无为,能够脱出老庄道家的绝然无为而走向"有为",关键便在于"以因循为用"。"因循"的前提是推崇天道、洞晓物理,这正是黄老之学的思想宗旨之一,是黄帝方术之学的当行本色。《老子》没有过多阐述因循之理,而学习《老子》又加以发挥的田骈、慎到、申不害等黄老学者却多有所发明。据《庄子·天下》所述,田骈慎到提倡"与物契合"、"弃知去己",要求去除己见,避免"建己之患"、"用知之累",做到"无成执,无常形",随事物本身的发展而变化,"不为物先,不为物后",才能真正像圣人那样"不逆天理,不伤情性;不吹毛而求小疵,不洗垢而察难知"。而申不害的循名责实之学,则将"因循"发挥到"循名责实"的治术中,正如司马迁所述:

> 群臣并至,使各自明也。其实中其声者谓之端,实不中其声者谓之窾。窾言不听,奸乃不生,贤不肖自分,白黑乃形。在所欲用耳,何事不成。乃合大道,混混冥冥。光耀天下,复反无名。②

"循名责实"的理论是从"刑名"或"名实"而来。先秦的"名

---

① 司马迁:《史记》,第 3292 页。
② 司马迁:《史记》,第 3292 页。

实"之辩本常在宇宙天下的范畴展开,如马王堆帛书《经法·道法》云:"是故天下有事,无不自为形名、声号矣。形名已立,声号已建,则无所逃迹匿正矣……凡事无大小,物自为舍;逆顺死生,物自为名。名形已定,物自为正。"[①]但"循名责实"则是将"名实"运用在社会政治领域,运用在处理君臣关系之上。

经过上述分析,我们可以得到这样的认识:司马谈所论述的"道家"是一种治国之学,落脚点不是哲学而是政治。概括而言,他所谓的"道家"有以下几个要点:

首先,强调"虚无"与"无为";其次,主张"因应变化"即因循之道、"应物变化"、"因时为业"及"因物与合";第三,主张"刑名法术"之学,"撮名法之要"。

如此看来,司马谈所说的"道家"已经不是原始意义上的老庄道家,这是一种在战国中后期社会环境下,脱胎于老子道家,结合当时社会上流行的各种学术而形成的新的学术体系。这种学术吸收了老子虚静无为的主张,其理论体系建立在崇尚天道的根本之上,又大量运用流行于战国中后期的黄帝方数术之学作为推广天道的方式;这种学术立论的目的在于助君人加强统治,因此又以道论改造战国时期的"法"学说。这便是司马迁《史记》中屡屡谈及的"黄老"之学。

值得注意的是,班固也定义了"道家"。《汉书·艺文志》说:

> 道家者流,盖出于史官,历记成败存亡祸福古今之道,然后知秉要执本,清虚以自守,卑弱以自持,此君人南面之

---

① 裘锡圭:《长沙马王堆汉墓简帛集成》(四),第 127 页。

术也。①

从表面看,班固、司马谈对黄老的理解似乎差不多。但仔细考察,其实不然。司马谈所述黄老,最终的落脚点是"采儒墨之善,撮名法之要",而这一特征实际上表现在《汉书·艺文志》所谓的杂家中。《汉志》说:

> 杂家者流,盖出于议官。兼儒墨,合名法,知国体之有此,见王治之无不贯,此其所长也。②

可见,从司马谈到班固,从秦汉之际到西汉末年,学者对道家学术内涵的理解,是发展变化的。综合秦汉之际道家思想,并将之融会贯通之作,非《淮南子》莫属。相对于从宇宙根源论道的《老子》以及追求道在人心性中落实的《庄子》,黄老重在探索道在国家治理中的运用,《淮南子》的道论则是在汉初学术背景下对三者的综合。《淮南子》中体现出的综合之道论,正是接洽先秦道家内涵(包括黄老之学)与汉代道家内涵的中间环节。

三、黄老之学的内涵

综合上述分析可以得出结论,司马迁在《史记》中屡屡谈到的"黄老"与司马谈所说的"道家"特点基本一致,而司马谈对道家的论述,也正是先秦及汉代黄老之学的共同特征:

---

① 班固:《汉书》,第 1732 页。
② 班固:《汉书》,第 1742 页。

> 道家使人精神专一，动合无形，赡足万物。其为术也，
> 因阴阳之大顺，采儒墨之善，撮名法之要，与时迁移，应物
> 变化，立俗施事，无所不宜，指约而易操，事少而功多。①

这段论述包含了以下要点：

（一）黄老之学首先是一种"术"，而并非单纯的哲学思想，这也是为何我们能够明晰儒墨之道甚至老庄之道的传承线索，从文献记载上看，这是黄老之学的兴起虽十分突兀，但其渗透力却极强的原因。将黄老之学的根本性质定位为"治术"而非单纯的哲学思想派别十分重要，"治术"的属性决定了黄老之学的其它种种特点。

（二）这种"治术"以原始道家"精神专一，动合无形"的道论为本，以"阴阳之大顺"为用，更兼采战国其它诸子学派——儒墨名法之长。黄老之学能够对诸子学派兼容并包，其原因不仅在于战国后期学术交融的社会风气，更是黄老之学身为"治术"的属性所决定的。既为一门实用之学，不怀成见、择其善者而从之是其发展的必要。同时，司马迁所说的"因阴阳之大顺"，不能简单地理解为吸收了阴阳学派的思想。"阴阳之大顺"所包含的范围应更加广泛，实际是指战国中后期以"天道阴阳"为研究对象的黄帝方术之学，故"因阴阳之大顺"的含义是"以天道阴阳的运行规律"为因循。

（三）黄老之学强调因循，所谓"与时迁移，应物变化"，以达到"指约易操"、"事少功多"的成效。作为"君人南面之术"，黄老之学的主张必然随着时代环境的变化而加以调整。这也正是为何战国时期的黄老学者往往流露出法家气质，而汉

---

① 见《史记·太史公自序》，司马迁：《史记》，第3289页。

初的黄老学者又以"清静无为"示人。社会、时代的因素在黄老之学中尤其重要,这从一个角度为"圣人不朽,时变是守"提供了注脚。黄老之学中包含用法为治,刑名相参的因素。这是战国中后期社会大趋势所致。但到了汉代,这种"法"因素渐趋退居幕后,黄老之学主要以清静无为指导施政。

（四）作为"治国"之术,黄老之学也有以一套形神观念作为理论基础的"治身"之术,这也是战国中后期风气熏染的结果。

第二编 ｜ 先秦黄老文献考

　　战国中晚时期流行的君人南面术"黄老之学"，其学说以《老子》道论为本，以流行于战国中晚期的黄帝数术、方技之学为用，兼收并蓄诸子百家理论之精彩处，灵活运用阴阳家之四时、法家之法、儒家之仁义礼、名家之循名责实等思想。这既是战国中后期学术兼容之风所致，也是黄老之学作为一种"治术"的要求。

　　黄老之学发展的脉络在先秦时代并不像其它诸子之学那般明晰，先秦文献中既无"黄老"之名，也没有出现明确得到认可的黄老作品。历代研究者在选取研究文献的时候，往往要对包含黄老之学内容的文献进行一番梳理考证，兼之包含黄老思想的文献又屡屡遭遇被判为"伪书"的命运，使得研究者更需要费一番功夫。

　　本编内容以整理、考辨包含黄老思想的文献为主，分别考察《史记》记载的黄老学者之著述、《管子》中的黄老篇目、《庄子》外杂篇中的黄老篇目、《尹文子》、《鹖冠子》这两种历代曾被疑为"伪书"的黄老著作，以及长沙马王堆帛书两种和上海博物馆馆藏战国竹简三种。本编主要目的是明确研究对象，为分析黄老之学的发展理路打好基础。

第一章
《史记》所载先秦黄老学者及著述

　　田骈、慎到、接舆、环渊、申不害、韩非,这六人是《史记》中与黄老之学有关系的先秦学者。上述诸人的著作除《史记》已有的记载外,另有《汉书·艺文志》载道家类下《慎子》四十二篇、《田子》二十五篇、《蜎子》十三篇(班固自注蜎子名渊,楚人,老子弟子。一般认为即为环渊)、《捷子》二篇(一般认为即为接舆之作);法家类下《慎子》四十二篇、《申子》六篇、《韩非子》五十五篇。但慎到、申不害、田骈、接舆、环渊诸人的著作多已散佚,为后人研究留下了很大困难。

第一节　田骈、慎到考论

　　田骈与慎到在先秦思想史上是有名的人物,二人都在《庄子·天下》篇中被品评,《汉书·艺文志》中也有关于二人著述的记载。但《田子》与《慎子》都已散佚,今不得见。值得庆幸的是,上博简中有一篇文献《慎子曰恭俭》,虽然简有残缺,但仍得到学界的重视。此简文的出现也说明,关于先秦诸子百家争鸣,还有很多情况等待研究者们的讨论和还原。非常关键的一点是,田骈与慎到在司马迁《史记》中,均与先秦黄老之学有密切联系,但学界以往对这个问题的讨论并不透彻。因此,有必要重新检视田骈与慎到的传世文献和出土文献方面的资料,重新考论二人的生平、著述,并尝试定位其在先秦黄老之学发展体系中的坐标。

一、田骈著述及其学说

《汉书·艺文志》道家类中著录《田子》二十五篇,一般认为这部作品的作者即田骈。田骈是著名的稷下学者,与慎到、尹文、环渊等人基本处于同一时代。《史记·孟子荀卿列传》载:"田骈齐人……学黄老道德之术。"①《汉书·艺文志》道家类下有《田子》二十五篇,刘歆《七略》有"田骈好谈论,故齐人为语曰天口骈。天口者,言田骈子不可穷其口,若事天"之语。② 则班固的注文当由此而来。田骈在史籍中又称"陈骈",盖"田"、"陈"二字在上古音中通入真部,可互通。

秦汉典籍中关于田骈的生平交游记载并不多,《史记·田敬仲完世家》载:"宣王喜文学游说之士,自如邹衍、淳于髡、田骈、接予、慎到、环渊之徒七十六人,皆赐列第,为上大夫,不治而议论。是以齐稷下学士复盛,且数百千人。"③因此邹衍等人应该与田骈有过交游。《庄子·天下》中有"田骈学于彭蒙,得不

---

① 司马迁:《史记》,第 2347 页。
② 萧统:《宣德皇后令》,《文选》,上海:上海古籍出版社,1986 年,第 1636 页。
③ 司马迁:《史记》,第 1895 页。

教焉"，以及"彭蒙田骈慎到不知道"之语，①谓彭蒙与田骈之间有师徒的关系。但今天认为不甚可靠的《尹文子》中，又有"田子读书……彭蒙在侧，越次答曰……田子曰：'蒙之言然'。"②田骈转而成为彭蒙的老师。一般认为彭蒙的时间较为靠前，《尹文子》书固不足信，但可以肯定二人之间关系很亲密。况且在伪《尹文子》序中也有："居稷下，与宋钘、彭蒙、田骈同学于公孙龙。"③则彭蒙也是稷下先生。另外，据《淮南子·人间训》曰："唐子短陈骈子于齐威王，威王欲杀之，陈骈子与其属出亡，奔薛。孟尝君闻之，使人以车迎之。"④不过，孟尝君不与威王同时，《盐铁论·论儒》也提到田骈如薛在齐泯王世。

从上述史籍对于田骈身世及交游的零星描述可以看出，田骈在思想史上最重要的身份是稷下先生。作为不治而议的稷下先生，田骈不但有极好的口才，而且有载录其思想的《田子》二十五篇，惜未能传世。但从史籍中，我们仍然能够对其思想主张有大略的了解。

田骈和慎到在《庄子·天下》中被相提并论，并且在《荀子·非十二子》、《解蔽》、《韩非子·难势》、《吕氏春秋·不二》、《执一》、《士容》以及《淮南子》等一些篇章中也被并列提及，可见二人的思想倾向在秦汉之际人们的认识中是较为接近的。《庄子·天下》对田骈思想的论述较为完整详细，现移录于下：

公而不党，易而无私，决然无主，趣物而不两，不顾于

---

① 王先谦：《庄子集解》，第 293 页。
② 钱熙祚校：《尹文子》，上海：世界书局，1935 年，第 9—10 页。
③ 钱熙祚校：《尹文子》，第 2 页。
④ 何宁：《淮南子集释》，第 1276 页。

慮，不谋于知，于物无择，与之俱往，古之道术有在于是者。彭蒙、田骈、慎到闻其风而悦之。齐万物以为首，曰："天能覆之而不能载之，地能载之而不能覆之，大道能包之而不能辩之。"知万物皆有所可，有所不可，故曰："选则不遍，教则不至，道则无遗者矣。"

……田骈亦然，学于彭蒙，得不教焉。彭蒙之师曰："古之道人，至于莫之是、莫之非而已矣。其风窢然，恶可而言？"常反人，不见观，而不免于魭断。其所谓道非道，而所言之韪不免于非。彭蒙、田骈、慎到不知道。虽然，概乎皆尝有闻者也。[①]

田骈、彭蒙、慎到都曾为稷下先生，《天下》篇讲到田骈一派"齐万物以为首"，这应该是他们首要的主张。翻检古籍，传世文献中有多处记录田骈主张"齐"或"均"。《说文》解"齐"为"禾麦吐穗上平也"，[②]解"均"为"平徧也"，[③]因此"齐"、"均"二字含义相通。如《尸子·广泽》有"田氏贵均"；《吕氏春秋·不二》有"陈（田）骈贵齐"。

但是说到"齐"，首先令人想到的便是道家庄子一派的思路，特别是《庄子·齐物论》中的阐述。钱穆先生认为田骈的"齐"与庄子的"齐"是一致的，"田子之齐生死，盖与庄生略似，皆承杨朱重生贵己之说而微变之者。"[④]王叔岷也说："此并与《庄子》齐物之义相符"。[⑤] 东汉高诱也直接在"田骈贵齐"下注曰："齐生死，等古今也。"可见一般人将田骈的"齐"理解得

---

① 王先谦：《庄子集解》，第 292—294 页。
② 许慎：《说文解字》，第 143 页。
③ 许慎：《说文解字》，第 143 页。
④ 钱穆：《先秦诸子系年考辨》，上海：上海书店，1992 年，第 393 页。
⑤ 王叔岷：《先秦道法思想讲稿》，北京：中华书局，2007 年，第 181 页。

较为简单,但这其实是值得讨论的一个问题,也是领会田骈本人思想主张的一个关窍之所在。

田骈本人的著述虽然不存,但《庄子·天下》透露,"公而不党,易而无私,决然无主,趣物而不两"是田骈主张的重要方面。这段话的意思是说,田骈认为,对待事物要公正而不阿党,平易而无偏私,排除主观先入之见,将万物一视同仁而不加以刻意分别。而这样做的原因是什么呢?《天下》在下文做了非常清楚的回答:"选则不偏,教则不至,道则无遗者矣。"①他们的齐物主张,并不像庄子那样,把握住道为万物的本体与根源,在精神世界中实现"齐物",而是取消了从主观上对万物的区别与辨析,因此可以说是在某种客观标准下的简单和形式上的"齐物"而已。也正是因此,田骈才会主张"不顾于虑,不谋于知,于物无择,与之俱往"。在这里,他不是从批判"虑"、"知"的角度"齐物",而仅仅以外在形式做到"于物无择"。

但我们要看到,正是这种形式上的"齐物",田骈、慎到的主张才区别于庄子而具有了特殊性,也才能够为援道入法的思想主张留下空间和可能性。

《管子·君臣》有一段话,和《天下》篇所述田骈的主张非常接近:

> 人君不公,常惠于赏而不忍于刑,是国无法也。治国无法,则民朋党而下比,饰巧以成其私。法制有常,则民不散而上合,竭情以纳其忠。是以不言智能,而顺事治,国患解,大臣之任也。不言于聪明,而善人举,奸伪诛,视听者众也。②

---

① 王先谦:《庄子集解》,第 292 页。
② 黎翔凤:《管子校注》,第 554 页。

　　从这段文字我们可以看出，《君臣上》主张以"法"而非用"智能"、"聪明"来解决人君不公和民众朋党的弊病，这和田骈的"不顾于虑，不谋于知，于物无择，与之俱往"显然是相通的。田骈的所谓用"道"来"齐万物"，实际就是《君臣上》以"法"所达到国治民安的状况。田骈虽然没有明确提出以"法"理国，但他已经认识到，国君需要有某种通行社会上下的约束力和一种客观的标准来衡量社会各阶层的作为，以达到"齐"的目的，而不仅仅是靠"虑"、"智"等等主观认识发挥作用。所以他认为从主观上"于物无则"，一视同仁，排除先见。

　　通过以上分析我们基本可以明确，田骈最主要的思想倾向"齐"、"均"，实际上是援道入法的一种尝试。田骈、慎到以"道"齐天下，赋予了"道"社会准则、行为准则之含义。田骈的观点在《天下》中没有进一步的阐述，但《天下》评判道："慎到之道，非生人之行而至死人之理，适得怪焉。"[1]在田骈慎到的理论中，社会无需圣贤来治理，只要有"道"对社会方方面面、上下层次等级的规定，哪怕是"块"也不会超出自己的范围，即块不失道。这并非庄子所谓的"道在瓦甓"，而是将天下事物严格地一准于"道"——也就是我们现在理解的"法"。其援道入法的倾向如此明显，难怪《庄子》将其评价为"死人之理"，"非生人之行"。[2]

　　除了"齐万物"以外，在对田骈学术思想的介绍中，《天下》篇还透露，他曾师从彭蒙，得其"不教"之教。同时载有彭蒙之师言："古之道人，至于莫之是莫之非而已矣。"此处，无论是"不教"之教，还是所谓"莫之是莫之非"，确实明显具有道家意

---

① 　王先谦：《庄子集解》，第293页。
② 　王先谦：《庄子集解》，第293页。

味。可见,虽然有援道入法的倾向,但田骈学术的道家意味应该还是比较浓厚的。这大约也是《田子》二十五篇在《汉书·艺文志》中入道家,而同样援道入法的《慎子》则入法家的原因。

《吕氏春秋·执一》载有田骈和齐王的一段谈话,田骈以"道术"干谒诸侯,谓:"无政而可以得政。"还讲到:"变化应求而皆有章,因性任物而莫不宜当,彭祖以寿,三代以昌,五帝以昭,神农以鸿。"①田骈显然认为自己解决政治问题的方法非常伟大,兼及宇宙天地万物,彭祖神农、三王五帝,莫不以之为用。不过这种口若悬河的用语,已经非常接近战国后期纵横策士的风格。

《吕氏春秋》中还有两条关田骈的记载。《士容》一条品评人物,无关政治学术。②《用众》一条则言,"田骈谓齐王曰:'孟贲庶乎,患术而边境弗患。楚、魏之王辞言不说,而境内已修备矣,兵士已修用矣,得之众也。'"③此为谈修国、用兵、得众之技巧。以上两条都同田骈稷下学者、不治而议的身份相符。而且我们可以看出,无论所讨论的具体内容如何,田骈这种热衷于政论的态度,同《庄子》道家风格是迥然不同的。但《天下》作者显然又认可其道家思想者的身份,因此在用道家理论标准将其套入之后,又带着讽刺的口吻评价说:"其所谓道非道,而所言之韪不免于非。"④

从田骈在《庄子·天下》中被提及,到秦汉文献屡屡对其言论事迹有所记载,再到《汉书·艺文志》著录道家下《田子》

---

① 许维遹:《吕氏春秋集释》,北京:中华书局,2009 年,第 470 页。
② 许维遹:《吕氏春秋集释》,第 329 页。
③ 许维遹:《吕氏春秋集释》,第 43 页。
④ 王先谦:《庄子集解》,第 293 页。

二十五篇,我们可以了解到田骈是齐国稷下学宫的重要学者,也是先秦诸子中的重要人物。但由于田骈的材料遗失太多,我们只能依靠有限的材料对他的学说进行有限的考察,不能不说是一件憾事。

二、慎到之生平考

司马迁《史记·孟子荀卿列传》中说慎到等人“皆学黄老道德之术,因发明序其指意。故慎到著十二论”。① 这是史籍中第一次提到慎到的著作。而《庄子》、《荀子》、《韩非子》、《战国策》、《吕氏春秋》等典籍中,都曾出现过“慎子”之名。但慎到的身世,典籍中却前后龃龉,模糊不清。

《庄子·天下》中将田骈和慎到相提并论,慎到也应为稷下先生。据《史记·田敬仲完世家》所载:“宣王喜文学游说之士,自如驺衍、淳于髡、田骈、接子、慎到、环渊之徒……是以齐稷下学士复盛,且数百千人。”②《孟荀列传》又载:“自驺衍与齐之稷下先生,如淳于髡、慎到、环渊、接子、田骈、驺奭之徒,各著书言治乱之事,以干世主……慎到,赵人;田骈、接子,齐人;环渊,楚人。皆学黄老道德之术,因发明序其旨意。故慎到著十二论……田骈之属皆已死,齐襄王时,而荀卿最为老师。”③

从以上记载看,慎到曾与田骈等人共事于稷下学宫,不治而议,为齐王所尊宠,并且著书立言以干世主。但慎到的生平在典籍中均无所记载。西汉桓宽《盐铁论·论儒》说:及愍王,

---

① 司马迁:《史记》,第 2347 页。
② 司马迁:《史记》,第 1895 页。
③ 司马迁:《史记》,第 2346—2348 页。

奋二世之余烈……慎到、捷子亡去，田骈如薛，而孙卿适楚。① 看来在齐泯王之世，慎子即离开了稷下学宫，而不知所终。

　　关于慎到的生卒年，已有很多学者加以考证。胡适先生认为慎到"学派成熟的时期"大概在公元前三世纪的初年；② 梁启超先生《先秦学术年表》以为：慎子死于愍王时，约在公元前299年之前；③ 钱穆于《先秦诸子系年》所附诸子生卒年世约数中考辨慎到的生卒年，言其约生于公元前350年，当周显王十八年；卒于公元前275年，当周赧王四十年；约七十六岁。④ 吴光先生认为其生卒是公元前365到公元前280年；⑤ 白奚先生则认为是公元前350年到公元前283年；⑥ 胡适先生同时指出，《汉书·艺文志》法家类著录《慎子》四十二篇之后班固注"先申韩，申韩称之"这条注解有误。确实如此，《汉书·古今人表》申子在慎子前、《汉志》中申子之书亦在慎子之书前，慎子"先申韩"显然有问题。且申不害在《史记》中被称为"故郑之贱臣"，韩国灭郑的时间在韩哀侯二年之时，时齐威王四年，申不害必当生于之前。申不害后来在韩昭侯世为相八年，而卒于昭侯二十二年，当齐宣王六年。慎到于齐宣王时始为稷下学士，其辈行当在申不害之后，而非其前。而韩非的年代当在慎到之后无疑。

　　先秦文献中又有"楚慎子"与"鲁慎子"，前人也已经有颇

① 王利器：《盐铁论校注》，北京：中华书局，1992年，第149页。
② 姜义华：《胡适学术文集·中国哲学史》，北京：中华书局，1991年，第230页。
③ 参见梁启超：《饮冰室专集》，北京：中华书局，1936年。
④ 钱穆：《先秦诸子系年考辨》，第696页。
⑤ 吴光：《黄老之学通论》，第84页。
⑥ 白奚：《稷下学研究：中国古代的思想自由与百家争鸣》，北京：三联书店，1998年，第304页。

多讨论,兹分别论述于下:

提到楚慎子的文献首先是《战国策·楚策二》,其身份是楚襄王太子傅,为身为齐国人质的太子解决了献地的问题。《战国策》所记此事,历来屡被怀疑。《史记·楚世家》中未载此事,也未有慎子曾任楚顷襄王傅之事,因此钱穆先生怀疑此事"不足据"。不过,现代一些学者也根据新出土文献,认为稷下先生慎到与楚慎子有可能为一人。史上又有鲁慎子出现,《孟子·告子下》中载有"鲁欲使慎子为将军。"还提到这位慎子名为"滑釐"。这段文字有东汉赵岐注云:"慎子,善用兵者。"①南宋朱熹《四书章句集注》注:"慎子,鲁臣。"②二人都认为"滑釐"为慎子之名,但未说此慎子是否即稷下先生慎到。北宋孙奭《孟子正义》说:"慎子名滑釐,善用兵者也。……自称名为滑釐,是以因知滑釐为慎子名也。"其又曰:"是慎子即慎到矣。"③这是明确认可这位慎滑釐就是慎到。明陶宗仪《说郛》第四十卷收录《慎子》五篇,更直接注为:"慎到,赵人,字滑釐。"④

清焦循《孟子正义》又明确解说"到与孟子同时。此慎子宜即是到,乃史但言其学黄老,为法家者流,不当使为将军,故赵氏不以为到,而以其使为将军,则以为善用兵者耳。"⑤其又论证"釐"与"来"通,"到"与"来"为义同,因此"慎子名滑釐,其字为到与? 与墨子之徒禽滑釐同名。"⑥此说得到钱穆的赞同,并且进一步考证说:孟子慎子在鲁相遇之年已不可确指。

---

① 赵岐,孙奭:《孟子注疏》,北京:北京大学出版社,2000 年,第 397—399 页。
② 朱熹:《四书章句集注》,北京:中华书局,1983 年,第 345 页。
③ 赵岐,孙奭:《孟子注疏》,第 397—399 页。
④ 陶宗仪:《说郛》,北京:中国书店,1986 年。
⑤ 焦循:《孟子正义》,北京:中华书局,1987 年,第 850 页。
⑥ 焦循:《孟子正义》,第 851—852 页。

孟子以齐威王晚年曾返鲁；至慎子，则疑于齐愍王末去齐，疑其居鲁或当以威王晚节为近是。姑以是时慎子年三十计，则愍王之末，慎子年七十矣。[①] 而这位慎子就是慎到，因为"鲁欲使慎子为将军，乃一时拟议之辞，其事成否不可知。至一战胜齐，孟子特假为之说耳，非必鲁将慎子，必以伐齐取南阳为帜志也。"[②]但是此说也遭到很多学者的反对，如钱基博认为，"斯则经生肊测之论，无征不信，未足为允也。"（《名家五种校读记·慎子传》）高维昌也在《周秦诸子概论》一书中对此说予以否认。民国蔡汝堃于《慎子集说》中认为，愍王败走时，"慎子已年老力衰，乌能将鲁而伐齐。或谓此乃一时拟议之辞，然拟议亦需先有可能之条件。再按《盐铁论》及《太平寰宇记》所云，知慎子于愍末稷下散后，实老死于齐，并未去国。故《告子》中之慎滑釐，乃另一鲁将，非慎到也。"[③]

因此，论及楚慎子与鲁慎子的问题，应分层次来看。在赞同鲁慎子为慎到的观点中，焦氏分析得虽然细致，由"釐"之通假而径云慎子名滑釐，其字为到，未免过于牵强。况且所谓慎子"名滑釐"之说，先秦诸子之论慎到者及《史记》、《汉书》二书皆未提到。梁玉绳《汉书人表考》说："《战国策·楚策》有慎子，为襄王傅；鲁亦有慎子，见《孟子》；此与庄惠并列，则非此人也。"[④]梁氏也认为鲁慎子固非慎到，而楚慎子同慎到也并非一人。对于楚慎子，由于《战国策》的风格，一些学者干脆认为此事为虚构，如钱穆。也有学者如蒋伯潜在《诸子通考》谓：孟子至鲁在平公时，约当周赧王四年。《战国策·楚策》所云之

① 钱穆：《先秦诸子系年考辨》，第493页。
② 钱穆：《先秦诸子系年考辨》，第493页。
③ 蔡汝堃：《慎子集说》，北京：商务印书馆，1940年，第17页。
④ 二十五史刊行委员会：《二十五史补编》，上海：开明书店，1936—1937年，第96页。

慎子,因楚襄王于周赧王十七年即位,故此慎子当即见于孟子
之慎滑釐。① 蔡汝堃亦以年龄为理由,认为楚慎子与鲁慎子为
一人,颇有可能。② 则楚国鲁国慎子为一人,但皆非稷下先生
慎到。另外,现代一些学者也根据新出土文献,认为慎到与楚
慎子有可能为一人。③

　　凡此种种说法,都因古来姓"慎"者少,而三"慎子"时代又
颇相近,因此才有这许多臆测讨论,但以目前的文献资源,实在
难以再提出更有利的证据来论证某说或推翻某说,只能够将此
问题暂且搁置,有俟更多文献证据出现。

　　以上论及慎到其人及生平。稷下先生慎到其人在文献中
扑朔难辨,其著作在流传过程中亦颇多坎坷。

三、慎到著述考论

　　从记载来看,先秦时期慎到发明黄老道德之术的《十二
论》,经过汉刘向、歆补遗、校订之后,在《汉书·艺文志》中被
著录为法家类下的《慎子》四十二篇。高诱注《吕氏春秋·慎
势》有云:"旧本作四十一篇。"清毕沅据《汉书·艺文志》改为
四十二篇。④ 裴骃《史记集解》引晋人徐广曰:"今《慎子》,刘
向所定,有四十一篇。"⑤应劭《风俗通·姓氏》云:"慎到,韩大
夫,著《慎子》三十篇。"《风俗通》有散佚,这一条转引自南宋郑

---

① 何建章:《战国策注释》,北京:中华书局,1990 年,第 544 页。
② 蔡汝堃:《慎子集说》,第 17 页。
③ 详参李学勤:《谈楚简〈慎子〉》,载《中国文化》第 25、26 期。李锐:《上博简〈慎
　　子曰恭俭〉管窥》,载《中国哲学史》2008 年第 4 期。
④ 许维遹:《吕氏春秋集释》,第 464 页。
⑤ 司马迁:《史记》,第 2347 页。

樵《通志》。① 梁谘议参军庾仲容之《子钞》中著录《慎子》一卷。这是《慎子》一书在隋唐之前书目中的著录情况。

为何各种书录中所载《慎子》篇目各不相同,学者们只能大致猜测其中的原因,却难以证实。《史记》中载十二论,而班固却记载为四十二篇,有说是"十二论"上脱"四"字之故。不过史迁之所谓"论"本和班固所谓"篇"不同,不知两种版本内容上有何不同便直接判断有脱字,不甚妥当。蔡汝堃《慎子集说》中认为:"《慎子》之最后厘定或整理,出自刘向手也。《史记》前于刘氏,自无从龟本,遂以己意析为十二论;而汉志后于刘氏,自可准袭其说,仍析为四十二篇,此其所以不同,实词异而量同也。"② 再有,关于南宋郑樵《通志》所引《风俗通》中《慎子》三十篇的问题,金德建《古籍丛考》认为:《史记》十二论上不脱四字,而与应劭所见之三十篇不同,班固所著录,即此二者之总和。多出之三十篇,《史记》未载,故他认为是"伪书或者附属的外篇的性质无疑"。③ 但"三十篇之说",仅仅在《风俗通》中出现,《风俗通》本身已多亡佚,我们今天仅能依靠《通志》所引,并不能肯定这条记载本身或《通志》引文的可靠性。因此金德建的主张只能说在篇数上有所巧合,证据不足。再有关于《汉志》所载"四十二篇"与《吕氏春秋·慎势》所说"四十一篇"的问题,学者基本认可"四十一"为"四十二"之讹误。④ 或"因序录之计入与否,遂生一篇之差。"⑤

隋唐以后,《慎子》在流传过程中被重新编订的情况非常

---

① 郑樵:《通志》,杭州:浙江古籍出版社,2000年,第797页。
② 蔡汝堃:《慎子集说》,第3页。
③ 金德建:《古籍丛考》,北京:中华书局,1941年,第49页。
④ 高诱、徐广持此说。
⑤ 蔡汝堃持此说。蔡汝堃:《慎子集说》,第42页。

明显,或在这个时期已经有所散佚,历代史志目录或私人目录中的著录情况可以证明这一点。《隋书·经籍志》、《旧唐书·经籍志》、《新唐书·艺文志》皆于法家类下载录"《慎子》十卷,滕辅注"。唐代马总《意林》摘录《慎子》要语十二条,附有简注,云"《慎子》十二卷",并注云:"名到,学本黄老,滕辅注。"①以上皆以卷论而不言篇数。这其中,《意林》的"十二卷"与众不同,则不知何据。但《意林》著录先秦文献,常与《隋志》、旧、新《唐志》有所不同,如其著录《鬼谷子》、《燕子丹》,皆较其他文献的著录卷数多二卷,因此其记载的参考价值也不得不打折扣。唐魏征《群书治要》内收有《慎子治要》,节录了《慎子》的《因循》、《民杂》、《知忠》、《德立》、《君人》、《君臣》诸篇文字。南宋郑樵《通志·艺文略》著录《慎子》:"旧有十卷,汉有四十二篇,隋唐分为十卷。"②那么,唐时之十卷与汉时四十二篇,内容应该是一致的。《隋志》和旧、新《唐书》合四十二篇为十卷,也许恰好是为其作注的滕辅所为。

及至宋代,《慎子》篇卷数又一次发生了重大变化改变。宋陈振孙在《直斋书录解题》中曾著录《慎子》,并云《崇文总目》言三十七篇。《崇文总目》撰录时代在宋仁宗年间,因此我们可以看出,正是从后晋刘昫开始撰《旧唐书》到宋仁宗这段时间里,《慎子》可能有所散佚。但陈振孙《直斋书录解题》所引《崇文总目》言《慎子》三十七篇之说亦存在问题。《宋史·艺文志》著录《慎子》一卷。《崇文总目》也录《慎子》一卷。陈骙《中兴馆阁书目》亦载《慎子》一卷。晁公武《郡斋读书志》载《慎子》一卷。因此基本上可以肯定,从卷数上来说,宋代的

---

① 《笔记小说大观》,扬州:江苏广陵古籍刻印社,1983 年,第 188 页上。
② 郑樵:《通志》,第 797 页。

《慎子》较之唐代，已经亡去九卷，仅剩一卷。而郑樵《通志·艺文略》："隋、唐分为十卷，今亡九卷，三十七篇。"①王应麟《汉书·艺文志考证》中则记载《慎子》四十二篇亡去三十七篇，只存《威德》、《因循》、《民杂》、《德立》、《君人》五篇。因此，陈振孙所引《崇文总目》，极有可能是在"三十七篇"之前脱去了"亡"字。陈振孙又说："今麻沙刻本才五篇，固非全书也。"②可见，《慎子》在宋代仅存五篇，而今天我们看到的《慎子》，正是宋代流传下来的残本。

但是也有学者认为宋代的《慎子》存在两个版本系统，一个是三十七篇本，也即陈振孙所引《崇文总目》所言；一个是五篇本，即陈振孙本人之所见。后来三十七篇本亡佚，仅剩五篇本。金德建、张岱年都主张此说。③张岱年认为，五篇本一直在民间流传，三十七篇本原为官府所藏，后亡佚。但这种说法似乎并没有什么说服力。如果宋时已有两本《慎子》同时流行，私人目录和史志目录不会毫不提及。

元明时代五篇本《慎子》的版本非常丰富，如元代陶宗仪《说郛》中有《慎子注节抄》，以滕辅注解本为底本，节抄《威德》、《因循》、《民杂》、《德立》、《君人》五篇文字。明万历五年《子汇》本、明万历五年《縣眇阁》刻本、明万历间刊《且且庵初笺十六子》本等都是五篇本《慎子》，归有光《诸子汇函》还对《慎子》做了评点。

明万历六年，出现了吴人慎懋赏本《慎子》，分内外篇，内篇四十三事，外篇五十六事。无注，也不标篇目。篇题"战国

---

① 郑樵：《通志》，第797页。
② 陈振孙：《直斋书录解题》，上海：上海古籍出版社，1987年，第292页。
③ 详参金德建：《古籍丛考》，北京：中华书局，1941年。张岱年：《中国哲学史大纲》，北京：中国社会科学出版社，1997年。

赵人慎到撰。明吴人慎懋赏校。"此本出现之后,影响巨大。
清代至民国,很多学者将其视为异宝,认为其高出各本之上。
张钧衡以之载入《适园藏书志》卷八;缪荃孙藏慎懋赏本《慎
子》内外篇之钞本,非常珍视。涵芬楼借缪氏刻本入《四部丛
刊》,并附上《补遗》、《校记》、孙毓修所作之《跋》,认为这是
《慎子》真正的善本。后来中国学会又影印慎懋赏刻本入《慎
子三种合帙》,慎本《慎子》大有取代五篇本的势头。

　　但是,此本今天已被众多学者判定为伪书,乃慎懋赏割裂
诸子攒集而成,文献价值非常有限。通观慎本《慎子》全书,
《内篇》四十三事,前五事与流行的五篇本《慎子》内容一致,但
无《威德》等之标题,后又从诸书中辑出三十八事附于其后。
《外篇》五十六事,实际上是杂引《战国策》、《孟子》、《韩非
子》、《墨子》、《鹖子》等子书,并且时有改窜、妄增。实际上慎
懋赏也曾自言此书并非沿袭原著,是他编辑而来,其书所附
《慎子考》曰:"因此书阙略颇多,奔走四方,自书肆以及士大夫
藏书之家,索之甚勤,全书卒不可得,故辑其可知者。"[1]

　　由于此书在明代突兀而出,来历不明,因此民国很多学者
对其真实性产生怀疑,对慎子其人及其书的考辨蔚然成风。梁
启超、罗根泽等先生分析论定其为伪书,论证有理有据。[2] 再
如金德建《慎子流传与真伪》、严挺《〈慎子辩伪〉补》、梁孝瀚
《〈慎子〉研究》、蔡汝堃《〈慎子〉评考》、王利器《〈慎子疏证〉
补证》等等,皆为辨析慎本《慎子》的文章。

　　除了唐宋的五篇本《慎子》以及慎懋赏本《慎子》以外,《四

---

①　慎懋赏:《慎子考》,转引自方国瑜:《慎懋赏本慎子疏证》,载于《金陵学报》,
　　1934 年第 4 卷第 2 期,第 218 页。
②　详见梁启超:《古书真伪及其年代》(卷一),罗根泽:《诸子考索》,北京:人民
　　出版社,1958 年,第 521 页。

库全书》所收录的辑本为五篇本加从马总《意林》中辑出的十二条,另附《文献通考》中所载《慎子》的佚文二十条。同时,《四库全书总目》中《慎子》提要认为,这个辑本乃是"明人捃拾残剩,重为编次"之书。

目前,较为流行的《慎子》辑本为七篇本,是清代人根据唐宋类书,经过辑补所作的辑本。七篇本分两种。清人严可均从《群书治要》抄出七篇《慎子》佚篇,较四库本增补了《知忠》、《君臣》两篇,载录于《四录堂类聚》中,但这个七篇本没有推广流行。更为通行的七篇本,是钱熙祚所辑《守山阁丛书》本。钱熙祚据唐、宋类书中的《慎子》佚文补充了明代辑本的缺漏不足,并校正讹误,辑成《慎子逸文》附于后。钱熙祚校本不仅包罗了宋以来所传之残本,而且又尽量收罗了唐、宋分散于类书中的引文,是《慎子》的最佳校本,学术价值很高。

四、楚简《慎子曰恭俭》

2007 年出版的《上海博物馆藏战国楚竹书(六)》之中,有一篇被定名为《慎子曰恭俭》的文献,为李朝远先生首先整理并加以注释。由于其中出现了"慎子"这一人物,引起了不少学者的关注。关于竹简的基本情况,据整理者讲述:

> 本篇第三简简背有篇题"慎子曰恭俭"。
> 全篇现存简六支,共 128 字(含合文二),似难连读。完整的简仅一支,全长 32 厘米;余五支皆为存留上半段的残简,所存部分长短不一。整简的编绳为上下二编,第一编绳距头端 7.8 至 8 厘米,第二编绳距尾端 6.1 厘米;第一编绳与第二编绳的间距为 18.1 厘米。简顶端均削为平

头,且第一字上和整简的最后一字下几无天头地脚;六支
简的上下编绳是合一的,然契口数则多于编绳数,且有编
绳盖在字迹上的现象。①

这篇简文之所以能够在学术界造成巨大影响,其原因正如
李学勤先生曾经指出的,其重要性不仅在于它是先秦佚文,更
是由于先秦出土的先秦竹简如郭店简、上博简等,主要都是关
于儒、道两家著作,先秦诸子百家群起争鸣的局面并没有体现
出来。现在上博简中终于出现了"慎子"之名,自然会引起大
家的关注。

慎子曰:恭俭以立身,坚强以立志,忠陟以反淳,逆友
以载道,精瀍以顺势。(简一)

干恭以为丰俭,莫偏;干信以为言,莫偏;干强以庚志
(简二)厚,不缰其志,故曰强。首瞀茅芙楉筊,执楂遵畎
备畝,必于[下缺](简五)

勿以坏身,中仇而不皮,任德以竢,故曰静。断室[下
缺](简三)

襄得用于世,均分而广施,时德而方义。民之[下缺]
(简四)

践今,为民之故仁之至。是以君子向方,知道不可以
疑。临[下缺](简六)②

这篇简文始经李朝远先生整理之后,又有陈伟、何有祖、李

---

① 马承源主编:《上海博物馆藏战国楚竹书(六)》,上海:上海古籍出版社,
2001年,第275页。
② 许富宏:《慎子集校集注》,北京:中华书局,2013年,第119—133页。

锐等各位先生针对编联和释文提出不同见解。① 对于简文的
作者以及简文的学派属性,李朝远先生认为,从简文的思想倾
向看,这篇文字不可能是慎到所作。它的作者,很可能就是曾
经担任楚顷襄王傅的慎子。而李学勤先生则不但认为这篇文
章的作者为楚慎子,同时也认可楚慎子即慎到,并从时间上考
证了可能性。李锐先生从简文内容加以分析,对简文的学术属
性加以判断,认为此文应出自慎子后学之手。②

关于此文的学派属性,学者们的争论主要集中在儒家和慎
子道法家一派两类观点上。此文开篇讲到立身、立志,其"恭
俭"、"坚强"、"忠陟"的字眼确实和后世儒家的用语习惯比较
接近。但后面又谈到法和势,特别一些学者是对"顺势"二字
的隶定使得道法家的意味凸显出来。③

李锐先生已经撰文指出,"关于学派归属,如果补充'时
(恃)德而方(傍)义'、'仁之至'、'信以为言'等语词,似乎可
以证明此篇为儒学作品。然若根据上述释文中的'精法以巽
势','均分而广施',亦恐不难敷衍出论证此文属于所谓法家
慎子佚文。因为'恭俭'、'中处而不颇'、'向方知道'之类语
词,可能属于'诸子言公'的'公言',是所谓大传统、古代经典
中的教化语词,或见于古代诗书,或散见于百家之言"。④ 况
且,从儒道文献所载看来,儒家道家文献中确实都有"恭俭"之
类的字眼。马王堆帛书《十六经·雌雄节》中便有这样的

① 陈伟:《〈慎子曰恭俭〉初读》,张光裕、黄德宽主编:《古文字学论稿》,合肥:安
　徽大学出版社,2008 年,第 317 页。何有祖:《〈慎子曰恭俭〉札记》,李锐:《上
　博简〈慎子曰恭俭〉管窥》,载《中国哲学史》2008 年第 4 期。
② 详参李锐:《上博简〈慎子曰恭俭〉管窥》,载《中国哲学史》2008 年第 4 期。
③ "顺"字原作"巽","势"字原作埶,李学勤先生主张作"顺势",李学勤:《谈楚简
　〈慎子〉》,载《中国文化》第 25、26 期。
④ 李锐:《上博简〈慎子曰恭俭〉管窥》,载《中国哲学史》2008 年第 4 期。

文字：

> 宪傲骄倨，是谓雄节，□□恭俭，是谓雌节。夫雄节
> 者，盈之徒也。雌节者，谦之徒也。夫雄节以得，乃不为
> 福，雌节以亡，必得将有赏。夫雄节而数得，是谓积殃。凶
> 忧重至，几于死亡。雌节而数亡，是谓积德。慎戒毋法，大
> 禄将极。①

同时，《顺道》篇也有："晃湿恭俭，卑约主柔，常后而不先。"②此
处的"恭俭"都与"傲倨"相对而言，是黄老之学推崇的谦卑之
态，也即"雌节"，也即"柔"。《称》文中有："（地）之德安徐
正静，柔节先定，善予不争。此地之度而雌之节也。"③《管子·
九守》也有："安徐正静，柔节限定"之语。慎子为由道入法的
关键人物之一，此处的"恭俭"、"坚强"也不当解以儒家之意，
而应以"雌节"、"雄节"理解之。再加上前文中的"襄得用于
世，均分而广施，时德而方义"等语，更显其由道入法的本来
面目。

　　实际上，如果从文中所使用的术语来判断简文的学派归
属，无疑是将复杂的问题简单化。况且从儒道文献所载看来，
儒家、道家文献中确实都有"恭俭"之类的字眼。马王堆帛书
《十六经·雌雄节》和《顺道》篇都有将"恭俭"与"傲倨"相对
而言的用例，这是黄老之学推崇的谦卑之态，也是"雌节"或称
"柔节"。至于《慎子曰恭俭》更深刻的思想内涵，还有俟学者
们的进一步研究。

----

①　裘锡圭：《长沙马王堆汉墓简帛集成》（四），第163页。
②　裘锡圭：《长沙马王堆汉墓简帛集成》（四），第170页。
③　裘锡圭：《长沙马王堆汉墓简帛集成》（四），第187页。

五、田骈、慎到思想为黄老之学发展之一环节

从传世《慎子》的辑本来看，《慎子》的篇章已经表现出强烈的黄老之学君人南面特色。文中流露许多高瞻远瞩，视野开阔的见解。言以全局掌控治乱则云："民之治乱在于上，国之安危在于政"，[1]言应君逸臣劳则云："人君苟任臣而勿自躬，则臣皆事事矣。是君臣之顺，治乱之分，不可不察也。"[2]言人君必"因人而用"则云："故用人之自为，不用人之为我，则莫不可得而用矣。此之谓因。"[3]言应"任法而治"则云："大君任法而弗躬，则事断于法矣。"[4]

即使从尚未就学派归属达成共识的楚简《慎子》中，我们也能够看出其黄老之学的端倪。其中的"恭俭以立身"、"坚强以立志"与马王堆帛书《老子》卷前古佚书意义相通，"襄得用于世，均分而广施"之语，又同《庄子·天下》言慎到"公而不党，易而无私"近似。

然而辑本毕竟并非全本，楚简《慎子曰恭俭》又残缺，慎到学术之全貌已是无法见到，其学派之全貌到底如何已经无从得知。但从传世文献屡屡将田骈慎到比肩而论这一点来说，二者至少应当是比较接近的。按《庄子·天下》的说法，田骈师从习道者彭蒙，得其"不教之教"，文献记载中的田骈又不时流露出道家倾向，可见慎到学说的原貌，也未尝不会具有道家色彩。换角度而言，了解了慎到的学说，也可在一定程度上弥补田骈

---

① 许富宏：《慎子集校集注》，第98页。
② 许富宏：《慎子集校集注》，第36页。
③ 许富宏：《慎子集校集注》，第25页。
④ 许富宏：《慎子集校集注》，第54页。

著作佚失的缺憾。

　　田骈、慎到在司马迁《史记》的记载中同黄老之学有着密切联系,但文献的缺乏使得这个问题一直没有被很好地论证。通过勾稽古籍,加上新出土文献的佐证,我们可以得出结论,田骈与慎到是先秦黄老思想发展中的重要环节,先秦黄老思想中的"法"观念,很大程度上可以说是田骈、慎到学说带来的。

六、接舆、环渊学说

　　《孟子荀卿列传》:

　　　　田骈、接子,齐人。环渊、楚人。皆学黄老道德之术,因发明序其指意。①

　　对于接子、环渊的生平事迹,史籍记载很少。《论语·微子》中有"楚狂接舆歌而过孔子曰:'凤兮凤兮,何德之衰? 往者不可谏,来者犹可追。已而已而! 今之从政者殆而'"②的记载,其中"接舆"显然不是真实人名而仅仅是一个应景的名号,"楚狂"则是对其籍贯与性格的描述。这个"接舆"到底同《史记》此处的"接子"有没有直接关系,实在难以定夺。但这位楚狂看来也是一位具有道家思想倾向的隐士。

　　钱穆先生对"接子"其人作了辨析。王先谦认为接子是齐国人:"《庄子·则阳篇》有:'季真之莫为,接子之或使,二家之议孰正于其情,孰偏于其理?'成玄英《疏》:'季真、接子,齐贤

---

① 司马迁:《史记》,第 2347 页。
② 何晏注,邢昺疏:《论语注疏》,第 283 页。

人,俱游稷下'。"①钱穆先生不同意将接子作齐国人的结论,认为"季真事迹多在梁,其一时交游亦以梁为盛。成氏谓之齐人、游稷下,未审所据。岂以接子而连类说之耶?"②同时,接子又见《史记·田完世家》、《孟子荀卿列传》,文中屡与淳于髡、田骈、慎到并称,而"《盐铁论》谓:'湣王之末,慎到、接子亡去,田骈如薛,而孙卿适楚。'接子年世,盖与慎到相先后,较孟轲、淳于髡略晚,亦与惠施季真同时。季惠或先接子而亡也。"③

陈鼓应在《庄子·则阳》中"接子之或使"下注释:"接子可能就是《史记·田完世家》里边所说的接子,也是稷下的学者之一。接子主张'或使',就是认为总有个什么东西,使万物生出来的(冯友兰说)。近人陈荣捷说:'《史记》记载接子游稷下,《正义》说他是齐人。《盐铁论》记载稷下分散时捷子亡去。接子、捷子,同是一人。"④

接子之名,《史记·孟子荀卿列传》索隐曰:"环渊、接子,古著书人之称号。"在《汉书·艺文志》和《古今人表》中,接子作捷子,《汉书·艺文志》道家类下载《捷子》二篇。《汉书·古今人表》捷子在尸子之后,邹衍之前。

关于环渊其人,《史记·田敬仲完世家》记载:"宣王喜文学游说之士,自如邹衍、淳于髡、田骈、接予、慎到、环渊之徒七十六人,皆赐列第,为上大夫,不治而议论。是以齐稷下学士复盛,且数百千人。"⑤如此看来,则环渊也应是一位稷下学士,和驺衍等人一样均为战国末人。唐兰先生称:"环渊,《汉书》作

---

① 王先谦:《庄子集解》,第234—235页。
② 钱穆:《先秦诸子系年考辨》,第392页。
③ 钱穆:《先秦诸子系年考辨》,第392页。
④ 陈鼓应:《庄子今注今译》,北京:中华书局,2009年,第743—744页。
⑤ 司马迁:《史记》,第1895页。

《蜎子》十三篇。枚乘《七发》作便蜎,李善注引《淮南子》作蜎
蠉,《宋玉集》作玄渊,《七略》作蜎渊。"①钱穆先生则有环渊即
关尹以及蜎子即环渊的说法②。

对于《汉志》所说《蜎子》十三篇,班固称,作者是楚人,老
子弟子。郭沫若先生认为,《史记·孟子荀卿列传》中提到的
环渊所著"上下篇",实是指《道德经》上下篇,是环渊所录老子
之遗训。

总之,关于接子和环渊,由于史料阙如,其人其事及著作已
实难考证。

第二节　申不害、韩非著作考论

一、申不害著述及思想

1. 申不害著述流传情况

《史记·老子韩非列传》云:

> 申不害者,京人也。故郑之贱臣,学术以干韩昭侯,昭
> 侯用为相。内修政教,外应诸侯,十五年。终申子之身,国
> 治兵强,无侵韩者。申子之学本于黄老而主刑名,著书二
> 篇,号曰《申子》。③

---

① 唐兰:《〈老子〉时代新考》,《唐兰全集》(第一册),上海:上海古籍出版社,
　2015 年,第 354 页。
② 详见钱穆:《先秦诸子系年考辨》,第 192 页。
③ 司马迁:《史记》,第 2146 页。

又云：

> （申子之学）皆源于道德之意，而老子深远矣。

从这些记述中可以看出，申不害学过黄老，但其学最终归属则不是黄老，而往其它方向发展延伸，属于"本于黄老而主刑名"。《史记》载《申子》二篇，《汉书·艺文志》诸子略法家类著录《申子》六篇，裴骃《史记集解》引刘向《别录》云："今民间所有上下二篇，中书六篇，皆合二篇，已备，过太史公所记。"①司马贞《史记索引》云："今人间有上下二篇，又有中书六篇，其篇中之言，皆合上下二篇，是书已备，过于太史公所记也。"②看来司马迁所见的二篇与班固所见的六篇内容是一样的，只不过一是民间传书，一是内府中书藏本，分篇不同。张守节《史记正义》引阮孝绪《七录》云："《申子》三卷也。"③变成以卷而论。根据以上情况，可以推测，《申子》在汉代始传两篇，后又分为六篇，魏晋南北朝以后盛行卷子，是以又分为三卷。

之后，《隋书·经籍志》于子部法家类"《商君书》五卷"下云："梁有《申子》三卷，韩相申不害撰，亡。"④而《旧唐书·经籍志》、《新唐书·艺文志》皆著录"《申子》三卷"，唐宋时《太平御览》等各种类书、《孔子集语》皆引有《申子》之文，可见《申子》一书至唐、宋时尚未散逸，仍旧流传。但到宋郑樵《通志·艺文略》与《宋史·艺文志》中，已经不录申不害之著述，大概该书到南宋时逐渐散佚。

---

① 司马迁：《史记》，第 2146 页。
② 司马迁：《史记》，第 2146 页。
③ 司马迁：《史记》，第 2146 页。
④ 魏征：《隋书》，第 1003 页。

　　《申子》一书的遗失情况较为严重,不但载于《史记》的二篇或《汉书·艺文志》的六篇内容早已遗失不存,甚至连其中的篇名也只知其三,即《大体》、《君臣》和《三符》。

　　《太平御览》卷二二一引刘向《别录》云:"孝宣皇帝重申不害《君臣》篇。"①又《汉书·元帝纪》中说"宣帝所用多文法吏,以刑名绳下"时,颜师古注引《别录》:"申子学号曰刑名……宣帝好观其《君臣篇》。"②可知《申子》中有《君臣》一篇。

　　唐代魏征等所辑之《群书治要》卷三十六载有《申子·大体》五百余字,是《申子》中唯一既存篇目又具内容的一篇。

　　《淮南子·泰族训》云:"今商鞅之启塞,申子之三符,韩非之孤愤,张仪、苏秦之从衡,皆掇取之权,一切之术也。"③《俶真训》中,在"墨、杨、申、商之于治道"下,高诱注:"申不害,韩昭侯相,著《三符之命》而尚刻削。"④可见《申子》中又有《三符》一篇。

　　《申子》一书,虽然在先秦至唐宋文献中可见许多零星引文,但大部分太过零散,难以连缀成章。清代马国翰所辑《玉函山房辑佚书》从《韩非子》、《吕氏春秋》、唐代欧阳询《艺文类聚》、虞世南《北堂书钞》、马总《意林》、徐坚《初学记》、《文选》李善注文、司马贞《史记索隐》、白居易《六帖》、北宋李昉《太平御览》、南宋薛据《孔子集语》等书中辑得《申子》佚文二十四条。而清代严可均所编《全上古三代秦汉三国六朝文》中的佚文较之《玉函山房辑佚书》和《群书治要》则多了一条。

　　今本《申子》,较为翔实可信的辑本有:严可均《全上古三

─────────

① 李昉等撰:《太平御览》,第1021页。
② 班固:《汉书》,第277页。
③ 何宁:《淮南子集释》,第1424页。
④ 何宁:《淮南子集释》,第117页。

代秦汉三国六朝文》辑本，以及马国翰《玉函山房辑佚书》辑本。

2. 申不害学术思想的"归本于黄老"

虽然司马迁曾说，"申子、韩子皆著书，传于后世，学者多有。"但《申子》一书，历史上确实历经劫难，残缺有间。现仅存《大体》、《君臣》二篇及一些零散佚文，为我们今天全面深入研究其思想造成了一定的困难。司马迁还说："申子卑卑，施之于名实。"并且指其和《韩非子》一样，"皆原于道德之意"。由此，我们仍可以通过对这些片段材料的爬梳与钩沉，粗略考察与把握申不害思想的基本倾向。

既然申不害以术论为核心，据司马迁之所言可知，其术论应当是在形名学和黄老之学的架构下生发的。因此从学术思想的传承而言，申不害与老子和黄老之学确实一脉相承。

大体而言，与其说申不害是一位思想家，不如首先说是政治家。申不害的学术思想是作为一种政治思想存在的。通过前人辑本的佚文、《韩非子》、《吕氏春秋》诸篇所引，以及《史记》中的相关材料，已经有很多学者借此对申不害的学术思想倾向进行了讨论。申不害学术以干韩昭侯，"术"是他身上重要的一个特征，有学者将其"术"总结为："申不害'言术'以君主为本位，以君臣关系为对象"，包括"静因之术"和"正名之术"；①或认为申不害之术主要包括"主张君主独断"以及"驭臣之术"；②或认为主要包括"正名责实之术"、"静因无为之术"、"巧于用人"、"弄权术"等等。③ 另外，周勋初先生还以"尊君

---

① 张岂之主编：《中国思想学说史·先秦卷（下）》，桂林：广西师范大学出版社，2008年，第670—672页。
② 曹振宇：《"申不害术家说"再认识》，载于《文史哲》1994年第6期。
③ 刘泽华：《中国政治思想史集·先秦政治思想史》，北京：人民出版社，第141—143页。

卑臣"和"循名责实"来总结《申子·大体》篇的核心思想。① 由于资料有限,因此前代学者的概括与总结虽然是从不同角度,采取不同标准的分析,但大体的意思基本不脱"清静无为"、"刑名思想"、"因循思想"几项。

司马迁已经说过:"(申不害)本于黄老而主刑名。"察《大体》及其他申子史料,主刑名的特点确实非常突出。但是,这里的"主刑名"有一个前提,使得申不害能够区别于后世兴起的"名家",这便是司马迁此语的前半句——"本于黄老"。黄老之学作为道家的流派崇尚"天道","清静无为"。《申子》虽然残缺不全,但在这一方面也留下了一些相关文句。《申子》佚文有云:

> 天道无私,是以恒正,天道常正,是以清明。
> 地道不作,是以常静;地道常静,是以正方。举事为之,乃有恒常之静者,符信受令必行也。②

由于《申子》的辑本中仅存如上两条涉及哲学本体论的文字,因此显得弥足珍贵。从这些现存的材料来分析,申不害的"道"论包括两重涵义:首先,道是运行在整个宇宙之间的规律。文中所谓的"天道"、"地道",实际正涵盖了整个宇宙万物。这同黄老之学的思路是相通的。而且,此处的"天道"、"地道",实指"人事"。推天事人的思路在《申子》这两句佚文中体现得非常鲜明。这与黄老之学也是一致的。其次,进一步

---

① 周勋初:《〈韩非子〉札记》,载于《周勋初文集》(一),南京:江苏古籍出版社,2000 年,第 436 页。
② 严可均:《全上古三代文》,《全上古三代秦汉三国六朝文》,北京:商务印书馆,1999 年,第 54 页。

而言,天道地道向"人"彰显了应有之"德"——"恒正"、"清明"、"常静"、"方正",这些"道"的内在精神品格,是"得道"的统治者也应具备的。因此,从申不害"道"论的总倾向来评判,其哲学本体论与生成论是与老子和黄老之学一脉相承的。

关于"主刑名",更是申不害标志性的学术倾向。申不害确实重视"名实之辨",史料中所留下的关于申不害谈论"形(刑)名"的文字较多。刘向《别录》云:"申子学号曰刑(形)名。①《申子·大体》篇说:

> 为人臣者,操契以责其名。名者,天地之纲,圣人之符。张天地之纲,用圣人之符,则万物之情无所逃之矣……昔者尧之治天下也以名,其名正则天下治;桀之治天下也以名,其名倚而天下乱。是以圣人贵名之正也。主处其大,臣处其细。以其名听之,以其名视之,以其名命之。②

申不害的形名之说,是需要运用在政治领域中的,全然从"人君"的角度出发,是一种"治术"。这与黄老之学——治术的学术品格依然是一致的。甚至《申子》中的很多文字表述同黄老帛书也很近似。如《申子·大体》篇中有"名自正也,事自定也,是以有道者自名而正之,随事而定之也","昔者尧之治天下也以名,其名正则天下治,桀之治天下也以名,其名倚而天下乱。"③这些学说同马王堆帛书《经法》等篇在思想和文字上均有非常明显的相继关系。《经法·论》有"名实相应则定,名实

---

① 严可均:《全汉文》,第394页。
② 严可均:《全上古三代文》,第53页。
③ 严可均:《全上古三代文》,第53页。

不相应则静,名自名也,勿(物)自正也,事自定也"。又有:"三名:一曰正名立而偃,二曰倚名废而乱,三曰无名强主灭。三名察则事有应矣。"可以看出,申不害的"名实之辨",实质上是黄老之学"刑名"思想在政治领域内的扩展与演绎。司马谈《论六家要旨》中也讲到黄老之学的形名思想:

> 群臣并至,使各自明也。其实中其声者谓之端,实不中其声者谓之窾。窾言不听,奸乃不生,贤不肖自分,白黑乃形。①

司马贞《索隐》解释"窾"时说:"《汉书》做'款'。款,空也。故《申子》云:'款言无成'是也。声者,名也。以言实不称名,则谓之空。"可见,申不害的观点确实可以与黄老之学相通。

除了"主刑名",崇尚"因循无为"也是申不害思想和黄老之学的相似点。申不害认为:"因者,君术也;为者,臣道也。为则扰矣,因则静矣。"而黄老之学素本崇尚因循,正如司马谈所说"以虚无为本,以因循为用。无成势,无常形,故能究万物之情。不为物先,不为物后,故能为万物主",②虚无为本,因循为用,正是针对人君而言。这种观点在马王堆帛书诸篇中体现得更加明显。《经法·君正》中的:"因天之生也以养生,谓之文;因天之杀也以伐死,谓之武;[文]武并行,则天下从矣。"③所言也正是此意。

因此,从诸多角度而言,申不害与黄老之学确实有相通之处。司马迁所谓"申子之学本于黄老"并非毫无道理。

---

① 司马迁:《史记》,第 3292 页。
② 司马迁:《史记·太史公自序》,见《史记》,第 3292 页。
③ 陈鼓应:《黄帝四经今注今译》,第 65 页。

二、韩非著述及与黄老之学的关系

1.《韩非子》篇目及成书状况

与上述几种著述不同,《韩非子》不但有足本传世,而且传本甚多。

《史记》将韩非同老子合传,体现出司马迁对韩非学说的道家式理解。传云:"韩非者,韩之诸公子也。喜刑名法术之学,而其归本于黄老。"而裴骃《集解》则云:"《新序》曰:申子之书言人主当执术无刑,因循以督责臣下,其责深刻,故号曰'术'。商鞅所为书号曰'法'。皆曰'刑名',故号曰'刑名法术之书'。"①《集解》解释"刑名法术"学说,全用申商法家之意,可见后代学者对韩非学术,已经不再从道家角度去进行解读。

《韩非子》一书旧称《韩子》,宋代以来,因韩愈被称"韩子"之故而改称为《韩非子》。关于本书的著录,班固在《汉书·艺文志·诸子略》中,因袭刘向《别录》、刘歆《七略》之旧,著录《韩子》五十五篇,不分卷。张守节《史记正义》引"梁阮孝绪《七录》始称《韩子》二十卷",对《韩子》的分卷情况作了说明。此后,《隋书·经籍志》、《旧唐书·经籍志》、《新唐书·艺文志》、《宋史·艺文志》,以及宋代郑樵《通志·艺文略》等,都著录"《韩子》二十卷",宋代陈振孙《直斋书录解题》还进一步说明"《汉志》五十五篇,今同"。②

《韩非子》一书在流传过程中保存较为完好,残缺不多。

---

① 司马迁:《史记·老子韩非列传》,见《史记》,第 2146—2147 页。
② 陈振孙:《直斋书录解题》,第 292 页。

今本《韩非子》共五十五篇，分二十卷，从卷数和篇数上看，与《汉书·艺文志》以及历代史书的记载是一致的。清人王先慎《韩非子集解》辑录《韩非子》佚文有二十二条，约一万字。据陈奇猷先生考定，其中有八条是与原书文字相合的，王氏误作佚文。至于卷数上历代的改变，则只是汉魏以来书籍制度的变化而已。综合以上分析，可以肯定，《韩非子》在刘向校书之后便无大的改变。

韩非的著作尽管在战国时期就开始传播，但大部分都是以单篇的形式流传。《史记·老子韩非列传》载："非见韩之削弱，数以书谏韩王，韩王不能用……故作《孤愤》、《五蠹》、《内外储》、《说林》、《说难》十余万言。"① 又说秦王读到韩非的《孤愤》、《五蠹》之书，大为赞赏。这说明韩非的作品在战国流传广泛。

《韩非子》的编定成书并非韩非本人所为，参与《韩非子》结集成书的人可能包括韩非弟子及后学、秦朝主管图书档案的御史以及汉代校订群书的刘向诸人。有秦一代对于韩非的学说是较为推崇的，甚至将其尊为"圣人之论"、"圣人之术"，这从秦始皇对韩非思想的赞叹以及秦二世、李斯等人屡屡引用韩非言论可以看出。韩非的弟子与后学可能已经初步将先师的遗作汇集起来。司马迁说"申子、韩子皆著书，传于后世，学者多有"。② 降及汉代，韩非的学说依然受到重视，研究韩非思想者大有人在。《史记·韩长孺列传》就说韩安国"尝受《韩子》、杂家说于驺田生所"。③《汉书·武帝纪》载："建元元年，冬十月……诸侯相举贤良方正言极谏之士。丞相绾奏：'所举贤

---

① 司马迁：《史记》，第 2147 页。
② 司马迁：《史记·老子韩非列传》，见《史记》，第 2155 页。
③ 司马迁：《史记》，第 2857 页。

良,或治申、商、韩非、苏秦、张仪之言,乱国政,请皆罢.'奏可."①将学习韩非言论者列为罢黜的对象,这也从另一个角度反映了韩非思想的影响。既然有专门的学习者,则必然会有韩非的著作编集流传。可能司马迁时代所见到的本子,已经与今本《韩非子》比较接近了。

2.《韩非子》中的黄老之学篇目

司马迁说韩非的学术"归本于黄老",统观《韩非子》一书,有两种思想贯穿全书五十五篇当中:赏罚与农战。上文曾分析,黄老之学作为产生于战国中后期的君人南面之术,其与时俱进的性质是天生的。法家思想作为战国后期行之有效的治国方针,必然被黄老之学所吸收。韩非是典型的法家代表人物,法家的思想体系是在他手中渐趋完备的。但是,这个过程并非一蹴而就。在推进与建立的过程中,韩非撷取了不少来自《老子》道家及黄老之学的思想作为理论指导,用以调节申不害、商鞅的理论,这一类学术风格的文字,主要集中在《主道》、《扬权》、《解老》、《喻老》中,也散见于其它一些篇章如《二柄》、《难势》中。

《主道》和《扬权》都是以韵文写成的有关君主统治之文。"主道"即做君主的原则。一说《扬权》篇题当为"扬榷",即"大略"、"大纲"之意,这与篇中大意也是相合的,可备一说。

《解老》、《喻老》以韩非的个人理解解释《老子》中的篇章,其中所体现出的道家意味、特别是黄老意味十分浓厚。韩非与老子有着深刻的渊源,对于《老子》的学说,韩非不仅是继承,同时还有自己的改造。因此,《解老》所阐释的《老子》,已经不是纯粹的老子道家思想,而是带有法家意味的《老子》,个

---

① 班固:《汉书》,第156页。

人主观色彩浓厚。这两篇文章充分证明了司马迁所说韩非学术"归本于黄老"的含义。

3. 韩非学术思想"归本于黄老"及其与黄老之学的差异

作为集法、术、势于一体的法家集大成者，韩非无疑是最具代表性的战国中后期法家人物。但从其著作来看，韩非学术思想的多层次与复杂性不容忽视。法家的学术品格中有一个非常强烈的特征，便是理性思维与重视实用，这也突出表现在韩非的学术体系中。也就是说，韩非的学术背景并不单纯，思想来源相当广泛。但他能够改造他人学说为我所用，能够切实地"务实"，这是他既"归本于黄老"，又终于成为法家之"集大成者"的原因。

在韩非的学术体系中，道家色彩体现得非常鲜明，《韩非子·解老》、《喻老》篇，是韩非运用老子学说为我所用的典型代表。但是他从道家之"道"出发，最终的归途却是法家之"法"。他认为道是万物的起始，是万物存在和变化的依据，韩非用大量笔墨去阐述和解释这一点，看起来同老子的见解是一致的。《解老》：

> 道者，万物之所然也，万理之所稽也。理者，成物之文也；道者，万物之所以成也。故曰："道，理之者也。"物有理，不可以相薄，物有理不可以相薄，故理之为物之制。万物各异理，万物各异理而道尽。稽万物之理，故不得不化；不得不化，故无常操；无常操是以死生气禀焉，万智斟酌焉，万事废兴焉。天得之以高，地得之以藏，维斗得之以成其威，日月得之以恒其光，五常得之以常其位，列星得之以端其行，四时得之以御其变气，轩辕得之以擅四方，赤松得之与天地统，圣人得之以成文章。道与尧、舜俱智，与接舆

俱狂,与桀、纣俱灭,与汤、武俱昌。以为近乎,游于四极;
以为远乎,常在吾侧;以为暗乎,其光昭昭;以为明乎,其物
冥冥。而功成天地,和化雷霆,宇内之物,恃之以成。凡道
之情,不制不形,柔弱随时,与理相应。万物得之以死,得
之以生;万事得之以败,得之以成。道譬诸若水,溺者多饮
之即死,渴者适饮之即生;譬之若剑戟,愚人以行忿则祸
生,圣人以诛暴则福成。故得之以死,得之以生,得之以
败,得之以成。①

但是韩非更注重的,是这个终极之"道"作为明辨是非的
纲纪和准则、作为君主可以直接应用于判断善恶的工具之用。
所以,在韩非的学术体系中,他实际上降低了"道"的地位,将
原本玄妙的道转向了现实的物质世界,而成为判断是非善恶的
准则,"体道"则成为一种政治统治术。如果说慎到的理论是
"由道入法",那么韩非更是顺着这条思路深入下去。韩非将
"道"作为法的依据,与黄老之学可谓同源而殊归。《经法》有
"道生法",《管子》有"法出于道",均以"道"为"法"的来源,
"道"在这个思路下凸显出其社会性的一面,同时也使其衍生
出的"法"具有了绝对的权威性。这恰好是韩非看重的一面。
在他的理论之中,就是要靠"道"的存在从而使"法"拥有形而
上的依据。而实际上,在黄老之学的思路中,"法治"并不是其
最理想的治国方式,反而是"体道"、"得道"之后的"无为自
然"才是治国的最高境,因此《经法》有:

故惟执[道]者,能上明于天之反,而中达君臣之半,

①　王先慎:《韩非子集解》,第146—148页。

密察于万物之所终始而弗为主。故能至素至精,浩弥无形,然后可以为天下正。①

因此可以说,虽然同样是尊崇道,但韩非阐发的"道",其最终归属同黄老之学是完全不同的方向,是法家与道家的区别。在这一根本立场的不同之下,韩非对黄老之学其他很多重要的观念都进行了符合法家立场的发展和改变,比较明显的还有形名问题。

韩非"喜刑名法术之学","刑名"即"形名",探求"形"与"名"关系的问题,这也是战国中后期以来各派学者喜好讨论的问题,而其起源可以追溯至春秋末年孔子的"正名",可见这个问题确实在政治上事关重大。《经法·论》要求人君审查三名,"三名:一曰正名位而偃,二曰倚名废而乱,三曰强主灭而无名。"②《称》说:"道无始而有应。其未来也,无之;其已来,如之。有物将来,其形先之。建以其形,名以其名。"③刑名源自"道",万物名实由天道确定。名实从产生之时起便相互依存,不相混淆。《经法·道法》说:"天下有事,无不自为形名、声号矣。形名已立,声号已建,则无所逃迹匿正矣。……凡事无小大,物自为舍。逆顺死生,物自为名。名形已定,物自为正。"④刑名已立,则天下事无所逃迹匿正。刑名是道赋予宇宙万物自然属性,这是古佚书所谓的"正、奇有位。而名□弗去。"⑤辨别刑名也是圣人认识事物的正确途径。而韩非也说

---

① 《经法·道法》,见裘锡圭:《长沙马王堆汉墓简帛集成》(四),第127页。
② 裘锡圭:《长沙马王堆汉墓简帛集成》(四),第141页。
③ 裘锡圭:《长沙马王堆汉墓简帛集成》(四),第175页。
④ 裘锡圭:《长沙马王堆汉墓简帛集成》(四),第127页。
⑤ 《经法·道法》,见裘锡圭:《长沙马王堆汉墓简帛集成》(四),第127页。

"令名自命也,令事自定也",①明显继承了黄老的形名思想,认为"名"来自事物的本身,道所赋予事物的天性。但从此以下,韩非与黄老之学产生了分野,韩非将"形名"引入了政治上更加理性也更实用的环节——"循名实以定是非",审核形名。

《韩非子·二柄》说:"人主将欲禁奸,则审合刑名者,言与事也。"②"言"即名,"事"即形。名不但指名称,还包括人的一切言论。"审核形名"则成为普遍检验人的主观言论是否符合客观事实。韩非就是顺着这条思路,将形名之学运用在了现实政治中,发明了"参伍之验"、"审言辞以禁奸"等方式,通过审核形名、参验来辨别臣下言论的真伪,从而辨明臣下的忠奸、不被臣下的表象或假话蒙蔽,使得臣下尽忠职守,以最大化地实现君主对臣下的控制。

通过以上分析我们基本可以知晓,司马迁所谓"韩非喜刑名法术之学,而其归本于黄老",所言正是真实的情况。韩非以黄老之学为本,又将黄老之学加以改造和利用,使其最终呈现出法家的面貌和气息。因此我们在进行黄老之学研究时,也不能忽视《韩非子》中同黄老之学有密切关系的那些篇章。黄老之学同韩非思想,大有干系。

---

① 《韩非子·主道》,见王先慎:《韩非子集解》,第26页。
② 王先慎:《韩非子集解》,第41页。

第二章
《管子》中的黄老之学文献

第一节 《管子》基本概况

  《管子》一书为先秦旧著,内容庞杂,涉及法家、儒家、道家、阴阳家、名家、兵家和农家等的观点,虽托名管仲,却非一人之笔,亦非一时之书。这是学界已达成的共识。

  《管子》的成书经历了复杂的过程。很多学者认为《管子》成书于齐国稷下学宫时期,作者是稷下学者:顾颉刚先生认为《管子》是一部稷下丛书,冯友兰先生认为是稷下学士们的著作总集。《管子》书何时开始流传,史籍并无明确记载。先秦古籍中关于《管子》最早的记录是《韩非子·五蠹》篇:"今境内之民皆言治,藏商管之法者家有之",①之后诸子百家的著述中屡有引用《管子》文字,说明《管子》一书在先秦流传确实十分

---

① 王先慎:《韩非子集解》,第 451 页。

广泛。

《管子》在汉代颇受重视,贾谊、晁错对《管子》屡有引述。先秦及汉代的《管子》多以单篇形式流传。司马迁在《史记》中说:"吾读管氏《牧民》、《山高》、《乘马》、《轻重》、《九府》及《晏子春秋》,详哉其言之也。"①刘向校书之际,依据公私所藏,将《管子》整理编定为八十六篇,这是《管子》最早的定本。刘向在《管子叙录》中说:"所校雠中管子书三百八十九篇,太中大夫卜圭书二十七篇、臣富参书四十一篇、射声校尉立书十一篇、太史书九十六篇,凡中外书五百六十四篇,以校,除复重四百八十四篇,定著八十六篇,杀青而书可缮写也。"②这应该就是今本《管子》的雏形。

从刘向的《管子叙录》来看,当时他在校对此书时遇到的情况是非常复杂的,管书篇章的来源至少有三大块:中管子书也就是宫中秘府藏书多达三百八十九篇;私人藏书也即太中大夫卜圭书、臣富参书、射声校尉立书总共七十九篇;官府藏书也即太史书九十六篇。近六百篇中篇章重复现象十分严重。最后刘向经过校勘删除,定本八十六篇,删除的篇目将近五百篇,这个数字无疑是惊人的。这一方面说明在汉代之前《管子》书的流行之广,无论是皇家、还是官府、抑或是私人皆有藏书;另一方面也说明,《管子》书版本众多,重复现象严重。

古书在流传过程中各种版本有所重复,这种现象是比较普遍的,特别是在先秦更加如此。余嘉锡先生说:"古人著书,既多单篇别行,不自编次,则其本多寡不同……故有以数篇为一本者,有以数十篇为一本者,此有彼无,纷然不一。分之则残

---

① 司马迁:《史记·管晏列传》,见《史记》,第2136页。
② 严可均:《全汉文》,第381页。

缺,合之则复重。"①《管子》的情况也是如此,刘向所要面对的,是官府、私人收藏的各种版本之《管子》。这些版本,杂乱繁多,篇目重复。

《管子》书的版本情况如此复杂且差别极大,从一个侧面也反映了其成书过程的复杂。顾颉刚先生曾分析说:"管仲的历史地位终是打不到的,齐国人还是纪念他,因此齐国就有了很多的管子书。""那时齐国人的著作或留居于齐的别国人的著作,就大量地归到管子名下了。"②这应当是当时的实情,汇集到《管子》中的作品,作者众多,且多为依托成文,传至汉代,自然情况复杂,令人真伪难辨,因此对这类文章时人统称为《管子》书,也便造成了刘向校书时所面对的情况。

刘向校订的八十六篇本在班固《汉书·艺文志》中有著录,今本篇数与之相同,但有十篇内容已经亡佚,仅存题目。汉代之后,《管子》篇目合篇称卷,《隋书》、新旧《唐书》均称卷而不称篇,《旧唐书·经籍志》著录《管子》十八卷本,《隋书·经籍志》、《新唐书·艺文志》著录为十九卷,略有出入。

清代以来,《管子》的研究成果十分丰富,致力于校理《管子》的学者众多,其中不乏王念孙父子、孙星衍、戴望等大家。其中戴望的《管子校正》被收入《诸子集成》,成为较为通行的版本。近世则有闻一多、许惟遹等先生。郭沫若先生在前人的研究成果基础上撰成《管子集校》,汇总各种版本及校释成果,具有重要的价值。

《管子》一书内容比较芜杂,郭沫若先生认为《管子》包括两部分"一部分是齐国的旧档案,一部分是汉时开献书之令时

---

① 余嘉锡:《古书通例》,上海:上海古籍出版社,1985年,第103页。
② 顾颉刚:《"周公制礼"的传说和〈周官〉一书的出现》,载《文史》第六辑,北京:中华书局,1979年,第15页。

由齐地献汇而来的。"①从现存《管子》书的内容看,其中有些篇章确有可能是齐国的国家档案,被刘向编进《管子》。但《管子》一书在战国便已经广为流传,很可能当时已有成篇成本,到汉代又有所增益。《管子》一度被看成是争逐天下的权谋之术,权谋色彩在全书中体现得较为明显。

从结构上看,《管子》大致可分为八类:《经言》九篇;《外言》八篇;《内言》九篇;《短语》十八篇:《短语》部分包括《心术》(上、下)、《白心》、《水地》、《四时》、《五行》篇,研究者多认为这一类和其它诸篇所反映的管仲思想不同,应作为研究稷下学宫学术思想的资料。

这八部分内容从治国理政到外交用兵、从自然资源到货币财政,方方面面无所不包,其中既有齐国政治家管仲及其后学的思想,又有战国中后期新兴的思想,像《心术》上下、《白心》、《内业》、《水地》、《四时》、《五行》,以及论法治主义和强调君权的篇章。这些文章和战国中后期兴起的黄老之学有很大联系,其中《心术》上下篇、《白心》、《内业》四篇还被称为"管子四篇"。

第二节 《管子》的黄老之学倾向

《管子》的作者不限一人,作者学派属性也不统一,特别是《管子》成书同稷下学宫关系密切,稷下学宫开放繁荣的学术气氛直接影响了《管子》的成书与思想。因此《管子》一书内容

---

① 郭沫若:《宋钘尹文遗著考》,见《青铜时代》,北京:科学出版社,1957 年,第249 页。

显得非常庞杂,从各个篇章来看,天文、地理、经济、军事无所不包,几乎涉及诸子中的每一门类,其思想内涵非常复杂。就这样一部近似"大杂烩"似的著作,对于其学派归属,学术界的讨论非常热烈。本文所关注的,主要《管子》中同黄老之学相关的篇目。

《管子》中的《心术》上下、《内业》、《白心》、《枢言》、《宙合》、《九守》、《形势》等篇,由于其中以《老子》道论论证法家政治理论,通常被视为《管子》中的稷下黄老学派的作品。《心术》上下、《白心》、《内业》被更称为"《管子》四篇"。

一、《管子》四篇相关问题

《管子》四篇的作者,自郭沫若以来,有数种不同的看法。在《宋钘尹文遗著考》和《十批判书·稷下黄老学派的批判》中,郭沫若分析此四篇为宋钘、尹文二人的作品,认为《白心》属于尹文,其它二篇属于宋钘。但冯友兰、祝瑞开等诸位先生不同意这种看法①。蒙文通先生在《杨朱学派考》中,认为此四篇当是田骈、慎到之作。裘锡圭先生也认为,《心术上》和《白心》当是田骈、慎到的著作。

蒙文通先生提出,对于这几篇作品,可暂时确定是稷下黄老派的学说,"似不必确认其为何人的何书"②,张岱年先生认为,四篇作品年代"当在《老子》以后,荀子以前。《心术》等篇中谈道说德,是受老子的影响;而荀子所谓'虚一而静'学说又

---

① 详见冯友兰:《中国哲学史新编》,第391—392页;祝瑞开:《先秦社会和诸子思想新探》,福州:福建人民出版社,1981年。
② 蒙文通:《略论黄老学》,见《先秦诸子与理学》,桂林:广西师范大学出版社,2006年,第192页。

是来源于《心术》等篇"。①

　　研究者多把《管子》四篇作为稷下黄老的代表作,这四篇作品确实有其内在的一致性。《管子》四篇是论心的哲学,并且认为治国的根本是治心。从篇名上来说,"心术"意为心的功能,"内业"意为内心的修养,"白心"意即洁白其心。在内容上而言,四篇处处以"治心"论"治国",强调人君"内圣"治心的重要性。《心术上》论述心与其它人体器官的关系,以此比喻君主治人之术;《内业》与《心术下》以养形、修心、聚气为通篇主旨所在;《白心》则指导人君如何运用道德以修身治国。由此可见,《管子》四篇实际是从多个方面将老子守道、得一的"修身"问题加以深化,以"心"为重点申论对象,而最终则归结到人君修身正形以及君德的养成之上。从思想渊源上而言,《管子》的"心治"理论又与《老子》"道"和虚静无为有密切关系。因此在论述"心治"的同时,《管子》四篇的哲学中又包含着不同于传统老庄道家之学的道论和气论。

　　在黄老之学中,修身治心是求得政治成功的重要因素。不但老子、庄子道家思想包含深厚的养心理论,黄帝方技之学的治身实践知识与技术也在不断发展中。黄老之学是主张内圣外王的君人南面之术,《管子》四篇所述"心术"是其"内圣"方面的重要成果。而四篇中的很多相关内容,又能够同马王堆帛书互相发明。

二、《形势》诸篇

　　当代研究黄老之学的学者,论及稷下黄老,皆将《管子》四

---

① 张岱年:《中国哲学史史料学》,北京:三联书店,1982年,第581页。

篇作为最引人注目的篇章。除此之外,《管子》中还有其它篇目也常被提及,像《形势》、《枢言》、《宙合》、《法法》、《任法》、《明法》、《九守》等篇,其中或有以道论法的内容,或有与变随化的因循思想,或有操分葆统、君逸臣劳的治术。总体看来,这些篇章大略只是接受或反映了黄老之学的某些观点,并未形成完整的体系。但仍可说在黄老之学发展的理路中占有一席之地。

　　《形势》论及"势",《宙合》论及君逸臣劳、应物变化,这些都是与统治之术相关的观念,《法法》诸篇涉及关于法理论的阐述,并且将黄帝作为法治的创始者,《枢言》和《九守》等篇则涉及为君之道。这些篇章都包含有黄老之学的元素在内,体现出黄老之学在稷下学宫发展传播状况。因此在阐述黄老之学发展脉络时,这些《管子》中的材料亦极有应用之价值。

第三章
《庄子》外杂篇与黄老之学

第一节 《庄子》文本及年代

一、《庄子》文本的生成问题

《庄子》一书,汪洋恣肆,恢弘磅礴,较《老子》五千言之简洁凝练,尤显浩繁广博,充实透彻。司马迁所见到的《庄子》有十万字之多。《史记·老子韩非列传》载:"庄子……其学无所不窥,然其本归老子之言,故其著书十万余言,大抵率寓言也。作渔父、盗跖、胠箧,以诋訾孔子之徒,以明老子之术。"①司马迁但言"十万余言",并没有说到文本的结构,因此可以推测,正如先秦其他子书的流传与成书一样,当时的《庄子》应该尚处在单篇流传的阶段,尚未结集成书。有学者认为淮南王刘安曾经整理过

----

① .司马迁:《史记》,第 2143—2144 页。

《庄子》文本。无论如何,《庄子》成书的过程至迟在西汉末年刘向校书的时候已经完成。《汉书·艺文志》著录《庄子》五十二篇,这应当是出自刘向的整理。但现存《庄子》只有三十三篇,字数约六万五千字左右,结构分为内、外、杂三部分。因此,对于《庄子》文本,尤其是外杂篇文本,研究者历来存在很多疑问。比如:《庄子》文本从司马迁所见十万字到如今三十三篇的变迁情况如何;文本内篇、外篇、杂篇的分类从何而始;《庄子》文本创作年代等等。由于《庄子》中包含不少契合黄老思想的篇章,而这些篇章又主要集中在外、杂篇中,不对上述问题作一交代,行文难免掣肘。因此本文先就这些问题予以浅近讨论,证明《庄子》中确有黄老文献,且属于先秦黄老之学的范畴。

　　《庄子》一书最为显著的变化,就是晋代以后之版本比照汉代史籍记载,在篇目、字数上的锐减。从史籍来看,《庄子》在晋代之前至少有过三个版本:五十二篇本、二十七篇本和三十三篇本。班固《汉书·艺文志》诸子略道家类中有记载:"庄子五十二篇。"可以推测,这个五十二篇本《庄子》便是西汉末年刘向整理过的文本,是从司马迁所见的"十万余言"变化而来。从汉代史籍对《庄子》的引用可以看出,直到东汉时代,《庄子》一直是以五十二篇本为通行版本的。如高诱在《吕氏春秋·必己》的注文曾言:"庄子名周,宋之蒙人,轻天下,细万物,其术尚虚无,著书五十二篇,名之曰《庄子》。"但这个说法也有矛盾之处,如高诱注《淮南子·修务》说:"庄子名周,宋蒙县人。作书三十三篇,为道家之言也。"有学者认为这里的所谓"三十三篇",应该原本作"五十二篇",后人看到郭向本为三十三篇,妄改而成。①

————————

① 　参考王叔岷:《淮南子校正》,载于《诸子斠证》,中华书局,2007 年,第 454 页。

这个五十二篇的本子,到唐代还可见,陆德明《经典释文·序录》说:"《汉书·艺文志》:《庄子》五十二篇,即司马彪、孟氏所注是也。"而且,《经典释文》在《庄子·齐物论》中标出"夫道未始有封"时说:"崔云:'《齐物》七章。此连上章,而班固说在外篇。'"这个"崔",应该是晋朝崔譔,可推断,班固所见的五十二篇本《庄子》应该已经被分出"外篇"等部分了。

魏晋时代,玄风披靡,注解、诠释《庄子》的人非常多。《经典释文》中序录中有相关《庄子》一项记载,晋代重要的文本编纂中,以下几种非常重要:

> 崔譔注十卷二十七篇。(清河人,晋议郎。内篇七,外篇二十。)
>
> 向秀注二十卷二十六篇。(一作二十七篇,一作二十八篇。亦无杂篇。为音三卷。)
>
> 司马彪注二十一卷五十二篇。(字绍统,河内人,晋秘书监。内篇七,外篇二十八,杂篇十四,解说三。为音三卷。)
>
> 郭象注三十三卷三十三篇。(字子玄,河内人,晋太傅主簿。内篇七,外篇十五,杂篇十一。为音三卷。)
>
> 孟氏注十八卷五十二篇。(不详何人。)

这其中共有三个版本,五十二篇本,二十七篇本和三十三篇本。五十二篇本应该是从前代继承下来的文本,当时流行十分广泛,其结构是由"内篇七,外篇二十八,杂篇十四,解说三"构成。司马彪和孟氏应该都没有对这一结构加以改变。① 崔譔

---

① 关于孟氏其人,陆德明已"不详何人",清代姚振宗在《隋书经籍志考证》卷十五说:"似即注《老子》之大孟,或云即孟康。"孟康是魏人,著有《汉书注》。

和向秀是在五十二篇本的基础上编纂出二十七篇本加注,这二十七篇本只有内篇七,外篇二十而没有杂篇。他们将认为不需要的部分大幅度删削了,删削的标准后文将予以讨论。

而郭象则是从五十二篇本中确定了三十三篇,由内篇七、外篇十五、杂篇十一构成。对于郭象的《庄子》的编纂,《经典释文·序录》中予以赞赏说:

> 然庄生弘才命世,辞趣华深,正言若反,故莫能畅其弘致。后人增足,渐失其真。故郭子玄云:“一曲之才,妄窜奇说。若《阏奕》《意修》之首,《危言》、《游凫》、《子胥》之篇,凡诸巧杂,十分有三。”
>
> 《汉书·艺文志》“庄子二十五篇”,即司马彪、孟氏所注是也。言多诡诞,或似《山海经》,或类占梦书,故注者以意去取。其内篇众家并同,自余或有《外》而无《杂》。唯子玄所注,特会庄生之旨,故为世所贵。

因此,郭象从五十二篇本中所刊削的篇幅,是他认为内容太过鄙近、荒诞杂巧之篇,是不合庄子之意的奇说。由于郭注思想深刻独特,依合庄旨,内容浓缩精简,因此自唐时起,便渐成通行本。而之前的五十二篇本和二十七篇本也就逐渐散佚不传,最终至唐后遗佚无存。

二、《庄子》的分篇及作者

现在学术界对于《庄子》内、外、杂结构划分的普遍认识是:内篇创作时代早于外、杂篇,内篇为庄子自著,外、杂篇为庄子门生、后学之作。因此内篇的价值最高,外篇稍逊,杂篇价值最低。

但是,通过爬梳《庄子》成书过程,这一结论似可商榷。

回顾《庄子》在先秦以及汉魏时期的编纂过程,有一些问题不容忽视。首先,从先秦到司马迁编撰《史记》的时期,《庄子》文本并没有"内"、"外"、"杂"之分。《荀子·正论》中引用《秋水》,《吕氏春秋·去尤》、《必己》引用《达生》、《山木》,这些均是今本的外篇篇章。《韩非子·难三》、《史记·庄子列传》所引用和列举的《庚桑楚》、《渔父》、《盗跖》属杂篇。这些篇章,无一属于今本的"内篇",特别是司马迁在《史记》中的列举,竟然也没有涉及内篇篇章。且在具有道家倾向的《淮南子》对《庄子》篇章的引用中,也没有表现出特别重视内篇的情况。这已经可以说明先秦到秦汉时期,《庄子》文本并没有内外杂之分。

因此,《庄子》的文本直到西汉末年刘向校书之时,才将司马迁所谓的"十万余言"整理成五十二篇。而在晋初,这五十二篇的结构为"内篇七、外篇二十八、杂篇十四、解说三",这应当是刘向的校书成果,内篇的篇名、外杂篇的篇名,也是由刘向加以编辑的。而刘向在将篇目分成内、外、杂三类的时候,可能确实带进了自己的一些价值判断,将价值最高的编入内篇,外篇次之,杂篇价值最低。但这与著者是谁无关,刘向并不是按照作者是否庄子来对这五十二篇进行划分的。

实际上,对于《庄子》五十二篇本作者,在晋代之前并无大疑问。无论是《汉书·艺文志》,或者是高诱注《吕氏春秋》之时,都曾言明庄子著书五十二篇。而到晋代,崔譔、向秀、郭象认为五十二篇本中有并非"会庄生之旨"的篇章,也即"后人增足,渐失其真……一曲之才,妄窜奇说",才将这一部分去掉。而剩下的二十七篇或三十三篇,则全部是有保存价值的庄子本人的篇章。唐代曾为《庄子》作疏的成玄英也说:

> 《内篇》明于理本，《外篇》语其事迹，《杂篇》杂明于
> 理事。《内篇》虽明理本，不无事迹；《外篇》虽明事迹，甚
> 有妙理；但立教分篇，据多论耳。[①]

他阐述了内、外、杂篇的分类原则，对篇目的作者也并无怀疑，
认为是庄周自著。

《庄子》三十三篇的作者成为问题，认为外、杂篇不是庄子
自著而进行怀疑批判的，是从唐代韩愈和宋代苏轼、苏辙开始。
韩愈最早怀疑《盗跖》、《说剑》、《渔父》三篇非庄子自著，继而
苏轼、苏辙怀疑《让王》也并非其自著。因为"余尝疑《盗跖》、
《渔父》则若真诋孔子者。至于《让王》、《说剑》，皆浅陋不入
于道"。

虽然只是提出了其中的四篇加以怀疑，但苏轼这一疑问的
影响非常大。后人的怀疑不断加深，随着对外杂篇的疑问和批
判一步一步加深，到清代，学者们已经普遍怀疑《庄子》外、杂
篇并非庄子本人所做。王夫之、林云铭对此都有申论。此论流
传到今日，也就形成了这种内篇为庄周自著，外、杂篇为庄学后
人以及其他融合儒道的学者之作的说法。在怀疑作者之外，他
们还怀疑外杂篇的篇目并非先秦旧作，一些是出自秦汉人之
手。比如叶国庆先生《庄子研究》将《在宥》、《天道》、《天运》、
《天地》认定为汉初作品。罗根泽先生则将《天道》、《天运》、
《天地》当作汉初作品。

本文认为，从《庄子》现存三十三篇的内容来看，确实存在
着观点倾向不完全一致的问题，怀疑其中一些作品特别是外杂
篇中的一部分并非庄子本人之作是有根据的。其中一些作品、

---

① 　成玄英：《庄子序》，见郭庆藩：《庄子集释》，北京：中华书局，1961 年，第 7 页。

或者是个别段落语句晚出也可以举出证据，但《庄子》全书，仍然是一部比较可靠的先秦子书，这一点也是不容怀疑的。刘笑敢先生曾经从三个方面对《庄子》晚出的观点加以批驳：

第一，在战国末年，《庄子》书中至少约有 14 篇已经被《吕氏春秋》、《韩非子》引用过，这些文章中，内篇三、外篇六、杂篇五，与今本《庄子》内、外、杂篇数的比例也相当接近。这十四篇占今本三十三篇的百分之四十二左右。这说明《庄子》一书在战国末年至少已经有了一定规模，大体完成了。

第二，从贾谊的《吊屈原赋》和《鹏鸟赋》看，其中借用或发挥《庄子》之意的有二十几处，涉及《庄子》内、外、杂各篇共十四篇文章，这也说明贾谊的时代已经存在具有一定规模的《庄子》。

第三，从《庄子》本书看外、杂篇的年代，具体考察屡被疑为汉代作品的《天道》、《天运》、《天地》、《天下》等篇，发现从作者行文看，文中对于百家争鸣、儒墨论证、变法之议这些战国时代特有的社会现象之论述，没有丝毫追述的口吻，也没有汉代天下定于一尊，学术归为统一局面的体现。像"天下大乱，贤圣不明，道德不一"、"夫兼爱，不亦迂乎！无私焉，乃私也"、"礼仪法度者，应时而变者也"之类的议论，充分体现出战国百家之时，诸子论争方兴未艾的状态，因此这些篇章的写作年代当不晚于秦代。①

《庄子》作为先秦子书，应该是不成问题的。因此，《庄子》外、杂篇的黄老作品及材料，确实属于先秦黄老文献，考索先秦黄老之学的发展，必要参考《庄子》外杂篇。

---

① 详见刘笑敢：《庄子哲学及其演变》，中国社会科学出版社，1988 年，第 36—53 页。

第二节 《庄子》中的黄老之学篇目

一、前人对《庄子》的分类研究

《庄子》一书既非出自一人之手,其思想观点存在前后不一致的情况便是非常正常的现象。很多学者采用分类的方法对《庄子》外杂篇进行研究。

明清时对《庄子》外杂篇的分类工作便已经开始进行了,但这个阶段的分类手段是,将外杂篇作为内篇的解说,把外杂篇部分或全部附于内篇之下。明代陈治安《南华真经本义》、清代周金然《南华经传释》都循此例。这种分类方法虽有所创建,但将三十三篇内容全做这种对应,未免有些牵强。

近代庄学研究者叶国庆先生以《骈拇》、《马蹄》、《胠箧》、《刻意》、《缮性》为一类,认为是秦汉间作品,以《在宥》、《天地》、《天道》、《天运》为一类,认为是汉代作品;罗根泽先生在《庄子外杂篇探源》中则以《骈拇》、《马蹄》、《胠箧》、《在宥》为战国末年左派道家一类,《秋水》、《达生》、《山木》、《田子方》、《寓言》为庄子派一类,《至乐》、《知北游》、《庚桑楚》为老子派一类等共十二类。① 刘笑敢先生认为,上述诸家的分类研究的目的是为考证年代而非进行思想研究,并且这种分类方法缺乏明确统一的标准,直接导致了结果迥乎不同。因此刘笑敢先生主张以外杂篇的思想观点及其与内篇的关系作为分类统一标准,认为应将《庄子》外杂篇分为三类: 超越儒墨,阐发内篇的

---

① 罗根泽:《庄子外杂篇探源》,见《诸子考索》,第 282—312 页。

第一类,融合儒法、与内篇同异参半的第二类,以及抨击儒墨的第三类。①

从思想史研究的角度看,刘笑敢先生从文献内容出发所作的分类显然更利于考察《庄子》思想发展的线索,因此本文在研究《庄子》外、杂篇的黄老之学思想时,采用刘先生的分类模式。

刘先生认为,《庄子》外、杂篇中表现融合儒法思想的第二类,包括《在宥下》②、《天地》、《天道》、《天运》、《刻意》、《缮性》、《天下》七篇。七篇内容的共同点在于兼谈仁义礼法,包容儒法墨诸家,这与司马谈所说的道家"采儒墨之善,撮名法之要"恰好一致。这些文章应该是庄子后学中的黄老派。

对此种分类,丁原明先生认为刘笑敢先生所作的分析很有见地,但《天下》篇不能算作黄老学的作品。因为该篇是从当时"道术"被分裂的特定历史条件下立论的,其着眼点是试图用"内圣外王"这种道术而"包举中国学术之全部"(梁启超语)。这样,《天下》篇所说的"道术",实际上就是相当于今天作为各门科学研究总称的"大学术"。……"道术"是指综合性、整体性的学术体系,其与黄老之学以道为主而兼综百家是有很大差别的。③

二、《庄子》中同先秦黄老之学契合的篇章

刘笑敢先生所确定的《在宥》、《天地》、《天道》、《天运》、

---

① 刘笑敢:《庄子哲学及其演变》,第62—92页。
② 刘笑敢先生将《庄子·在宥》分为上、下两部分,《在宥上》是原《在宥》的第一节,以下各节即《在宥下》,这样做主要是因为《在宥》第一节与其他节思想倾向不同。
③ 详见丁原明:《黄老学论纲》,第52页。

《刻意》、《缮性》、《天下》七篇,其整体的思想倾向确实同《庄子》内篇中体现出的传统庄学思想不尽相同。这些篇章中,重天道,重人事,同时又有黄老之学内圣外王的主张,因此应作为《庄子》中的黄老篇目进行研读。

《天道》诸篇中,尽有黄老之学法天事人之语,如:

> 天道运而无所积,故万物成;帝道运而无所积,故天下归;圣道运而无所积,故海内服。明于天,通于圣,六通四辟于帝王之德者,其自为也,昧然无不静者矣。(《庄子·天道》)

> 夫帝王之德,以天地为宗,以道德为主,以无为为常。(《庄子·天道》)

> 子,天之合也;我,人之合也。"夫天地者,古之所大也,而黄帝尧舜之所共美也。故古之王天下者,奚为哉?天地而已矣。(《庄子·天道》)

> 天有五极六常,帝王顺之则治,逆之则凶。九洛之事,治成德备,监照下土,天下戴之,此谓上皇。(《庄子·天运》)

> 以道观言而天下之君正;以道观分而君臣之义明;以道观能而天下之官治;以道泛观而万物之应备。(《庄子·天地》)

这些论道之语,其本意皆非阐释"道",而是欲说人间之事,而以天道作为政治的标准。这里的道也并非《庄子·知北游》中"无所不在"、"在蝼蚁"、"在稊稗"、"在瓦甓"、"在屎溺"中的"道",而是四时迭起,万物循生的自然法则,也是文武伦经,内圣外王的人事法则。在这里,作者不再强调"道法自然",而是强调"推天事人",而且进而明确提出：

> 君先而臣从,父先而子从,兄先而弟从,长先而少从,
> 男先而女从,夫先而妇从。夫尊卑先后,天地之行也,故圣
> 人取象焉。(《庄子·天道》)

这已经同《庄子》内篇的道论主张相去甚远了。

除了推天事人之特征,《庄子·天道》诸篇中还有关于黄老之学典型的"内静治心"之学说,如《天道》所云：

> 夫虚静恬淡,寂漠无为者,天地之平而道德之至,故帝
> 王圣人休焉。休则虚,虚则实,实则伦矣。虚则静,静则
> 动,动则得矣。静则无为,无为也则任事者责矣。无为则
> 俞俞,俞俞者忧患不能处,年寿长矣。夫虚静恬淡寂漠无
> 为者,万物之本也。明此以南乡,尧之为君也;明此以北
> 面,舜之为臣也。以此处上,帝王天子之德也;以此处下,
> 玄圣素王之道也。

再如《在宥》篇：

> 人大喜邪? 毗于阳;大怒邪? 毗于阴。阴阳并毗,四
> 时不至,寒暑之和不成,其反伤人之形乎! 使人喜怒失位,
> 居处无常,思虑不自得,中道不成章,于是乎天下始乔诘卓
> 鸷,而后有盗跖、曾、史之行。

《刻意》篇：

　　　　故曰：夫恬淡寂漠，虚无无为，此天地之平而道德之
　　质也。故曰：圣人休休焉则平易矣。平易则恬淡矣。平
　　易恬淡，则忧患不能入，邪气不能袭，故其德全而神不亏。

　　　　纯素之道，唯神是守。守而勿失，与神为一。一之精
　　通，合于天伦。

这些言论，皆非简单地如传统道家讲求内心的虚无，而是将内
心之空、静、虚作为人君的必备条件。这种"纯素"，这种"虚静
恬淡寂漠无为"，也是顺应天道而来，是人君内心修养的最高
境界，是"内圣"的阶段，黄老之学相信，"形劳而不休则弊，精
用而不已则劳，劳竭"，①只有"内圣"，才能"外王"，"故帝王圣
人休焉。休则虚，虚则实，实则伦矣"。②

　　除此以外，黄老之学循名责实的观念也体现在《天道》诸
篇中，使得这些篇章体现出黄老之学的色彩。如《天道》：

　　　　故书曰："有形有名。"形名者，古人有之，而非所以先
　　者也。古之语大道者，五变而形名可举，九变而赏罚可言
　　也。骤而语形名，不知其本也，骤而语赏罚，不知其始也。
　　倒道而言，迕道而说者，人之所治也，安能治人！骤而语形
　　名赏罚，此有知治之具，非知治之道；可用于天下，不足以
　　用天下，此之谓辩士，一曲之人也。礼法数度，形名比详，
　　古人有之，此下之所以事上，非上之所以畜下也。

　　形名之说在《天道》中的体现并非是一种辩士之谈，而是

---

① 《庄子·刻意》，见王先谦：《庄子集解》，第133页。
② 《庄子·天道》，见王先谦：《庄子集解》，第116—117页。

事关政治的大事。能够看出,《天道》诸篇的逻辑正是:"是故古之明大道者,先明天而道德次之,道德已明而仁义次之,仁义已明而分守次之,分守已明而形名次之,形名已明而因任次之,因任已明而原省次之,原省已明而是非次之,是非已明而赏罚次之。"从天道到人道,是一个有机整体,分守、形名是其中重要的环节,也是安邦治国的重要手段。这一点也成为传统庄学同黄老之学明确的分水岭。

通过以上列举,《庄子·天道》诸篇显然同传统的道家《庄子》有了明确的分别,无论是对待天道的态度、对待人君的期望,还是在人间政治上的简介,《天道》诸篇都同黄老之学有着明显的契合。因此本文将《庄子·天道》诸篇作为黄老之学篇目加以研究。

第四章
《尹文子》与《鹖冠子》

第一节 《尹文子》文本问题及其与
黄老的关联

一、尹文生平及思想

尹文是先秦名家代表人物之一。尽管《尹文子》中的内容对研究先秦哲学、思想史具有重要意义,但史书中关于尹文的记载却并不丰富。因此想要准确描述其生平行事几乎是不可能的。但是根据目前有限的资料,我们可以大体推断其主要活动的时间段及经历。

班固《汉志》在《尹文子》下自注:"说齐宣王。先公孙龙。"刘歆云"其学本于黄老,居稷下,与宋钘、彭蒙、田骈等同学,(先)于公孙龙"。颜师古注曰:"刘向云,与宋钘俱游稷下"。① 他在稷下学宫应当是有一定身份地位的"先生",有机会亲与齐王论天道人事。《意林》、《艺文类聚》、《太平御览》皆有记载。钱熙祚辑《尹文子逸文》载:

> 尹文子见齐宣王,宣王不言而叹。尹文子曰:"何叹?"王曰:"吾叹国中寡贤。"尹文子曰:"使国悉贤,孰处王下?"王曰:"国悉不肖,可乎?"尹文子曰:"国悉不肖,孰理王朝?"王曰:"贤与不肖皆无,可乎?"尹文子曰:"不然。有贤有不肖,故王尊于上,臣卑于下。进贤退不肖,所以有上下也。"

齐王以治国之大事向尹文子"不言而叹",可以看出尹文子是很受齐王重视的。齐宣王之后,湣王即位,同样礼待尹文,《吕氏春秋·正名》记载了尹文同齐湣王"论士"的言论。与他同时的宋钘大约生活在公元前360年—公元前290年,彭蒙为公元前370年—公元前310年,田骈为公元前350年—公元前275年。尹文子同这三位生活年代相当,活跃于齐宣王到湣王的时代。

《庄子·天下》把尹文的学术与宋钘列为一系,后人称其为"宋尹学派"。《吕氏春秋·正名》高诱注谓:"尹文,齐人,作《名书》一篇,在公孙龙前,公孙龙称之。"而《汉书·艺文志》则把尹文列于名家,把宋钘列于小说家。

关于尹文的生平及思想,文献记载有限。《吕氏春秋·正名》所载段尹文与齐王的对话,也载于《公孙龙子·迹府》。《正名》其论如下:

---

① 班固:《汉书》,第1736—1737页。

尹文见齐王,齐王谓尹文曰:"寡人甚好士。"尹文曰:"愿闻何谓士?"王未有以应。尹文曰:"今有人于此,事亲则孝,事君则忠,交友则信,居乡则悌,有此四行者,可谓士乎?"齐王曰:"此真所谓士已。"尹文曰:"王得若人,肯以为臣乎?"王曰:"所愿而不能得也。"尹文曰:"使若人于庙朝中,深见侮而不斗,王将以为臣乎?"王曰:"否。大夫见侮而不斗,则是辱也,辱则寡人弗以为臣矣。"尹文曰:"虽见侮而不斗,未失其四行也。未失其四行者,是未失其所以为士一矣。未失其所以为士一而王以为臣,失其所以为士一而王不以为臣,则向之所谓士者乃士乎"? 王无以应。①

这一节内容,同《庄子·天下》中所述宋钘尹文的学说有相近之处,《庄子·天下》云:

不累于俗,不饰于物;不苟于人,不忮于众。愿天下之安宁以活民命;人我之养毕足而止。以此白心,古之道术有在于是者,宋钘、尹文闻其风而悦之。作为华山之冠以自表,接万物以别宥为始。语心之容,命之曰心之行,以聏合欢,以调海内。请欲置之以为主。见侮不辱,救民之斗;禁攻寝兵,救世之战。以此周行天下,上说下教,虽天下不取,强聒而不舍者也。故曰:"上下见厌而强见也。"②

《天下》中披露出尹文学术内容,其中"禁攻寝兵"、"情欲寡

---

① 许维遹:《吕氏春秋集释》,第 428—429 页。
② 王先谦:《庄子集解》,第 290—291 页。

浅"的主张近于墨家,而"不累于俗,不饰于物;不苟于人,不忮于众"的主张又近于道家,上述《吕氏春秋·正名》中,尹文与齐王的对话出现了"见侮不辱,救民之斗"的内容。可见尹文的学术主张,除了后人所注重的"名"思想外,还有不少重要内容。

关于尹文的著述,除了《汉书·艺文志》在名家类下所列《尹文子》上下篇外,一些学者认为《管子·心术》、《白心》、《内业》、《枢言》等篇为宋钘、尹文作品①,但也有学者持反对看法②。目前学术界尚未统一意见。

二、对《尹文子》文本真伪问题的讨论

今人能够见到的《尹文子》文本仅有一篇《大道》,分别为上下两部分,还有一些辑佚的文字,总计五千余字。但《尹文子》文本的真伪问题,从明代以来即争论不休。史籍对尹文著述的记载,最早能够看到记载了尹文著述的典籍为《世本》,《世本》今虽已佚,但宋代郑樵《通志》曾引曰:"齐有尹文子,著书五篇。"③而《汉书·艺文志》载《尹文子》一篇,显然到了汉代,《尹文子》已经有所散佚,亡四篇。高诱注《吕氏春秋·正名》时说:"尹文,齐人,作《名书》一篇。"和《汉志》的记载是相符的。接下来,《隋书·经籍志》载:"《尹文子》二卷。尹文,周之处士,游齐稷下。"《旧唐书·经籍志》载:"《尹文子》二卷。

---

① 详见郭沫若:《宋钘尹文遗著考》,见《青铜时代》,第245页。金德建:《先秦诸子杂考》,郑州:中州书画社,1982年,第124页。
② 详见裘锡圭:《马王堆〈老子〉甲乙本卷前后佚书与"道法家"——兼论〈心术上〉〈白心〉为慎到田骈学派作品》,见裘锡圭《中国出土古文献十讲》,第330页。
③ 见郑樵:《通志》卷二十九《氏族略》五引。

尹文子撰。"《新唐书·艺文志》载:"《尹文子》一卷。"《宋史·
艺文志》载:"《尹文子》一卷,齐人。"这些记录基本上是比较吻
合的,《尹文子》从汉到宋,基本传续有致。

今本《尹文子》前有署名仲长氏的序文一篇,对这篇序文
内容的怀疑可以说是辨析《尹文子》真伪的序幕,学者们围绕
序文作者"仲长氏"展开了种种讨论,并且进而开始怀疑整个
《尹文子》的真伪问题。

在这篇序中,"仲长氏"自谓"余黄初末始到京师,缪熙伯
以此书见示,意其玩之而多脱误,聊试条次,撰定为上下
篇。"①同时介绍了尹文子的生平:

> 尹文子者,盖出于周之尹氏。齐宣王时,居稷下,与宋
> 钘、彭蒙、田骈同学于公孙龙,公孙龙称之。著书一篇,多
> 所弥纶。庄子曰:"不累于物,不苟于人,不忮于众,愿天
> 下之安宁以活于民命。人我之养,毕足而止之。以此白
> 心,见侮不辱,此其道也。"而刘向亦以其学本于黄老,大
> 较刑名家也,近为诬矣。②

有学者认为,这个"仲长氏"即为汉代的仲长统,这篇序文即为
仲长统所撰写。序文中包含着一些明显的错误,很多研究者都
对此加以指摘。陈振孙《直斋书录解题》:

> (尹文子,)《汉志》:齐宣王时人,先公孙龙。今本称
> 仲长氏撰定,魏黄初末得于缪熙伯,又言与宋钘、田骈同学

---

① 钱熙祚校:《尹文子》,第2页。
② 钱熙祚校:《尹文子》,第2页。

于公孙龙，则不然也。龙书称尹文乃借文对齐宣王语，以难孔穿。其人当在龙先。班志言之是矣。仲长氏，即统也耶？熙伯名袭。①

陈振孙虽然对序文中的错误加以纠正，但从陈文的论述看来，陈振孙未怀疑《尹文子》文本的真实性。实际上，汉代之后至明代之前的大部分学者，如刘勰、马总等人提及《尹文子》时，都未疑其为伪书。

从明代宋濂的《诸子辨》开始，《尹文子》的真实性开始遭受质疑。宋濂认为，仲长氏序中论及尹文与公孙龙的顺序时，将尹文列于公孙龙之前，这肯定是有误的，并且序文文辞气魄与古书不类，显然为后人所托。因此，"予因知统之序，盖后人依托者也。呜呼，岂独序哉？"言下之意，不但序文是伪，整个《尹文子》说不定都是假的。及迨晁公武《郡斋读书志》、姚际恒《古今伪书考》，直至《四库全书总目》，也都否定了《尹文子》的真实性。《四库全书总目》将《尹文子》列在杂家类下，并说：

> 前有魏黄初末山阳仲长氏序，称条次撰定为上、下篇。《文献通考》著录作二卷。此本亦题《大道上》篇、《大道下》篇，与序文相符，而通为一卷。盖后人所合并也。《庄子·天下篇》以尹文、田骈并称，颜师古注《汉书》谓齐宣王时人，考刘向《说苑》载文与宣王问答，颜盖据此。然《吕氏春秋》又载其与愍王问答事，殆宣王时稷下旧人，至愍王时犹在欤？其书本名家者流，大旨指陈治道，欲自处

_____

① 陈振孙：《直斋书录解题》，第293页。

于虚静,而万事万物则一一综核其实,故其言出入于黄、老、申、韩之间。周氏《涉笔》谓其自道以至名,自名以至法,盖得其真。晁公武《读书志》以为诵法仲尼,其言诚过,宜为高似孙《纬略》所讥。①

从明清至近代,唐钺、罗根泽、钱基博、钱穆、马叙伦和郭沫若等诸位学者,都将《尹文子》界定为伪书,认为《尹文子》一书非周秦之旧著。②

当时也有不少学者反对《尹文子》伪书的结论,例如梁启超认为:"今本《尹文子》二篇,精论甚多,其为先秦古籍,毫无可疑;但指为尹文作,或尹文学说,恐非是。"理由是今本《尹文子》"名以定形,形以定名"等语,皆名家精髓,然与《庄子》所言尹文学风,几根本不相容矣。又认为序中所言之仲长氏为魏晋人,是"托统以自重"。③ 胡家聪先生认为罗根泽《〈尹文子〉探源》中辨伪的论证不足,他说:"《探源》论证《尹文子》系魏晋人伪造的论点之一,是把宋钘、尹文二人的年龄及学说看作等同,既不具体分析宋钘与尹文的年辈,又不具体分析宋钘逝世后尹文学派的新发展,因而仅仅以《庄子·天下》对宋、尹学派的论述为依据,认为《尹文子》与之不合,乃出于后人伪造,这种粗忽的论证怎能靠得住呢?"④

随着研究分析的深入,近年来,很多学者已经摒弃了古人

---

① 《四库全书总目》,第 1007 页。
② 上述学者观点,可参考:唐钺:《尹文和尹文子》,载于《古史辨》第六册,第220 页;钱基博:《读庄子天下篇疏记》,台湾商务印书馆,1970 年,第 33—38 页;钱穆:《先秦诸子系年考辨·尹文考》,见《先秦诸子系年考辨》,第 344 页;马叙伦:《庄子天下篇述义》,上海:龙门联合书局,1958 年,第 26 页。
③ 梁启超:《汉书艺文志诸子略考释》,见梁启超《中国古代学术流变研究十篇》。
④ 胡家聪:《〈尹文子〉并非伪书》,见《道家文化研究》(第二辑),第 350 页。

的偏见，《尹文子》不伪或不全伪的结论已为学术界所接受。如周山先生《尹文子非伪析》①、董英哲先生《〈尹文子〉真伪及学派归属考辨》②，都针对疑伪证据进行了具体的反驳，认为是书不伪，或者多少存在后人补入的成分，或者是虽残但真。这些研究，盘活了《尹文子》这部"伪书"，使它重新进入了先秦思想史的研究范畴，可谓功德无量。

《尹文子》为尹文学术思想的体现，但史料中对尹文的记载不多，《尹文子》篇幅又十分有限，因此很多学者都希望能够找到尹文的更多遗著，并将《管子》中的《心术》上下、《内业》、《白心》以及《枢言》列为宋尹学派的作品，刘节和郭沫若二位先生在这方面有相当多的论证。③

三、《尹文子》学术思想同黄老之学的契合

尹文的学派归属问题并非新题，古人已有论争。从《吕氏春秋·正名》以及《说苑·君道》等对尹文的记载可知：尹文之说不仅包含形名之论，而且将名家的理论与当时的变法实践相结合，论名正法，对形名逻辑理论的发展作出了一定的贡献。因此《汉书·艺文志》将《尹文子》归为名家类，而凌稚隆《汉书评林》引沈津曰："《尹文子》书大略学黄老而杂申韩者。"④《四库全书总目》也认为"其言出入于黄、老、申、韩之间"，但最终却将其列入"杂家"。同时，由于史籍中往往将宋钘尹文并举，

---

① 周山：《〈尹文子〉非伪析》，载于《学术月刊》1983 年第 10 期。
② 董英哲：《〈尹文子〉真伪及学派归属考辨》，载于《西北大学学报》1997 年第 3 期。
③ 刘节：《古史考存》，北京：人民出版社，1958 年。郭沫若：《郭沫若全集》（历史编第 1 卷），北京：人民出版社，1982 年。
④ 转引自《汉书艺文志注释汇编》，北京：中华书局，1983 年，第 139 页。

因此也有颇多学者认为尹文的学术近墨家一派。

钱基博先生在其《读庄子·天下篇疏记》中根据《庄子·天下篇》的记载认为尹文是墨者之支流余裔。伍非百先生于《中国古名家言·形名杂篇》认为"其学术行为,宁谓之近墨。而曰'君子不为苛察……无益于天下者,明之不如其己。'主义有取于墨,而方法则异乎《墨辩》。盖相里邓陵之反动也。"①

郭沫若先生在其《十批判书》中认为宋、尹是稷下黄老学派的主要一支,属道家。侯外庐在其《中国思想通史》中说:"宋、尹在渊源上还是属于道家。因为他们的思想体系虽杂揉了各种学派的因素,而其所持之道体观,实为此一体系之出发点……主要论点是道家自然天道观的伦理化……一方面折中于墨家利天下的实际活动;另一方面又折中于儒家内心存养的道德情操。"②。杨宽先生《战国史》将尹文归为稷下的道家。白奚先生《稷下学研究》则认为尹文是稷下形名法术派的主要代表。葛兆光《中国思想史》中也将尹文归为道家。

从传世文献所载资料来看,《吕氏春秋》载尹文与齐王论士,主张见侮不斗,不以为辱。《庄子·天下》亦曰:"宋钘、尹文……见侮不辱,救民之斗,禁攻寝兵,救世之战。"③这些记载表明尹文与墨家有某种渊源。而在《说苑》中又载齐宣王问尹文"人君之事",尹文对以"无为而能容下。夫事寡易从,法省易因,故民不以政获罪也。大道容众,大德容下,圣人寡为而天下理矣。"④这样的回答明显具有黄老之学的倾向。

很多学者已经注意到,单纯以儒墨名法之学派来给某一部

① 伍非百:《中国古名家言》,北京:中国社会科学出版社,1983年,第766页。
② 侯外庐等:《中国思想通史》,北京:人民出版社,1957年,第353页。
③ 王先谦:《庄子集解》,第291页。
④ 刘向:《说苑·君道》,见向宗鲁:《说苑校证》,北京:中华书局,1987年,第2页。

先秦子书或先秦思想家定位,是不符合先秦思想史的现实的,因此本文在此,意欲探寻的是在《尹文子》中有无同黄老之学的契合之处,将《尹文子》作为黄老之学资料加以研究是否妥当。

今本《尹文子》中,包含很多"形名"、"正名"之论,这大约是班固谓之为"名家"的缘由。但《尹文子》论"名"的特征,是由"道"入"名",先称"道",后称"名":

> 大道无形,称器有名。名也者,正形者也。形正由名,则名不可差。故仲尼云"必也正名乎!"名不正,则言不顺也。大道不称,众有必名。生于不称,则群形自得其方圆。名生于方圆,则众名得其所称也。大道治者,则名、法、儒、墨自废。以名、法、儒、墨治者,则不得离道。老子曰:"道者,万物之奥,善人之宝,不善人之所宝。"是道治者,谓之善人;借名、法、儒、墨者,谓之不善人。①

作者明确指出,道先具化为形,再由形而定名。道为形而上,名是形而下。不仅如此,作者还称引老子之言,认可并强调"道为万物之奥,能容万物"。因而,人间社会的秩序中,"大道治者,则名、法、儒、墨自废",如果"以名、法、儒、墨治者,则不得离道……道用则无为而自治。"开篇便把道和名的关系讲得十分明确。

《尹文子》下文中,对"名"的分析也非常精当,系统阐发了正名学说以及名法兼顾的政治思想。这也正是黄老之学的一大特点。《尹文子》首先阐述了其形名理论:

> 有形者必有名,有名者未必有形。形而不名,未必失

---

① 钱熙祚校:《尹文子》,第1页。

其方圆白黑之实。名而不可不寻,名以检其差,故亦有名以检形。形以定名,名以定事,事以检名。察其所以然,则形名之与事物,无所隐其理矣。①

《尹文子》充分强调了纠正形名背离的重要性,并且把这主张应用在政治之上:

> 政者,名法是也,以名法治国,万物所不能乱;奇者,权术是也,以权术用兵,万物所不能敌。凡能用名法权术,而矫抑残暴之情,则已无事焉。已无事,则得天下矣。②

“名”不但是理论上的概念,也是需要在治国中贯彻的手段。既然名从道生,因此以“名”治国和以“道”治国一样,也就有了绝对的权威。

同时,《尹文子》还主张“名”为“法”用,这种倾向同样也和先秦黄老之学契合。《尹文子》中有很多“名”、“法”并提之处,如:

> 以名稽虚实,以法定治乱,以简治烦惑,以易御险难,以万事皆归于一,百度皆准于法。
>
> 故(君子)所言者,不出于名、法、权、术。③
>
> 君不可与臣业,臣不可侵君事。上下不相侵与,谓之名正,名正而法顺也。④

---

① 钱熙祚校:《尹文子》,第1页。
② 钱熙祚校:《尹文子》,第9页。
③ 钱熙祚校:《尹文子》,第3页。
④ 钱熙祚校:《尹文子》,第5页。

可以看出,正名分是以法定治乱的前提,"名正而法顺",这便同先秦法家学说区分开来,也是它具有黄老之学色彩的重要标志。在马王堆帛书《称》中也有类似观点,也即先要确立"名",之后"法"才能发挥其作用。如《经法·道法》之语:"见知之道,唯虚无有。虚无有,秋毫成之,必有形名。形名立,则黑白之分已。"①如此,是非的标准才能确立,法才能有所为。

《四库全书总目》中《尹文子》提要认为:

> 大旨指陈治道,欲自处于虚静,而万事万物则一一综核其实,故其言出入于黄、老、申、韩之间。周氏《涉笔》谓其自道以至名,自名以至法,盖得其真。②

这个评价可以说是精审到位的。纵览《尹文子》全文,其中确实有着很丰富的形名道法思想。而结合道、名、法施治,这同样也是战国后期黄老之学于治国术方面的倾向。因此,《尹文子》与黄老之学有着密切关系,本文将其纳入黄老文献的范畴。

第二节 《鹖冠子》文本辨析及 其中的黄老资料

一、鹖冠子及《鹖冠子》文本真伪辨析

多数学者对《鹖冠子》的研究工作是从辨伪开始的,《鹖冠

---

① 裘锡圭:《长沙马王堆汉墓简帛集成》(四),第 127 页。
② 《四库全书总目》,第 1007 页。

子》的真伪问题自唐代以来便有争论。马王堆帛书出土之前，学界一直都倾向于将《鹖冠子》定为伪书，其间虽有一些学者为之辩护，但由于没有可靠的证据，也一直没有改变其伪书的定论。1973 年长沙马土堆汉墓帛书的出土，使得《鹖冠子》一书有了新的生机。随着近年来对秦汉思想史研究的深入，以及对黄老思想研究的发展，越来越多的现代学者开始关注到这本"伪书"，《鹖冠子》研究有了长足的进展。

从《汉书》到《唐书》，《鹖冠子》在史籍目录中的记载虽然比较简单，但历代却也没有将《鹖冠子》疑为伪书的记载。《汉书·艺文志》道家类著述《鹖冠子》一篇，《隋书·经籍志》载《鹖冠子》三卷，新旧《唐书》的记载同《隋书》。宋代《崇文总目》说《鹖冠子》"今书十五篇"，宋濂则说鹖冠子"著书四卷，因以名之"。① 晁公武《郡斋读书志》称八卷，其言"今书乃八卷：前三卷十三篇，与今所传《墨子》书同，中三卷十九篇，愈所称两篇皆在。宗元非之者，篇名《世兵》，亦在，后两卷有十九篇，多称引汉以后事，皆后人杂乱附益之。今削去前、后五卷，止存十九篇，庶得其真"，②而《四库全书》收有《鹖冠子》三卷十九篇。

从此可见，《鹖冠子》一书从唐代起，篇数卷数历代增加，这种变化渐渐为学者所怀疑。

唐代的柳宗元最早提出这个观点。他在《辨〈鹖冠子〉》中指出《鹖冠子》为伪书，依据是：《鹖冠子》与贾谊《鹏鸟赋》中有几段的文字相同或相近，而司马迁在《史记》中引用《鹏鸟赋》"贪夫殉财，烈士殉名"两句时，却只提贾谊，不提鹖冠子；

---

① 宋濂：《诸子辨·鹖冠子》，香港：太平书局，1962 年，第 12 页。
② 晁公武著，孙猛校正：《郡斋读书志校证》，上海：上海古籍出版社，1990 年，第483—484 页。

同时,《鹖冠子》文意鄙浅,不类先秦古书,综合两个原因,柳宗元疑《鹖冠子》为后人作伪。自此,学术界开始否定《鹖冠子》的真实性。在柳宗元研究的基础上,又有人发现《鹖冠子》与一些先秦古书有相同相近的语句,因此显得更加可疑。《鹖冠子》几乎被确定为伪书无疑。

进入 19 世纪 70 年代,马王堆汉墓出土的帛书使《鹖冠子》的真伪问题得到澄清。《老子》乙本卷前古佚书的文字为《鹖冠子》的真实性提供了有力的证据。唐兰先生在《马王堆出土〈老子〉乙本卷前古佚书的研究》中指出,《鹖冠子》对古佚书的引述甚多,并在《〈老子〉乙本卷前古佚书引文表》中详细列出这些引用文字,共有 20 余处。这个良好的开端激励研究者们开始努力寻找新证据,为《鹖冠子》平反,证明其书不伪。

持"伪书"意见学者经常发难的理由之一,便是《鹖冠子》篇卷数目逐代增益。针对这个问题,学术界目前有以下几种意见:

李学勤先生认为《鹖冠子》中混入了其同类的作品,《鹖冠子》由《汉志》的一篇到《隋志》的三卷,是因为后人将《庞煖》三篇附入《鹖冠子》,《庞煖》则从汉以后的史料中消失了。而《鹖冠子》篇目数由一篇增至十六篇或十九篇,很有可能是因为其体例与帛书相同,原先篇下之节转化而来的[1]。吴光先生也认为:"今本《鹖冠子》十九篇,除了《世兵》、《世贤》、《武灵王》三篇系《庞煖》混入之外,其余十六篇是可以信据的真书。"[2]

但也有一些学者不同意这种说法,并从其它角度对《鹖冠

① 李学勤:《〈鹖冠子〉与两种帛书》,见陈鼓应主编:《道家文化研究》(第一辑),第 335—336 页。
② 吴光:《黄老之学通论》,第 157 页。

子》篇卷的变化提出解释：谭家健先生认为王闿运认定《鹖冠子》中的"庞子"与庞煖是一人的结论缺乏考证，且在《鹖冠子》提到庞煖的几篇中，庞氏都以弟子身份出现，没有自己的独立的见解，这不合当时兵书的著述习惯，故这此篇章不可能是《庞煖》一书①。丁原明先生提出存在不同流传版本的假设：《汉书·艺文志》的版本是官方的一篇本，而韩愈或陆佃所看到的版本是未经省略的流传于民间的多篇本，多篇本在汉唐期间几经散佚和整理，乃至形成了十六篇本和十九篇本。篇卷与篇目不同的原因正在于流传途径的不同②。戴卡琳先生则认为这一问题的关键在于"篇"这个词在使用过程中发生了变化，"篇"最初是对书或者手稿的物理性描述"指的是'一捆'，在后来的发展中失去了物理意义，变成了指称'意义上文本的一个单位'，即'变成文本内容的划分。'"③

　　对于《鹖冠子》文本方面的真伪分析，李学勤先生从出土文献同《鹖冠子》的文本对照角度进行研究，指出马王堆帛书《九主》同《鹖冠子》有相同或者相似的文句，伪书说难以成立。吴光先生则认为，语言"鄙浅"或"精深"，不能作为辨别书籍真伪的根据；而对于所谓《鹖冠子》剽窃《国语》、《战国策》、《鹏鸟赋》的文辞，附益成书的问题，吴光先生指出，《国语》成书于战国之初，自可作为《鹖冠子》引用的对象。《战国策》最后编定于汉代，但基本材料形成于战国时代。《鹖冠子》即使剽窃《战国策》，也只能说明其书稍稍晚出，不能断定它是西汉以后的伪书。而且《鹖冠子》是战国末楚国黄老学者所作，其书在长沙一带流传较广，它很可能是贾谊所作赋的材料来源。况

---

① 谭家健：《〈鹖冠子〉试论》，载于《江汉论坛》1986 年第 2 期。
② 丁原明：《黄老学论纲》，第 56 页。
③ 戴卡琳：《解读〈鹖冠子〉》，沈阳：辽宁教育出版社，2000 年，第 37—38 页。

且,不能以司马迁是否提及某书作为证明古籍真伪的标准。

随着研究的深入,《鹖冠子》已经脱离了"伪书"的称号,其书在战国晚期应该已经基本成形,至迟不会晚于秦汉之间。说它是西汉后的伪书,论点不成立。

二、《鹖冠子》成书时间及作者讨论

学术界过去往往对《鹖冠子》一书的成书时间估计较晚,随着马王堆帛书《经法》等四篇古佚书的出土和研究,研究者对《鹖冠子》的时间定位也渐渐前移,大约在战国晚期与秦汉之间。唐兰与李学勤先生将帛书《老子》乙本卷前古佚书与《鹖冠子》进行了比较,认为《鹖冠子》的思想体系和主要观点与帛书《经法》有密切联系,二者相同或相近的语句达到20多处。这表明两部作品的创作时间应相去不远,且思想倾向比较接近。

李学勤先生认为,鹖冠子的活动时间当在战国晚期的前半,公元前300年至240年左右。至于《鹖冠子》的成书,则要更迟一些。[①] 吴光先生认为,鹖冠子的活动年代当在公元前300年到公元前220年左右,其书成于"战国末期至秦楚之间"。[②] 丁原明先生则认为《鹖冠子》的产生时间与《荀子》、《吕氏春秋》相仿,"它们应属于同一时代的著作,或者更早一些。当然鹖冠子其人可能比其书要早一些"。[③] 而国外汉学家葛瑞汉、高本汉等先生等偏重从语言学的方面入手,认为《鹖

---

① 李学勤:《〈鹖冠子〉与两种帛书》,见陈鼓应主编:《道家文化研究》(第一辑),第336页。
② 吴光:《黄老之学通论》,第157页。
③ 丁原明:《黄老学论纲》,第58页。

冠子》是汉初的书。

另一个是确定作者的问题。史料中有关《鹖冠子》的最早记录见于《汉志》道家类著述《鹖冠子》一篇。班固自注曰："鹖冠子,楚人,居深山,以鹖为冠。"这是关于鹖冠子其人的最早记载。《太平御览》卷六八五引刘向《七略》说:"鹖冠子,常居深山,以鹖为冠,故号鹖冠子。"①看来将鹖冠子认定为楚人最初是班固的观点。从《鹖冠子》内容而言,大多数赞同楚国说的学者,都将其文中出现的楚国官衔"令尹"、"柱国"作为证据。而另一种观点则通过《鹖冠子》中屡有鹖冠子同赵国庞煖的对谈,推测鹖冠子是赵国人,认为"令尹"和"柱国"等内容是后人所加。对于作者问题,由于史料不足,不同主张之间也难以举出可压倒对方的证据。由于文本情况比较复杂,则较为稳妥的结论是,认为《鹖冠子》一书并非鹖冠子一人之作,可能同时有其后学参与创作。而鹖冠子本人的籍贯问题,学术界没有定论,依照班固的说法,传统上认为他是楚人,是楚地的道家思想家。而《鹖冠子》的大部分内容创作于楚国,反映的是楚国的历史和现实。

三、《鹖冠子》学派归属及其与黄老之学的关系

关于《鹖冠子》学派归属,历代学者已经有了不同理解,加上现当代学者的研究成果,主张其属于道家、杂家或者黄老道家的皆有支持者。

最先主张道家说的是《汉书·艺文志》。《汉志》将《鹖冠

①　李昉:《太平御览》,第3058页。

子》列在道家类下。《隋书·经籍志》承其续,载"《鹖冠子》三卷",列入道家。《旧唐书·经籍志》录"《鹖冠子》三卷,鹖冠子撰",同入道家。

同时,《汉书·艺文志》又有兵家类《鹖冠子》的记载。在列举"兵权谋十三家"中,班固称"省《鹖冠子》",看来在任宏所校兵书中有《鹖冠子》一部。

《四库全书》收有《鹖冠子》三卷十九篇,列入杂家。《总目》谓"其说虽杂刑名,而大旨本原于道德"。①

主张《鹖冠子》为黄老道家的学者较多。宋代陆佃《鹖冠子序》称"其道路驳,著书初本黄老而末流迪于刑名"。② 韩愈《读鹖冠子》则谓"《鹖冠子》十有六篇,其词杂黄老刑名"。宋濂《诸子辨》说《鹖冠子》"所谓'天用四时,地用五行,天子执一,以守中央',此亦黄老家之至言"。③吴光先生强调,"黄老学派有两大派系,一是由稷下道家发展起来的齐国黄老学派","二是由老庄学派发展而来的楚国黄老学派,其代表性著作是传世古籍《鹖冠子》,以及马王堆汉墓出土的《黄老帛书》。"他认为,"说明战国末期的楚国确实存在道家黄老学派的最有力的证据,便是《鹖冠子》与《黄老帛书》这两本黄老学著作的存在。"他并对《老子》乙本卷前古佚书与《鹖冠子》进行文本比较研究,认为其中内容相同或相近的有十八处,且黄老学著作《鹖冠子》的产生地也在楚地。④

对于《鹖冠子》学派属性的纷争,实际上反映了《鹖冠子》一书内容的纷杂。一些学者认为,刘向、刘歆在校对《鹖冠子》

---

① 《四库全书总目》,第 1008 页。
② 陆佃:《鹖冠子序》,见王心湛:《鹖冠子集解》,上海:广益书局,1936 年,第 3 页。
③ 宋濂:《诸子辨》,第 12 页。
④ 详见吴光:《黄老之学通论》,第 157 页。

文本时,可能将其它学派著述混入《鹖冠子》,这也许就是《四库全书》最终将《鹖冠子》列入杂家的原因。

在不否认《鹖冠子》文本思想杂博的基础上,现代学者一般认为《鹖冠子》是黄老之学的著作。很多学者都倾向于将《鹖冠子》与长沙马王堆帛书结合起来进行研究。李学勤先生结合文献考古和文献文本研究认为,马王堆三号墓墓主的思想倾向主要是道家黄老之学,并带有阴阳数术、兵家及纵横家的色彩。这样的学术思想,在战国到汉初的楚地确实存在,《鹖冠子》一书即是明证。① 他指出,"楚国的鹖冠子,其学以黄老为本,而其著作以'阴阳'、'天官'等与'道德'相提并论,就是一个例证","在汉文帝时的长沙,鹖冠子一派道家正在流传。"②谭家健先生认为《鹖冠子》非但"不排斥儒、墨,讲究刑名法术,又信从阴阳五行、天文术数。"③这正是战国末黄老学派兼容并包的思想特征。而吴光和丁原明先生则将《鹖冠子》放在战国黄老之学的整个背景之下。丁原明先生认为《鹖冠子》是属于战国末期南方黄老学的一个支派,"这在纵向上与《黄老帛书》、《庄子》书中的《天道》诸篇具有一脉相承的关系。但由于所处的时代不同,《鹖冠子》在横向上也汲取了北方稷下道家的一些思想"④。葛兆光先生则是从整个思想史的角度将《鹖冠子》定位为南方黄老学派的一个分支。

从《鹖冠子》的内容看,它以老庄之道为哲学依据,积极地关注社会政治,兼容儒法,并吸收阴阳、五行、数术等为其社会政治与军事理论作论证,这既是对当时社会的政治经济文化发

---

① 李学勤:《马王堆帛书与〈鹖冠子〉》,载于《江汉考古》1982 年第 2 期。
② 李学勤:《再论楚文化的研究》,载于《楚文化觅踪》,郑州:中州古籍出版社,1986 年。
③ 谭家健:《〈鹖冠子〉试论》,载于《江汉论坛》1986 年第 2 期。
④ 丁原明:《黄老学论纲》,第 119 页。

展的大趋势的适应,也是那个时代的必然产物。《鹖冠子·学问》篇用"九道"概括圣人的全部学问:

> 一曰道德、二曰阴阳、三曰法令、四曰天官、五曰神征、六曰伎艺、七曰人情、八曰械器、九曰处兵。①

这也正是《鹖冠子》思想倾向的反映。道德、阴阳源自道家和阴阳家、而天官、神征、伎艺、械器则很可能是源自黄帝方术之学的内容。从这种融合形而上之道与形而下之术,涵盖政治军事治国用兵的"圣人之学"来看,确实是战国末年黄老学派兼容并包的思想特征。

---

① 黄怀信:《鹖冠子汇校集注》,中华书局,2004年,第322页。

第五章
先秦黄老之学出土文献

1973 年长沙马王堆汉墓帛书的出土在黄老之学研究历史上开创了一个新的时代。按照时间顺序,到目前为止与黄老之学相关的出土文献主要有:长沙马王堆三号汉墓帛书《老子》乙本卷前古佚书四篇(《经法》、《十六经》、《称》、《道原》)、《老子》甲本后四种古佚书第二篇(《九主》)、上博简《恒先》、《三德》、《凡物流形》。

第一节　马王堆帛书相关文献及其
对黄老之学的呈现

一、帛书《老子》乙本卷前古佚书

1. 帛书《老子》乙本卷前古佚书的基本状况

长沙马王堆三号汉墓出土的全部帛书装在一个漆盒内,分两种方式放置:"有一种写在通高 48 厘米的宽幅帛上,折迭成长方形,放在漆盒下层的一个格子里。出土时折迭边缘亦有断损。另一种通高 24 厘米,卷在长条形木片上,压在两卷竹简下边,年久粘连,破损比较严重"①。这些帛书的质地是生丝织成的细绢,约 29 件。按照汉代分类法,帛书共分为 6 大类 44 种,经过修复及考订,共 12 万字。

《老子》乙本卷前古佚书共四篇,抄写在幅宽约 48 厘米的整幅丝帛之上。下葬时整幅丝帛被次第折成长约 24 厘米,宽约 10 厘米的长方形,出土时已经断裂成为帛片,除断裂处外,帛书保存得比较完整。

四篇古佚书一起抄写在帛书《老子》乙本之前,行与行之间有乌丝栏界格,每行有 7—8 毫米宽,上下也有乌丝栏界。帛书每行 70 字左右,共 174 行。文字用墨书写,墨的原料是松枝等烧成的烟炱。全文用较规范的汉隶抄写,抄写款式和字体前后一致,应当是一时一地一人的成果。

四篇古佚书没有标明书名,每篇之后只题篇名和字数,四篇的篇名与字数依次标为:

经法　凡五千

十六经　凡四千三(?)□(百)

　六□(十)四

称　千六百

道原　四百六十四

---

① 韩中民:《长沙马王堆汉武帛书概述》,详见湖南省博物馆:《马王堆汉墓研究》,长沙:湖南人民出版社,1981 年。

因此,《经法》、《十六经》、《称》、《道原》是为四篇古佚书的篇名。四篇之间并无空行,一气而下。①

在释文方面,研究者的工作主要集中在将古字释为今字,通过内证和外证的方法补出文字缺损之处。由于原文为隶书,在字形认定方面困难不大。

释文研究成果包括:马王堆汉墓帛书整理小组著《长沙马王堆汉墓出土〈老子〉乙本卷前古佚书释文》②、唐兰先生著《马王堆出土〈老子〉乙本卷前古佚书的研究》③(文后附释文)、马王堆汉墓帛书整理小组著《经法》,文物出版社在 1974 年、1975 年和 1980 年分别出版的四版的释文,④以及中华书局2015 年出版的《长沙马王堆汉墓简帛集成》。⑤

另外,岳麓书社 1993 年出版余明光先生所著《黄帝四经与黄老思想》附录中也有古佚书释文。余作附录一在四篇古佚书原文段落基础上按照文意分段,更便于读者的阅读、理解。

关于马王堆帛书《经法》等四篇古佚书的注释情况,可参

---

① 马王堆汉墓帛书的出土情况,还可参考湖南省博物馆、中国科学院考古研究所:《长沙马王堆二、三号汉墓发掘简报》,(载于《文物》1974 年第 7 期)、晓菡:《长沙马王堆汉墓帛书概述》(载于《文物》1974 年第 7 期)、国家文物局古文献研究室:《马王堆汉墓帛书(壹)·出版说明》,北京:文物出版社,1980 年,第 1 页。)

② 载于《文物》1974 年第 10 期。

③ 唐兰:《长沙马王堆汉墓出土〈老子〉乙本卷前古佚书释文》,载于《考古学报》1975 年第 1 期。

④ 这四版释文分别为:马王堆汉墓帛书整理小组:《马王堆汉墓帛书(壹)》(线装大字本二册,四篇古佚书释文载于第二册),文物出版社,1974 年;马王堆帛书整理小组:《经法》,文物出版社,1976 年;马王堆汉墓帛书整理小组:《马王堆汉墓帛书(壹)》(线装大字本八册,四篇古佚书的释文和注释分载于第四、五册),北京:文物出版社,1975 年;国家文物局古文献研究室:《马王堆汉墓帛书(壹)》,北京:文物出版社,1980 年。

⑤ 由裘锡圭先生主编、湖南省博物馆、复旦大学出土文献与古文字研究中心编纂的《长沙马王堆汉墓简帛集成》共七册,其中《老子》乙本卷前古佚书释文在第四册中。参见裘锡圭:《长沙马王堆汉墓简帛集成》(第四册),北京:中华书局,2015 年。

看的版本有：上述文物出版社 1976 年、1974 年、1975 年、1980 年的版本、中华书局 2015 年《长沙马王堆汉墓简帛集成》、余明光先生著《黄帝四经与黄老之学》和《黄帝四经今注今译》、台湾商务印书馆 1995 年陈鼓应先生著《黄帝四经今注今译——马王堆汉墓出土帛书》、中国社会科学出版社 1996 年出版郑开、张慧姝、谷斌等先生著《黄帝四经今译·道德经今译》、中华书局 2004 年出版魏启鹏先生著《马王堆汉墓帛书〈黄帝书〉笺证》等书。

2. 古佚书的定名

马王堆帛书《老子》乙本卷前四篇古佚书出土后，学者们首先就定名问题展开了讨论，有以《黄帝四经》称之者，有以《黄老帛书》称之者，有以《黄帝书》称之者，有以"《经法》等四篇"称之者，迄今为止尚未统一。

称之为《黄帝四经》的意见由唐兰先生首倡。唐兰先生是最早接触和研究这四部古佚书的学者之一，他从四个方面提出论证，认为这四部古佚书即为《汉书·艺文志》道家类文献所载的《黄帝四经》："1. 这四篇是一本书，是关于黄帝的书；2. 抄写的时候，正是汉文帝初期，文帝宗黄老，所以抄写者把黄老合卷；3.《汉书·艺文志》著录《黄帝四经》四篇与此正相合，除此之外，上引有关黄帝的著作都没有适合的，《隋书·经籍志》把《黄帝》四篇和《老子》两篇合在一起说，更是有力的证据；4. 这四篇正合'经'的体裁，第一、二两篇本就叫经。这四篇虽主要的是法家观点，但却蒙上一层道家色彩，黄老并称，黄有自己的特色，更足以证明它是《黄帝四经》。那么，这是《黄帝四经》，是可以确定下来的。"①唐兰先生的意见提出以后，在学术界引

①　唐兰：《〈黄帝四经〉初探》，载于《文物》1974 年第 10 期。

起了很大的反响,如余明光、陈鼓应等先生都在自己的文章中沿用此名。① 这个名称也是目前学术界使用较为流行、广泛的一种。

但以《黄帝四经》称呼四篇古佚书的意见,也有学者表示不赞同,如董英哲、裘锡圭等先生。董英哲先生认为,古佚书中体现出强烈的因性任物、均齐、重道尚法、道生法思想等主张,应为田骈遗著,即《汉书·艺文志》所著录的《田子》二十五篇。② 裘锡圭先生则认为,除了思想内容一致以外,这四篇的体裁、篇幅等有巨大差异,这四篇佚文有可能原来并不属于同一部书。同时,《隋书·经籍志》里面对《黄帝》四篇的定位是"去健羡、处冲虚",这一特点与"撮名法之要"、具有积极进取精神的所谓《黄帝四经》显然不能相符。而魏晋以前古书所引黄帝之言都不见于四篇佚书,这也可以证明它们并非《黄帝四经》。因此,在目前的状况下,最好仍称为"马王堆《老子》乙本卷前佚书"或"《经法》等四篇"。③

还有相当一部分学者认为可将这四篇古佚书称之为《黄老帛书》。这一称呼最初由钟肇鹏先生提出。钟肇鹏先生认为,从四篇文献的思想体系和用语可以看出,四篇古佚书相对而言是一个整体。文中出现了前后较为一致的"天极"、"达刑"、"传"、"阳窃"、"阴窃"、"土敝"、"雄节"、"雌节"等用语。但是,他并未肯定这四篇即是《汉书·艺文志》中载录的《黄帝四经》,认为这种推测是把出土帛书与《汉书·艺文志》所载的书名进行比较推测,而忽略了这样一个事实,即《汉书·艺文

---

① 余明光:《黄老思想初探》,载于《湘潭大学学报》1985 年第 1 期。龙晦:陈鼓应:《关于〈黄帝四经〉的几点看法》,载于《哲学研究》1992 年第 8 期。
② 董英哲:《〈经法〉等佚书是田骈的遗著》,载于《人文杂志》1982 年第 1 期。
③ 裘锡圭:《马王堆帛书〈老子〉乙本卷前古佚书并非〈黄帝四经〉》,载陈鼓应主编:《道家文化研究》(第三辑),第 249—255 页。

志》中不载的古书还是不少的,这四篇古佚书就是一例。因此钟肇鹏主张从质命名,将四篇古佚书称为《黄老帛书》。[①] 吴光、金春峰、肖萐父、许抗生、丁原明等学者皆赞同并沿用了这一名称。也有学者提出,若将此文献称之为《黄老帛书》,应该是包括古佚书后面的《老子》抄本的。如唐兰、余明光、李学勤等。李学勤先生也主张,四篇古佚书《黄帝书》与二篇《老子》合抄,才成为"黄老帛书"。[②]

同时,有学者还提出了将其统称为"黄帝书"之见解。这个用法李零、李学勤和魏启鹏先生都使用过。李零先生认为,黄帝书是一类书,其共同点是以黄帝故事为形式。而四种书只有《十六经》是以黄帝君臣问对的形式写成,其他都是直言式的一般道论,合定为《黄帝四经》是相当可疑的。他认为,《十六经》应是单独一书,也以哲学的方式讲思想。[③] 而一些学者,例如李学勤先生,虽然早先曾赞同《黄帝四经》之说,但自己撰文时,使用了《黄帝书》的称呼。[④] 再如魏启鹏先生,在早期研究中,使用了《黄帝四经》之名,但随着其研究的深入,最终也落脚到《黄帝书》这一称名上。[⑤]

笔者认为,关于四篇古佚书的命名实际上涉及两个重要的问题,其一是这四篇古佚书是否为同一书,其二是从内容、思想

---

① 钟肇鹏:《黄老帛书的哲学思想》,载于《文物》1978 年第 2 期;钟肇鹏:《论黄老之学》,载于《世界宗教研究》1981 年第 2 期。

② 参见余明光:《〈黄帝四经〉书名及成书年代》,载陈鼓应主编:《道家文化研究》(第一辑),第 188 页。李学勤:《马王堆帛书〈经法·大分〉及其他》,载陈鼓应主编:《道家文化研究》(第三辑),第 274 页。

③ 李零:《说"黄老"》,载于《李零自选集》,第 278 页。

④ 李学勤:《马王堆帛书〈经法·大分〉及其他》,载陈鼓应主编:《道家文化研究(第三辑)》,第 274 页。

⑤ 魏启鹏先生著有《马王堆汉墓帛书〈黄帝书〉笺证》一书,《黄帝书》即为四篇古佚书。

倾向的角度分析是否能够用一个书名将其概括。从目前学者的研究成果来看，这四篇佚文属于同一部著作的可能性是比较大的。如唐兰、裘锡圭、丁原明等先生都认为，四篇古佚书思想一致，曹峰先生也通过四篇古佚书有关"名"的使用和论述的研究发现，四篇之间有着很多相通之处。① 实际上，目前关于这四篇古佚书的研究成果基本上以四篇文章属于一个整体为前提，这样，《黄帝四经》、《黄老帛书》、《黄帝书》等称呼，皆能够从某一角度反映四篇古佚书的思想特征。但实际上，每一种称呼亦有其学理上的缺陷。针对《黄帝四经》之称，有学者认为"帛书应该是《汉书·艺文志》中的某一书"的论断，从方法论上说是不可取的，"应以类的观念来对待刘向之前的文献流传状况和《汉书·艺文志》书目之间的关系"，帛书在刘向校书之前的流传形式很有可能是散篇单行为主，与完备的刘向校本相比，其不完整的可能性远远大于其完整的可能性。② 而《黄老帛书》和《黄帝书》虽然是在其思想倾向基础之上所拟定的篇名，但正如前人所指出的那样，《黄老帛书》这个名称，其内容恐怕应该包括后面的帛书《老子》。而《黄帝书》这一名称，如果是指一类书，则无法专指四篇古佚书，如果是专指这四篇，则其中并未提到"黄帝"的篇章也涵盖其中就显得不甚合适。

综合目前的上述情况，笔者认为，在出现更有利的证据之前，宜实事求是地将这四篇古佚书称之为"《老子》乙本卷前古佚书"，或以《经法》等篇名来称呼。

3. 帛书《老子》乙本卷前古佚书是黄老之学的基本文献

从以上对古佚书的定名工作可以看出，从一开始，学者们

---

① 曹峰：《〈黄帝四经〉所见"名"的分类》，载于《湖南大学学报》2007 年第 1 期。
② 徐建委：《从刘向校书再论马王堆帛书〈老子〉乙本卷前古佚书非〈黄帝四经〉》，载于《云梦学刊》2006 年第 3 期。

便将这四篇古佚书同先秦两汉的黄老之学挂钩,对其思想倾向的判断几乎全部围绕"道法家"、"黄老"进行。可见古佚书所表现出来的思想倾向是具有鲜明特征的。我们可以结合前文所提到的黄老之学的几个特征,从如下几个方面对古佚书内容加以考察。

首先,四篇古佚书突出反映了黄老之学"推天道以明人事"的特征,这也凸显了古佚书"黄老之学"君人南面之术的本质。这种倾向从《经法》开篇第一句便可以看出,《经法》云:"道生法。""道"为天道,而"法"则具备人间政治的意义。而且,古佚书结合同时代黄帝之学的数术技术,具体地提出天行有常与人间政治之间的关系,《经法·论》:

> 天执一以明三。日信出信入,南北有极,[度之稽也。月信生信]死,进退有常,数之稽也。列星有数,而不失其行,信之稽也。①

这种"推天道以明人事"的论述思路非常清晰,论者的态度也十分自信和明确。借此思路,天道与人事的互动关系可以在更广的范围内得以推广。

既然"推天道以明人事",因此古佚书的预设读者便不是普通人而是人间君主,古佚书所宣扬的便是一种"治术",重在"明人事",手段便是使用黄帝数术之学多种多样的技术来推衍"天道",这是符合黄老之学特征的。

其次,从古佚书内容来看,确实做到了以原始道家"精神专一,动合无形"的道论为本,以"阴阳之大顺"为用,同时兼采

---

① 裘锡圭:《长沙马王堆汉墓简帛集成》(四),第140页。

战国其他诸子学派之长。在古佚书中,可以见到儒家之礼义、墨家之节用、法家之法度、阴阳家之天文历算,而这一切,又都统摄在道家"天道"的理论之下。如在《经法·道法》中阐述国家秩序说:

> 天地之恒常,四时、晦明、生杀、柔刚。万民之恒事,男农女工。贵贱之恒位,贤不肖不相放。①

将男女、尊卑、贵贱,都统摄在天道之下谈论。《十六经·观》记载力黑遵照黄帝的命令在天下颁布制度、建立规章,但不知应如何处置,黄帝先以天地阴阳的生成过程教之,然后说:

> 不靡不黑,而正之以刑与德。春夏为德,秋冬为刑。先德后刑以养生……刑德皇皇,日月相望,以明其当,而盈□无匡。②

也是从天道运行角度认为,不要人为强制性地去对人民约束,要因顺取法天道的德刑生杀去布施赏罚而使民情归于正道。人间政事的规章法律全部要按照天道的规律来运行。

第三,古佚书内容非常强调"因循"的思路,治国理民或因循自然法则,或因循民情,或二者兼而有之,《经法·论》曰:

> [天天则得其神,重]地则得其根。顺四[时之度

---

① 裘锡圭:《长沙马王堆汉墓简帛集成》(四),第127页。
② 裘锡圭:《长沙马王堆汉墓简帛集成》(四),第152页。

□□]□而民不疠疾。[处]外[内之位,应动静之化,则事]得于内而举得于外。①

这就是讲述因循之道,因循天道即得神助,因循地道即得立国,因循四时阴阳即使人民没有怨恨。

第四,作为黄老之学为治之道,古佚书包含有丰富的内圣治心内容,强调人君内心的虚静对治国的益处。如《十六经》有文字:

> 黄帝问阉冉曰:"吾欲布施五正,焉止焉始?"对曰:"始在于身,中有正度,后及外人。外内交接,乃正于事之所成。"黄帝曰:"吾既正既静,吾国家愈不定。若何?"对曰:"后中实而外正,何[患]不定? 左执规,右执矩,何患天下? 男女毕週,何患于国? 五正既布,以司五明。左右执规,以待逆兵。"②

阉冉首先强调,好的政治要从完善君主自身开始,君主完善自身即所谓"中正有度",只要"中实"而"外正",内心平实安定而行为端正,让身体和心灵回复到"正"、"静"的状态,使得自己的行为毫无偏颇,结果是必然的。黄帝依此修养身心,果然大败蚩尤。

从以上分析可以看出,《老子》乙本卷前古佚书四篇是符合我们在上文对黄老之学文献所作出的界定的。因此这四篇古佚书是我们见到的比较典型的黄老之学文献。

---

① 裘锡圭:《长沙马王堆汉墓简帛集成》(四),第140页。
② 裘锡圭:《长沙马王堆汉墓简帛集成》(四),第155页。

二、马王堆帛书《老子》甲本卷
前古佚书第三种《九主》

1.《九主》的基本情况

《九主》也是马王堆帛书中的一种，抄写在《老子》甲本卷后。《老子》甲本卷后共附有四种古佚书，皆是写在半幅丝帛（高 24 厘米）之上，用一条宽 2—3 厘米的木条为轴卷起，粘连破损情况较《老子》乙本卷前古佚书严重。

《九主》的释文和注释研究成果包括：李学勤（署名凌襄）《试论马王堆汉墓帛书〈伊尹·九主〉》》①；文物出版社在 1974 年、1975 年和 1980 年分别出版的四版《马王堆汉墓帛书》（一）（上揭）；2015 年中华书局出版《长沙马王堆简帛集成》，魏启鹏先生所著《伊尹·九主》笺证，载于《马王堆汉墓帛书〈黄帝书〉笺证》卷四。

《九主》共计 2 000 余字，主要内容是伊尹与汤谈论"九主"。这部分内容在《史记·殷本纪》中确有所载。《史记·殷本纪》载伊尹："伊尹处士，汤使人聘迎之，五反然后肯往从汤，言素王及九主之事。汤举任以国政。"此处"九主"内容应该就是帛书《九主》的内容。但传世文献"九主"所指早已亡佚，裴骃《史记集解》曾引刘向《别录》之言解释为："九主者，有法君、专君、授君、劳君、等君、寄君、破君、国君、三岁社君，凡九品，图画其形。"②司马贞《史记索隐》也勉强为"九主"作解，但像"破君"、"国君"、"三岁社君"之类，确实难以说通。

---

① 李学勤（署名凌襄）：《试论马王堆汉墓帛书〈伊尹·九主〉》，载于《文物》1974 年第 11 期。
② 司马迁：《史记·殷本纪》，见《史记》，第 94 页。

帛书《九主》所论之"九主"包括：法君、专受之君、劳君、半君、寄主、破邦之主二、灭社之主二。与《别录》中的"九主"对比,至少可以纠正其三处错误:《别录》"专君"和"授君"应为"专受之君";《别录》"破君"、"国君"应为"破邦之主二";《别录》"三岁社君"则为"灭社之主二"。

《史记·殷本纪》中的"凡九品,图画其形",在帛书《九主》中也能找到对应,帛书说伊尹将"九主成图,请效之汤"。恰好在马王堆帛书中也有《九主图》,可惜破损比较严重。

关于伊尹的学说,史籍中所载录的并不多。《汉书·艺文志》道家有《伊尹》五十一篇,小说家有《伊尹说》二十七篇,均已亡佚。清代马国翰《玉函山房辑佚书》辑有《伊尹书》一卷,收录了《殷本纪》和《别录》中上述相关记载,并题为《九主》。正是基于此,一些学者也将帛书《九主》作为《伊尹》的佚篇。但这个结论是否成立,还要经过细致的分析判断。

伊尹是夏商历史上的重要人物。《汉志》列《伊尹》为道家书目之首,并在书下注明"汤相",可以证明伊尹当时确实是很重要的一位政治人物和思想家。《史记·绛侯周勃世家》曰:"勃匡国家难,复之乎正。虽伊尹、周公,何以加哉!"[1]《汉书·董仲舒传》曰:"伊尹乃圣人之耦,王者不得则不兴。"[2]伊尹辅汤灭夏的故事,在先秦诸子中流传甚广,作为一位成功的政治家,伊尹的政治学术思想也被后人所学习、崇尚。《太平御览》载司马迁《素王妙论》说:"管子设轻重、九府,行伊尹之术,则桓公以霸,九合诸侯,一匡天下。"[3]《韩非子·奸劫弑臣》说:"伊尹得之汤以王,管仲得之齐以霸,商君得之秦以强。此三

---

①　司马迁:《史记》,第2080页。

②　班固:《汉书》,第2526页。

③　李昉等撰:《太平御览》卷四七二,见《太平御览》,第2166页。

人者,皆明于霸王之术,察于治强之术,而不以牵于世俗之言。"①可见伊尹学术在先秦,亦被作为霸王治强之术而受到赞誉。

关于帛书《九主》的年代,李学勤先生认为这当然并非商周时期的伊尹自作,其文体同西周以上作品也不相似。再结合文中一些具有代表性的用语及可与《管子》、《韩非子》等相互发明的思想,《九主》的创作年代大约在战国晚期。而根据写本中没有避讳"邦"和"正",可以推断其抄写年代不晚于秦。②

2.《九主》的思想倾向——黄老之学的形名治术

帛书《九主》的内容,与相当多的先秦文献可以相互发明,像《国语》、《左传》、《韩非子》,特别是《管子》的《明法》、《任法》、《宙合》、《七臣七主》等篇,可以明显看出是受到《九主》的影响。通观全篇,《九主》灵活运用黄老之学的形名观念,推崇推天道以明人事的君人南面之术。因此,《九主》可以看作黄老之学文献。

帛书内容从伊尹帮助商汤放逐夏桀,为三公,平定天下开始,之后伊尹向商汤讲授成功的一种君主——法君及失败的八种君主,"九主"因此而得名。《九主》云:

> 法君者,法天地之则者。志曰天,曰地曰四时,覆生万物,神圣是则,以配天地。礼数四则,曰天纪,唯天不失范,四纶[是]则。古今四纶,道数不忒,圣王是法,法则明分。后曰:"天范何也?"伊尹对曰:"天范无□,覆生万物,生物不物,莫不以名,不可为二名。此天范也。"后曰:"大矣

---

① 王先慎:《韩非子集解》,第 105 页。
② 凌襄:《试论马王堆汉墓帛书〈伊尹·九主〉》,载于《文物》1974 年第 11 期。

哉！大矣哉！不失范。法则明分，何也?"伊尹对曰:"主
法天,佐法地,辅臣法四时,民法万物,此胃(谓)法则。天
覆地载,生长收藏,分四时。故曰:事分在职臣。是故受
职[者,佐分也。守职尽力,]臣分也。有民,主分。以无
职并听有职,主分也。听[上而]敬[从羁]诱[民]分[也。
此]之谓明分。分名既定,法君之佐佐主无声。谓天之命
四则,四则当□,天纮乃得。得道之君,邦出乎一道,制命
在主,下不别党,邦无私门,争理皆塞。"①

这一段集中体现了伊尹所推崇的法君的施政原则——"法天
地之则",以及"定名分"。

伊尹认为:"主法天,佐法地,辅臣法四时,民法万物,此谓
法则。"天地生长万物,四时皆依法度而行,再无紊乱,这是成
功君主应当效仿的范例。因此"圣王是法,法则明分"。如何
"明分"? 伊尹认为:"天覆地载,生长收藏,分四时。故曰:事
分在职臣。是故受职[者,佐分也。守职尽力,]臣分也。有
民,主分。以无职并听有职,主分也。听[上而]敬[从羁]诱
[民]分[也。此]之谓明分。"这段帛书虽然有残损,但基本意
义是明确的,正如天道分为生长收藏四时一样,天生万物却不
被物所同化,使万物各有其名而别之,各名其分而用之。落实
在人间政治中,也即君、臣、民各有其道,君主无职,群臣有职,
百姓听令。这样才叫作"得道之君,邦出乎一道"。

在这段话中,《九主》"法天地"、"定形名"的主张体现得
非常充分。后文又从反面对于八种失败君主的举动加以阐述

---

① 本文《九主》释文及补字皆依照魏启鹏:《马王堆帛书〈黄帝书〉笺证》卷四《〈九
主〉笺证》,北京:中华书局,2004 年。

和分析,亦从"法天地"、"定形名"这两方面加以批判。比如说:

> 故曰主不法则,乃反为物。尚见必得,得有巨哉! 得主之哉! [故臣]能用主,邦有二道,二道之邦,长争之理,辨党长争,□□□无,争道得主者萌起,大干天纶,四则相侵,主轻臣重,邦多私门,挟主与□□□□□□□□□□□失。

如果人君不能法天之则,那么人君的道术权柄显露端倪会被臣下所取得,这样就好似天道反而被万物所挟制,人臣权重而人君权轻,国家岌岌可危。这一方面是因为人君不能推天道以行人事,另一方面也是因为形名混淆,君臣不分所致。

　　总体而言,《九主》全篇体现出鲜明的黄老之学形名治术的特点。特别是"志曰天,曰地曰四时,覆生万物,神圣是则,以配天地。礼数四则,曰天纶,唯天不失范,四纶□则。古今四纶,道数不忒,圣王是法,法则明分"这种表述方式,将天地、四时、万物这种朴素的自然观念为依据,确定君主、臣下、百姓的名分等级,显得十分原始而古老,同后世名家尹文、公孙龙子等人确实不太相同。其中讲到"礼数四则",据魏启鹏先生说,当为"伊尹所论礼制中法天地、成万物之形名顺序。""《庄子·天道》指出,'故书曰:有形有名。形名者,古人有之,礼法数度,形名比详,古人有之,此下之所以事上,非上之所以畜下也。'帛书《九主》论'礼数四则',强调'匡名',称汤'择悟见素',证明《天道》所言不虚。"①因此,《九主》篇所阐述的"形名"思想,

---

① 《〈伊尹·九主〉笺证》,见魏启鹏:《马王堆汉墓帛书〈黄帝书〉笺证》,第254—255页。

是黄老之学中较为早期朴素的形名。

更进一步，《九主》还使用了"天启"这一概念，使万物"名分既定"的内涵更加深化。

> 后曰："天乏何也？"伊尹对曰："天金无□，覆生万物。生物不物，莫不以名，不可为二名，此天乏也。"

这一段中，有一个重要的概念为诸多学者所注意，即所谓"天金"。此字在 1974 年和 1975 年文物出版社释本中释为"企"，1980 年释本中改为"乏"。凌襄先生认为："'金'训举踵，训立，'天企'难通。此字应为'法'字古文。"①1980 年文物出版社释文改"金"为"乏"，读为"范"。魏启鹏先生认为释"乏"不妥，应为"企"。"天企"即"天启"，是西周和春秋时期天命观的重要内容之一。"天之所启"、"天或启之"之语在《国语》、《左传》中有几处用例，在《九主》这一段中，"启"有区别、分移之意。《九主》认为，天生万物而不为物所同化，故启分万物，使天下万物各有其名而别之，各明其分而用之，在天命观的基础上树立了自己的形名学说。② 今从魏启鹏先生观点。

黄老形名之学在政治实践中的应用，在《九主》一文中也表现得淋漓尽致。比如伊尹强调法君"以无职并听有职，主分也。"批评劳君"自为其邦者，主劳臣佚"等等，都是从正名的高度出发指导政治。

综上所述，《九主》的思想倾向基本可以总结为黄老之学的形名治术。将《九主》纳入黄老之学文献是没有问题的。

---

① 凌襄：《试论马王堆汉墓帛书〈伊尹·九主〉》，载于《文物》1974 年第 11 期。

② 魏启鹏：《马王堆帛书〈黄帝书〉笺证》，第 255—256、278—279 页。

第二节　上海博物馆战国竹简三篇及其黄老倾向

从 1994 年开始,上海博物馆分三批从香港文物市场抢购回战国竹简 1 200 多支。由于两千年前的竹简在未经处理之前不能见光,不能脱水,因而竹简在购买之初被包裹在潮湿的原土层里。上海博物馆的科研人员经过三年探索,完成了这一千余枚竹简的脱水保护和去污处理,使竹简可以在自然或人工光线下进行排比和研究。这些竹简的最短尺寸是 22.8 厘米,最长尺寸是 57.2 厘米,每支简宽度约在 0.6 厘米,厚度为 0.1 至 0.14 厘米,竹简上的编线有的为二道,有的为三道,由于地层的压积,被埋藏的竹简已经软化,留下的编线一般已嵌入竹肉。竹简内容涉及 80 多部先秦的古籍,其中多数古籍是佚书。上博竹简文字用墨书写,有些符号使用了朱砂,字体为战国南方楚国文字。

根据竹简尺寸、编绳、字体、内容等方面,上海博物馆楚竹书整理小组将整批竹简分类、排定、命名,目前已经由上海古籍出版社出版了《上海博物馆藏战国楚竹书》共八辑。

《上海博物馆藏战国楚竹书》分别以“图版”和“释文考释”形式刊出竹简以及文字。图版有三种:缩小的排序图版、每简放大 3.65 倍的彩色图版以及释文前所附的原大黑白图版。另外还有释文与诸本的校勘及考证等。其中的放大彩色图版将原来细小的竹简放大,原本只有约 0.5 厘米见方的竹简文字放大到 1.8 厘米,且保存了原简的颜色,笔画清晰,具有很高的学术参考价值。

　　在这些战国楚竹书中,有数篇同黄老之学直接或间接相关的文献,分别为发表于《上海博物馆藏战国楚竹书》(三)的《恒先》、《上海博物馆藏战国楚竹书》(五)的《三德》和《上海博物馆藏战国楚竹书》(七)的《凡物流形》。对上博简来说,简序和字释是最基础的研究,由于维系竹简的绳索损坏,且楚国文字难以辨认,因此在竹简编联和文字隶定方面,研究者耗费了大量精力。即使是发表较早的《恒先》和《三德》,近年来仍然有新的编联和释文方面的成果出现,而《凡物流形》由于发表时间较晚,编联和释文的新成果更是非常集中。

一、《恒先》

　　《恒先》是一篇佚失已久的道家文献,它的发现对于研究先秦哲学和道家思想无疑具有重大意义。该文自公布以来,就引起学界的广泛关注,掀起研究热潮。据学者考证,这篇文献亦符合黄老之学特征,属于黄老文献。

　　1. 文献的基本情况

　　《恒先》见于《上海博物馆藏战国楚竹书》(三),全篇现存568字,由13支竹简组成,三道编绳,第三简背有篇题"恒先"两字,故名。庞朴先生认为"竹简《恒先》首尾完好,有残无缺,文字工整,篇章清晰,诚为难得瑰宝。惟其思想内容,未必明白易晓,因而编联释读,多有商榷余地。"①这番话道出了《恒先》的思想史价值和研究现状。

　　为方便本文对《恒先》思想进行分析,在此先录出《恒先》

---

① 　庞朴:《〈恒先〉试读》,见姜广辉主编:《中国古代思想史研究通讯》(第二辑),中国社会科学院历史研究所思想史研究室,2004年。

释文。关于《恒先》的编联,较为流行的方案共有五种,分别为李零编联、①庞朴编联、②曹峰编联③、顾史考编联④以及夏德安编联⑤,其中庞朴方案使用得较为广泛。以下为庞朴先生编联方案(文中号码为竹简编号):

　　恒先无有,朴、静、虚。朴,大朴,静,大静,虚,大虚。自厌,不自忍;或作。有或焉有气,有气焉有有,有有焉有始,有始焉有往者。未有天地,未【1】有作行,出生虚静。为一若寂,梦梦静同,而未或明,未或滋生。气是自生,恒莫生气。气是自生自作。恒气之【2】生,不独,有与也。或,恒焉。生或者同焉。昏昏不宁,求其所生:异生异,畏生畏,韦生韦,悲生悲,哀生哀。求欲自复,复、【3】生之生行。浊气生地,清气生天,气信神哉,云云相生。信盈天地,同出而异生,因生其所欲。察察天地,纷纷而【4】多采:物先者有善,有治无乱;有人焉有不善,乱出于人。先有中,焉有外。先有小,焉有大。先有柔,焉【8】有刚。先有圆,焉有方。先有晦,焉有明。先有短,焉有长。天道(地?)既载,唯一以犹一,唯复以犹复。恒气之生,因【9】复其所欲。明明天行,唯复以不废,知既而荒思不殄。有

---

① 李零编联为:1-2-3-4-5-6-7-8-9-10-11-12-13,见马承源:《上海博物馆藏战国楚竹书》(三),第287—299页。

② 庞朴编联为:1-2-3-4-8-9-5-6-7-10-11-12-13,见于庞朴:《〈恒先〉试读》,见姜广辉主编:《中国古代思想史研究通讯》(第二辑),2004年。

③ 曹峰编联为:1-2-3-4-5-6-7-10-8-9-11-12-13,见曹峰:《谈〈恒先〉的编联与分章》,载于《清华大学学报》2005年第3期。

④ 顾史考编联为:1-2-4-3-5-6-7-8-9-10-11-12-13,见顾史考:《上博竹简〈恒先〉简序调整一则》,简帛研究网,2004年5月8日。

⑤ 夏德安编联为:1-2-3-4-5-6-7-10-11-8-9-12-13,见夏德安:《上海博物馆楚简〈恒先〉》,2007中国简帛学国际论坛,台湾大学,2007年11月。

出于或,性出于有,音出于性,言出于音,名出于【5】言,事出于名。或非或,无谓或。有非有,无谓有。性非性,无谓性。音非音,无谓音。言非言,无谓言。名非【6】名,无谓名。事非事,无谓事。

　　详宜(义)利,主采物,出于作,焉有事;不作无事。举天[下]之事,自作为事,庸以不可更也。凡【7】言名先者有疑,荒言之后者校比焉。举天下之名,虚树,习以不可改也。举天下之作强者,果天下【10】之大作,其□□不自若作,庸有果与不果,两者不废。举天下之为也,无夜也,无与也,而能自为也。【11】举天下之生,同也,其事无不复。[举]天下之作也,无许恒,无非其所。举天下之作也,无不得其恒而果述(遂)。庸或【12】得之,庸或失之。举天下之名,无有废者。与(举)天下之明王、明君、明士,庸有求而不虑。【13】①

《恒先》面世之后,得到世界各地大批学者的关注,在原整理者李零释文基础之上,庞朴、李学勤、廖名春、曹峰、丁四新等相当多的学者,都对简文提出了新的文字考释、简序编联和义理阐发方面的意见。据曹峰先生统计,截止至2008年4月,也即在《恒先》面世的短短四年多的时间中,已经陆续有68篇论文正式发表。② 到目前,《恒先》的研究成果更是向纵深方向发展。特别是关于文本思想方面的阐释,如《恒先》所描绘的宇宙生成模式、其宇宙观与人间观的构造、《恒先》中出现的特有词

①　虽然已有的几种编联方式各有依据,且各有其支持者,但目前关于《恒先》的研究成果中,较多学者选用了庞朴先生的编联方式,因此本文亦以庞朴先生的编联为研究基础。

②　详见曹峰:《〈恒先〉已发表论著一览(增补)》,见简帛研究网 www.jianbo.org,2008年5月1日。

汇的寓意以及其在思想史中的地位等等,成为研究者较为关
注的问题。可以看出,在最基本的文本问题上,学者们已经
就一些关键点达成共识,并在此基础上从思想内涵的角度多
加研讨。

2. 文献的思想属性

《恒先》属于道家文献,这一点研究者已经基本达成共识。
而在其具体的学派归属上,研究者们又做出了很多讨论。很多
学者注意到了《恒先》整篇的结构问题。曹峰先生指出关于
《恒先》思想内涵研究非常重要的一点:"目前为止的《恒先》研
究,大部分学者把注意力集中于《恒先》上半部分,太拘泥于一
些概念的阐述,对《恒先》不做整体的把握。如前所言,《恒先》
具有上下篇结构,两者是相互对应的关系,这已为越来越多的
学者所接受。在笔者看来,下半部分正是打开上半部分的一把
钥匙。与其陷在上半部分中难以脱身,不如将重点先转移到下
半部分,再通过对应关系,分析晦涩难懂的上半部分究竟讲了
些什么内容,以及为什么要讲这些内容。"① 曹峰先生认为对
《恒先》文本分章研读有利于解读,并提出《恒先》可以分为上
下对应的两篇,上篇为生成论,论述宇宙间普遍、抽象的原理,
下篇则根据上篇的宇宙生成论原理直接指导现实政治。② 这
种将《恒先》的内容分为形而上以及形而下两部分的意见,在
其他研究成果中也可以见到,如陈静先生认为,"《恒先》有两
条线索,一是关于自然宇宙的生成,二是关于人文世界的理解。
并且,在《恒先》的两条线索之间,明显有一种本末的关系,即

---

① 曹峰:《〈恒先〉研究综述——简论〈恒先〉今后的研究方法》,载《近年出土黄老
　　思想文献研究》,第 188 页。

② 曹峰:《〈恒先〉研究综述——简论〈恒先〉今后的研究方法》,载《近年出土黄老
　　思想文献研究》,第 193 页。

自然宇宙的生成提供了一个理解人文世界的模式。"①陈丽桂、季旭升、吴根友等诸位先生也都明确指出了《恒先》上半篇的宇宙本体论与下半篇人文世界的差别。②

对《恒先》结构的讨论意味着研究者开始从多个角度对其学派归属做进一步的探讨。虽然《恒先》独特的宇宙生成过程在一段时间内吸引了大部分学者的注意，但随着研究的深入，越来越多研究者开始达成这样的共识，也即"《恒先》虽有颇具特色的宇宙论的内容，但宇宙论本身不是它叙述的重点，它是通过宇宙生成归纳天道，从而得出人事的立场"。③《恒先》真正想要表达的，并非上半篇独特的"道"论、"气"论、"自生自为"理论以及"或使"理论，而是下半篇的"天下之事"。这是很典型的黄老之学的思维方式。

"推天道以明人事"是黄老之学思想的一个重要特点。而据学者们的研究成果，《恒先》文本的这一特色表现得十分鲜明。在庞朴先生的编联中，从第7简到第13简文本结束，连续使用了"举天下之"的句式，形成"举天[下]之事……举天下之名……举天下之作强者……举天下之为也……举天下之生……[举]天下之作也……举天下之作也……举天下之

---

① 陈静：《〈淮南子〉宇宙生成论的理论前史——〈恒先〉解读》，载《自由与秩序的困惑——淮南子研究》，云南大学出版社，2004年。

② 可参考陈丽桂：《上博简（三）：〈恒先〉的义理与结构》，简帛研究网 www.jianbo.org，2004年12月19日。季旭升《从"求而不患"谈〈上博三·恒先〉后半部的解读》，"新出土文献与先秦思想重构"国际学术研讨会，台湾大学，2005年3月。吴根友：《上博楚简〈恒先〉篇哲学思想探析》，见简帛研究网 www.jianbo.org，2004年5月8日。

③ 很多学者逐渐将关注的重点放在了下半篇注重人事的文字上，认为下半篇实为《恒先》真正的主题。如郭勇勇：《〈恒先〉——道法家形名思想的佚篇》，载于《江汉论坛》2004年第8期。曹峰：《〈恒先〉政治哲学研究》，载于《上博楚简思想研究》，台北：万卷楼图书股份有限公司，2006年；陶磊：《〈恒先〉思想探微》，载于《简帛考论》，上海：上海古籍出版社，2007年。

名……与(举)天下之明王、明君、明士"的规模,很能说明问题。这些"事"、"名"、"做强者"、"为"、"生"、"作"、"明王、明君、明士",都是人间政治的产物,是作者表述的重点。而这种理想的人间政治,正是遵循上半篇所讲述的独特的宇宙生成原则而展开的。

在这些涉及人为、人间的纷繁种种之中,研究者们特别注意到两个要素,一是形名的问题,二是其所主张的政治哲学。此二者的运行依据,都源自上半篇所谈到的宇宙运行规律。

关于《恒先》所言之"名",主要涉及简文第5简到第7简以及第10简的内容:

> 有出于或,性出于有,音出于性,言出于音,名出于【5】言,事出于名。或非或,无谓或。有非有,无谓有。性非性,无谓性。音非音,无谓音。言非言,无谓言。名非【6】名,无谓名。事非事,无谓事。凡【7】言名先者有疑,荒言之后者校比焉。举天下之名,虚树,习以不可改也。

对于这段言论,郭齐勇先生认为是在讲述人间之"名"的出处,也即用"某出于某"的句式讨论"名"从何而来,形成了"域→有→性→音→言→名→事"以及"域←有←性←音←言←名←事"过程。"域之后显然是另一层次(形而下),在这一层次内有从属、派生的系统,没有前者就没有后者。'有'源出于'域','有'是万象大千世界(包括精神、物质、社会等)的抽象一般,并非具体之物。至于以下的性、音、言、名、事则是具体的个别的物事、事体、东西(特别是人)及其属性或特性、音乐或音声、言说或理论、名相或称谓、社会事务的相互关系等。这当是先秦思想家名实关系讨论的发展,一方面强调名相、名言、概念的自身同一性(某非某,无谓某),另一方面引申到社会人事管理上,含有循名责实、各当其位、各守其份的意蕴。"①

王中江先生认为这些说法构成了《恒先》的"名言观",其所显示出的意义层面主要有:第一,"名"是从"言说"中产生的,这是"名"的来源;第二,人间事务是以"名"提出的,或按名而行事,类似"事出有名","名"使行动正当化;第三,"名"不合乎"名",就不能称之为"名",这是说"名"要符合"名"的内涵和规定;第四,"名"一旦形成,它就保持了下来,即使是抽象的没有具体事物的"虚名",人们习惯了(俗成)也难以改变,这是说"名"的稳定性。② 不像老庄道家的排斥人间社会之"名",《恒先》总体来说对名是持接受态度的,甚至于为"名"寻求正当性,相信"名"是不可废除的。

虽然很多学者关注到《恒先》对"名"的讨论,但是李锐先生撰文认为,《恒先》确实讨论了形名问题:"古代刑名之家讲究名实相符,循名责实,施之于实践,就是名事相符……所以,《恒先》结尾说:'举天下之名无有废者,与天下之明王、明君、明士,庸有求而不予?'"但这并不足以使我们将其学术归属划入"形名家"范畴。"《恒先》强调的还是人事要遵循天道,不要勉强人为的思路。它虽然有某些循名责实的政治哲学的痕迹,但是强调的要义是行事要遵循天道。"③李锐先生认为形名问题是先秦诸子的"公论",并非《恒先》的独特话题。

实际上,无论《恒先》关于形名问题的讨论是否是其主旨之一,其理论是否透彻贯通,不可否定的是其对"名"态度与其

① 郭齐勇:《〈恒先〉——道法家形名思想的佚篇》,载于《江汉论坛》2004年第8期。
② 王中江:《〈恒先〉宇宙观及人间观的构造》,载于《文史哲》2008年第2期。
③ 李锐:《释〈恒先〉之"凡言名,先者有疑,无言之,后者校比焉"》,载于李锐:《简帛释证与学术思想研究论集》,台北:台湾书房出版有限公司,2008年。

他有黄老之学倾向的文献是相通的。《管子·九守》篇有曰：

> 修名而督实，按实而定名。名实相生，反相为情。名
> 实当则治，不当则乱。名生于实，实生于德，德生于理，理
> 生于智，智生于当。①

《管子·心术下》亦有类似的载述："意以先言，意然后刑，刑然
后思，思然后知。"②《管子·内业》则有："彼心之心，音以先言，
音然后形，形然后言，言然后使，使然后治。不治必乱，乱乃
死。"③无论是《九守》的"谋生于某"，或是《管子》的"某以某
先"、"某然后某"，结构上都同《恒先》类似，在意义上也有近似
之处。《恒先》不仅强调了"事出于名"，而且在名实相依附的
基础上更强调名的规定性及名对事的反作用。而在讨论名、
事、言的关系上，《恒先》又可以与《韩非子》"循名实而定是非，
因参验而审言辞"意义相近。"言名先者有疑，荒言之后者校
比焉"，所言正是审核名实之意。

　　审核形名乃君人南面所用之术，君人南面的原则在《恒
先》中同宇宙运行规律是一致的。这便是《恒先》中非常具有
特色的"自生自为"的政治哲学。这一点同黄老之学的主张也
是契合的。

　　在《恒先》上半篇的宇宙论中，曾反复多次强调一个主张，
即"恒莫生气、气是自生"，"气是自生自作"，"自生自作"引起
了学者们的广泛讨论。吴根友先生认为"作者虽然说是'或，
产生'气'，但对于'气'又如何产生'天地万物'的过程并不了

---

① 黎翔凤：《管子校注》，第 1046 页。
② 黎翔凤：《管子校注》，第 786 页。
③ 黎翔凤：《管子校注》，第 938 页。

解。因为这是一个现代意义上的实证性的科学问题,作者无法回答,只好归自于'气'自生自作。"①李锐先生提出,"气是自生"反映出《恒先》有一种非常独特的宇宙生成论,它与突出"有生于无"的宇宙生成论相近而不同,与突出生成秩序的数术生成论相近而不同,与将上述两者结合起来的混合型生成论也相近而不同。② 而曹峰先生则对《恒先》的"自生"思想作出了讨论,认为正因"气是自生自作",所以"气"的生成物,包括人在内的"万物"也都是"自生自作"的、从行为上讲就是"自为"的,所以统治者在政治上必须取"无为"姿态。③ 由于简文作者的反复多次强调,"自生自作"的概念在简文宇宙生成部分显得非常瞩目,但作者并没有很合理地解说这个"自生自作"的过程。而如果我们接受曹峰先生的解释,我们会发现作者在前半段所设立的宇宙理论实际上都有"现世"的出口——人世间的政治哲学,推天道以明人事的黄老之学思路便也愈发鲜明起来。

因此,将《恒先》判断为黄老之学文献,是没有什么问题的。

二、《三德》

1. 文献的基本情况

《三德》见于《上海博物馆藏战国楚竹书》(五),共23支竹

---

① 吴根友:《上博楚〈恒先〉篇哲学思想探析》,载于丁四新主编:《楚地简帛思想研究》(二),武汉:湖北教育出版社,2005年。
② 李锐:《"气是自生"——〈恒先〉独特的宇宙论》,《中国哲学史》2004年第3期。
③ 曹峰:《从"自生"到"自为"——〈恒先〉政治哲学探析》,载于曹峰:《近年出土黄老思想文献研究》,第168页。

简,上海博物博馆保存有 22 支竹简,香港中文大学中国文化研究所文物馆保存有 1 支,可与上博简连缀。全篇现存约908 字。

由于《三德》竹简残简较多,编联非常不易。最初的竹简整理者李零先生在《上海博物馆藏战国楚竹书》(五)介绍说:"这组简文,大部分可以拼联,如第一简至第九简可拼,第十简至第十六简可拼。第十七简和第十八简也有可能连在一起。但第十九简以下五简,简文残缺,不能断定其位置。逐一复核检查竹简间的连读关系,可以发现前 9 简实际上可以分为以下5 组:简 1,简 2—3,简 4—5,简 6—7,简 8—9;10—16 简可分为以下三组:简 10—12,简 13—14,简 15—16。各组简内部当连读是没有问题的,但各组简的连读关系并不能肯定。作以上拆分后再考虑各简间的连读关系,可以重新确定以下几组当连读的竹简。至于在此基础上对全篇的复原,还有待进一步的深入研究。"①也就是说,经过李零的整理,《三德》简文被分成了几组,另外还有一些尚未编排的材料。在此基础之上,陈剑、曹峰、侯乃锋、李锐、王兰等诸位学者都提出了各自的看法,对编联与复原进行了更深入的讨论。其中曹峰先生在《再谈〈三德〉的编联与分章》一文不仅在前人关于释字、补字的基础上对简文做了新的编联,并且将其分为两大部分,六个章节,为《三德》的后续研究提供了新的思路。本文移录曹峰先生的编联方案如下:

天供时,地供材,民供力,明王无思,是谓三德。卉木须

---

① 马承源:《上海博物馆藏战国楚竹书》(五),上海:上海古籍出版社,2005 年,第287 页。

时而后奋。天恶如忻,平旦毋哭,晦毋歌,弦、望斋宿,是谓顺天之常。【1】敬者得之,怠者失之。是谓天常。天神之□,□□□□,皇天将兴之。毋为伪诈,上帝将憎之。忌而不忌,天乃降灾。已而不已,【2】天乃降异。其身不没,至于孙子。阳而幽,是谓大感。幽而阳,是谓不祥。齐齐节节,外内有辨,男女有节,是谓天礼。敬之敬之,天命孔明。【3】如反之,必遇凶殃。毋诟政卿于神次,毋享逸安。求利。残其亲,是谓罪;君无主臣,是谓危。邦家其坏。忧惧之间,疏达之次,毋谓之【4】不敢,毋谓之不然。故常不利,邦失干常。小邦则划,大邦过伤。变常易礼,土地乃坼,民乃夭死。善哉善哉三善哉,唯福之基,过而改【5】[之?]。

邦四益,是谓方华,虽盈必虚。宫室过度,皇天之所恶,虽成弗居。衣服过制,失于美,是谓违章,上帝弗谅。鬼神禋祀,上帝乃旨(怡?),邦家[不?]【8】丧。喜乐无期度,是谓大荒,皇天弗谅,必复之以忧丧。凡食饮无量计,是谓饕皇,上帝弗谅,必复之以荒。上帝弗谅,以祀不享。【7】……之罟未可以遂,君子不慎其德。四荒之内,是帝之关。临民以仁,民莫弗【22】亲。兴兴民事,行往视来。民之所喜,上帝是佑。凡度官于人,是谓邦固。度人于官,是谓邦吕。建五官弗措,是谓反逆。土地乃坼,民人乃【6】茖。

敬天之敁(圉?),兴地之岠。恒道必**星**。天哉,人哉,凭何亲哉,没其身哉。知天足以顺时,知地足以固材,知人足以会亲。不修其成,而【17】听其繁,百事不遂,虑事不成。仰天事君,严恪必信。俯视[地理],务农敬戒。毋不能而为之,毋能而易之。骤夺民时,天饥必来。【15】夺民时以土功,是谓稽,不绝忧恤,必丧其似(秕)。夺民时以水事,是谓洲,丧怠(以)係(继)乐,四方来嚣。夺民时以兵事,是【16】

[谓厉。祸因胥歲,不举铚艾。]……[不?]懈于时,上帝喜之,乃无凶灾……【香港简】……保,乃无凶灾。

高阳曰:"毋凶服以享祀,毋锦絞袒襍子,是谓忘神……"【9】皇后曰:"立。毋为角言,毋为人倡。毋作大事,毋剗(害)常。毋壅川,毋断洿,毋灭宗,毋虚床。毋[改]敔(圉?),毋变事。毋烦姑嫂,毋【10】耻父兄。毋羞贫,毋笑刑。毋揣深,毋度山。毋逸其身,而多其言。居毋惰,作毋荒。善勿灭,不祥勿为。入墟毋乐,登【11】丘毋歌,所以为天礼。"

监(临?)川之都,罴(凭?)岸之邑,百乘之家,十室之偌(造),宫室汙池,各慎其度,毋失其道。出欲杀人,不饮、不食。秉之不固,【12】弛(?)之不贼。至刑以哀,谮去以悔。民之所欲,鬼神是佑。慎守虚訠……[以?]【20】蘥为首。身且有病,恶菜与食。邦且亡,恶圣人之谋。室且弃,不堕祭祀,唯蘥是服。凡若是者,不有大祸,必有大耻。天之所败,多其赇,而【13】寡其忧。兴而起之,使踬而勿救。方繁勿伐,将兴勿杀,将齐勿刟。是逢凶朔,天灾绳绳,弗灭不隕。为善福乃来,为不善祸乃惑之。卑【14】墙勿增,废人勿兴。皇天之所弃,而后帝之所憎。晦日冥冥,上天有下政,书……【19】……谅,竿之长。枸株覆车,善游者【21】死于梁下,豻猊食虎。

天无不从,好昌天从之,好旺天从之,好犮(被)天从之,好长天从之。顺天之时,起地之[材,□民之□。]【18】①

---

① 参看曹峰:《〈三德〉的编联与分章》,见曹峰:《近年出土黄老思想文献研究》,第217—228页。

2. 文献的思想属性

关于《三德》的思想内容,近年来多有学者予以讨论。与《恒先》开篇大谈宇宙生成不同,《三德》的主要内容是论政。这从其第一句话"天共时,地共材,民共力,明王无思,是谓三德",即可窥见端倪,"天"、"地"、"人"并举,这明显是站在人君理政的角度,要求人君合理利用天时、地材和民力。这可以说是《三德》论证的基本出发点。黄老之学亦是君人南面之术,那么《三德》同黄老之学有无契合之处,《三德》文献是否属于本课题的研究范畴呢?

本文认为,《三德》文字所表现出的思想,具有较为明显的黄老之学倾向,因此属于同本文所界定的黄老之学相契合,因此本文倾向于认为《三德》属于黄老之学文献。

《三德》中有明确的"天道"意识,同其他黄老文献一样,《三德》在形而上与形而下不同层面都设定有某种最高权威或称价值依据。在形而上的层面,《三德》极度推崇"天"。通观全篇,这个终极依据"天"的含义是比较朴拙的。在这一层含义上,在不同的文句中,作者使用了"天时"、"天常"、"天礼"、"天命"、"天神"、"天道"等用语,而其最基础的意思就是天运行的规律,以及依循此规律而形成的各种自然节候和现象。同其他黄老文献不同的是,虽然极度推崇,但《三德》似乎对天道具体如何运行并不感兴趣,也不像《道原》、《恒先》一般设计一套宇宙生成和运行的系统,甚至也不曾解说"天常"、"天礼"究竟何指。这也许是因为《三德》出现年代较早而尚未有能力言及。但可以肯定的是,《三德》的关注点,在于人类是否能够敬顺天常、禁避天礼。这是相比起其他黄老之学文献而言最有特色之处。《三德》说:

敬之敬之,天命孔明。【3】

敬天之敌,兴地之钜,恒道必**星**。天哉人哉,凭何亲哉,没其身哉。知天足以顺时,知地足以固材,知人足以会亲。【17】

顺天之时,起地之[材,□民之□]【18】

对于天的运行规律,人类首先要"敬"、"顺",之后才能保证人的活动得到上天庇佑,才有成功的可能。《三德》还说:

卉木须时而后奋。天恶如忻,平旦毋哭,明毋歌,弦,望斋宿,是谓顺天之常。【1】敬者得之,怠者失之。是谓天常。天神之[□,勿为□□],皇天将兴之。毋为伪诈,上帝将憎之。忌而不忌,天乃降灾。【2】

天地万事万物生长的规律属于"天常",而这个"天常"也左右着人类的活动,"敬者"能够获得成功,"怠者"必然遭到失败。因此,在《三德》下文中所明确指出的禁止人类所从事的活动,其禁忌的根源,都在于"天",都是因为违背了"天时"、"天常"、"天礼"所致。比如,作者借高阳与皇后之口,提出一系列具体的禁忌:

毋为角言,毋为人倡。毋作大事,毋劐(害)常。毋壅川,毋断洿,毋灭宗,毋虚床。毋[改]敔(圉?),毋变事。毋烦姑嫂,毋【10】耻父兄。毋绣贫,毋笑刑。毋揣深,毋度山。毋逸其身,而多其言。居毋惰,作毋荒。善勿灭,不祥勿为。入墟毋乐,登【11】丘毋歌,所以为天礼。

文中的这些规定,涉及方方面面的举动,是人类社会活动的一个缩影,而这些行为,均要依据"天礼"。作者对此是非常笃定不疑的,因此行文中的语气也相当严厉,直截了当地禁止,毫不客气,没有一丝犹豫。

对比其他黄老文献,特别是马王堆帛书《经法》的很多内容,我们会发现《三德》中的"天时"、"天礼"毫无疑问就是指天道运行的规律。比如《经法·四度》曾说:

> 日月星辰之期,四时之度,□□之立,内外之处,天之稽也。高(下)不敝(蔽)其刑(形),美亚(恶)不匿其请,地之稽也。君臣不失其立(位),士不失其处,任能毋过其所长,去私而立公,人之稽也。

《四度》这段话,也是将自然事物的发展与人类的行为相对举,并且认为在这些日月运行或君臣行为之上,有一绝对要服从的神秘力量。这同《三德》的思路基本一致,都属于将天道、治道一贯,推天道以明人事的黄老之学思路,在《三德》中体现得非常鲜明。

《三德》作为黄老之学文献,有其自身的显著特色,这便是在相当多的段落中大量使用了否定性的警戒之语。很多学者也注意到这个特色。曹峰先生形容其为"格言集锦",陈丽桂先生形容其为"集锦式的告诫与叮咛"。曹峰先生还认为:"(《三德》)大量吸收术数家表达宜忌、类似咒语的词语,通过'天之道'、'天常'、'天礼'、'天诛'、'天刑'展现出命定式思维来看,说《三德》、《黄帝四经》的一些篇章表现出了浓厚的术数色彩是不为过的。"①而本文认为,黄帝数术之学是黄老之学

---

① 曹峰:《近年出土黄老思想文献研究》,第57页。

重要的组成部分,也是司马迁所说的道家"因阴阳之大顺"的含义。黄帝数术之学以"天道阴阳"为表现,在《三德》中体现得非常明显:

> 阳而幽,是谓大感。幽而阳,是谓不祥。齐齐节节,外内有辨,男女有节,是谓天礼。敬之敬之,天命孔明。【3】如反之,必遇凶殃。毋诟政卿于神次,毋享逸安。求利。残其亲,是谓罪;君无主臣,是谓危。邦家其坏。【4】

用一些显而易见的道理作为标准——这个道理一般由天或上帝决定,用"不祥"、"凶殃"、"罪"、"危"来警戒世人。《三德》不做冗长论述,讨论禁忌的原因,而只是干脆利落地得出结论,告诉世人根据人类长久以来的实用知识和技术,数术之学所得出的结论——"这样做"或"不要这样做"。这种思路在其他黄老文献中也有很多体现。比如马王堆帛书《称》中出现了很多类似的用例。"毋藉贼兵,毋□盗粮。""减衣衾,薄棺椁,禁也。疾役可发泽,禁也。草丛可浅林,禁也。聚□堕高增下,禁也,大水至而可也。"①

因此本文认为,将《三德》纳入本文讨论的范畴,是没有问题的。

三、《凡物流形》

1. 文献的基本情况

《凡物流形》是发表于上博简(七)中的一篇重要文献,最

---

① 裘锡圭:《长沙马王堆汉墓简帛集成》(四),第182页。

初由曹锦炎先生整理释读。《凡物流形》简文有甲乙两本,甲本第三简背有"(凡)勿(物)流型(形)"四字,故名。据《上海博物馆藏战国楚竹书》(七)整理说明介绍:"《凡物流形》凡甲乙两本,甲本完整,共有简三十支。内容相接续,其中少数简首尾略有残损,有缺字,可据乙本补足,全篇文字共存 846 字(计合文、重文,不计缺文)。完简长度为 33.6 厘米,每简书写字数不等,一般为 27 至 30 字,个别最少为 25 字,最多为 32 字。据乙本,简文有抄漏、抄错现象。书法舒朗,未及乙本工整。乙本有残缺,现存简 21 支,全篇文字共存 601 字(计合文、重文)。完简长度为 40 厘米,每简书写字数一般在 37 字左右,略有上下。内容可与甲本互补和校正,简文有不少抄漏、抄重现象。书法工整,书体不同于甲本。显然为另一书手所抄。"①

整理者曹锦炎先生认为,《凡物流形》全篇可分为两大部分。前四章为第一部分,主要涉及自然规律;后五章为第二部分,主要涉及人事。如第一章是有关物体形成,阴阳、水火等较为原始抽象的命题。第二章是关于人之生死由来,天地之立终立始,五度、五气、五言以及人鬼等内容。第三、第四章主要是天地、日月、水土、风雨、雷电、草木、禽兽等自然现象。第五至九章主要是圣人之能和关于人才之选拔,着重强调"识貌"的积极意义及其重要性,并围绕"貌"这个中心议题展开讨论。全篇有问无答,层次清晰,结构严密,步步深入,中心突出。②

《凡物流形》自发表以来,由于其内容未能与先秦任何一篇文献完全相对应,但其思想倾向却又可以和《老子》、《管子》、《庄子》等道家文献相联系,加上本身分成两部分的结构

① 《释文考释》,马承源:《上海博物馆藏战国楚竹书》(七),第 221 页。
② 《释文考释》,马承源:《上海博物馆藏战国楚竹书》(七),第 221 页。

又比较特殊,因此受到了研究者极大的关注,迄今对其进行研究的论文已有百余篇。单是围绕简文编联、释读以及一些特殊词汇、语句的研究成果就多达七八十篇。为进一步讨论《凡物流形》整篇文献的结构与哲理做了充分的前期准备。

关于简序的编联问题,针对曹锦炎先生的简序安排,先后有复旦大学出土文献与古文字研究中心研究生读书会、李锐、顾史考和王中江等研究者各自提出编联方案,①其中顾史考先生和王中江先生最终提出的简序方案是相同的。随着研究者的进一步释读和研究,这一方案也成为目前普遍接受和依据的模式。

　　　　凡物流形,奚得而成?流形成体,奚得而不死?既成既生,奚呱而鸣?既本既根,奚后【1】之奚先?阴阳之处,奚得而固?水火之和,奚得而不诡?问之曰:民人流形,奚得而生?【2】流形成体,奚失而死?有得而成,未知左右之情。天地立终立始,天降五度,吾奚【3】衡奚纵。五

---

① 李锐先生、顾史考先生都在《凡物流形》发表后第一时间提出了自己的编联方案,后又经过一些调整,现将其最终方案排列如下:复旦读书会方案:1+2+3+4+5+6+7+8+9+10+11+12A+13B+14+13A+12B+22+23+17+27+16+26+18+15+24+25+21+19+20+29+30,见《〈上博(七)·凡物流形〉新编释文》,首发于"复旦大学出土文献与古文字研究中心"网站2008年12月31日,并刊于《出土文献与古文字研究》(第三辑),复旦大学出版社,2010年。李锐方案:1-11、12A+13B、14-15、24-25、21、13A+12B、26、18、28、16、22-23、17、19-20、29-30,见《〈凡物流形〉释读新编(稿)》,首发于"孔夫子2000"网站2008年12月31日。顾史考方案:甲本:1-11、12a+13b、14、16、26、18、28、15、24-25、21、13a+12b、22-23、17、19-20、29、30(共二十九整简)。见《上博七〈凡物流形〉下半篇试解》,首发于"复旦大学出土文献与古文字研究中心"网站2009年8月24日。王中江方案:1+2+3+4+5+6+7+8+9+10+11+12A+13B+14+16+26+18+28+15+24+25+21+13A+12B+22+23+17+19+20+29+30武汉大学研究中心2009年3月3日,并刊于《简帛文明与古代思想世界》,北京大学出版社,2011年,第563页。

气并至,吾奚异奚同? 五言在人,孰为之公? 九域出谋,孰为之封? 吾既长而【4】或老,孰为荐奉? 鬼生于人,奚故神明? 骨肉之既靡,其知愈暲,其缺奚适。孰知【5】其强? 鬼生于人,吾奚故事之? 骨肉之既靡,身体不见,吾奚自饮食之? 其来无度,【6】吾奚时之赛? 祭禩奚升? 吾如之何使饱? 顺天之道,吾奚以为首? 吾欲得【7】百姓之和,吾奚事之? 敬天之明奚得? 鬼之神奚食? 先王之智奚备? 问之曰:登【8】高从埤,至远从迩。十围之木,其始生如蘖。足将至千里,必从寸始。日之有【9】珥,将何听。月之有晕,将何征。水之东流,将何盈。日之始出,何故大而不炎。其入【10】中,奚故小雁暲树。问[之曰]。天孰高欤? 地孰远欤? 孰为天? 孰为地? 孰为雷?【11】孰为霆? 土奚得而平? 水奚得而清? 草木奚得而生? 天悗近之矢施人。是故【12】【目】而知名,无耳而闻声。草木得之以生,禽兽得之以鸣。远之戈,禽兽奚得而鸣。【13】闻之曰:察道,坐不下席。端冕【14】,舒不与事,先知四海,至听千里,达见百里。是故,圣人处于其所,邦家之【16】危安存亡,贼盗之作,可先知。闻之曰:心不胜心,大乱乃作;心如能胜心,【26】是谓小彻。奚谓小彻? 人白为察。奚以知其白? 终身自若。能寡言乎? 能一【18】乎? 夫此之谓小成。曰:百姓之所贵,唯君;君之所贵,唯心;心之所贵,唯一。得而解之,上【28】宾于天,下播于渊。坐而思之,谋于千里;起而用之,通于四海。闻之曰:至情而知,【15】察知而神,察神而同,察同而佥,察佥而困,察困而复。是故陈为新,人死复为人,水复【24】于天咸,凡百物不死如月。出则或入,终则或始,至则或反。察此言,起于一端。【25】闻之曰:一生两,两生三,三生母,母成结。

是故有一,天下无不有;无一,天下亦无一有。无【21】[目]而知名,无耳而闻声。草木得之以生,禽兽得之以鸣,远之弋【13A】天,近之荐人,是故【12B】察道,所以修身而治邦家。闻之曰:能察一,则百物不失;如不能察一,则【22】百物具失。如欲执一,仰而视之,俯而望之。毋远求,度于身稽之。得一[而]【23】图之,如并天下而担之;得一而思之,若并天下而治之。察一以为天地稽。【17】是故一,咀之有味,嗅[之有臭],鼓之有声,近之可见,操之可操,握之则失,败之则【19】槁,贼之则灭。察此言,起于一端。闻之曰:一言而终不穷,一言而有众,【20】一言而万民之利,一言而为天地稽。□(握)之不盈□(握),敷之无所容,大【29】之以知天下,小之以治邦。【30】①

2. 文献的思想属性

本文认为《凡物流形》的思想主张具有黄老之学的倾向,亦在本文研究范围之内。

《凡物流形》之文字,不见于传世文献,但其文字所表达的思想主张,却又多能同传世文献相对参。特别是《凡物流形》所呈现的较为独特的结构,及此结构所体现出的思想史意义,同其他黄老之学出土文献亦可相互对照讨论,因此引起了研究者极大的关注。

在《凡物流形》中,结构所体现的表意功能非常突出。丁四新先生认为:"《凡物流形》两部分文本呈现出如此的关系:第一部分通过发问的方式,叙述了形体世界的多样性,并追问

_____

① 本文采用顾史考先生和王中江先生的编联方案,释文参考陈丽桂先生《上博(七)〈凡物流形〉研究综述与哲学思想》一文的附一:《凡物流形》释文。参见陈丽桂:《近四十年出土简帛文献思想研究》,第411页。

了形体世界的统一性及如何流形成体等问题。毫无疑问,此一部分包含着对形上本体的急切呼唤。第二部分回应第一部分的发问,将本体之'道'或'一'揭明出来,并且还着重地论述了'察道'或'察一'的功夫次第及'修身''治邦家'的双重功用。"①实际上,研究者几乎都注意到《凡物流形》的两段论的结构问题。曹峰先生、王中江先生、陈丽桂先生皆撰文讨论。

整体而言,《凡物流形》前半段着重表述宇宙自然和鬼神祭祀的主题,后半段将重点放在人事政治之上,这种论述方式并非《凡物流形》所独有,黄老之学的出土文献《道原》、《恒先》等,都或多或少存在这种前论天道后转人事的论述方式。而《凡物流形》行文的独特,在于其讨论天道之时,采用连续发问的方式,宛如大珠小珠落玉盘,极具艺术渲染效果,因此曹锦炎先生在最初整理此篇时误将其定位为楚辞类作品。《凡物流形》前半篇的连续四十三问,涉及宇宙、天地、万物、鬼神、祭祀、人类,后半篇论"一"、论政、论治,虽未将四十三问一一回答,却点明了全篇所论的焦点所在——"察一"及其政治表达。这是非常鲜明的黄老之学"推天道以明人事"的思路。

原始道家所崇尚的"道"或"一"是《凡物流形》思路的起点。具体而言之,"一"在《凡物流形》中是作者着力表述的一个形而上的概念,这个概念具有道家"道"的含义。但显然"道"在《凡物流形》中已经退居其次,作者要强调和遵循的首要概念是"一"。当然这并不等于作者以"一"来否定"道"。"道"在《凡物流形》中三现:分别为"顺天之道"一次及"察道"两次,依然可以看作是维持天地万物存在和运行的根本依

---

① 丁四新:《论上博楚竹书〈凡物流形〉的哲学思想》,载于《北大中国文化研究》(第二辑),北京:中国画报出版社,2012年,第128页。

据。但"一"在《凡物流形》中是能够同"道"并驾齐驱的。因此文中有"是故有一,天下无不有;无一,天下亦无亦有……草木得之以生,禽兽得之以鸣"之语。可以看出,这同《老子》中的"一"是何等相似。《老子》三十九章:"天得一以清,地得一以宁,神得一以灵,谷得一以盈,万物得一以生,侯王得一以为天下正。"①表达的也正是这个含义。《凡物流形》中,"一"是万物本原和宇宙生成者。

同其他黄老及道家文献一样,《凡物流形》有自己的宇宙生成模式。"闻之曰:一生两,两生三,三生母,母成结。""一"是一切的起点和初始。这不同于《老子》的"道生一,一生二,二生三,三生万物",也不同于《庄子·天地》的"泰初有无,无有无名。一之所起,有一而未形,物得以生而谓之德。"②也未见于其他传世文献。这种情况同郭店楚简《太一生水》以及上博简《恒先》十分接近,属于先秦黄老之学的一个重要特征。

《凡物流形》后半篇中谈论与"一"有关的政治哲学则更具有黄老之学的意味。陈丽桂先生指出,"其后半'察一'哲学的表述,与先秦道家《老子》以及先秦两汉黄老道家之作,若《管子》四篇、《尹文子》、马王堆黄老帛书、《庄子·天运》、《淮南子·诠言》、《逸周书·周祝解》、《列子·说符》、《鹖冠子》等内容甚多重复,尤其是《老子》与《管子》四篇。"③其表述的基本核心,便是黄老之学的"推天道以明人事"。《凡物流形》云:

闻之曰:一言而终不穷,一言而有众,【20】一言而万

---

① 朱谦之:《老子校释》,中华书局,1984年,第154页。
② 王先谦:《庄子集释》,第174页。
③ 陈丽桂:《上博(七)〈凡物流形〉研究综述与哲学思想》,载《近四十年出土简帛文献思想研究》,北京:中华书局,2015年,第392页。

民之利,一言而为天地稽。□(握)之不盈□(握),敷之无
所容,大【29】之以知天下,小之以治邦。【30】

也就是说,圣人只要能够掌握"道",便可以无所不知,能够理
国无碍,利民,有众,大治天下,小治邦国。"一"的政治功能完
全凸显出来。这是完全符合先秦黄老之学"君人南面之术"之
特征的。

同时,对于黄老之学常常涉及的内圣治心观念、形神修养
观念,《凡物流形》也有较多涉及。比如"百姓之所贵,唯君;君
之所贵,唯心;心之所贵,唯一。得而解之,上【28】宾于天,下
播于渊。坐而思之,谋于千里;起而用之,通于四海"。是讲人
君必须修心以体道,才能够明于天下之事。再如"至情而知,
【15】察知而神,察神而同,察同而金,察金而困,察困而复"。
则说人君的心性修养只有达到一定境界,才可以通晓道理,灵
妙通达,才能了解事物。这其中的理论,同《管子》四篇颇有可
相印证之处。是为黄老之学的修心之理。

综上所述,上博简《凡物流形》本质所讲为君人南面之术,
且与道家之理相同,其中"推天道以明人事"的思路非常鲜明,
且包含有黄老之学独特的内生治心之论。因此,《凡物流形》
属于先秦黄老之学文献,在本文研究范围之内。

第三编 | 先秦黄老发展考

　　黄老之学在春秋和战国时代的发展脉络是目前学术界尚未充分解决的一个问题。如何从思潮发展脉络中把握黄老之学的发展线索，如何理顺各部包含黄老思想的著作及文章之间的关系，都需要研究者做进一步的思考。

　　黄老之学从黄帝方术之学及道家老子之学这两项基本元素出发，积极吸纳儒墨法各家思想，发展为战国后期乃至秦汉之际的显学。由于黄老的本色是"君人南面"的帝王之术，因此对于内圣外王之道兼而顾之。外王方面，黄老之学以道家"道论"为思想基础，以黄帝方术之学为技术支持，接受了来自法家的"法"观念并加以拓展，使法家之"法"结合道家之"天道"，形成道法转承、刑名相参、兼顾刑德的"法天而治"的施政理念；又在原始道家无为而治的理论指导下，发展了君臣关系的艺术。

第一章
天不变道亦不变：黄老之学道论与天道观的发展演变

在黄老之学君人南面的思路中，"推天道以明人事"是非常典型的特征。黄老之学对"道"和天道观念的体认是其理论生发的基础。"道论"与"天道观念"在黄老之学的理论体系中既有联系又有区别，使得黄老之学的主张既能够在哲学逻辑上站得住脚，又能指导人君现实生活中的政治实践。司马谈《论六家要旨》论道家曰：

> 道家使人精神专一，动合无形，赡足万物。……至于大道之要，去健羡，绌聪明，释此而任术。夫神大用则竭，形大劳则敝。形神骚动，欲与天地长久，非所闻也。①
>
> 道家无为，又曰无不为，其实易行，其辞难知。其术以

---

① 司马迁：《史记·太史公自序》，《史记》，第 3285 页。

　　虚无为本,以因循为用。①

　　无为、虚无、因循是《老子》道家所突出的原则。去健羡、绌聪明则兼为老、庄所用。《老子》、《庄子》既言长生久视之道,亦有精神与形体辩证关系的阐述。《老子》说:"载营魄抱一,能无离? ……涤除玄览,能无疵?"②《庄子》也提出:"唯道集虚。虚者,心斋也。"③黄老之学融合了《老子》无为之道论,并以之为基础,又借助黄帝方术之学提供的知识和技术,将无为、虚无、因循的天道变成了可实际遵循、操作的行为规则,并将其运用到治国、用兵中。对道顺逆的尊重、对阴阳的体察、对刑德的使用,都包含在所谓的天道理论之中,并成为人君执法治国的重要理念。这大约便是司马谈所说:"其实易行,其辞难知"的含义。黄老之学道论与天道观念,贯彻在其实用治术的方方面面。

　　黄老之学论道的特点是从理论出发,最终落实到人间事物,从"天道"出发最终落实到"法天而治"——兼顾治国与治心,治内与治外两个方面。无为之道是道家学说的基本内容,也是黄老之学立论的基础,道家理论深邃精奥,以"其辞难知"来形容并不为过。黄老之学作为一门实用的君人南面之术,虽亦包含了许多形而上的天道理论,但哲学思辨并非黄老之学的根本目的。在黄老文献所体现出的世界观中,宇宙往往被分成形而上和形而下两个层面,这在黄老出土文献中尤其典型,如《三德》、《恒先》等等,很多学者注意到这点并做出许多讨论。对世界采取"本体"与"现象"这种两分的眼光看待,本身也意

---

①　司马迁:《史记·太史公自序》,《史记》,第 3292 页。

②　《老子》第十章,见朱谦之:《老子校释》,第 37—40 页。

③　《庄子·人间世》,见王先谦:《庄子集解》,第 36 页。

味着黄老之学理论体系的落脚点是在现象，在形而下，是为了现实世界的秩序与价值。因此，黄老之学对《老子》道家的道论一方面颇多吸收，一方面以实用和理性精神对其进行了剪裁。下文将分篇分析黄老之学文献中的道论和天道观念及其发展。

第一节　马王堆帛书《经法》四篇：法天而治、刑德相养

马王堆帛书《经法》等四篇古佚书，抄写在道家文献《老子》之前。许多研究者已经指出，这种抄写顺序上的安排已经明确提示了古佚书与《老子》思想之间的密切关系。无论帛书被定名为《黄帝四经》或者《黄老帛书》，都无碍我们通过古佚书内容分析黄老之学对《老子》道论的继承及改造。通过对古佚书的思想内容的分析也可对这一结论加以印证。

一、《经法》四篇对《老子》道论的继承

同《老子》之学一样，四篇古佚书把"道"作为最高的哲学范畴。据陈鼓应先生统计，古佚书对《老子》语句、概念的引用达到170余例，发明《老子》之道的文字在其哲学框架中也占有重要的地位。特别是《道原》，更是一篇集中论述道之本体和功用的文字。《道原》论"道体"曰：

　　恒先之初，迥同太虚。虚同为一，恒一而止。湿湿梦梦，未有明晦。神微周盈，精静不熙。故未有以，万物莫

以。故无有形,大迵无名……万物得之以生,百事得之以
成。人皆以之,莫知其名,人皆用之,莫见其形。①

文中虽然没有出现“道”字,但这种无形、无名,而又对万事万
物具有决定性意义的特征,同《老子》中的道非常近似。《老
子》二十五章云:“有物混成,先天地生。寂漠,独立不改,周行
不殆,可以为天下母。吾不知其名,字之曰道,吾强为之名曰
大。”②类似这种“恒先之初,迵同太虚”的道论在马王堆帛书其
他三篇古佚书中还有不少,可以看出其所受到的《老子》道论
的深刻影响。

　　古佚书所主张的道体,兼具本源性、永恒性、规律性等多重
特征:既是自然界万物的本原,独立不偶,恒存于宇宙,又是宇
宙万物运行的规律,普遍存在于万物之中,这同《老子》既强调
“道”为最高本体,又强调“道”在社会和人生中具有决定意义
的实践性是一致的。

　　《老子》将“道”称为天地之母,万物之宗,而马王堆帛书将
“道”视为先天地生、天地万物的本原,在阴阳未定、天地未形
时,“道”便已经存在了:

　　　　　虚无形,其裻冥冥,万物之所从生。③
　　　　　无形无名,先天地生,至今未成。④

这同《老子》对于“道为天下母”的看法颇为接近。《十六经·

---

①　裘锡圭:《长沙马王堆汉墓简帛集成》(四),第189页。
②　朱谦之:《老子校释》,第100—101页。
③　《经法·道法》,见裘锡圭:《长沙马王堆汉墓简帛集成》(四),第127页。
④　《十六经·行守》,见裘锡圭:《长沙马王堆汉墓简帛集成》(四),第170页。

观》中有对宇宙万物生成过程的描述：

> 群群□□□□□□为一囷，无晦无明，未有阴阳。阴
> 阳未定，吾未有以名。①

《马王堆汉墓帛书》（一）注"一囷"说："《淮南子·俶真训》：
'自其同者视之，万物一圈也。'囷、圈二字古音相近，'一囷'犹
言'一圈'。帛书此句指所谓阴阳尚未分判之混沌状态。"②混
沌之后，"今始判为两，分为阴阳，离为四［时］"，③先天地生的
"道"开始分化出天地阴阳，分为春夏秋冬，"萌者萌而孳者
孳"④，"阴阳备，物化变乃生"⑤，天地即由此而来。在"道"之
下，世界成为一个统一的世界。在这层本原的含义上，古佚书
同《老子》的理解并无二致。

　　"道"的宇宙万物根源性在《道原》中表现得最为明显：

> 一度不变，能适蚑蛲。鸟得而飞，鱼得而游，兽得而
> 走，万物得之以生，百事得之以成。⑥

道按照自己的规律运行，不变其宜。而天地万物却不能离道而
生存。这是"道"本原性的突出表现。

　　"道"永存、无穷的特征也多次为古佚书所描述。"道"无
端始却有原、有应，万物得之以生，道弗为益少，万物皆反，道弗

---

① 裘锡圭：《长沙马王堆汉墓简帛集成》（四），第152页。
② 裘锡圭：《长沙马王堆汉墓简帛集成》（四），第153页。
③ 裘锡圭：《长沙马王堆汉墓简帛集成》（四），第152页。
④ 《十六经·观》，见裘锡圭：《长沙马王堆汉墓简帛集成》（四），第152页。
⑤ 《十六经·果童》，见裘锡圭：《长沙马王堆汉墓简帛集成》（四），第159页。
⑥ 裘锡圭：《长沙马王堆汉墓简帛集成》（四），第189页。

为益多。"道"在时间及空间上的无穷、恒存，与《老子》所谓
"绵绵若存，用之不勤"①意义相近，《道原》说：

> 人皆以之，莫知其名。人皆用之，莫见其形……天地
> 阴阳，[四]时日月，星辰云气，蚑行蛲动，戴根之徒，皆取
> 生，道弗为益少；皆反焉，道弗为益多。②

《十六经·前道》中又说："道有原而无端"③，这同天地万物
"皆取生，道弗为益少；皆反焉，道弗为益多"一起，将"道"超越
时空的性质表现出来。在古佚书的思路中，"道"既是自然界
天地万物发生的本原，所以"无始"、"无端"、"无有形，大迥无
名"，但是却可以通过有终始有形名的具体事物得到响应，寻
到规律。这是古佚书所强调的"道"之永恒。

　　道之规律性是古佚书论道最为重要的一点。《十六经·
姓争》说"天稽周环"，指日月星辰等运行有度，而其能够周而
复始的原因便在于道的存在。"道"表现为宇宙万物运行的规
律，《道原》说：

> 观之太古，周其所以。索之未无，得之所以。④

作者强调天行有常的根本在于道，而"道"是可以通过探索周
行有常的"太古"而得以了解的。

　　"凡论必以阴阳[□]大义"⑤，古佚书的道论，运用了相

---

① 《老子》第六章，见朱谦之：《老子校释》，第 26 页。
② 裘锡圭：《长沙马王堆汉墓简帛集成》(四)，第 189 页。
③ 裘锡圭：《长沙马王堆汉墓简帛集成》(四)，第 168 页。
④ 裘锡圭：《长沙马王堆汉墓简帛集成》(四)，第 189 页。
⑤ 《称》，见裘锡圭：《长沙马王堆汉墓简帛集成》(四)，第 187 页。

当成熟的辩证思维。阴阳晦明、黑白雌雄,这种对立辩证的思维方式既是对黄帝之学概念的吸收,也明显受到《老子》的影响。《十六经·果童》说:"夫天有[恒]干,地有恒常,合□□常,是以有晦有明,有阴有阳。夫地有山有泽,有黑有白,有美有恶。"①《称》也说:"天地之道,有左有右,有牝有牡。"天地如此,人类社会何尝不是这样:"大国阳,小国阴。重国阳,轻国阴。有事阳而无事阴。伸者阳屈者阴。"②显然,作者认为阴阳矛盾对立的现象充满自然界和人类社会,日月赢缩、四时更替乃至人间祸福得失也是由此而起。"地俗德以静,而天正名以作。静作相养,德虐相成,两若有名,相与则成。阴阳备物,化变乃生"③"极而反,盛而衰,天地之道也"④。

二、黄老之学天道观念的体现

同样是终极的"道","道"的本源性、永恒性、规律性在老庄传统道家思路中本是固有的观念。《老子》中,"道可道,非常道"⑤,这是一种高深莫测、不可企及的状态。而这种超越人类感知的"道"虽为古佚书认可,但实际上却不是古佚书关注的焦点所在。在古佚书的思路中,较之道体本身,"道之用"才是更重要的。同样是万物所从出的宇宙本体,古佚书相对弱化了"道"超言绝象不可感知的特色,而将其实用、近人的一面浓墨重彩地表现出来。

---

① 　裘锡圭:《长沙马王堆汉墓简帛集成》(四),第158页。
② 　裘锡圭:《长沙马王堆汉墓简帛集成》(四),第187页。
③ 　《十六经·果童》,见裘锡圭:《长沙马王堆汉墓简帛集成》(四),第158页。
④ 　《经法·四度》,见裘锡圭:《长沙马王堆汉墓简帛集成》(四),第138页。
⑤ 　《老子》第一章,见朱谦之:《老子校释》,第3页。

　　这种倾向性,实际上同黄帝方术之学主张的天道观有很大关系。黄帝方术之学的大量实用知识与技术,本身就建立在对天及其运行规律的认识与研究上,这就是黄帝之学的天道观念。从本质而言,黄帝之学以天道为研究对象,将天道的规律与法则运用至人道之上。通过对天文、星占、历法规律的推衍,天道不但并非不可企及,甚至是可以推算和预测的。黄帝之学推衍天道的目的在于指导人事,古佚书吸收了黄帝之学中丰富的天文历算知识,并且将《老子》道论与黄帝之学的天道自然地相结合。虽然延续了《老子》道家传统,将"道"作为玄虚的宇宙本体加以描述,却又将其与黄帝之学自然天道观相结合,将哲理式的玄思与实践经验相通起来。

　　古佚书很注重天道与万物之间的沟通,并主张道不远人,道不离物,《十六经·前道》云:

　　　　道有原而无端,用者实,弗用者雚。合之而涅于美,循之而有常。古之坚者,道是之行。①

"用者"、"弗用者"、"合之者"、"循之者"均是"道"所施用之物。这说明,道必须落实于物,才能将其神妙的功用显示出来。《称》说:"道无始而有应",②"有应"即是指道与万物之间的呼应与互动。《十六经·前道》说:"治国固有前道,上知天时,下知地利,中知人事……知此道,地且天,鬼且人。"③这种合天、地、人为一体的说法,也是建立在"道不离物"基础之上的。

　　更重要的,古佚书结合黄帝之学的技术,具体提出天行有

①　裘锡圭:《长沙马王堆汉墓简帛集成》(四),第168页。
②　裘锡圭:《长沙马王堆汉墓简帛集成》(四),第175页。
③　裘锡圭:《长沙马王堆汉墓简帛集成》(四),第168页。

常与人间政治之间的关系,《经法·论》:

> 天执一以明三。日信出信入,南北有极,[度之稽也。
> 月信生信]死,进退有常,数之稽也。列星有数,而不失其
> 行,信之稽也①

这种"推天道以明人事"的论述思路非常清晰,论者的态度也十分自信明确。借此思路,天道与人事的互动关系可以在更广的范围内加以推演。像《经法·论》中所谓"天执一,明[三,定]二,建八正,行七法",②《称》所谓"日为明,月为晦,昏而休,明而起,毋失天极,厩(究)数而止"③都是这种思路的体现。古佚书不但将"道"落实在日月、四时、明晦之天象上,使得"天道"得以被观测和掌握,更将其进行概括,使"天道"落实为一系列有规律的"数"、"理"、"度"、"纪"等等概念,这些概念同"天道"一样具有规律性和权威性。比如"四时有度,天地之理也。日月星辰有数,天地之纪也……一立一废,一生一杀,四时代正,终而复始,[人]事之理也"④。这些概念在古佚书中,时时用作"道"的代名词,实际上,正是通过这些概念,古佚书才真正将"道"诠释为具体事物的规律并赋予其客观实在的内容,完成了从《老子》之"道"向黄老之"天道"的过渡。这些概念也成为以天道衡量人类社会的具体操作规则,通过"度"、"数"、"理"、"纪"的过渡,"天道"才真正被推衍为"世道"、推衍至人间。

---

① 裘锡圭:《长沙马王堆汉墓简帛集成》(四),第140页。
② 裘锡圭:《长沙马王堆汉墓简帛集成》(四),第140页。
③ 裘锡圭:《长沙马王堆汉墓简帛集成》(四),第182页。
④ 《经法·论约》,见裘锡圭:《长沙马王堆汉墓简帛集成》(四),第146页。

三、推天事人思路的演进

无论是延续《老子》的道论，还是在其中又加入黄帝之学的天道理论，古佚书道论的目的一直非常明确，就是"推天道以明人事"。这种强烈的现世关怀使得古佚书的道论很少单独存在形上之论，其落脚点始终不离现实政治与人世。

在古佚书中，作者明确向执道者提出"因时"、"审时"的原则。这里的"时"不单指"天时"，也指各种事物发展的关键时期和关键阶段。"时"、"度"来源于事物自身的规律，这既是所谓的"天道"的一部分，是古佚书尊崇的对象，并非人力所能控制。但人类可以遵循"道"遵循"时"。"时若可行，亟应勿言。[时]若未可，涂其门，毋见其端"的原则，对时机进行积极把握，这才是圣人成功的关键。《称》说："时极未至，而隐于德。既得其极，远其德。"执道者对于"时"，不能采取消极无为、坐等其成的态度，而要"因"、"审"时机，根据事物发展的阶段，将等待转化为积极有为的行动。

同时，"道"无为与处后的精妙内涵，也在古佚书中得到充分发挥，这不但是对传统《老子》道家思路的延续，也是黄老之学对其天道理论的推衍。《称》说：

> 天有明而不忧民之晦也。[百]姓辟其户牖而各取昭焉。天无事焉。地有[财]而不忧民之贫也。百姓斩木刈薪而各取富焉。地亦无事焉。[1]

---

[1]　裘锡圭：《长沙马王堆汉墓简帛集成》（四），第184—185页。

这种"自取"的无为境界，正符合《老子》"我无为而民自化；我好静而民自正；我无事而民自富"①之旨。《道原》说："上虚下静而道得其正"。②《十六经·顺道》中力黑对黄帝说："安徐正静，柔节先定。"③《称》则认为："圣人不为始，不专己，不豫谋，不为得，不辞福，因天之则。"④《十六经》中专有《雌雄节》一章，借黄帝之口分析事物发展的雌雄、先后、吉凶的准则：

> 宪傲骄倨，是谓雄节；□□恭俭，是谓雌节。夫雄节者，盈之徒也。雌节者，谦之徒也。夫雄节以得，乃不为福，雌节以亡，必得将有赏。
>
> 凡彼祸难也，先者恒凶，后者恒吉。先而不凶者，是恒备雌节存也。后[而不吉者，是]恒备雄节存也。先亦不凶，后亦不凶，是恒备雌节存也。先亦不吉，后亦不吉，是恒备雄节存也。⑤

在分析了事物发展的多种可能性后，作者将"备雌节"和"处后"作为取得"吉"的最佳手段。

从以上分析可以看出，因时、无为、处后、雌节等处事原则，原本是《老子》道家所主张的，但在《经法》等四篇中，由于黄老之学吸收了来自黄帝之学对"天道"的掌握与遵从，因此在行动之上，较之《老子》的清静无为，已经表现出通过"有为"的手段而达至大治无为、积极入世的效果。

除此以外，"争"与"不争"也是《老子》与古佚书在"无为"

---

① 《老子》第五十七章，见朱谦之：《老子校释》，第231页。
② 裘锡圭：《长沙马王堆汉墓简帛集成》(四)，第189页。
③ 裘锡圭：《长沙马王堆汉墓简帛集成》(四)，第170页。
④ 裘锡圭：《长沙马王堆汉墓简帛集成》(四)，第176页。
⑤ 裘锡圭：《长沙马王堆汉墓简帛集成》(四)，第163页。

主张上的一大不同。《老子》强调"不争"，认为"天之道利而不害，圣人之道为而不争"①，《称》虽也说"柔节先定，善予不争"。② 但在古佚书的作者看来，"不争"只是条件未成熟、时机未到，是相对的。"做争"才是事物存在和发展的方式："今天下大争，时至矣"，"作争者凶，不争［者］亦无成功"③。一方面，"争"是古佚书所反映时代的主题，这从文中对用兵之道的阐述便可以看出："□□□正德，好德不争，立于不敢，行于不能，战示不敢，明执不能。守弱节而坚之，胥雄节之穷而因之。"④既肯定斗争，敢于斗争，又坚持"雌节"，善于斗争。古佚书毫不拘泥的"无为"主张，确实体现出紧跟时代脚步的进步。

　　以上几点可以看出，实用主义的黄老之学，其对《老子》道论的吸收，目的并不在于完善自己的理论体系，而是将《老子》道论中"道"作为"最高本体"的一面继承下来，在其中又加入了来自黄帝数术之学的知识与技术，将作为万事万物运行规律的"天道"推上顶礼膜拜的祭坛。如此一来，老子那种令人无法感知、难以揣摩的"道"同天地运行规律"天道"结合起来，二者具有同样的权威。

四、帛书《经法》四篇对"道"的
应用：法天和刑德

　　"天道"既是《经法》四篇的哲学起点，也是其在政治活动中效法的对象。吸收了道家虚静无为的道论以及黄帝之学推

---

① 《老子》第八十一章，见朱谦之：《老子校释》，第311页。
② 裘锡圭：《长沙马王堆汉墓简帛集成》（四），第187页。
③ 《十六经·五正》，见裘锡圭：《长沙马王堆汉墓简帛集成》（四），第155页。
④ 《十六经·顺道》，见裘锡圭：《长沙马王堆汉墓简帛集成》（四），第171页。

衍天道的知识与技术，《经法》四篇的思路是要从"道"出发，构建一个天、地、人同源同构，相互呼应影响的模式。在这个模式中，世道、人道能够按照天道运行规律开展活动。由于遵循了天道的绝对法则，人的思想和行为便也就获得了不言而喻的合理性。《经法》四篇发挥黄帝方术之学，将天道对客观世界的指导作用推广到人类社会的政治理论中。四篇之所以注重"道"与物的结合，之所以发展"道"在"物理规律"方面的含义，目的便在于此。为了体现"道"在自然界及人类社会中的作用，《经法》四篇提出一系列概念，"理"、"度"、"纪"、"数"等等。这些概念是"天道"落实于"世道"、"人道"的中间环节，也是推衍天道以明人事的具体操作步骤。它们被天道赋予了不言自明的权威，被统治者作为施政依据来接受。如此一来，"道"的社会性便凸显出来，古佚书所代表的黄老之学便突破了传统道家"蔽于天而不知人"①的弊端。"抱道执度"，"执道循理"，"审时守度"，一切政治主张都可以从"道"找到合理的依据。《经法》四篇中有很多天地人并举的用例。《经法·道法》云：

> 天地有恒常，万民有恒事……天地之恒常，四时、晦明、生杀、柔刚。万民之恒事，男农女工。②

不光《经法》这段文字如此，天、地、人同源同构的思想在《经法》四篇中都体现得十分明确。推天道以明人事的逻辑思路在《经法》四篇中得到深刻的贯彻。

---

① 　《荀子·解蔽》，见王先谦：《荀子集解》，第262页。
② 　裘锡圭：《长沙马王堆汉墓简帛集成》（四），第127页。

　　上文曾经提及,《经法》四篇中的"天道"观念之所以能在政治领域贯彻,主要依靠来自黄帝方术之学的技术支持,人类只有知晓并掌握了天道运行的规律,才谈得上遵从和应用。《经法》四篇经常借鉴至政治领域的"天道"内容有两类,一类是包含规则、量度含义的"度"、"数"、"信",另一类则是终始、赢缩、顺逆等更为具体的天文规律。

　　"度"、"数"等词汇,原本也是应用在天文历法中,是用来计量日月星辰运行中的状况、周期等等的术语,而在《经法》四篇中,"度"、"数"却被引申,并赋予了政治上的含义。由于日月星辰具有一定的规律和周期,因而人们从"度"、"数"等术语中引申出"度量"、"权衡"、"法度"等含义。这等词汇常常出现在《经法》四篇对政事的讨论中。《经法·论》:

　　　　天定二以建八正,则四时有度,动静有位,而外内有处。天建[八正][以行七]法。明以正者,天之道也。适者,天度也。信者,天之期也。极而[反]者,天之性也。必者,天之命也。□者,无之□□□□□者,天之所以为物命也。此之谓七法。①

文中所谓"八正",整理者解释为"外内之位"、"动静之化"、"四时之度"②。其中皆有天文运行之法度的含义。《经法·四度》也有类似的说法:

　　　　八度者,用之稽也。日月星辰之期,四时之度,[动

---

① 裘锡圭:《长沙马王堆汉墓简帛集成》(四),第140页。
② 裘锡圭:《长沙马王堆汉墓简帛集成》(四),第141页。

静]之位，外内之处，天之稽也。①

从这些文字可以看出，"天建八正以行七法"，本身就是典型的以"道"论政事的说法。所谓"八正"，正是依照日月星辰之期，建立"四时之度，动静之位，外内之处"的行事法则，这是讲政事之中所遵循的天道法则。"七法"也是法天道性质以立法度：法天道"明以正"的特性，取法天行合度的"适"，效法天行有期信的"信"，遵循天行环周"极而反"的规律。如此，就是顺应了天道的规律，取得了天道的必然性。

由此可知，日月星辰的度、数、信，成为执道者"建八正"、"行七法"的依循法则，度、数也由此引申出度量、权衡与法度的意思。《经法·四度》：

> 规之内曰圆，矩之内曰[方，县]之下曰正，水之曰平。尺寸之度曰小大短长，权衡之称曰轻重不爽，斗石之量曰少多有数。②

《十六经·立命》中还有"昔者黄宗质始好信"、"执虚信"以及"数日、历月、计岁、以当日月之行。允地广裕，吾类天大明"等内容，③皆将天道数术的内容与人君治天下相结合，强调"法天而行"的合理性和重要性。

"终始"、"赢缩（绌）"、"逆顺"原本也是天文历学用语。"终始"指的是天道（日月星辰运行规律）的终始循环，赢缩、逆顺指行星运动状况和运行轨道。《史记·天官书》载有五星运

---

① 裘锡圭：《长沙马王堆汉墓简帛集成》(四)，第138页。
② 裘锡圭：《长沙马王堆汉墓简帛集成》(四)，第138页。
③ 裘锡圭：《长沙马王堆汉墓简帛集成》(四)，第151页。

动的状态,不但运用顺或逆、赢或缩、疾或迟、躁或静这些术语加以形容,而且将其应用在占验兵事方面。《国语·越语下》也有"臣闻古之善用兵者,赢缩以为常,四时以为纪,无过天极,究数而止"之语。① 这说明,将天文用语引申到政治、军事领域本身便是当时的一种习惯做法。黄帝数术之学在观测天文上的成果已经非常丰富。

在《经法》四篇中,"终始"、"赢缩"、"逆顺"等词汇的应用范围已由"天道"扩及至天下万物,除了保留四时循环、表现"天稽环周"的本义外,最重要的是引申出刑德交替循环的政治理论。

"刑"与"德",从四篇的内容上来看,"德"指积极的具有建设意义的政治措施,例如"兼爱无私"、"节赋敛,毋夺民时"、"并时以养民功"、"慈惠以爱人"等,这些都是"德"的范畴;而"刑"则同诛伐征讨、警戒惩罚相关。

吸收了道家无为与因循的思想,《经法》四篇认为:"善为国者,太上无刑",②最为理想的社会状态还是"无刑"的。但战国的现实社会,"姓生已定,而敌者生争",无刑的政治早已没有存在可能。因此,作者认为,"凡堪之极,在刑与德",③目前的状况下,要实现社会政治的稳定,刑德并用是必然的选择。但值得注意的是,《经法》四篇并不是迫于社会现实而做出的这项选择,作者认为,刑德并用更具有遵循天道的合理性。比如作者明确地说,"先德后刑顺于天","先德后刑以养生"。《经法》四篇运用黄帝方术之学,特别是数术学技术,为刑治与德治寻找到了形而上的终极依据。《十六经·观》:

---

① 徐元诰:《国语集解》,第 584 页。
② 《称》,见裘锡圭:《长沙马王堆汉墓简帛集成》(四),第 186 页。
③ 《十六经·观》,见裘锡圭:《长沙马王堆汉墓简帛集成》(四),第 153 页。

凡谌之极，在刑与德。刑德皇皇，日月相望，以明其当，而盈□无匡……是故为人主者，时挃三乐，毋乱民功，毋逆天时……夫并时以养民功，先德后刑，顺于天……天道已既，地物乃备。散流相成，圣人之事。[①]

《经法·论约》：

始于文而卒于武，天地之道也。四时有度，天地之理也。日月星辰有数，天地之纪也。三时成功，一时刑杀，天地之道也。四时时而定，不爽不忒，常有法式，[□□□]起，一立一废，一生一杀，四时代正，终而复始。[②]

效仿天地之道的周而复始，《经法》四篇认为在政治领域，人道也要采取“一立一废、一生一杀”之道，文武之事与功赏、刑杀交替实施。所以《十六经·观》中告诫执政者，颁布政令要因循天时，否则就会造成恶果：

夫并时以养民功，先德后刑，顺于天。其时赢而事绌，阴节复次，地尤复收……其时绌而事赢，阳节复次，地尤不收……当天时，与之皆断。当断不断，反受其乱。[③]

可见《经法》四篇的“刑德”观念，同日月轮转、天稽环周的天道运行规律是息息相关的，遵循刑德兼修的原则治理国家，其实质便是法天而治，推天事人。

① 裘锡圭：《长沙马王堆汉墓简帛集成》(四)，第152页。
② 裘锡圭：《长沙马王堆汉墓简帛集成》(四)，第146页。
③ 裘锡圭：《长沙马王堆汉墓简帛集成》(四)，第152页。

除了上述包含交替、循环意义的数术概念为"刑德相养"提供理论支持外,《经法》四篇中"刑德"也往往与"阴阳"、"雌雄"、"牝牡"等对立概念并用。这一类"阴阳"对立的概念之所以得到重视,是由于《经法》四篇认为,"阴"、"阳"更替不但是生成天地万物的重要过程,其对立的性质也是使宇宙万物能够恒常运行的规律。《十六经·果童》说"阴阳备,物化变乃生。"《观》认为"道"原本是一片混沌,"今始判为两,分为阴阳,离为四时。"、"行法循□□□牝牡,牝牡相求,会刚与柔。柔刚相成,牝牡若形。"[1]晦明、阴阳、山泽、黑白、美恶、动静、左右、牝牡、刚柔、男女,这些事物相互对峙,却又在对峙中包含统一与变化。这就是《果童》所说:"两若有名,相与则成",[2]天地间事物之中的阴阳二气交互作用,才使万物不断在运动、变化中生生不息。

可见,在《经法》等四篇的理论体系中,"阴"、"阳"虽是形而上之"气",是属于概念层面的词语,但是透过牝牡、刚柔等具备实体的事物,相求、相会,生化万物。而万物也正因充沛了阴阳变化之气,才能呈现出具有动态的生命力。《经法》四篇在治术方面提出"刑德相养"正符合这一天道规律。

《十六经·姓争》说:

> 刑德相养,逆顺若成。刑晦而德明,刑阴而德阳,刑微而德章。其明者以为法,而微道是行。明明至微,时反以为机。天道还于人,反为之客。[3]

---

①　裘锡圭:《长沙马王堆汉墓简帛集成》(四),第152页。
②　裘锡圭:《长沙马王堆汉墓简帛集成》(四),第158页。
③　裘锡圭:《长沙马王堆汉墓简帛集成》(四),第162页。

正如上文所分析，《经法》四篇"刑德"思想是法天而治的产物，同因天时，循顺逆密切相关。而如何知"天道"而效法，是依靠黄帝数术之学作为技术支持。"刑德相养"这条思路的涉及面虽然非常广泛，但最重要的应用，还是在政治领域，在治国之术上。下章将详述《经法》四篇"刑"与"德"政治上的内容。

第二节　《恒先》道论与政论的契合

一、《恒先》宇宙生成论与道家"道论"的关联

相对其它黄老文献而言，《恒先》是一篇较为孤立的材料。文章在讲述了一种宇宙生成论后，开始转入对人类世界特别是人间政治事物的关注。从内容和用语特征来讲，《恒先》其文在先秦文献中显得非常独特，但细读分析之后我们会发现，它先言天道后论人事的行文结构以及具有道家倾向性的语言特征，使得学者们判断它是一篇具有黄老思想倾向的文献。

李零先生曾对《恒先》文本做出说明：这是一篇首尾完整的道家著作。"恒先"是"道"的别名，《老子》第二十五章："有物混成，先天地生，寂兮寥兮，独立而不改，周行而不殆，可以为天下母。吾不知其名，字之曰道，强为之名曰大。""恒先"就是指先天地而生，独立不改，周行不殆，作为永恒创造力的"道"。① 这实际上是为《恒先》文本的性质做了最初的定调，而实际上，《恒先》文本后续的大部分研究也正是从这个基调开

---

① 马承源：《上海博物馆藏战国楚竹书》（三），上海：上海古籍出版社，2003年，第287页。

始的。不过也有一些学者提出异议，认为《恒先》中的"恒先
（恒）"不能直接与《老子》中的"道"画等号①。但无论如何，
"恒先（恒）"代表了宇宙分化前的混沌本原状态，这还是得到
了绝大部分研究者的认同。

　　作为一篇具有道家倾向的文献，《恒先》的用语体现出较
为浓厚的道家特色。在其理论建构中，也有非常详细及新颖的
道论部分。而且，《恒先》的道论，在对道体的描述及特有概念
的阐释方面，是可以与其他很多道家文献相互印证的。

　　马王堆帛书《道原》同《恒先》便有许多可相参印之处。特
别是《道原》的第一句话："恒先（无）之初"几个字，同"恒先"
更是非常接近。② 楚竹书"恒先"二字的隶定，直接导致学者们
倾向于将《道原》"恒无之初"改为"恒先之初"。郭齐勇先生
在《恒先——道法家刑名思想的佚篇》中说："本竹书'恒先无
有'之'先'字与'无'字字形上有明显差别。马王堆《黄帝四
经》（又称《黄老帛书》或《黄帝书》）的原整理者因其中《道原》
篇首'恒先之初'的'先'字字形与'无'字相近，以'恒先'为
'恒无'，见 1980 年文物出版社《马王堆汉墓帛书（壹）》。陈鼓
应先生著《黄帝四经今注今译》（台湾商务印书馆 1995 年
版）亦用"恒无之初'。李学勤先生据同一帛书图版前二行"柔
节先定'句，定'恒无之初'为'恒先之初'，并在 1985 年文物出

---

①　比如说日本学者浅野裕一认为：李零先生把"恒先"，作为"道"的别称，然而所
　　谓指《老子》的道而言的"道"一词在《恒先》中完全见不到。所以无论是"恒
　　先"，还是"恒"，都不应该视为"道"的别称。"恒"，是表示宇宙原始的《恒先》
　　的独有术语，应该把它视为与《老子》完全不同的两个系统的概念。详见浅野裕
　　一：《上博楚简〈恒先〉的道家特色》，载于《清华大学学报》2005 年 3 月。
②　《长沙马王堆帛书集成》此处注解说明："恒先"二字，整理小组（1979：101）、原
　　注皆释为"恒无"，李学勤注释做"恒先之初"，又在《楚简〈恒先〉首章释义》中，
　　解释他把《道原》的"恒无"改释成"恒先"的理由。详见：裘锡圭《长沙马王堆
　　帛书集成》（四），第 189 页。

版社出版之《马王堆汉墓帛书·道原》公布。在此前后，余明光、魏启鹏先生等均释'恒无'为'恒先'。李零在此次竹书《恒先》释文中，同意李学勤'恒先为道'说，并进而指出'恒先是终极的先'。"①实际上，如果"恒先"确是当时已经形成的词汇，这种内容上的接近可以说是必然出现的。

　　《恒先》与《道原》一开始都讲天地万物开化之前的状态。道家宇宙生成论的一大特色，是将"前宇宙"或"准宇宙"即包含着宇宙万物的一切信息，但尚未分化的状态设想成一种"无"状态。《恒先》篇首云：

　　　　恒先无有，质、静、虚。质大质，静大静，虚大虚。……未有天地，未有作行，出生虚静，为一若寂，梦梦静同，而未或明，未或滋生。②

天地开化之前，一切都处于"无"的状态。"无"在道家思想中是非常关键的，道家概念中的"有"、"无"之分，是形而下与形而上之分。"有"指世间有形的各种事物，"无"则指"无形"、"无象"、"无名"的原始状态。"恒先无有"，可以理解为"恒先"即是"无"即是那个原始的本根。以"无"作为宇宙万物起点和根源，和老庄道家都是接近的。《老子》第四十章说："天下万物生于有，有生于无。"③《庄子·天地》有："泰初有无无，有无名，一之所起，有一而未形，物得以生，谓之德。"④讲的都是这一层含义。

---

①　郭齐勇：《恒先——道法家刑名思想的佚篇》，载于《江汉论坛》2004 年第 8 期。
②　马承源：《上海博物馆藏战国楚竹书》(三)，第 288—289 页。
③　朱谦之：《老子校释》，第 165 页。
④　王先谦：《庄子集解》，103 页。

　　《恒先》将"恒先无有"的状态形容为"质"、"静"、"虚"以及"为一若寂",这同马王堆帛书《道原》的"恒先之初,迥同太虚。虚同为一,恒一而止"的意境也非常接近,并且这种表述常见于道家文献对道体的描述。"为一若寂,梦梦静同,而未或明"与《道原》的"湿湿梦梦,未有明晦"类似,都是指混沌、虚无、茫昧不明的状态。《淮南子·天文训》也说:"天地未形,冯冯翼翼,洞洞灟灟,故曰太昭。"①很明显,从《恒先》、《道原》、《庄子·天地》到《淮南子》,道家宇宙生成论对于宇宙之初的想象是一致的,宇宙之初的性质都为虚、一、静、朴。所以从这种表述来说,《恒先》的宇宙生成论起点同道家的"道论"是一致的。

　　虽然《恒先》所描述的宇宙生成过程是过去先秦文献中前所未有的。但在很多用语和环节上,《恒先》显然同其《老子》道家的理论表述具有一致之处,在《恒先》所表述的宇宙生成过程中,"气"占有非常重要的地位。简文论述:

　　　　自厌不自忍,或作。有或焉有气,有气焉有有,有有焉有始,有始焉有往。

　　　　浊气生地,清气生天,气信神哉,云云相生。信盈天地,同出而异生,因生其所欲。察察天地,纷纷而复其所欲。

在宇宙生化的过程中,"气"处于很关键的环节,它体现了从无到有的中介之含义。这同《管子》稷下道家"道气"理论有关,而其具体过程又不全然相同。从"其浊气生地,清气生天"来

①　《淮南子·天文训》,见何宁:《淮南子集解》,第165页。

看,气本身又具有分化功能。虽然简文中并没有使用阴、阳之类用语,但其所表述的过程与《老子》"万物负阴而抱阳,冲气以为和"是有相同之处的。此过程中的"阴阳"表述很可能就是从"清浊"演化而来。

除此以外,《恒先》还使用了很多"自□"的词语。这使得《恒先》的宇宙生成论具备了鲜明的特色,也得到许多研究者的关注和讨论。《恒先》中先后使用了"自厌"、"自作"、"自生"、"自复"等词语来表述宇宙生成的环节。当然,"自□"之语在道家其他文献中也被使用到,而且特别用来指称一种并非有意而为之,自然而然的状态,是"道"自然无为品质的体现。如《老子》三十七章的"万物将自化"、"天下将自定",五十七章"我无为而民自化,我好静而民自正,我无事而民自富,我无欲而民自朴"①等。但明确认为万物是"自生"确实别具一格。

> 气是自生,恒莫生气。气是自生自作。恒气之生,不独有与也。或,恒焉,生或者同焉。②

《恒先》所论述的宇宙万物的"自生",具备环环相扣的几个阶段。不但"气"是自生,"或"也是自生自作的产物。甚至进入到宇宙万物云云相生的分类阶段,事物的生化依然遵循"自生"的原则:

> 昏昏不宁,求其所生。翼生翼,畏生畏,悲生悲,悲生悲,哀生哀,求欲自复,复生之生行,浊气生地,清气生天。

① 朱谦之:《老子校释》,第233页。
② 马承源:《上海博物馆藏战国楚竹书》(三),第289—290页。

气信神哉,云云相生。信盈天地,同出而异性,因生其所欲。察察天地,纷纷而复其所欲。明明天行,唯复以不废。①

在这一段的义理理解上,陈丽桂先生认为,这是指"每一物之生,在冥冥中似有自己的生化趋向,各自依循此一冥冥之趋向或趋势,自然而生。""因此,这几句是自生、类生一起表述。这个'求欲',是带着强烈倾向的'即将'之意。下文'因生其所欲',即是指就着这种强烈的生化倾向,因生其所将生,将生之物果然生出。宇宙万物的生生化化,也就在这含带着各种各类强烈循环自生特性的倾向或趋势下,开始启动运作,此谓之'复生之生行'"。② 陈静先生也认为,这一段为宇宙生成的"有类"阶段,具体的生,是同类相生。在类生的基础上来看,"求欲自复"的"求",还是指"生"追求成为"是其所是"的冲动。而"复",还是应该在老子"复归其根"的思路上理解。道家一方面指出宇宙的生成产生了"方以类聚,物以群分"(《淮南子》语,也见《易传》)的结果,同时也提出了归根、复命的要求。之所以有这样的要求,是因为按照道家的思路,在宇宙生成的过程中 X 成为 X,就已经进入到 X 的局限之下,从而丧失了曾经所在的整全。若想不被 X 局限住,就要不断地复、反,回到所从由来的太一,从而敞开重新成为其它 X 的可能。这是道家的一贯思路。③ 其描述也进一步丰富了道家"道论"的内容。

除了从上述特征可以看出《恒先》宇宙生成论与道家道论

① 马承源:《上海博物馆藏战国楚竹书》(三),第 290—292 页。
② 陈丽桂:《〈恒先〉的义理与结构》,见《近四十年出土简帛文献思想研究》,第334 页。
③ 详见陈静:《〈淮南子〉宇宙生成论的理论前史——〈恒先〉解读》,见陈静《自由与秩序的困惑——〈淮南子〉研究》。

的契合之外，《恒先》中还多用两两相对的概念：

> 先有中，焉有外。先有小，焉有大。先有柔，焉有刚。
> 先有圆，焉有方。先有晦，焉有明。先有短，焉有长。①

这些概念在《恒先》中是用来表示宇宙万物的生成顺序，显然，作者已经有了"辩证"和"相互转化"的思维意识。而且从上下文来看，事物间的辩证关系及相互转化实际上是被作者当作事物发展的原因来对待的。这同《老子》中突出的辩证思维是相通的。《老子》第二章阐述："有无相生，难易相成，长短相较，高下相倾，音声相和，前后相随。"以及第二十二章："曲则全，枉则直，洼则盈，敝则新，少则得，多则惑"②等，都是讲事物辩证存在并相互转化。虽然研究者不能就此定论说《恒先》与《老子》之间存在相承相授关系，但这种辩证与转化的思维明显同《老子》道家特色是一致的。

通过以上分析可以看出，《恒先》的宇宙生成论同道家道论是契合而又对其有所增益的。重要的是，《恒先》所描述的宇宙生成模式及其特点，极大地影响了简文中所论述的人世之事。正如很多研究者所指出的，一些研究者从《恒先》文献呈现出的齐整的"上下篇"结构出发，提出这是黄老道家"推天道以明人事"思路的一种体现。曹峰先生认为《恒先》以"道"为最高出发点，将天下纳入视野，既重视根本的普遍的原理，又重视现实的具体政治操作，这种思想结构具有典型的黄老思想特征。③　因此，从整体上说，《恒先》是为论述一种"法天而治"的

---

① 马承源：《上海博物馆藏战国楚竹书》（三），第296页。
② 朱谦之：《老子校释》，第91页。
③ 参见曹峰：《谈〈恒先〉的编联与分章》。

政治哲学,而这种实用的目的,完全是建立在其所预设的宇宙生成理论之上的。

二、宇宙生成论指导下的政治理论

虽然在中国的传统文化中,宇宙生成论一般会遵循"从无到有"的思路,但是道家会格外强调这个"无"或"虚"的阶段,并且通过这种强调来构建具有道家特色的政治理论。非常典型的是,《老子》所构想人类理想社会是"小国寡人,使有什佰之器而不用,使人重死而不远徙。虽有舟舆,无所乘之;虽有甲兵,无所陈之。使民复结绳而用之。甘其食,美其服,安其居,乐其俗,邻国相望,鸡狗之声相闻,民至老死,不相往来。"①这实际上是道家推崇的虚无无为之道在人间的投射与对应。只有设想这样的本原,道家的"返璞归真"才能有所归宿。《老子》认为"道生一,一生二,二生三,三生万物",道家思想者认为人类社会的进化,就像宇宙的分化一样。在分化的过程中,文明虽然出现了,但淳朴虚静的本性却也随之消散。《恒先》明显也是以这个思路来思考问题的。宇宙生化前的朴、静、虚、整体性及统一性,到了分化阶段就演变成为"昏昏不宁,求其所生"、"云云相生"、"求欲自复,复生之生行"的繁荣。

上文曾分析,《恒先》从开篇的"恒先无有"到"名非名,无谓名。事非事,无胃(谓)事",详述了自然界宇宙万物与人类社会各种事物的生成过程。朴、静、虚的"恒先",自我满足但并不自我压抑,由此产生了"或",产生了"气",产生了"有"。"有"是宇宙生成的重要节点,"有"产生之后,便形成了有形之

① 《老子》第八十章,见朱谦之:《老子校释》,第307—309页。

物生化的开端和循环。《恒先》从"无"到"有"的过程，经历了"恒先（恒）——或——气——有"几个环节，最后由"气"直接生出了"有"这种包含形而下含义的实体。

> 气是自生，恒莫生气。气是自生自作。恒气之生，不独有与也。或，恒焉，生或者同焉。①

《恒先》特别强调，"恒莫生气"，"气"是自生。不但"气"如此，"或"也是如此。对于气的"自生"，很多学者都表示了关注。李零先生认为，"此句的意思是说道并不直接生气"②；郭齐勇先生认为，"气是自己生成、自己运动，是本篇最重要的思想"，"恒先、恒、道、域、恒气、气，基本上是等质等值的概念"，"或（域）"和"气"是"道的别名"，"气不是他生的，不是外在力量使然，甚至也不是道（恒）使它生使它动的。"③李锐先生则认为，"气是自生"是《恒先》一种独特的宇宙生成论，可能存在尚未为人所知的渊源。④ 这些分析，实际上都围绕着宇宙生成论而展开，分析的是"自生"在《恒先》天道理论的过程与逻辑。在这个问题上，曹峰先生为研究提出了新的思路，他认为，"《恒先》讲生成论的目的不是为了生成论，而是为了导出相应的政治哲学"，"从生成论角度讲，'自生'指的是包括人在内的万物并不是被故意'生'出来的。从政治论角度讲，'自生'指

---

① 　马承源：《上海博物馆藏战国楚竹书》（三），第289—290页。
② 　马承源：《上海博物馆藏战国楚竹书》（三），第290页。
③ 　郭齐勇先生是"或"为"域"，"域"是静止不动的"道"的发动状态。详见郭齐勇：《〈恒先〉——道法家形名思想的佚篇》。
④ 　李锐：《气是自生：〈恒先〉独特的宇宙论》，载于《中国哲学史》2004年第3期。

的是包括人在内的万物必然'自为',所以最高的政治一定是'无为'"。① 实际上这种研究思路也为理解《恒先》从天道到人事的逻辑做了很好的例证。

《恒先》所讲述的生化过程非常耐人寻味:

> 有出于或,性出于有,音出于性,言出于音,名出于言,事出于名。②

遵循"或——有——性——音——言——名——事"的顺序,政治生活中的事物一一出现。在此过程中,"或"既是生成宇宙自然世界的一环,也是生成人事世界的一环。在自然世界中,它导出了"气",在人事世界中,它导出了"有",从而产生了社会生活中的种种建制③或是人类知识的世界、符号的世界④。

接下来,《恒先》的逻辑是这样的:"或非或,无谓或。有非有,无谓有。生非生,无谓生。音非音,无谓音。言非言,无谓言。名非名,无谓名。事非事,无谓事。"⑤对于这一段"X 非X,无谓 X"的句式,庞朴先生解为:如果知道"X"不是"X"了,则不要再称之为"X"。⑥ 廖名春先生解为:"此段说'无'是或、有、生、意、言、名、事的本质,而或、有、生、意、言、名、事的区别只是表象。"⑦陈丽桂先生解为,由于人事名言世界的衍生与宇宙自然物的"类"与"复"的自然兴生规则不同,人事世界遵循

---

① 曹峰:《从自生到自为——〈恒先〉政治哲学探析》,见《近年出土黄老思想文献研究》,第 168 页。

② 马承源:《上海博物馆藏战国楚竹书》(三),第 292—293 页。

③ 陈丽桂先生说。

④ 曹峰先生说。

⑤ 曹峰:《近年出土黄老文献研究》,第 79 页。

⑥ 庞朴:《恒先试读》,见简帛研究网,2004 年 4 月 26 日。

⑦ 廖名春:《上博藏楚竹书〈恒先〉简释》。

的是人为的赋予与指谓。因此，"特别强调其准确性。故有其下一连串'〇非〇，无谓〇'之叮嘱。"①

　　通过上述过程可以看出，《恒先》将人类社会事物的产生完全建立在了其宇宙生成过程之上。自然界的生成及人类社会事物产生，在《恒先》中形成两条相互关联又交叉的线索，其中，"或"和"有"是两个关键性的结点。陈静先生认为：这样就把人的事、名、言、意，通过人的生命存在（生）而联系于一个更广大的世界：一个由自然宇宙所表征的世界。也就是说，《恒先》所彰显的政治哲学，确实是建立在其宇宙生成的理论之上的。《恒先》所叙述的宇宙生成特点，比如虚静无为、独立不偶，"气是自生"，以及"唯复以不废"等等，实际上也正是作者对人间政治治乱问题的看法。

　　《恒先》对社会政治的探讨，实际上从关注人文世界各种因素的生成过程就已经开始。《恒先》论述人事名言等诸事物的生成顺序为：

　　　　有出于或，性出于有，意出于性，言出于意，名出于言，
　　事出于名。②

在宇宙生成顺序中，"或"扮演着双重角色，既是宇宙自然世界生成的一环，也是人事世界生成的一环。在自然世界中，它导出了"气"，在人事世界中，它导出了"有"。"或"本身与"恒先"有密切的联系，"或，恒焉，生或者同焉"。而"有"则是物质世界的普遍存在。简文在"有"之下，才列举了具体的性、意、

① 陈丽桂：《上博简（三）：〈恒先〉的义理与结构》，见《近四十年出土简帛文献思想研究》，第334页。
② 马承源：《上海博物馆藏战国楚竹书》（三），第292—293页。

言、名、事等人间世界的事物,而这些具体事物借由代表普遍存在的"有"和代表无为虚静的"或"与"恒先"发生了联系。

因此,自然宇宙的生成为理解人文世界提供了模式,作者认为"恒先"的依类自生和循环往复、生化宇宙万物的规律,应该对天下的求名者以及明王、明君、明士等等产生启发示范的作用。

《恒先》的宇宙生成论突出了两个特点:一是"自生",一是"复"。而这两点又成为《恒先》对待人事名言世界的处事原则。

"自生"是《恒先》文中反复诉说的一个创生规律,文中多次强调了这一点。"气是自生,恒莫生气。气是自生自作","生或者同焉。"[1]在"自生"的基础上,《恒先》又表述了"类生"的方式。如果说宇宙创生之初,包含了无限可能性的"或"和"气"是"自生"的话,那么万物在真正的生成阶段则依循"类生"的方式,也即"同类生同类",是为"翼生翼,畏生畏,悸生悲,悲生悸,哀生哀。"[2]对于这一系列的翼、畏、悸、悲、哀之所指,以及这种生化过程的含义,研究者并没有取得一致的意见。李零先生认为,这些是指人的不同情感和情绪;曹峰先生认为这是指"不同的东西产生出不同,相同的东西产生出相同,相互背离的东西产生出相互排斥,相互排斥的东西产生出相互背离,相互依顺的东西产生相互依顺"。[3] 但是这种说法确实暗含着万物皆是类生,生某物者必定为某物之意。

同样,"复"也是伴随整个宇宙生成阶段的特征,文中表述

---

① 马承源:《上海博物馆藏战国楚竹书》(三),第298页。
② 马承源:《上海博物馆藏战国楚竹书》(三),第290页。
③ 详见曹峰:《谈〈恒先〉的编联与分章》,见《近年出土黄老思想文献研究》,第70页。

说："恒气之生，因复其所欲"，"求欲自复，复生之生行。浊气生地，清气生天"，"察察天地，纷纷而复其所欲。明明天行，唯复以不废。"①"复"本是道家思想中的重要观念。《老子》十六章："致虚极，守静笃，万物并作，吾以观复。夫物芸芸，各复归其根。归根曰静，是谓复命，复命曰常，知常曰明。不知常，妄作凶。"②《庄子·秋水》有："无以人灭天，无以故灭命，无以得殉名，谨守而勿失，是谓反其真。"③《在宥》有："万物云云，各复其根。"④参考这些道家思想，研究者多将《恒先》的"复"作为"循环往复"、"回归"来理解，《恒先》的"唯复以不废"，也表明"复"是自然创生过程中不可或缺的步骤。

"自生自作"与"复"，在逻辑上是独立不偶又相辅相成的两个过程。"自生自作"是事物的运动方式，而"复"则是事物持续运动发展的动力。这层含义被《恒先》运用在社会政治中便成为：

> 天道既载，唯一以犹一，唯复以犹复。
> 举天下之性同也，亓事无不复。⑤

吴根友先生认为，这两处的"复"字都是在讨论形下世界中万物生成特征。对于形上世界的创生过程（恒先产生或，或产生气，气自生），是不存在"复"的现象的。只有在形下的世界——天地产生之后，万物才有"复"的现象。在形下世界里，万物之生皆有其"所生"的所以然，"求其所生"即是追问万物

---

① 马承源：《上海博物馆藏战国楚竹书》（三），第291—292 页。
② 朱谦之：《老子校释》，第 65—66 页。
③ 王先谦：《庄子集解》，第 144 页。
④ 王先谦：《庄子集解》，第 96 页。
⑤ 马承源主编：《上海博物馆藏战国楚竹书》（三），第 298 页。

产生的所以然。然而,对于形上世界而言,这种"所以然"是无法追问的。因此"复"只是形下世界事物产生的一种现象。①

"自生自作"的含义也即并非他生,并非外力使然。这实际同黄老之学中重要的"因"思想有相同之处。"因"也即因任,不以外力强为之。《恒先》在后文论述人类社会时多次使用了"自"加动词的描述。

> 详宜、利巧、采物出于作。作焉有事,不作无事。举天[下]之事,自作,为事庸以不可更也。
> 亘气之生,因之大。作,其㝱尨不自若。作,庸有果与不果。两者不废。举天下之为也,无舍也,无与也,而能自为也。②

"举天下之事"是《恒先》后半段中出现多次的句式,从上下文看,文中的"天下之事",明显是指人间社会特别是政治领域中的事物。作者借宇宙生化过程,真正想表达的含义是:世间万物都是自生自作,这是受到产生之初便包含在事物中的"基因"的影响,事物的本质是不需要人以外力干涉的、有意为之的。不但自然界万物如此,政治领域也遵循这一规律。"自生自作"既是作者用以描述万物生化的特点,也是作者提供给当权者的忠告。事物本"自然",因此使其"自为"、"自行其事"便是最好的管理办法。这便是《老子》道家反复倡导的"无为"。因此《恒先》认为:"先者有善,有治无乱。有人焉有不善,乱出于人。"只要按部就班按事物的自然发展,便可有治无

---

① 详见吴根友:《上博楚简〈恒先〉篇哲学思想探析》,发表于"武汉大学中国传统文化研究中心"网站。
② 马承源主编:《上海博物馆藏战国楚竹书》(三),第295—297页。

乱。强加人为，反而造成了"乱"。"虽然《恒先》中没有'无为'二字，但'明王''明君''明士'之'无舍'、'无与'体现的正是'无为'的态度。除了'无舍''无与'外，《恒先》中还有'无忤极''无非其所'。即不走极端、让万物各得其所。这么多的'无'无不说的是'无为'。反过来，主体的'无为'，即政治上的无意识、无目的、不干预、不强制，作为结果又必然导致客体即'万物''百姓'的'自作''自为'。"①

通过上文的分析，我们可以基本得出结论，《恒先》的政治哲学是建立在《恒先》的"天道"理论之上的。宇宙生成过程中作者反复强调的各种特征，实际上皆为下文所讲到的"天下之事"服务。《恒先》论道的方式，同《老子》道家具有高度的契合之处，同时增加了许多新的内涵。

第三节 《九主》和《三德》："天道"对"道"的取代

——兼论《凡物流形》中的"一"与"道"

一、《九主》

学术界基本认可马王堆汉墓帛书《九主》即为《汉书·艺文志》所载《伊尹》一书的佚文，这也是我们讨论《九主》天道观念的起点。《伊尹》一书在《汉志》中列为道家之首，可见班固认可其书中内容倾向于道家。虽然先秦学派划分情况同《汉

---

① 曹峰：《从自生到自为——〈恒先〉政治哲学探析》，见曹峰：《近年出土黄老思想文献研究》，第169页。

书·艺文志》归类之间的关系到底如何,是近些年来学术界讨论得比较热烈的问题,但很多学者并不认同《汉志》对古籍思想内容的分类。《伊尹》作为班固所面对的典籍,在《汉志》中必须要划归入一个门类之中,而面对儒、墨、老子、申韩等等文献,班固将其列为道家之首,这已经充分说明了班固对《伊尹》的认识。我们对《九主》的讨论,这是大的思想背景。

　　同《经法》等四篇和《恒先》不同,《九主》是一篇比较纯粹的政论文。其内容记载了汤与伊尹关于"臣主之罪"的对话。为了"绳适"也即调整和避免君主和人臣在政治上的失误,作为辅政大臣的伊尹对商汤发表了一篇讲话,"乃论海内四邦□□□□□□□□□图,□知存亡若会符者,得八主。"[1]向汤讲述了为君的八种类型。又"布图陈策",以明法君法臣。"法君"和"法臣"之治是伊尹所最为推崇的政治形态。这些都是非常现实的对话和内容,全篇没有出现脱离政治实际谈论哲学思想的文字。但通过这些现实的对话可以看出,伊尹推崇的"法君"和"法臣"的类型,其背后的实质是人君人臣之施政皆要"法天而治"。

　　对于君臣之典范"法君"和"法臣",伊尹这样作解:

　　　　法君者,法天地之则者。
　　　　古今四绋,道数不代(忒),圣王是法,法则明分。[2]

法君,即指能够效法天地之则而施治的君王。对于"天地之则",伊尹进一步解释为"复生万物,神圣是则。"这正是《九主》

---

① 《伊尹·九主笺证》,见魏启鹏:《马王堆汉墓帛书〈黄帝书〉笺证》,第252页。
② 《伊尹·九主笺证》,见魏启鹏:《马王堆汉墓帛书〈黄帝书〉笺证》,第253页。

天道观的体现。这同《管子·形势解》中所言"天覆万物而制之，地载万物而养之，四时生长万物而收藏之，古以至今，不更其道"①是相同的意思。

不但法君效法天道，在伊尹理想的社会中，君臣百姓无一不效法天道。《九主》说：

> 主法天，佐法地，辅臣法四时，民法万物，此谓法则。②

文中还有"礼数四则，曰天纲，唯天不失乏（范），四纶□则"之语，"四则"，据帛书整理小组的理解，是指天、地、四时、万物之则，同"法君者，法天地之则"相互呼应。可见虽然《九主》不直接讲宇宙生成、宇宙法则，但是对于天地运行的规律是极为推崇的。这也是其"天道观念"的间接体现。《九主》虽然只是直接运用"天则"、"天道"之语而没有具体谈论，但从伊尹对法君的要求上，亦可以看出天道是为君、治国的重要效法对象。伊尹与汤对话中，两次引用了一篇《志》中的内容，主旨都是叙述"天则"的：

> 唯天无胜，凡物有胜。③

汤不明"天无胜"之意，伊尹解释为："胜者，物□□所以备也，所以得也。天不见端，故不可得原，是无胜。"④帛书整理小组认为这句话同《淮南子·兵略训》和《鹖冠子·度万》的一些内

---

① 黎翔凤：《管子校注》，第 1169 页。
② 《伊尹·九主笺证》，见魏启鹏：《马王堆汉墓帛书〈黄帝书〉笺证》，第 253 页。
③ 《伊尹·九主笺证》，见魏启鹏：《马王堆汉墓帛书〈黄帝书〉笺证》，第 263 页。
④ 《伊尹·九主笺证》，见魏启鹏：《马王堆汉墓帛书〈黄帝书〉笺证》，第 263 页。

容比较接近。《淮南子·兵略训》：

> 天圆而无端，故不可得而观；地方而无垠，故莫能窥其门。天化育而无形象，地生长而无计量，浑浑沉沉，孰知其藏！凡物有朕，唯道无朕。所以无朕者，以其无常形势也。[①]

而《鹖冠子·度万》有以下陈述：

> 所谓天者，言其然物而无胜者也。[②]

帛书《九主》与《鹖冠子》中的"无胜"，同于《淮南子》中的"无朕"，都是强调天地虽然化育、成长万物，但其本身无征兆、无痕迹的特点。帛书《十六经·前道》中也有"道有原而无端，用者实，弗用者蓳"之语，其中道之"无端"与伊尹所言天之"无端"、"无胜"意义也是接近的。从这个角度可以判断，《九主》政治理论的基础，也是建立在自然无为的"天道"观之上。虽然不能等同道家的"道"论，但它所标榜的"天则"亦与道家之"道"十分接近。伊尹所崇尚的"法君"之"法天地之则"，同道家所崇尚的"推天道以明人事"属于同一条思路的。

然而我们也必须注意到，《九主》所尊崇的"天道"，同《老子》道家的天道观念显然又有很大的不同。

---

① 何宁：《淮南子集释》，第 1050—1051 页。
② 黄怀信：《鹖冠子汇校集注》，第 139 页。

二、《三德》

上博楚简《三德》没有《恒先》前半部分那样的抽象描述和思辨，而是开篇直接进入对治国策略的讨论，同《九主》相似，这也是一篇政论文。虽然简文中没有直接讨论"道"、"天道"等哲学问题，但从作者对人君处理政治问题的要求中，依然可以看出作者的天道观念本质上同传统道家思想的契合。

第一简说：

> 天供时，地供材，民供力，明王无思，是谓三德。[①]

此句意为天提供时机，地提供材料，人民提供人力，圣明的君主也即优秀的统治者不必有思虑。"在道家的思路中，'无思'、'无为'是相辅相成、紧密联系的"，"《三德》虽然没有正面论述'无为'，但如果把它视为具有黄老思想倾向的作品，说它也崇尚'无为'就不足为奇。所以这句话可以这样解释，统治者把握了'天时'、'地材'、'民力'，就可以无思、无虑、无为了。与'天时'、'地材'、'民力'相关的'德'称之为'三德'。"[②]这句话为《三德》全文所确定的基调，就是圣王施治，本身要有"无"的境界，倚靠天地所能提供的原则。《三德》的这种思想倾向，实际上便是以"因循"、"无为"的原理处理人间事务。这就是贯穿《三德》全篇的天道观念。

"推天道以明人事"的思路，在《三德》中表现得也非常明

---

① 《上海博物馆藏战国楚竹书（五）》，第288页。
② 曹峰：《〈三德〉释读十八则》，见《上博楚简思想研究》，第193页。

显。文中明确将天、地、人并举的用例有三处,除上文已引用的第一简外,还有:

> 知天足以顺时,知地足以固材,知人足以会亲。(第17 简)
>
> 顺天之时,起地之。(第18 简)①

从文字来看,作者将天地人并举,语义自然,句式流畅。这种天地人的并举显然在当时的语言环境中并不少见。也就是说,《三德》的时代已经具有了明确的"天—地—人"三位一体的思维模式。除此以外,文中还反复运用了"天"、"天常"、"天时"、"天礼"等概念。这些"天 X",表达的是一种绝对的,不可抗拒的准则和规范,是人类社会所必须遵循的。这些都是"推天道以明人事"思路的必然表现。

相比《恒先》以及马王堆帛书《经法》四篇而言,《三德》对"天道"的提及是非常密集的,文中强烈地强调了"天道"的权威性、不可违抗性。在这里,作者不提道家抽象之"道",而是大肆提出可知可感又不得违抗的"天"之道。"天道"几乎已经取代了"道"成为最高的准则和绝对的权威。《三德》中使用了很多"天"及以"天"为组合的概念,例如"天恶如忻"、"皇天将兴之"、"天乃降灾"、"天乃降异"、"敬天之敀"、"天殃"、"天刑"、"天毁"等。在这些用语中,"天"的绝对权威呼之欲出。人类如果不按照天地所指示的准则行动,就会受到"天"的惩罚。而"顺天之常"、"是谓天常"、"知天足以顺时"、"顺天之时"、"天常"、"天时"、"天礼"等也是《三德》中较为具有代表

---

① 马承源:《上海博物馆藏战国楚竹书》(五),第300—301 页。

性的术语,这也代表了天地本身所具备的准则性质和示范性质。"天"显然处于《三德》思想体系中的终极位置,敬天顺天、循天道而动是人君保有天下的重要保证。

"天常"和"天时"都是《三德》中的重要概念,也使得《三德》全文贯穿了一种"自然天道"的观念。由于《三德》强调理想的政治是建立在"天道"运行规律之上的,因此"天时"或"时"成为重要的认知内容。第1、2简:

> 卉木须时而后奋,天恶如忻,平旦毋哭,明毋歌,弦、望齐宿,是谓顺天之常。敬者得之,怠者失之。是谓天常。①

第17简:

> 知天足以顺时,知地足以固材,知人足以会亲。②

第15、16和香港简:

> 骤夺民时,天饥必来。夺民时以土功,是谓稽,不绝忧恤,必丧其匹。夺民时以水事,是谓顺,丧怠係乐,四方来嚣。夺民时以兵事,是[谓厉。祸因胥岁,不举铚艾。]……[不]懈于时。上帝喜之,乃无凶灾。③

在这些用例中,作者将"天"以及由"天"产生的"时"视为不可更改的规律和必须服从的客观力量,如果不加以遵从,则会引

---

① 马承源:《上海博物馆藏战国楚竹书》(五),第288—289页。
② 马承源:《上海博物馆藏战国楚竹书》(五),第300页。
③ 马承源:《上海博物馆藏战国楚竹书》(五),第298—299页。

发严重的后果——"敬者得之，怠者失之。是谓天常。"在这层涵义上，曹峰先生认为，《三德》可以与《经法》四篇相对照，《经法》四篇有"天地有恒常"（《经法·道法》）。"……不失其常者，天之一也"（《经法·论》）。"不循天常，不节民力，周迁而无功"（《经法·论约》）。"夫天有［恒］干，地有恒常"（《十六经·行守》）。① 以"天"为行动准则的自然天道观念同时贯彻在《三德》和《经法》四篇中。实际上，《三德》中的"天时"、"天常"的含义相对单纯一些，作者往往直接将"天时"与"民时"对言，尚未涉及阴阳刑德等等概念。

《三德》还使用了"天神"、"上帝"、"皇天"等概念，如第2简：

> 天神之［□。毋为□□］，皇天将墨之，毋为伪诈，上帝将憎之。②

另外，《三德》中还有"上帝将憎之"（第2简）、"上帝是佑"（第6简）、"上帝乃怡"（第6简）、"上帝弗谅"（第8简）、"上帝喜之"（附简）、"皇天弗谅"（第7简）、"皇天之所恶"（第8简）、"皇天之所弃"（第9简）等用例，大多是说人类某种行为符合或触犯某种规范，从而引起"天神"、"上帝"的喜怒情绪。而这种特定的"规范"，在《三德》中具体表现为一系列的"天礼"以及相关的禁忌。

"天礼"一词不常见于其它先秦文献，但在《三德》中两次出现，因此受到研究者的关注：

---

① 详见曹峰：《〈三德〉与〈黄帝四经〉对比研究》，载于《江汉论坛》2006年第11期。

② 马承源：《上海博物馆藏战国楚竹书》（五），第289页。

> 齐齐节节，外内有辨，男女有节，是谓天礼。（第3简）①
>
> 入虚毋乐，登丘毋诃（歌），所以为天礼。（第11—12简）②

就“天礼”的内涵和用法，王中江先生认为，天礼应当是指“天的礼法”，但其具体运用则主要是处理世俗之间的关系。第3简的用例是一种积极的礼规范，按照儒家的一般说法是“男女有别”，也许《三德》作者认为这种规范是来源于“天”，因此称之为“天礼”。而与这种积极的“天礼”相比，《三德》更多是从“禁忌”方面来实践“天礼”，③如下文第9—12简：

> 高阳曰：“毋凶服以享祀，毋锦衣交袒。”傃子是谓忘神……皇后曰立。毋为角言，毋为人倡；毋作大事，毋害常；毋壅川，毋断洿；毋灭宗，毋虚床；毋□敌，毋变事。毋焚古謱，毋耻父兄；毋羞贫，毋笑刑；毋揣深，毋度山；毋逸亓身，而多亓言。居毋惰，作毋康。善勿灭，不祥勿为。入虚毋乐，登丘毋歌，所以为天礼。④

由“天礼”所规定的禁忌，涉及生活中的情感、言谈、饮食、服饰、娱乐等各个方面，如若有所触犯，则会受到严厉的惩罚，如第7—8简所述：

---

① 马承源：《上海博物馆藏战国楚竹书》（五），第289页。
② 马承源：《上海博物馆藏战国楚竹书》（五），第295—296页。
③ 详见王中江：《〈三德〉的自然理法和神意论》，载于《中国哲学史》2007年第3期。
④ 马承源：《上海博物馆藏战国楚竹书》（五），第294—296页。

喜乐无限度,是谓大荒,皇天弗谅,必复之以忧丧。凡
食饮无量计,是谓滔皇,上帝弗谅,必复之康。上帝弗谅,
祀不享。邦四益,是谓方芊,虽盈必虚。宫室过度,皇天之
所恶,虽成弗居。衣服过制,失于美,是谓违章,上帝弗谅。
鬼神裡祀,上帝乃怡。①

这种以惩戒相警告的文字,在马王堆帛书《经法》等四篇古佚
书中也常可见到。如《经法·四度》的"动静不时谓之逆……
逆则失天……失天则饥。"②《经法·亡论》的"逆节不成,是谓
得天。逆节果成,天将不盈其命而重其刑。"③《名理》说"事若
不成,是谓得天。其事若果成,身必无名。重逆□□,守道是
行,国危有殃。两逆相攻,交相为殃,国皆危亡。"④《十六经·
姓争》有"顺天者昌,逆天者亡。"⑤这些用例,实际上都表达了
当时人们对于"天"的敬畏和遵循,他们认为无论在生活领域
还是政治领域,只有一切行动以"天"为准则,人类才能获得庇
佑。这也是《三德》"法天而治"的思想基础。

三、《凡物流行》中的"一"与"道"

接下来我们来看《凡物流形》中的道论和天道观念。

《凡物流形》的思想倾向同很多传世的道家文献可相印
证,如《老子》、《管子》、《庄子》、《鹖冠子》、《淮南子》等等。如
其他道家文献一样,《凡物流形》也有其最高哲学范畴,即"一"

---

① 马承源:《上海博物馆藏战国楚竹书》(五),第 293 页。
② 裘锡圭:《长沙马王堆汉墓简帛集成》(四),第 138 页。
③ 裘锡圭:《长沙马王堆汉墓简帛集成》(四),第 143 页。
④ 裘锡圭:《长沙马王堆汉墓简帛集成》(四),第 147 页。
⑤ 裘锡圭:《长沙马王堆汉墓简帛集成》(四),第 161 页。

和"道"。

"道"在《凡》中出现共三次，其中一次为实指，其余两次具有哲学含义。"一"作为哲学范畴在文中出现十余次，因此陈丽桂先生说："《凡物流形》中已几乎不用'道'字，而全用'一'字来称代'道'。"并且认为："《凡物流形》后半篇可能因重在述自然根源和政治功能，尤其是政治功能之故，故'道'仅一见，几乎全以'一'为说。这种以'一'称代'道'的情况，自《老子》已然，却普遍出现于战国秦汉之际，尤其是强调外王功能的后期道家如黄老一系理论中。"①

《凡物流形》从开篇即开始了对万物生成者和万物活动依据的追问，而这一系列追问，是围绕着一个终极绝对的形而上之观念的：

> 凡物流形，奚得而成？流形成体，奚得而不死？既成既生，奚呱而鸣？既本既根，奚后【1】之奚先？阴阳之处，奚得而固？水火之和，奚得而不诡？问之曰：民人流形，奚得而生？【2】流形成体，奚失而死？有得而成，未知左右之情。天地立终立始，天降五度，吾奚【3】衡奚纵。

从引文可以看出，作者问到了物质的形成、物质的存续、物质的命名、阴阳的分别，问到了人类的形成、人类的死亡，问到了支配天地运行的各种规则。虽然作者在此没有自答，但这一切问题的答案只能有一个指向，便是道家学派思路中的绝对终极之"道"。但是《凡物流形》并没如传统道家一般直接提出"道"的概念，后文有两段文字虽没有直接相连但明显是自问自答的话：

---

① 陈丽桂：《近四十年出土简帛文献思想研究》，第 408 页。

天孰高歀？地孰远歀？孰为天？孰为地？孰为雷？
【11】孰为霆？土奚得而平？水奚得而清？草木奚得而
生？天悗近之矢施人。是故【12】[目]而知名，无耳而闻
声。草木得之以生，禽兽得之以鸣。

一生两，两生三，三生母，母成结。是故有一，天下无
不有；无一，天下亦无一有。无【21】[目]而知名，无耳而
闻声。草木得之以生，禽兽得之以鸣。

这两段明白回应了作者之前提出的大段疑问，在《凡物流形》
中，"一"便是宇宙生成的本原和万物的创生者。在这一层含
义上，此处的"一"同《老子》中的"道生一，一生二，二生三，三
生万物"之"道"具有相同的地位和高度。也即《老子》在"道"
之下又论了"一"，"一"和"道"不在一个层面上，而《凡物流
形》则直接用"一"取代了"道"。

这种替代的用法在《老子》中也常常存在，特别是当论及
"道"之用时，《老子》也时时以"一"来指代"道"。如《老子》中
有："昔之得一者，天得一以清，地得一以宁，神得一以灵，谷得
一以盈，侯王得一以为天下正。"而这些"一"，与《凡物流形》中
的"一"是具有同样内涵的。在这种语境中，"一"便是"道"，
"一"被设定为万事万物活动的依据和规律。《凡物流形》作者
追问了自然中的很多现象，并将其本因归结为"一"，草木之能
生，禽兽之能鸣，土之能平，水之能清，人之生死等等，都能够用
"一"来解释。这种用例在黄老之学文献中非常多见，马王堆
帛书《道原》也有："一度不变，能适规蚑蛲。鸟得而飞，鱼得而
游，兽得而走。万物得之以生，百事得之以成。"①这应当是黄

---

①　裘锡圭：《长沙马王堆汉墓简帛集成》（四），第189页。

老之学一脉相承的思路。

　　但相比起《老子》与其他道家以及黄老之学文献中"道"的一些特性，《凡物流形》之"一"显然是有一些特殊之处的。在道家文献中，道体由于其超越性和绝对性，常常被描述为无色无味无形的，比如《老子》云其"视之不见"，"听之不闻"，"搏之不得"，这是非常具有典型性的道家之"道"特征，即便《庄子·知北游》中表述道"无所不在"，在蝼蚁、在稊稗、在瓦甓、在屎溺，但"道"本身也是难以感知的。而《凡物流形》则不然："是故一，咀之有味，嗅[之有臭]，鼓之有声，近之可见，操之可操，握之则失，败之则【19】槁，贼之则灭。"既有声有色，又可被感知，这是《凡物流形》所表述道体的特殊之处。

　　《凡物流形》之"一"同其他黄老之学文献的天道观念颇有一致之处，即同人君的内圣外王之道联系紧密。"一"不但是宇宙本原与万物生存的依据，同时也是圣人执政需要遵循的基本原则。《凡物流形》云：

　　　　闻之曰：察道，坐不下席。端冕【14】，舒不与事，先知四海，至听千里，达见百里。是故，圣人处于其所，邦家之【16】危安存亡，贼盗之作，可先知。

在这里，《凡物流形》难得出现了表达超越与绝对本体的"道"字，其含义同于其他道家与黄老文献之"道"。《凡物流形》中"道"字凡两见，此是其一。且不论"一"与"道"在文中相互转换的原因，从这段文字来看，落脚点是在"圣人"执政。其中"坐不下席。端（端）文（冕），箸（舒）不与事"的论述，颇具无为之道的风格。《凡物流形》还有这样的文字：

　　　　百姓之所贵,唯君;君之所贵,唯心;心之所贵,唯一。
　　得而解之,上【28】宾于天,下播于渊。坐而思之,谋于千
　　里;起而用之,通于四海。

这段文字,明确了文章的预设对象确实为人君,而作者所希冀
的,也正是人君能够凭借"一","谋于千里,陈于四海",大治天
下。作者论述"一"和"道"的原因也在于最重要落实在政治实
践之上。《凡物流形》在最后一段中提出了对人君的要求,这
也是在内圣外王上实践的全面要求:

　　　　闻之曰:一言而终不穷,一言而有众,【20】一言而万
　　民之利,一言而为天地稽。□(握)之不盈□(握),敷之无
　　所容,大【29】之以知天下,小之以治邦。【30】

能够察一,君主自身受用不尽,政治上也能够拥有民众,"一"
能够遍及天下,而最小的作用,也能够治理邦家。

第四节　《庄子》、《鹖冠子》、《尹文子》的
黄老天道理论

一、《庄子》黄老诸篇的天道观念

　　前文已经分析,《庄子》全书的思想并不单纯,特别是其外
杂篇中的庄子后学部分,同内篇思想倾向相比,有较为明显的
分野。
　　《庄子》中的《在宥》、《天地》、《天道》、《天运》、《刻意》、

《缮性》以及《天下》诸篇,体现出不同于《庄子》内篇的天道观,是庄子后学中的"黄老派"。同道家其它流派一样,《天道》诸篇也崇"道",但是相对于《老子》之"道"和《庄子》内篇的"道"来说,其内涵已不完全相同。正如刘笑敢先生所言,"道不再是独立于天地之外的绝对,而是贯通于天地万物的普遍规律"。①

《庄子》外杂篇由于成篇情况的复杂,各篇的思想成色并不单纯。不但各篇之间不能肯定是一人一时作品,甚至在同一篇中各章之间也存在这样的情况。这种思想的差异同样体现在外杂篇的道论上。

类似《老子》及《庄子》内篇论道的文字,在《庄子·天地》中有一些体现:

> 夫道,覆载万物者也,洋洋乎大哉!
> 夫道,渊乎其居也,澪乎其清也。金石不得,无以鸣。②

同时,《天地》中还有黄帝遗玄珠的寓言:

> 黄帝游乎赤水之北,登乎昆仑之丘而南望,还归,遗其玄珠,使知索之而不得,使离朱索之而不得,使喫诟索之而不得也。乃使象罔,象罔得之。黄帝曰:"异哉!象罔乃可以得之乎?"③

---

① 刘笑敢:《庄子哲学及其演变》,第305页。
② 王先谦:《庄子集解》,第99—100页。
③ 王先谦:《庄子集解》,第101页。

这个寓言以"玄珠"指代不可言说的"道",可以看出,"道"同智巧、言辩都不能相容,却同无心无为相通。在寻找"玄珠"的过程中,"道"所体现出的神秘莫测、不可捉摸的特点同《老子》和《庄子》内篇都比较类似。

但更多用例中,《天道》诸篇所论之"道"凸显了其宇宙天地万物运行规律含义,同黄帝方术之学的"天道"可以相通。《天地》说:

> 故通于天地者,德也;行于万物者,道也;上治人者,事也;能有所艺者,技也。技兼于事,事兼于义,义兼于德,德兼于道,道兼于天。①

"道"的作用是"行于万物","道"兼于"天"而非相反。《天道》:

> 是故古之明大道者,先明天而道德次之,道德已明而仁义次之②

这些言论,将"天"放在"道"之上,重视天甚于重视道,将"道"视为"天"的属性之一。《天道》:

> 天道运而无所积,故万物成;帝道运而无所积,故天下归;圣道运而无所积,故海内服。③

《天运》发问:

---

① 王先谦:《庄子集解》,第99页。
② 王先谦:《庄子集解》,第116页。
③ 王先谦:《庄子集解》,第123页。

> 天其运乎？地其处乎？日月其争于所乎？孰主张是？
> 孰维纲是？①

可以看出，作者已经不再着力于对宇宙本体之"道"的探索，而是转向对"道"之用——天地万物的运行规律方面的关注。

很多庄学研究者都注意到《天道》诸篇"天"高于"道"的情况，比如关锋先生《庄子内篇译解和批判》中谈到这一点，并将《天道》诸篇作为宋尹学派的资料加以分析②；刘笑敢先生也认为《天道》诸篇以天为最高存在，而这是其作为黄老之学的特点之一。③

大体而言，《庄子·天道》诸篇中，"道"成为"法天之道"，道先天地生、独立于天地之外的特点不再被强调，"天"取代了"道"的部分功能。《老子》"天法道，道法自然"的逻辑在《庄子·天地》中成为"故通于天地者，德也；行于万物者，道也"，④"天"和"道"的逻辑地位发生了改变。

延续原始道家的传统，《天道》诸篇思路中的"天道"仍然保持着虚无的本色。《刻意》将天地、道德之质形容为"恬惔寂漠虚无无为"，《天道》也有类似论述：

> 夫虚静恬淡，寂漠无为者，天地之平而道德之至，故帝
> 王圣人休焉。休则虚，虚则实，实者伦矣。虚则静，静则
> 动，动则得矣。静则无为，无为也，则任事者责矣。⑤

---

① 王先谦：《庄子集解》，第 122 页。
② 详见关锋：《庄子内篇译解和批判》，北京：中华书局，1961 年。
③ 详见刘笑敢：《庄子哲学及其演变》，第 304 页。
④ 王先谦：《庄子集解》，第 99 页。
⑤ 王先谦：《庄子集解》，第 113 页。

但《庄子·天道》诸篇哲学思路同传统道家也由此分野,从"天"这个起点出发,"道"、"德"、"仁"、"义"、"礼"等等成为并列在"天"之下的逻辑概念。"法天而治"的观念得以在诸篇中体现出来。《在宥》文末有曰:

> 节而不可不积者,礼也;中而不可不高者,德也;一而不可不易者,道也;神而不可不为者,天也。故圣人观于天而不助,成于德而不累,出于道而不谋。①

《天道》亦云:

> 夫帝王之德,以天地为宗,以道德为主,以无为为常。②

《天运》借巫咸之口说:"天有六极五常,帝王顺之则治,逆之则凶。"③"天地之道"成为圣人、帝王效法的榜样。站在君人南面的角度,《天道》诸篇主张人君要对各种天道之规律,因顺遵循,顺应时势。其所推崇的,是《天运》所谓"应之以人事,顺之以天理,行之以五德,应之以自然"。④

总之,《庄子·天道》诸篇的"天道"思路,将"道"与"天"联合起来进行思考,"道"成为"天道",成为"法天而治"所需要遵循的客观规律。

---

① 王先谦:《庄子集解》,第97—98 页。
② 王先谦:《庄子集解》,第115 页。
③ 王先谦:《庄子集解》,第122 页。
④ 王先谦:《庄子集解》,第123 页。

二、《鹖冠子》尊天崇道

《鹖冠子》一书情况较为复杂，全书现存的 19 篇，篇幅长短不一，各篇之间的联系也并不十分明显。但《汉书·艺文志》将《鹖冠子》放在道家类下，从《鹖冠子》各篇的论述所基理论来看，也可以判断其著作的基本属性。上文已言，兹不赘述。

《鹖冠子》全书体现出崇尚"天"、"时"、"阴阳"的倾向，"天"、"时"、"阴阳"等概念包含自然规律的含义。《鹖冠子》明显具有"推天道以明人事"的特点，明确主张将天道阴阳的规律移用于人间政治事物。

《鹖冠子》中"道"出现 152 例①，而其中接近老庄理论中表示宇宙终极本体含义之"道"的用例，不过 10 余。大部分"道"并不包含形而上的终极含义。《鹖冠子·夜行》中有这样一段描写：

> 随而不见其后，迎而不见其首。成功遂事，莫知其状。图弗能载，名弗能举，强为之说曰：芴乎芒乎，中有象乎！芒乎芴乎，中有物乎！窅乎冥乎，中有精乎！致信究情，复反无貌。②

这段描写，同《老子》对道体的描述极其相似，《老子》第十四章：

> 视之不见名曰夷。听之不闻名曰希。抟之不得名曰

---

① 参考黄怀信：《鹖冠子通检》，见《鹖冠子汇校集注》，第 272 页。
② 黄怀信：《鹖冠子汇校集注》，第 27—29 页。

微。此三者不可致诘，故混而为一。其上不皦，其下不昧。绳绳不可名，复归于无物。是谓无状之状，无物之象，是为惚恍。迎之不见其首，随之不见其后。执古之道，以御今之有，以知古始，是谓道纪。①

比对上述这两段文字可以看出，《夜行》几乎是对《老子》的改造。但《老子》用以描写的，是"道"，《夜行》用以描写的，却是"天地"、"日月"、"四时阴阳"之气。"夜行"一词的含义，是指在冥冥中加以摸索，以见"鬼见"——常人所难以见。作者认为天地、日月、四时的运行，虽然是"皆有验，有所以然者"，但是因为"复反无貌"，难以捉摸，只能是"鬼见"，平常人难以把握并运用，因而这些阴阳四时之气，才为圣人所贵。

可见，《鹖冠子》中已经不再突出"道"的地位，取而代之的是"天地"、"阴阳"等概念。这些概念的属性中，《鹖冠子》最为看重的，便是天地四时无言而自化，无为而"信于物"的特点。究其原因，正在于《鹖冠子》所希冀达到的法天而治的根本目的。

《天则》认为：

　　彼天地之以无极者，以守度量而不可滥，日不逾辰，月宿其列，当名服事，星守弗去，弦望晦朔，终始相巡，逾年累岁，用不缓缓，此天之所柄以临斗者也。②

天地的运行自有规律，其度量、辰列等等，并无外力强迫，完全

① 黄怀信：《鹖冠子汇校集注》，第8页。
② 黄怀信：《鹖冠子汇校集注》，第33—34页。

是无言自化、无以为之，但日月星辰都能够"当名服事"，因此天地始终能够有条不紊地运行。《环流》说：

> 斗柄东指，天下皆春；斗柄南指，天下皆夏；斗柄西指，天下皆秋；斗柄北指，天下皆冬。斗柄运于上，事立于下，斗柄指一方，四塞俱成。此道之用法也。故日月不足以言明，四时不足以言功。一为之法，以成其业，故莫不道。一之法立，而万物皆来属。①

文中的"道"、"法"指自然天道、客观规律。作者认为日月四时都在天道支配下运转，"天道"之法一旦确立，天下万物的运行也都步入正轨。日月不足以言明，四时不足以言功，"天道"本身的明与功，自在日月、四时之上。明确了这一点，人君便也掌握了使"万物皆来属"的枢纽。正因如此，《能天》才说：

> 故圣人者后天地而生，而知天地之始；先天地而亡，而知天地之终。力不若天地，而知天地之任；气不若阴阳，而能为之经；不若万物多，而能为之正；不若众美丽，而能举善指过焉。不若道德富，而能为之崇；不若神明照，而能为之主；不若鬼神潜，而能著其灵；不若金石固，而能烧其劲；不若方圆治，而能陈其形。②

知天地，也就是明确天道运行的规则并加以效仿。

《鹖冠子》对天道运行最为崇尚之处，不外乎天地之"期

---

① 黄怀信：《鹖冠子汇校集注》，第76—77页。
② 黄怀信：《鹖冠子汇校集注》，第379—380页。

信"。《泰鸿》云：

> 日信出信入，南北有极，度之稽也，月信死信生，进退
> 有常，数之稽也。列星不乱其行，代而不干，位之稽也，天
> 明三以定一，则万物莫不至矣。三时生长，一时煞刑，四时
> 而定，天地尽矣。①

类似的表述同样出现于帛书《经法·论》，因此这段文字被广泛引用，同时也被用作《鹖冠子》不晚出的证明。日月星辰能够有期信的原因在于其背后的"数"、"度"、"位"等天道规律。而这些规律，落实到人间政治事物中，就成为君主需要遵循的"道德"。《环流》说：

> 夫先王之道备，然而世有困君，其失之谓者也。故所
> 谓道者，无己者也，所谓德者，能得人者也。道、德之法，万
> 物取业。无形有分，名曰大纨。②

据文中"其失之谓者"之"谓"为"调"误，"纨"借为"敦"，训为"信"。"无形有分"显然是"大信"。《环流》认为，道德的法则，万物取以为业，人君亦借此而成功。但是世间仍有一些"困君"存在，其陷入"困"的根本原因便在于"失调"——没有真正将自然天道运用在政治事务中。

　　可以看出，《鹖冠子》对于天道非常推崇，天道运转自如有序的特点也成为《鹖冠子》对人君执政的要求，这是黄老之学

---

① 黄怀信：《鹖冠子汇校集注》，第229—230页。
② 黄怀信：《鹖冠子汇校集注》，第81—82页。

"推天道以明人事"特色的表现。同时,《鹖冠子》中存在大量并举"天"、"地"、"人",更直接地对人君提出在政治领域效仿、推广天道的要求。《天则》说：

> 　　不创不作,与天地合德,节玺相信,如月应日。此圣人之所以宜世也。知足以滑正,略足以恬祸,此危国之不可安,亡国之不可存也。故天道先贵覆者,地道先贵载者,人道先贵事者,酒保先贵食者。①

这段文字表达了两层含义,一是"知"、"略"等智巧之物是治国的祸患,圣人所以宜世,就要像天地一样"不创不作"、"节玺相信"；另一层含义则是从"天道贵覆"、"地道贵载"来论证"人道贵事",天、地、人在作者的逻辑中显然具有同源同构的特征。所以《天则》又说：

> 　　人有分于处,处有分于地,地有分于天,天有分于时,时有分于数,数有分于度,度有分于一。②

人是天道运转中的固有一环,自然也要遵循天道运转的规律。《泰鸿》中记载泰皇与泰一的对话,泰皇问泰一曰："天地人事三者孰急?"泰一的回答是：

> 　　天、地、人事,三者复一也,立置臣义,所谓四则。散以八风,揆以六合,事以四时,写以八极,照以三光,牧以刑

---

① 黄怀信:《鹖冠子汇校集注》,第38—40页。
② 黄怀信:《鹖冠子汇校集注》,第63—64页。

德,调以五音,正以六律,分以度数,表以五色,改以二气。
致以南北,齐以晦望,受以明历。①

之后又从天道运转的角度为人君的执政提出许多要求。这种思路,实际上与《道端》所论述的"天者,万物所以得立也。地者,万物所以得安也。故天定之,地处之,时发之,物受之,圣人象之"②的思路并无二致。

《鹖冠子》中法天而治的最直观表述,便是《王铁》中的对"天曲日术"的设计。"天曲日术"是《鹖冠子》效仿天道运转规律构建的一套政治体制,集中体现了《鹖冠子》"推天道以明人事"的主张。所谓"天曲",是指天体的环曲、周合;日术,指太阳行天之术,喻君术。③ 鹖冠子认为,理想的政治体制"泰上成鸿之道"所以能够"一族用之万八千岁",就是在于对天道的仿效,将日、月、星的运行秩序运用在人间政治事物中。当这种"上究而下际"的天体运行规律被运用在人间时,便能够"反于天地总",故"能为天下计",达到长治久安的目的。

三、《尹文子》对"道之用"的强调

《尹文子》一书在《汉书·艺文志》中列在道家类下,现存一篇《大道》以及一些从古籍中辑佚勾稽出的片段。从《大道》的内容看,《尹文子》确实突出体现出"旨在谈论治道"的特点。文中涉及抽象理论的内容不多,无论是论道、论名还是论法,始

① 黄怀信:《鹖冠子汇校集注》,第 227—229 页。
② 黄怀信:《鹖冠子汇校集注》,第 90 页。
③ 黄怀信:《鹖冠子汇校集注》,第 178 页。

终围绕着政治论说的主题。论道，不流于虚无缥缈，论名，也没有"苟钩鈲析乱"之弊。可见《尹文子》的作者行文主题非常明确，同其它黄老著作一样，他所重的是"道"之用、"名"之用，哲学思辨或逻辑辩论并不是作者的目的。

　　"道"虽然是《尹文子》一书的逻辑起点，但已经退后成为一种遥远的形而上预设，是《大道》等篇行文的思想背景。《尹文子》中"道"出现多次，但较之传统道家如《老子》、《庄子》，《尹文子》之"道"显然不是全书着重阐述的对象，因为其所关注的重点在形而下之器。《尹文子·大道上》开篇云："大道无形，称器有名。"这种说法显然同《老子》"道可道，非常道"非常类似。《大道上》认为道先具化为形，由形而定名。这也是道家的思考路数。上文曾经讨论《尹文子》的学派倾向，而开篇这句话也这说明《尹文子》即便并非纯然道家学术，但其立论仍是以道家思想为本位的。

　　《尹文子·大道上》称引《老子》并论述曰：

　　　　大道治者，则名、法、儒、墨自废。以名、法、儒、墨治者，则不得离道。老子曰：道者，万物之奥，善人之宝，不善人之所宝。是道治者，谓之善人；借名、法、儒、墨者，谓之不善人。善人之与不善人，名分日离，不待审察而得也。道不足以治则用法，法不足以治则用术，术不足以治则用权，权不足以治则用势。势用则反权，权用则反术，术用则反法，法用则反道，道用则无为而自治。故穷则徼终，徼终则反始。始终相袭，无穷极也。[1]

---

[1]　钱熙祚校：《尹文子》，第1页。

这一段文字包含的内容非常丰富,提纲挈领而言,其主旨为:"道"乃是优于儒墨名法的治国手段,借由"道"来治国谓之"善",用其他的方法谓之"不善"。这一段虽然也提到运用"法治",但将法治置于道治之下,视"法"为"道不足以治"的补救方案,是无可奈何的办法。《尹文子》云:

> 道行于世,则贫贱者不怨,富贵者不骄,愚弱者不慑,智勇者不陵,定于分也。法行于世,则贫贱者不敢怨富贵,富贵者不敢陵贫贱,愚弱者不敢冀智勇,智勇者不敢鄙愚弱者。此法不及道也。[①]

作者推崇道,道是万物之奥,能包容百家之长。道之所以优于法,就在于它能使人们从内心深处消除不法的念头。戒骄、戒慑、戒陵,从而使"法"没有存在的必要。而"法"行于世的结果,只能使人慑于其威严而不敢为非作歹,并不能从根本上消除人们的贪念。贪念存则犯法之举不止,这样社会仍然不治,所以说,"道治"才是最理想的治国之路。由上所述可见,在《尹文子》所包含的众多思想中,占主导地位的是道家思想,其论说是以道家思想为基点的。

简而言之,《尹文子》"道论"体现出的,是黄老之学的实用主义精神,"道"之用是其关注的根本,"道"治同儒墨名法之治一样,其本质是人君所运用的治国方式,但"道治"由于以"大道"为法则,因此具有天然的优越性。

---

① 钱熙祚校:《尹文子》,第4页。

第五节　稷下黄老之道论以及气论

一、以《管子》为代表的稷下黄老：
道为治国与治心之本根

　　《管子》中的黄老作品，包括《心术》上下、《白心》、《内业》以及《枢言》、《宙合》、《九守》、《形势》等篇目。《心术》上下、《白心》、《内业》由于主题比较近似，在思想方面也存在颇多契合之处，被学者合称为"《管子》四篇"。因此本文亦以"《管子》四篇"称之，而将《管子》四篇和其它黄老作品一并称为"《管子》黄老诸篇"。

　　《管子》全书，"道"字500余见。《管子》四篇中，"道"字共60余见，与"道"相关的"精"字20余见。文中还有许多没有直接出现"道"或"精"字，但明显与"道"或"精"有关的论述。道论与精气说，是《管子》四篇的重要理论，也是《管子》黄老之学治国与治身思想的客观依据。关于《管子》的"精气"及"气"论的问题，一向是学界的聚讼所在。本文认为，在理论方面，《管子》四篇从老庄道论发展出"精气学说"，以解决形而上之"道"与形而下之"心"的沟通问题；在实践方面，《管子》四篇又将对"道"的体悟和认识广泛运用于治心、治身、治国、王天下中，完成了"天道"与"治心"的沟通。

　　《管子》四篇对《老子》道论的继承，可分为不同层次。从根本层面上而言，它顺承了《老子》以"道"为至高无上终极范畴，以"道"为宇宙万物的运行规律的理论。从"道"的应用层面而言，《管子》黄老诸篇则体现出与《老子》不同的关注面。

《管子》更加强调"道"的普遍性、全面性,这同黄老之学理论对于实用治术的追求有关。作为一门君人南面之术,黄老之学真正关心的并非"道"为何物、从何而来。它所关心的,是"道"如何使宇宙天地运转,以及这种运转规律如何为人君所用。因此,从操作层面上而言,只有强调"道"的普遍存在,才能形成这样一种思路:人君善于修养,便可以得"道",人君掌握了"道",便掌握了万事万物的枢纽。这是《管子》的黄老诸篇尤其是《管子》四篇的主旨之所在。

《管子》四篇是对黄老之学内圣治心理论的集中论述。黄老之学以《老子》"道"为本的特征也在此四篇中体现得非常明显。"治心"是道论在"心学"方面之用,"心学"亦是"治术"之一用。

《管子》四篇不乏对于道体的描述,并且在很大程度上直接继承了《老子》思想。《管子》对道体特征所作见解,大多可以在《老子》中找到相应的描述。《心术上》说:

> 道不远而难极也,与人并处而难得也。
> 虚无无形谓之道。化育万物谓之德。[1]
> 道在天地之间也,其大无外,其小无内,故曰不远而难极也。虚之与人也无间。唯圣人得虚道,故曰并处而难得。[2]
> 以无为之谓道,舍之之谓德。故道之与德无间,故言之者不别也。间之理者,谓其所以舍也。[3]

---

[1]　黎翔凤:《管子校注》,第 759 页。
[2]　黎翔凤:《管子校注》,第 767 页。
[3]　黎翔凤:《管子校注》,第 770 页。

这同《老子》所描述的"道之为物，惟恍惟忽。忽恍中有象，恍忽中有物。窈冥中有精，其精甚真，其中有信"①十分相似，都极力强调道体难以把握，虚无缥缈的特点。《内业》云：

> 夫道者……谋乎莫闻其音，卒乎乃在于心。冥冥乎不见其形，淫淫乎与我俱生。不见其形，不闻其声，而序其成，谓之道。②

这同《老子》中视之不见、听之不闻、博之不得的道基本是一致的。

"道"在《管子》中依然保持了《老子》之道的神秘特色。《老子》说："道可道，非常道。""大方无隅，大器晚成，大音希声，大象无形。道隐无名。"③又说："道出言，淡无味，视不足见，听不足闻，用不可既。"④《管子》作者显然也有类似《老子》的体悟，因此《心术上》云：

> 大道可安而不可说。直人之言，不义不顾，不出于口，不见于色，四海之人，又孰知其则？⑤
>
> 道也者，动不见其形，施不见其德，万物皆以得，然莫知其极。故曰：可以安而不可说也。⑥

《内业》也云：

---

① 《老子》第二十一章，见朱谦之：《老子校释》，第88—89页。
② 黎翔凤：《管子校注》，第932页。
③ 《老子》第四十一章，见朱谦之：《老子校释》，第171页。
④ 《老子》第三十五章，见朱谦之：《老子校释》，第141页。
⑤ 黎翔凤：《管子校注》，第759—760页。
⑥ 黎翔凤：《管子校注》，第770页。

被道之情,恶音与声。

道也者,口之所不能言也,目之所不能视也,耳之所不能听也。①

在道体的应用上,《管子》四篇中和《老子》也有异曲同工之论,"道"创生万物的特征在《管子》中也屡屡被强调。《内业》:

道也者……所以修心而正形也。人之所失以死,所得以生也。事之所失以败,所得以成也。②

凡道无根无茎,无叶无荣,万物以生,万物以成,命之曰道。③

《老子》则云:

昔之得一者:天得一以清,地得一以宁,神得一以灵,谷得一以盈,万物得一以生,侯王得一以为天下正。④

大道氾,其可左右。万物恃之而生而不辞,成功不名有。衣养万物而不为主,常无欲,可名于小。⑤

有别于《老子》的是,《管子》四篇特别强调道的周密、普遍。《白心》论述:

道者,一人用之,不闻有余;天下行之,不闻不足。此

---

① 黎翔凤:《管子校注》,第935页。
② 黎翔凤:《管子校注》,第935页。
③ 黎翔凤:《管子校注》,第937页。
④ 朱谦之:《老子校释》,第154—155页。
⑤ 朱谦之:《老子校释》,第136—137页。

谓道矣……天或维之，地或载之。天莫之维则天以坠矣；地莫之载则地以沉矣。夫天不坠，地不沉，夫或维而载之也夫！……夫或者何？若然者也。视则不见，听则不闻，洒乎天下满，不见其塞。①

《管子》认为，"道"是普遍存在于宇宙之间的，虽然这并非《管子》四篇的创见，但在《管子》的思路中，"道"充塞天下的属性，却具有重要意义。黄老之学关注的重点在于道体之用而非道体之本。只有满、盈的"道"才能将道体之用发挥至最大，也只有这样，《管子》黄老之学才能进一步展开得道、养心、治天下的理论，这是《管子》黄老之学的要旨之所在。

二、《管子》之气论与精气说

1.《管子》精、气论的来源

《管子》对于《老子》道论有多方面的继承，这是《管子》哲学理论的基础，也成为《管子》四篇及《管子》黄老思想吸收《老子》理论最为显著的一个特征。对"气论"或者"精气"论的大力发挥，则是《管子》四篇对于《老子》道论的一个发展。

"精"、"气"的概念非自《管子》始，但《管子》的气论却是对先秦气论思想的总结和发展，影响深远。

甲骨文中已经出现了"气"字，但还不具有抽象意义，"气"在商周时代只是表示山川云气等客观事物或者人的呼吸之气，是一个具体概念。

春秋时代除天气、地气、血气等表示具体概念的用法之外，

① 黎翔凤：《管子校注》，第 793—799 页。

又出现了"六气"的用例。据《左传·昭公元年》记载：晋侯求
医于秦,秦国医生医和为之诊病,认为晋平公的病并非鬼神所
致,而是由于违背了六气的秩序所致。

> 天有六气,降生五味,发为五色,征为五声。淫生六
> 疾。六气曰阴、阳、风、雨、晦、明也,分为四时,序为五节。
> 过则为灾。阴淫寒疾,阳浮热疾。[①]

这里显然已经将表示抽象意义的"气"概念同五行思想联系在
一起。《国语·周语上》也有记载,西周时期太史伯阳父用阴
阳之气的失序来解释自然界地震的发生:

> 夫天地之气,不失其序,若过其序,民乱之也。阳伏而
> 不能出,阴迫而不能烝,于是有地震。今三川实震,是阳失
> 其所而镇阴也。阳失而在阴,川源必塞。源塞,国必亡。[②]

这说明,早在春秋时代,人们的理性已经从对天地鬼神的信仰
中萌发,"六气"和"阴阳之气"等等概念已逐渐从自然现象中
抽象出来。

　　"精"概念的发展也经历了类似的过程。"精"一词并非
《管子》的创造,本是先民的一个古老观念,裘锡圭、祝瑞开等
诸位先生都曾就"精"与"精气"的来源作过论证。裘锡圭先生
认为,先民的"物精"观念是稷下道家《管子》四篇"精气"的起
源。他认为,"精"的概念发端甚早,从殷商时代的甲骨卜辞和

---

①　杨伯峻:《春秋左传注》,第 1222 页。
②　徐元诰:《国语集解》,第 26 页。

铜器铭文以及《尚书》、《诗经》来看，殷周时期的统治者都认为他们死去的先人是在天上的，是在上帝左右的，这说明灵魂归于天的思想极其古老。殷周统治阶级又都厚葬死者，这说明他们也有形魄归地的思想。由此看来，天出精、地出形，合而为人的思想也是很古老的。另一个可以辅助后人理解先民"精"思想例证，是古人对玉的重视。古人重视玉，常常将玉作为祭品，或者制作成礼器用于祭祀活动，其中重要原因之一便是，玉含有很多"精"，是"精物"。裘锡圭先生同时认为，思想史上，"精"与"气"的结合需要一个时间过程，稷下道家的精气说大约是继承了前辈道家的思想。而他们吸收这一思想的目的在于全生保真的养生之术。①

　　祝瑞开先生认为，《心术下》派的精气说，是古代气的学说，特别是郑子产的"物精"说的继承和发展。古代之用"气"和阴阳变化来说明万物和生命的起源，对于生命和精神现象如何产生并没有回答。子产认为物质中有所谓"精"即"精华"构成生命及精神现象，这就把问题推进了一步。《心术下》使"精"和物质的"气"结合起来，指出这是"物之精者也"，是"天出"，发展了古代"气"和子产"物精"的唯物主义哲学。②

　　诸位学者的研究证明，"精"与"气"的观念由来已久。《老子》中不但用了"精"和"气"这两个概念，而且有将阴阳二气提升到万物之本原地位的趋势。《老子》二十一章说："道之为物，唯恍唯忽……窈冥中有精，其精甚真，其中有信"，③四十二

---

① 裘锡圭：《稷下道家精气说的研究》，见陈鼓应主编：《道家文化研究》（第二辑），上海：上海古籍出版社，1992年，第167—192页。
② 祝瑞开：《先秦社会和诸子思想新探》，福州：福建人民出版社，1981年，第205页。
③ 朱谦之：《老子校释》，第88—89页。

章说:"万物负阴而抱阳,冲气以为和"。^① 从四十二章的叙述可以看出,"阴"、"阳"二气与万物的生化之间确实存在着密切的关系。但是《老子》理论并未顺着这条"精"与"气"的思路充分发展。"气"与"道"及万物的关系问题,直到《管子》四篇才得到充分阐述。

2. "气"为"道"的形而下落实

《管子》的"气"理论同"道"论紧密相关。《管子》阐发"气论"的原因,实际上也是为了进一步解释"道"生发宇宙万物的过程。本文认为,"气"是"道"的重要内涵,也是"道"在化生万物过程中,真正组成万事万物的共同要素,所谓"道"对万物的生化作用,实际上是"气化"的过程。从这一角度看,道为体,气为用的说法名副其实。《管子》发展出气论,主要有如下两大作用:

第一,"气"代替"道",成为《管子》中生化万物的主体。

《老子》道家中,"道"既是宇宙的本体,也是宇宙万物生化的主体。在《管子》中,"气"成为造分天地、化生万物的主体。

第二,气是组成万事万物的要素。

"气"在化生万物过程中的地位被确立,《管子》认为宇宙万物都是"气"作用的呈显,也是"气"的留驻和充盈。《管子·宙合》"宙合有橐天地"一段,虽然整段都没有出现"气"字,但是从文意看,文中以"宙合"作为"气"的代称,全段明显地在说明"气"的范围和作用:天地包裹万物,而"气"又包裹着天地,它不但"至大无外,至小无内",超越了空间的限制,它更是"散之至于无间"的,是宇宙万物最根本的要素,"大之无外,小之无内"。

由于《管子》气论中"气"所具有的上述两种作用皆与

---

① 　朱谦之:《老子校释》,第 26 页。

"道"有着很大的关系，因此文中也常将"道"、"气"二字混用。《心术下》说："气者，身之充也。"①《内业》又说："夫道者，所以充形也。"②二者所言实际都是"气"，指"气"乃组成万物的元素。因此，"气"必然要具备"道"一般充塞宇宙、弥漫天地的流动性与周遍性。所以《宙合》言"气"的变动流行是无所不在、无物能离的，是"通乎无上，详乎无穷，运乎诸生"③的。

《管子》同时也常将"道"、"精"、"气"三者混用，很多学者对这个问题都有论述。郭沫若先生将"道"与"精"的区别概括为："《内业》和《心术》的基点是站在道家的立场的，反复咏叹着本体的道以为其学说的脊干。这'道'化生万物，抽绎万理，无处不在，无时不在，无物不有，无方能囿。随着作者的高兴，可以称之为无，称之为虚，称之为心，称之为气，称之为精，称之为神。"④周立升先生也解释说："是精气的这种'虚而无形'性又不是抽象的，而是通过具体的万事万物表现出来的，这就叫作'德'。换句话说，'德'就是获得了精气的某种功能属性，即'得道'。'故德者得也。得也者，谓得其所以然也'，人和具体事物都由精气构成，并获得了精气的一部分性能，才成为它那个样子。"⑤由此可见，由于与万事万物有着直接的联系，"精气"包含了有形与无形、个别与一般等多重含义，具有无限丰富性和无限普遍性。

《心术》说明"气"在构成万事万物的特性时，还特别强调"气"遍流万物而不变的特征。"气"无形，因此其可以成就一

---

①　黎翔凤：《管子校注》，第 778 页。
②　黎翔凤：《管子校注》，第 932 页。
③　黎翔凤：《管子校注》，第 234 页。
④　郭沫若：《宋钘尹文考》，见《青铜时代》，第 262 页
⑤　周立升、王德敏：《〈管子〉中的精气论及其历史贡献》，载于《哲学研究》1983 年第 5 期。

切万物，而其本身的性质并没有改变。正是"气"的这种无形不变、超越时间的特性，才能使它流遍无间，无阻无碍，既能成物又不为物所限，待机而动，应时而化，由此而形成了整个生生不已，动化不息的宇宙。

《管子》诸篇作为先秦黄老之学的一部分，其本性未脱君人南面之术的性质。讨论宇宙生成与万物生化自然不是其理论的本意。但《管子》黄老诸篇仍然以很多篇幅讨论了"道"与"气"，其用意不在形而上的哲学思辨，而在于由"道"而"气"的形下落实上。

3. 精气说与《管子》治心的关系

《管子》之"精"具有两层含义。第一层含义是赋予万事万物生命的"精气"，《管子》四篇认为，拥有生命或灵性的物体便拥有所谓"精气"，在《管子》中，这层含义多以"气"来论述：

> 凡人之生也，天出其精，地出其形，合此以为人。和乃生，不和不生。①

在这个意义上，"精"是生命力的代名词，天地万物要想拥有生命，都需要具备"精"，《管子》中也常常论作"精气"或"气"。《管子》四篇单论"精"时，往往更多是用"精"的第二层含义，也就是利用"心术"，修炼"内业"，力求"白心"，才能达到的一种精神状态和道德水平。使"精"进驻人身，是需要经过治身、治心等一系列修养过程的。

《管子》四篇称得到"精"的人为"圣人"，《内业》：

---

① 黎翔凤：《管子校注》，第 945 页。

> 心静气理，道乃可止。彼道不远，民得以产；彼道不离，民因以知。是故卒乎其如可与索，眇眇乎其如穷无所。①

> 敬除其舍，精将自来。精想思之，宁念治之，严容畏敬，精将至定。得之而勿舍，耳目不淫，心无他图。②

> 心全于中，形全于外，不逢天灾，不遇人害，谓之圣人。人能正静，皮肤裕宽，耳目聪明，筋信而骨强，乃能戴大圜而履大方。③

以上几段引文，皆从道德修养的角度阐述如何使"精"安存于自身，"精"与人的精神面貌、心身状态也即"四体"、"九窍"都有莫大关系。修心静意，"精"才能进驻人体。

除了道德层次的要求外，"精"能够进驻人体，也是对人生活、精神状态的一种考验，《内业》：

> 凡食之道：大充伤而形不臧，大摄骨枯而血冱。充摄之间，此谓和成。精之所舍，而知之所生。④

> 凡人之生也，必以其欢。忧则失纪，怒则失端。忧悲喜怒，道乃无处。爱欲静之，遇乱正之。勿引勿推，福将自归。彼道自来，可借与谋，静则得之，躁则失之。灵气在心，一来一逝。其细无内，其大无外。所以失之，以躁为害。心能执静，道将自定。得道之人，理丞而屯泄，匈中无败。节欲之道，万物不害。⑤

---

① 黎翔凤：《管子校注》，第935页。
② 黎翔凤：《管子校注》，第938页。
③ 黎翔凤：《管子校注》，第939页。
④ 黎翔凤：《管子校注》，第947页。
⑤ 黎翔凤：《管子校注》，第950页。

饮食、情绪皆能引起"精"的变化。心里有忧悲喜怒等过度的情绪，"道"也即"精"就无地可容。第二段引文中所谓"灵气"，其意义与"精"大致相同。"精"进驻人体需要人体具备一定条件，"精"进驻之后也能为人体带来莫大好处：

> 搏气如神，万物备存。能搏乎？能一乎？能无卜筮而知吉凶乎？能止乎？能已乎？能勿求诸人而得之己乎？思之思之，又重思之。思之而不通，鬼神将通之。非鬼神之力也，精气之极也。[①]

从内容上而言，《管子》"精"的学说，纯然是一派养生之说、治心之术。指点人们如何从调整日常生活入手，一步一步提升精神境界，直至达到摄取"精"气。比如《心术》中，要求修炼之人，内心要保持平静、不能有过多思虑，去除好恶，耳目等感觉器官也要保持灵敏：

> 虚其欲，神将入舍；扫除不洁，神乃留处。[②]
>
> 世人之所职者精也。去欲则宣，宣则静矣。静则精，精则独立矣。独则明，明则神矣。神者至贵也，故馆不辟除，则贵人不舍焉。故曰"不洁则神不处"。[③]
>
> 洁其宫，开其门，去私毋言，神明若存。[④]
>
> 心也者，智之舍也，故曰"宫"。洁之者，去好过也。门者，谓耳目也。耳目者，所以闻见也。[⑤]

---

① 黎翔凤：《管子校注》，第943页。
② 《管子·心术上》，见黎翔凤：《管子校注》，第759页。
③ 《管子·心术上》，见黎翔凤：《管子校注》，第767页。
④ 《管子·心术上》，见黎翔凤：《管子校注》，第764页。
⑤ 《管子·心术上》，见黎翔凤：《管子校注》，第770—771页。

> 正形饰德，万物毕得。翼然自来，神莫知其极。昭知
> 天下，通于四极。[1]

这一系列对人身心修炼的指导，步骤清晰，目的明确，就是要让人从形体到精神都能达到一定水准，引来精气，留驻人体，以使身体和精神都达到更高的养生层次。

《管子》的治心理论，如此注重对"精气"的摄取和驻留，同"精气"所代表的生命力存在莫大关系。充盈天地的精气，即是组成万物的基本要素，也是万物得以生长的生命源泉。在这一点上，《管子》四篇的道论与治心养生精气论有着相通的思路。

养生之学原本在道家理论中有着深厚的传统，《老子》有"载营魄抱一"，"专气致柔"的说法，杨朱有"拔一毛以利天下不为"的全身之策，《庄子》有"堕肢体，黜聪明，离形去知，同于大通"的坐忘理论。《管子》四篇则提出了以摄取精气为目的的修身养心之术。但与老庄不同的是，《管子》四篇之治心，不但属于养生之学范畴，而且也是《管子》圣人之道的一部分。这是《管子》四篇作为黄老之学的标志之一。

三、田骈与慎到："道"与"法"之转关

上文介绍田骈慎到学说时，已对其学派属性作了粗略的分析，二者的思想有着相同的倾向性，因此古书往往将二人连称、归为一类。通过本文的分析我们知道，田骈和慎到的思想的渊源是非常接近的。

---

[1] 《管子·心术下》，见黎翔凤：《管子校注》，第778页。

《庄子·天下》认为田骈慎到"不顾于虑,不谋于知,于物无择,与之俱往",①显然,这是田慎学派最显著的特色,也是他们思想的出发点。本着"与物契合"与"弃知去己"的精神,田骈慎到对待天地间万事万物的基本态度,便是要求去除己见,追随事物本身的发展和变化,这也即后人所谓"因循"。而做到因循的前提,便是"明天道"。

同老庄传统道家的"道论"不同,田骈慎到并不去谈论"道体"的性质,他们关注的是"道"在人间的投射、"天道"在人事上的指导作用。因此,相对于传统道家的道论而言,他们所提出的主张是更实际的,更"形而下"的。

1. "道"的另一种表达方式:"齐物"与"因循"

正如《庄子·天下》所言,田骈慎到以"齐万物"为标志性的主张。"齐"是田骈慎到的认识论基础,也是他表述政治观点的基础。田、慎认为,天、地作为现实中的事物,尚不能万全,若人为将人世中的万物进行区分,势必会产生疏漏。若要无遗漏,只有达到"道"的标准,这就是所谓"道则无遗者矣"。先秦诸子中,提出以"齐"的视角来认识世界的,还有庄子道家一派,《庄子》内篇有《齐物论》,也讲究"齐生死"。虽然本文曾在中编分析,田慎的"齐"同庄子的"齐"并不相同,田慎之"齐"实际上是为援道入法的思想主张留下空间和可能性。但可见"齐物"本身便是倾向于道家一派思维方式,因为道家有一个唯一的标准:"道"——"道"是使万物"齐"的根本原因。

田骈的主张除了"齐物"之外,还有"均"。《尸子·广泽》载"田氏贵均",《吕氏春秋·不二》有"陈(田)骈贵齐"。这些都有史籍可据,而慎到之"齐"则史籍无载。据《庄子·天下》

---

① 王先谦:《庄子集解》,第292页。

篇,在"齐万物"的前提下,田骈慎到又有"泠汰于物以为道理"的主张。特别是慎到,主张一切都要顺从事物自然之理,除去一切主观偏见和误解,彻底抛弃自我与主观之见,而且"笑尚贤"、"非大圣",表现出"推而后行,曳而后往,若飘风之还,若羽之旋,若磨石之隧,全而无非,动静无过,未尝有罪"①的姿态,因此在他人眼中看来难免为"死人之理",常人是难以企及的。

实际上,"齐物"同"泠汰于物以为道理"有着一样的思想基础,本是遵循一条思路而来,"齐物"正是"遵循物理"的前提。只有先"齐物",才能够泯灭万物之间的差别,之后才能以物为理,才能发出"块不失道"的感叹——在这一点上,田骈、慎到的倾向是一致的。更何况这种看起来难近情理的学说,本质上是田慎政治哲学的一部分,并非要做单纯形而上的讨论。

因此,我们可以看到,田骈慎到的学说同样以循"道"为理论基础和思路的起点。但是,他们并没有像老庄那样刻意凸显"道"本身独立不偶、周行不怠的规律性。在田、慎的哲学体系中,形而上的"天道"只是远远地被设立,突出在理论中的是与形而下之物关系更为密切的"物理之当然",也就是社会上的事务、政治上的管理。

《慎子·逸文》说:

> 日月为天下眼目,人不知德;山川为天下衣食,人不能感。②

> 鸟飞于空,鱼游于渊,非术也。故为鸟为鱼者,亦不自

---

① 王先谦:《庄子集解》,第293页。
② 许富宏:《慎子集校集注》,第101页。

知其能飞能游。苟知之,立心以为之,则必堕必溺。犹人
之足驰手捉耳听目视,当其驰捉听视之际,应机自至,又不
待思而施之也,苟须思之而后可,施之,则疲矣。是以任自
然者久,得其常者济。①

天地万物、草木鱼虫皆自然而然获得归宿,鸟能飞,鱼能游,并
非人力所为,"立心以为之,则必堕必溺",这是物理之自然。
田骈、慎到所欲"因循"的也即这个"物理"。"弃知去己"也
好,"泠汰于物"也罢,"任自然者久,得其常者济",这是说出了
田骈慎到对于天道的体悟——因循物理的状态。

班固将《田子》二十五篇入道家,是看到了其立论的基础;
将《慎子》入法家类下,是看到了其理论的发展。

《慎子·逸文》曰:

古之全大体者,望天地,观江海,因山谷,日月所照,四
时所行,云布风动,不以智累心,不以私累己,寄治乱于法
术,托是非于赏罚,属轻重于权衡,不逆天理,不伤情性,不
吹毛而求小疵,不洗垢而察难知,不引绳之外,不推绳之
内,不急法之外,不缓法之内,守成理,因自然。祸福生乎
道法,而不出乎爱恶,荣辱之责在乎己,而不在乎人。故至
安之世,法如朝露,纯朴不欺,心无结怨,口无烦言。②

此段文字兼涉道、法,反映了《四库全书总目》中所讲到的《慎
子》"道法转关"的特色。这一段逸文,议论的出发点十分高

---

① 许富宏:《慎子集校集注》,第 111 页。
② 许富宏:《慎子集校集注》,第 103 页。

远,从"望天地,观江海,因山谷,日月所照,四时所行"谈起,语气全然属于道家对于天地万物的谈论方式,但最后的落脚点,还是落在"寄治乱于法术,托是非于赏罚,属轻重于权衡"之上。法术、赏罚等政治策略是"全大体者"通过对宇宙时空的全面体悟而得到的,合乎天理,合乎性情。也正是由于由道入法,因此《慎子》所主张的"法"并没有表现出典型法家式的苛严与残酷;又以《老子》道家的理论教导人君"不以智累心,不以私累己","守成理,因自然","祸福生乎道法",在道家的理论中,努力为"法"取得一席之地,尽量赋予它"道"一般的品质——"法如朝露,纯朴不欺";从这一段文字中,可以看出慎到将"道"与"法"相结合的尝试,从《老子》道家理论出发而落脚于"法"的轨迹。

2. 推天道以明人事的思路

虽然推崇形而上之"道",并且由天道发明了"物道",但田骈、慎到的学说,落脚点绝对在"人事"之上,推天道以明人事。史籍载田骈曾以道术说齐王,曰"无政而可以得政"云云,并且多举"彭祖以寿,三代以昌,五帝以昭,神农以鸿"之例。慎到则更直接地由"道"提出"法"。现存《慎子》辑本虽非全本,对于慎子的主张只能看到片段。但即使在这片段中,也是处处表达他的政治见解,不做高深的哲学玄理之说,谈论因物而任人,去贤而尊君,重势而讲刑名,只是在这一切之上,都盖了一个"天道"大帽子,以"天道"为前提。推天道以明人事的色彩非常浓厚。《慎子·因循》谈论"因":

　　天道,因则大,化则细。因也者,因人之情也。人莫不自为也,化而使之为我,则莫可得而用矣。是故先王见不受禄者不臣,禄不厚者不与入难。人不得其所以自为也,则上不取用焉。故用人之自为，不用人之为我，则莫不可得而用矣。此之谓因。①

"因"的思想，原本来源于道家的清静无为，来源于对天地万物规律的遵循，流转变化的观察与体悟，但慎到却是强调在政治中、在人君任命人事的过程里要"因"，其所"因"的，是人之性情。这是他从天道之"因"中推演出的人事之"因"。

《慎子》之所以在《四库全书总目提要》中被评价为"道法转关"，实际上同其"推天道以明人事"的思考路数有很大关联。"法"由"道"而生正是这种思路的必然结果。自然界中，天地日月、四时风雷皆因天道而流转，人间社会中，成败祸福、存亡兴衰皆因人间之道——"法"而决定。因此，《慎子》说："祸福生乎道法，而不出乎爱恶"，②"法"由"道"出，在人间行使"道"的职责。这是推衍天道并将其应用在人事治理之中的实践。实际上，不仅慎到如此，被后人视为法家学者的申不害和韩非，都体现出这一特色。这也令我们思考，道家、黄老与法家的分野，究竟在什么地方。

四、附论：申不害与韩非的天道之法

上文提到慎到的"道法转关"，我们已经关注到，从黄老思想到法家的分野实际上并不是泾渭分明，至少在慎到的主张中，已经有很多主张包含有法家立法的意味。而据《史记》所载，申子之学，本于黄老而主刑名，也是由道入法的人物。那

---

① 许富宏：《慎子集校集注》，第 24—25 页。
② 许富宏：《慎子集校集注》，第 103 页。

么，在申不害的学说中，究竟表现出什么样的黄老之学特色。

据史籍记载，申不害原为郑之贱臣，地位相当卑微，但是他以"术"干韩昭侯，深得赏识，终相韩十五年而国治兵强，无侵韩者。申不害言"术"，"术"是申不害学说的核心内容，日后尽数为韩非所承，这正是建构起法家尊君明法、独治专权的基础之一。《韩非子·定法》言：

> 申不害言术，而公孙鞅为法。术者，因任而授官，循名而责实，操杀生之柄，课群臣之能者也，此人主之所执也。法者，宪令著于官府，刑罚必于民心，赏存乎慎法，而罚加乎奸令者也，此臣之所师也。①

司马迁说申不害"本黄老而主刑名"，但是从《定法》的定义来看，术中的"循名责实"、"操生杀之柄"等用语，法家的特征更为浓厚。分析其中原因，一方面是由于《定法》中所述是韩非所理解的"术"，较之申不害，其内容又有了补充和发展；另一方面，司马迁说申不害的学术"本于黄老"，其学说从黄老之学出发，最终在刑名理论中有所建树。通过分析申不害的学术内容，我们可以发现申不害之"术"，是以道家黄老之学理论为基础，但表现出来的，是典型的实用主义精神。

申子之"术"是典型的实用主义"治术"。钱穆先生说："韩非书言昭侯申子遗事者尚多，要其归在于用术以驭下，与往者商鞅、吴起变法图强之事绝不类，其所以然者，殆由游仕既渐盛，争以投上所好，而渔权钓势。在上者乃不得不明术以相应。

---

① 王先慎：《韩非子集解》，第397页。

而吴起、商鞅以忠贞殉主之节已不可见。"①可见申子之术的出现,本身就是针对当时社会的种种问题而来,是有着深厚的现实主义基础的。

申不害著作已经散佚,现在留存的文字不多。然而考察这些支离破碎的文字,仍然能够从中体察申不害学术的道家黄老之学色彩。申不害所倡导的"治术",很多内容直接提倡"无为"与"无事",《申子·逸文》云:

> 天道无私,是谓恒正;天道常正,是以清明。
> 地道不作,是以常静;地道常静,是以正方。举事为之,乃有恒常之静者,符信受令必行也。②

申子以"天道"、"地道"作为人君举事的标准,而天道地道的"无私"、"恒正"、"常静"、"方正"之特点,本身是来自道家的思路。这种思路构成了申不害学术的思想背景,这是对老子道家的继承,也是申不害阐释其"术"的重要组成部分。实际上,《老子》所谓"塞其兑,闭其门,挫其锐,解其分,和其光,同其尘,是谓玄同"③,在申不害的理论中有非常实际又深刻的体现。

本文拟在下章展开论述申不害的"君逸臣劳"以及"循名责实"等政治理论,这些理论实际上皆有发展《老子》道家的"无为处下"理论的痕迹。申不害实是继承了道家道论,又将其运用在实际的政治生活中。

韩非常被人称为法家之集大成者,纵观《韩非子》,法家理

---

① 钱穆:《先秦诸子系年考辨》,第224页。
② 严可均:《全上古三代文》,第54页。
③ 《老子》第五十六章,见朱谦之:《老子校释》,第228页。

论确实得到了统一和完备,而其书在《汉书·艺文志》中也被著录在法家类下。这是汉人对韩非学术的理解,也为后代研究者所认同。韩非所处的时代,正是诸子百家争鸣的中晚期,他将前世与当世诸多重要思想加以改造、吸纳,使得法家终于建构成为包含法、术、势,既有形而上理论支持,又具形而下具体操作的理论体系。值得注意的是,在韩非对前人学术进行融汇的过程中,道家学术起到了非常重要的作用,这在《韩非子》之《主道》、《扬权》、《解老》、《喻老》诸篇中体现得非常明显。这些篇章体现出韩非对道家理论的理解和运用,而韩非学术中所包含的黄老气质也由此处流露出来。

《史记》云韩非:

> 喜刑名法术之学,而其归本于黄老①。
> 韩子引绳墨,切事情,明是非,其极惨礉少恩。皆原于道德之意,而老子深远矣。②

司马迁的这些评价,说明韩非学术同道家的渊源关系。但老庄道家毕竟在天道理论上花费了更多笔墨,因此更为"深远",与老庄道家相比,韩非子更加重视的是"道"之实用性。

《解老》、《喻老》两篇是《韩非子》集中探讨《老子》理论,并从自己的角度理解《老子》思想的文章。与田骈、慎到、申不害不同之处在于,虽然皆以《老子》之道为我所用,韩非并没有将思路局限在"道"落实在人世间的产物——"理"、"法"等概念中,对于《老子》中"道可道,非常道"式的形而上理论思考,

---

① 司马迁:《史记》,第 2146 页。
② 司马迁:《史记》,第 2156 页。

韩非也积极参与讨论,比如《解老》篇解"道可道,非常道":

> 唯夫与天地之剖判也俱生,至天地之消散也不死不衰者谓常。而常者,无攸易,无定理。无定理,非在于常,是以不可道也。圣人观其玄虚,用其周行,强字之曰道。①

《老子》之道具有双重性质,既是创生天地、寂兮寥兮,不可捉摸的,又是被则万物,犹川谷之于江海,维持世间万物正常流转的普遍规律。《韩非子》用大段文字进行了描述,《解老》说"道":

> 天得之以高,地得之以藏,维斗得之以成其威,日月得之以恒其光,五常得之以常其位,列星得之以端其行,四时得之以御其变气,轩辕得之以擅四方,赤松得之与天地统,圣人得之以成文章。道与尧、舜俱智,与接舆俱狂,与桀、纣俱灭,与汤、武俱昌。以为近乎,游于四极;以为远乎,常在吾侧;以为暗乎,其光昭昭;以为明乎,其物冥冥。而功成天地,和化雷霆,宇内之物,恃之以成。凡道之情,不制不形,柔弱随时,与理相应。万物得之以死,得之以生;万事得之以败,得之以成。道譬诸若水,溺者多饮之即死,渴者适饮之即生;譬之若剑戟,愚人以行忿则祸生,圣人以诛暴则福成。故得之以死,得之以生,得之以败,得之以成。②

类似这种大段的"道论",专门对道体进行描述,在《庄子·大宗师》、马王堆帛书《道原》以及《淮南子》等文献中非常常见,

---

① 王先慎:《韩非子集解》,第148—149 页。
② 王先慎:《韩非子集解》,第147—148 页。

几乎成为先秦道家的一种定型的"成论"。《解老》篇中运用这种"成论"，显然是有其用意的。韩非接受了《老子》"道"的双重性质，但运用在自己的理论中时，则将重点放在"道体"之"用"上，也即如何运用"道"的这种特征，这是一种非常实用主义的黄老之学的态度。《韩非子·解老》还有：

> 道者，万物之所然也，万理之所稽也。理者，成物之文也；道者，万物之所以成也。故曰："道，理之者也。"物有理，不可以相薄，物有理不可以相薄，故理之为物之制。万物各异理，万物各异理而道尽。稽万物之理，故不得不化；不得不化，故无常操。无常操是以死生气禀焉，万智斟酌焉，万事废兴焉。①

又说：

> 凡理者，方圆、短长、粗靡、坚脆之分也，故理定而后物可得道也。故定理有存亡，有死生，有盛衰。②

在文中，韩非明确提出，万理之稽称为"道"，且"理者，成物之文也"——理是事物的个别属性和规律，道则是事物的总体属性和规律——韩非所重视的，正是"道"落实在具体事物中的用途，这正是以法家本位解老同道家思想的差别所在。

在人间社会，理和道有着相同的作用，但管辖范围不同，"万物各异理而道尽"，"理"是"道"的产物，是"道"在人间的

---

① 王先慎：《韩非子集解》，第146—147页。
② 王先慎：《韩非子集解》，第148页。

落实。

由此可以看出,《韩非子》在理论上接受了《老子》的道论,甚至不惜运用大量笔墨描述道体之用,目的就是为了突出"道"的实用性。此外《韩非子》中还使用了"德"、"气"等概念,它们与理一样,都是"道"在不同场合下的化身。

"德"在《老子》中,与"道"含义基本相同,《老子》常将"德"、"道"混用,有时表示人以"道"治身、修养后的精神产物。《老子》五十一章云:

> 道生之,德畜之,物形之,势成之。是以万物莫不尊道而贵德。道之尊,德之贵,夫莫之命而常自然。故道生之,德畜之,长之育之,成之熟之,养之覆之。生而不有,为而不恃,长而不宰。是谓玄德。①

此段"道"与"德"交替使用,含义基本一致。五十四章又云:

> 修之身,其德乃真;修之家,其德有余;修之乡,其德乃长;修之于国,其德乃丰;修之于天下,其德乃普。②

可见《老子》在篇章上虽有"道经"、"德经"之分,但其对"道"与"德"的内涵之别并不明确。《韩非子》中也有此类用法,《扬权》云:

> 夫道者,弘大而无形;德者,核理而普至。至于群生斟

---

① 朱谦之:《老子校释》,第 203—204 页。
② 朱谦之:《老子校释》,第 215 页。

酌用之，万物皆盛而不与其宁。道者，下周于事，因稽而命，与时生死。参名异事，通一同情。故曰：道不同于万物，德不同于阴阳，衡不同于轻重，绳不同于出入，和不同于燥湿，君不同于群臣。[①]

但更多时候，《韩非子》有意将"德"与"道"进行区分，将"德"的位置下移，成为"道"在人间、在人心形而下的产物。《解老》：

> 德者；内也；得者，外也。上德不德，言其神不淫于外也。神不淫于外则身全，身全之谓得。得者，得身也。凡德者，以无为集，以无欲成，以不思安，以不用固。为之欲之，则德无舍；德无舍则不全。用之思之则不固，不固则无功，无功则生有德。德则无德，不德则有德。
>
> 不以无为为有常则虚，虚则德盛，德盛之为上德。
>
> 知治人者，其思虑静；知事天者，其孔窍虚。思虑静，故德不去；孔窍虚，则和气日入。
>
> 凡所谓崇者，魂魄去而精神乱，精神乱则无德。鬼不祟人则魂魄不去，魂魄不去而精神不乱，精神不乱之谓有德。[②]

在这些文字中，"德"需要"道"内驻人心才能产生，是人进入"无为"、"无欲"、"无思"的境界的产物，需要人心"虚"，是人以"道"来修炼身心的结果。"德"之境，和《老子》所言无为而无不为的"道"之境相似又有所不同。

---

① 王先慎：《韩非子集解》，第 46 页。
② 王先慎：《韩非子集解》，第 130—143 页。

同时，"德"也是以"道"来修家、治国的条件。《解老》云：

> 有道之君，外无怨仇于邻敌，而内有德泽于人民。夫外无怨仇于邻敌者，其遇诸侯也外有礼义；内有德泽于人民者，其治人事也务本。①
>
> 身以积精为德，家以资财为德，乡国天下皆以民为德。今治身而外物不能乱其精神，故曰："修之身，其德乃真。"真者，慎之固也。治家者，无用之物不能动其计，则资有余，故曰："修之家，其德有余。"治乡者行此节，则家之有余者益众，故曰："修之乡，其德乃长。"治邦者行此节，则乡之有德者益众，故曰："修之邦，其德乃丰。"莅天下者行此节，则民之生莫不受其泽，故曰："修之天下，其德乃普。"②

人君治国得法，则不但本人心中贮存了"德"，其国、其民皆备"德"。这是治国修身的最高境界，是在"道"的指导下才能达到的一种境界。

与得"道"相比，取得"德"显得更具有可操作性，"德"也不再像"道"那样虚无缥缈、不可捉摸。这也正是《韩非子》发展"德"之概念的原因和目的。

《韩非子》的理论体系中，"理"和"德"概念的由来，都与《老子》之"道"密切相连，是道在人间的产物，它们的性质和功能与道一样，只是作用范围稍有差异，道在形而上，德与理作为道体之用，在形而下。《韩非子》在道家理论上所作的发展，突

---

① 王先慎：《韩非子集解》，第143—144页。
② 王先慎：《韩非子集解》，第154—155页。

出的是道体之用，这一点正是黄老之学经世致用气质的体现。

综上而言，"道"在黄老之学的哲学框架中是具有终极含义的概念，但黄老之"道"与《老子》之道确实存在差异。黄老之学吸收和改造了《老子》之道，使之更为贴近人事、更易于掌握、更易于人君效仿。黄老之学之所以"道"作此改造，用意明显。因为"道"只是黄老之学的研究起点而非主要研究对象。黄老之学论道并非为了哲学的思辨而是为了"道之用"，其目的是将"道"塑造为一切治国、治身主张的标尺。因此，道家形而上的"道"，在黄老之学中才同黄帝方术之学中具有规律性质的"天道"相结合，因为黄帝之学的"天道"是能够预测、能够用"度"、"数"等标准加以衡量并效仿的。通过淡化道体本身，并利用数术知识强调、突出道体之用，黄老之学完成了《老子》之道到黄老之道的转化。也正因如此，一些黄老文献，特别是马王堆帛书《经法》四篇、《恒先》等，体现出浓厚的方术气息。

虽同以道家之"道"为理论依据，但不同的黄老作品与《老子》道家之间的亲疏关系并不完全相同。《经法》等四篇、《庄子·天道》等七篇、《鹖冠子》等作品是与《老子》道家关系较为密切的几种黄老著作；《恒先》、《三德》的论道似乎可以与《老子》相比较，但又属于不同路数；而慎到、马王堆帛书《九主》及申不害与韩非的黄老思想中，法家的气息则较前者更为浓厚。这似乎提示我们，即使在黄老之学内部，每部著作的情况也不完全相同。

无独有偶，丁原明先生曾以流传地域为标准将黄老之学分类，以"南方黄老学"和"北方稷下黄老"来称代两类黄老著作。本文认为，一方面，流传于不同地域固然使著作中带有了不同地域色彩，但另一方面原本便有所差异的流派思想，借助黄帝方术之学,吸收其它学派的优点,对本门学派进行改造,共同汇集在了黄老之学这股洪流之中。

从《经法》等四篇、《庄子·天道》等七篇、《管子》四篇及《鹖冠子》的情况看,这些作品中保留《老子》道家的思想元素较多。他们对本门学术的改造,主要在于利用黄帝方术之学的"天道阴阳"思路,并且"援法入道",使得"道"生"法","法"从"道"手中接管了君人南面的政治领域。

《恒先》和《三德》属于非《老子》派的道家流派。《恒先》所用术语有别于《老子》传统道家,但又具备明显"推天道以明人事"的道家思维方式,并且其"无为"、"自化"、"自作"的主张也带有明显的黄老之学痕迹。《三德》中则出现一些罕见于其它先秦文献的词汇,而其以"自然天道"为人事主宰的主张亦使其十分接近道家黄老之学的思路。

帛书《九主》、田慎、尹文以及申不害、韩非的思想中本来便包含着较为浓厚的法以及刑名观念,他们所做的工作是"援道入法"及"援道入名",为本已存在的"法"、"名"寻找更为高远、终极的依据,这是与《经法》等"道生法"思路相反的"法寻道"、"名寻道"过程。这样,"法"、"名"寻找到自己的合理根据,而"道"在人间也有了落脚之处。

值得提及的是,无论"援道入法"还是"援法入道",此处的"法",并非狭义的规章制度、法律条文的含义。黄老之学中的"法"首先是一种治国理念,"法天道"是其最普遍、常见的内涵。黄老之学借助黄帝方术的技术支持,使"天道阴阳"能够效仿,能够在人间得以落实,落实的结果便是这里提出的广义的"法"。而法家所主张之"法",仅仅是黄老之学广义"法"中的一部分。

因此,从黄老之学天道观的发展过程来看,一部分作品由

"道"为本位生出"法"，扩展了"道"的作用范围，使无为、因任等"道"的特征扩展到人类社会；一部分作品以"法"为本位吸收"道"，改造扩充了"法"的内涵，使"法"突破"条文律令"的含义，成为"天道"在人间的投射。这两个过程的共同之处在于，确立了形而上之"道"与形而下之"法"相互维系支撑的结构，完成了由"道"至"法"的转变。

第二章
内圣治心与养气修德

　　黄老之学是君人南面之术,其基本思路是推天道以明人事,将天道理论落实在现实政治中。与此同时,黄老之学指导君主通过"治心"——强身健体、净化心灵、体悟天道来使人君的身心也接近天道,符合天道要求。这种双重修养,可以借用《庄子》中的"内圣外王"一语概括。修身治心,从而接近圣王,从而达到更高层次的"外王"。以天道为标准的内圣与外王已成为黄老之学政治理论中一项重要的内容,突出体现了黄老之学的君人南面理论内外兼修的追求。先秦黄老文献中,无论是马王堆帛书《经法》四篇、《管子》四篇,还是《庄子》部分篇章,都对黄老之学内圣外王有精辟论述。本文重点关注黄老之学内圣治心理论的发展,间或涉及其外王理论。

　　内圣治心之道并非黄老之学独有。一直以来,"内圣外王"一语也多被认为是儒家思想范畴,因此学界总体倾向于结合儒家典籍及思想来讨论"内圣外王",而少有将其范围扩展至黄老之学的。虽曾有学者撰文论《庄子》及《老子》同内圣外王之关系，①但乃是就广义道家而言，未尝涉及黄老之学的内容。

但"内圣"与"外王"确是黄老之学君人南面之术的重要内容。特别是其中的"内圣"部分，同儒家所讲求的"仁"、"礼"等大有区别。黄老之学所主张的"内圣"，同其本身的天道理论和推天事人的思路分不开，同时又提出了新的概念加以阐述，充分体现出独特而实用的黄老道家学派特色。从"天道"出发最终落实到"法天而治"——兼顾治国与治心，治内与治外两个方面。

第一节 "内圣外王"理论的出现

"内圣外王"一语在文献中的出现虽然晚在战国中后期，但古代圣贤修身为政的传统并不是新鲜事物。很早以来，人们便要求君主要具备圣人之至德，并将其施之于外，是为王者之善政。因此《庄子·天下》感叹道："是故内圣外王之道，暗而不明，郁而不发。"②这是对战国社会现状的一种无奈的评价。

考察"内圣外王"的渊源，可以从西周时期重要的概念——"德"的字形发展来看。在甲骨文中，"德"字无"心"，西周金文则添加"心"部。这使得"德"之概念在周代有了内心修养之含义。"德"在西周是一个重要的政治概念，其强调人君的政行懿德，有德之人才配接受天命。包含"德"字的短语

---

① 萧汉明：《论庄子的内圣外王之道》，载于《武汉大学学报》2003 年第 1 期。陈球柏：《内圣外王之道：〈郭简·老子〉的主题》，载于《哲学研究》2004 年第 1 期。

② 王先谦：《庄子集解》，第 288 页。

在金文中非常常见，"敬德""恭德""正德""秉德""懿德""哲德""孔德""安德""烈德""介德""明德""元德""首德"等用语都出现过。毛公鼎铭文有："丕显文武，皇天弘厌厥德，配我有周，膺受大命"。可见，"德"政思想贯穿整个西周时代，其核心的含义是祖先与周天子的宏伟德业和美好德行。西周"以德配天"的提出实际已经包含有"内圣外王"的含义。由于"德"政思想将人君所掌握的权力附以天然的道德优势，因此人君要以先祖之德为楷模，"以德配天"，方能保有上天所赐的权利，进而保有国家。"德"也就成为西周时期人君修身治心的主要内容。在这个时期的文献中虽然没有"内圣外王"的提法，但"内圣外王"的本质已经体现在"敬德""保德"等思想中。

春秋时期，"修身""治心"等术语已经出现，也广泛被政治家所宣导，《论语》、《左传》、《国语》等文献皆有相当多的记载。而"修身""治心"的内容也从抽象的"德"概念中抽离出来，修德的要求显得更加具体。

此时期内，修德治心同"礼"关系密切，"礼，国之干也。"政权得以稳定，国祚得以绵延，其根本在于维持"礼"，这一点成为政治家们的共识。守礼亦是统治阶层成员应尽的义务，礼的本质是维持社会关系的准则，因此礼的起点，在于个人之修身。礼，可以细化至言动视听，言动视听合于礼，则安有放于邪心而穷于外物哉？"非礼勿言，非礼勿视，非礼勿听"，①《论语》记录孔子言论："君子有三戒：少之时，血气未定，戒之在色；及其壮也，血气方刚，戒之在斗；及其老也，血气既衰，戒之在得。"②无

---

① 《论语·颜渊》，见《论语注疏》，第 177 页。
② 《论语·季氏》，见《论语注疏》，第 258 页。

论是戒色、戒斗或戒得，都属于以礼来约束内心，提高个人的内在修养，这是孔子所谓"君子"的内涵之一，一国之君更应如此。广而言之，以礼调整血气，规范行为，修身治心，是国运昌盛、理想平稳的根本所在。

正因如此，政治家们对人君感受声色的耳、目、心、口等器官都做了种种要求，认为耳目心口都要经过礼仪的熏陶才能达到理想状态，否则便与蛮夷无二。《左传·僖公二十四年》载富辰语曰："耳不听五声之和为聋，目不别五色之章为昧，心不则德义之经为顽，口不道忠信之言为嚣。狄皆则之，四奸具矣。"①《国语·周语中》也载周襄王语云："夫戎、狄冒没轻谄，贪而不让。其四气不治，若禽兽焉。"②此处的"四气"即指人的血气与精神状态，与上文所谓聋、昧、顽、嚣属于一种类型。若统治阶层缺乏身心修养，便无法维系礼乐秩序。

在身心修养中，养心治心最为重要，晏子曾说："先王之济五味、和五声也，以平其心，成其政也。"又说："心平，德和。"③耳目口等感官，皆要合于礼而为养心服务，如此才能"心平"，才能达到"成政"的目的。所以古人对味、音、色等给人以享乐的事物以诸多限制，《国语》载单穆公言论："夫耳目，心之枢机也，故必听和而视正。听和则聪，视正则名。聪则言听，明则德昭。听言昭德，则能思虑纯固……口内味而耳内声，声味生气。气在口为言，在目为明。言以信明，明以时动。名以成政，动以殖生。"④人君从耳、目、口入手，一举一动能够符合"礼"的标准不逾矩，以求达到气血平顺的效果，最终"思虑纯

①　《左传·僖公二十四年》，见杨伯峻：《春秋左传注》，第425页。
②　《国语·周语中》，见徐元诰：《国语集解》，第58页。
③　《左传·昭公二十年》，见杨伯峻：《春秋左传注》，第1420页。
④　《国语·周语下》，见徐元诰：《国语集解》，第109页。

固"，才能保证国体平稳安康。因此，人君不合礼的享乐要被
臣下规谏，以防有碍政治。如《左传》昭公九年载晋荀盈到齐
国迎接齐女，归来时死在戏阳，尚未下葬。当此时，晋文侯设宴
饮酒，膳宰屠蒯认为不合礼仪，因此进谏说："味以行气，气以
实志，志以定言，言以出令。"①屠蒯认为，口味用来让气血流
通，气血用来充实意志，意志用来确定语言，语言用来发布命
令。停棺未葬之时，不该进行宴乐，晋平侯此举无疑是失当的，
表面上满足了口腹之欲，实际上已破坏了国家政令的和顺。晋
侯最后接纳了屠蒯的进谏，说明他也认识到由耳目之欲而影响
到君主之"令"的严重性。

　　以上文献皆说明，从西周到春秋，人们已经充分认识到，人
的身心状态，同德政之间有着异乎寻常的关系，尤其是人的行
为是否符合"礼"，对于治国是非常重要的。合礼，则耳目口鼻
等皆能和谐顺畅，人君血气平顺，聚而不逸，智虑清明，也能够
在政治方面做出正确决策，保证国家的平安。政治家们强调修
身养心，其目的不在于长生久视，而是落实在"政治"用途上。
而这正构成了黄老之学内圣心治理论的基础。这些从西周到
春秋的治身之论虽尚未涉及黄老之学所提出的"形神观"，但
从"耳目口"到"心"的逻辑顺序已基本完整，为形神观的形成
奠定了实践基础。统治者身心状态同政治状态是协调一致这
一观念已经为人所认识，有识之士已开始将这一理论贯彻在政
治实践中。

　　至诸子学派兴起，"内圣外王"一语虽出自《庄子》，但实际
上百家之学都有类似主张。诸子百家确实如司马谈所言"务

---

① 　杨伯峻：《春秋左传注》，第 1312 页。

为治者也,直所从言之异路,有省不省耳。"①广义而言,"外王"是诸子的共同目标。但完成这个目标的方法却各异,这其中便包含以不同方式完成"内圣"的个人修善。换言之,以修身进而治心的过程成就个人,以此过程扩大而成就天下,这几个阶段在先秦每一学派中或明或暗都有所体现。具体到黄老之学也是这样,诸多黄老文献都涉及"形神二元"的观念。这是值得注意的一点。"形神"观念也即讨论形体、精神之间的辩证关系,如《管子·内业》中所谓:"凡人之生也,天出其精,地出其形,合此以为人。"②这是黄老之学在形神观念上的典型代表。正是在此认识基础上,黄老之学进一步讨论内圣之修身与治心的关系,具体指出血气运行对精神状态的影响,精神状态对精气灌注的影响,以及如何虚空内心,使人君达至"神明"的理想状态。

第二节　马王堆帛书《经法》
等四篇:"内圣"修心

　　黄老之学的内圣治心理论,以其所主张的"道论"为基础。黄老学者认为,"道"为天地万物的总根源,人君必须通过修身、养心、节欲,才能使得人君的身体做好准备,最后引"道"或称"精气"进驻人心,从而获得治国的思路与智慧。因此修养本身实乃人君得"道"的途径之一。这在战国及秦汉之际的《黄帝四经》、《管子》四篇、《庄子》等相关篇章中均有表现。

---

① 　司马迁:《史记·太史公自序》,见《史记》,第3289页。
② 　黎翔凤:《管子校注》,第945页。

先从马王堆帛书来看。《经法》等篇的作者显然对春秋时期所流行的修身理论非常熟悉，在《经法》等篇中有很多此类文字，阐述气血调整以及对人身的影响，进而对政治的影响。可见作者是接受、继承了这种观念的。如在《十六经·五正》中，假托黄帝战蚩尤的故事所重申的道理：

> 黄帝问阉冉曰："吾欲布施五正，焉止焉始？"对曰："始在于身，中有正度，后及外人。外内交接，乃正于事之所成。"黄帝曰："吾既正既静，吾国家愈不定。若何？"对曰："后中实而外正，何[患]不定？左执规，右执矩，何患天下？男女毕迵，何患于国？五正既布，以司五明。左右执规，以待逆兵。"①

黄帝辅臣阉冉提出，好的政治要从完善君主自身开始，"中正有度"即指人君完善自身。但黄帝疑惑为何在"正"、"静"之后，政治仍没有取得相应的效果。"既正既静"表示自身端正，宁静寡欲。因此阉冉再次规劝说只要"中实"而"外正"，也即内心平实安定，行为端正，让身体和心灵回复到"正"、"静"的状态，使得自己的行为毫无偏颇，必然能够"五正既布，以司五明"，讨伐"逆兵"蚩尤也将取得胜利。

《十六经》中黄帝的形象，是以黄老道家"无为而无不为"政治追求为旨归，因此黄帝所秉承的是一套法天事人的无为之术，在政治上亦以"不争"为"大争"。《五正》中描述黄帝为取得政治上的成功，意欲"自知"，也即充分认识自己、克制自己。阉冉要求先"深伏于渊，以求内刑"，藏匿身形以求自我完善，

① 裘锡圭：《长沙马王堆汉墓简帛集成》（四），第155页。

之后才能有效控制思想上的"争欲",最后达到成功的人君的境界。他说:"怒者血气也,争者外肌肤也。怒若不发浸廪,是为癰疽。后能去四者,枯骨何能争矣。"①在黄老之学看来,"怒"、"争"虽皆是人之常情,但皆为政治上的下策,不有意克制则会引发严重后果——身体上的癰疽,政治上的失败。因此,圣人从身如枯骨做起,心静如水,淡泊自持,方能成就大业。因此黄帝果然"辞其国大夫,上于博望之山,谈卧三年以自求也。"②

　　类似的理论在《经法·六分》中也有提出。《六分》篇将成功的君主称之为"知王术"者,"知王[术]者,驱骋驰猎而不禽荒,饮食喜乐而不湎康,玩好嬛好而不惑心,俱与天下用兵,费少而有功。"③在君王的生活中,田猎、宴饮、珍宝、女色皆为常见事物,也是耗费精力之事,只有圣明君主才能抵抗这些物质的诱惑,减少这些事情对于心力之牵扯。

　　实际上,这种将人君的身体状态和执政水平简单联系的思路并非《黄帝四经》最典型的内圣治心之法,《黄帝四经》中对治心有更深入、丰富的讨论。特别是对人的感知能力,黄老之学提出很高的要求。这已经约略涉及黄老之学的"形神"观念。

　　《黄帝四经》在很多篇章中提到圣人必须具备的精微敏锐的感知,这既同春秋社会大家普遍认可的调整血气、修身治心内圣模式有关,又是在此基础上的发展。其突出之处,在于将耳目的能力也即人的认识基础无限放大、提高。《道原》:

---

①　裘锡圭:《长沙马王堆汉墓简帛集成》(四),第155页。
②　裘锡圭:《长沙马王堆汉墓简帛集成》(四),第155页。
③　裘锡圭:《长沙马王堆汉墓简帛集成》(四),第134页。

> 故唯圣人能察无形,能听无[声]。知虚之实,后能太虚。乃通天地之精,通同而无间,周袭而不盈。服此道者,是谓能精。明者固能察极,知人之所不能知,人服人之所不能得。是谓察稽知极。圣王用此,天下服。无好无恶,上用□□而民不迷惑。上虚下静而道得其正。信能无欲,可为民命;上信无事,则万物周便。①

文中所谓的"察无形"、"听无声",实际是指用感知来"得道",这种状态可以称之为"精"。《黄帝四经》认为人君需要认知人们所不能认知的东西,把握人们所不能把握的精细,这可以称为察知一切事物的至极。在这里,人君需具有极强的感知力,达到"精"的状态,才能够"天下服"。正如《道法》所言,"公者明,至明者有功。至正者静,至静者圣。无私者智,至智者为天下稽。"②可见在认知能力方面,黄老之学对人君的要求是具有超越性的。黄老之学已经不是在普通的口鼻耳目方面提出某种修养的方式,而是将整个修身养心上升至"道"的层次,耳目口鼻之"形"的虚空和敏锐,直接影响到精神状态之"神"的得道与否。《经法·名理》:

> 道者,神明之原也。神明者,处于度之内而见于度之外者也。处于度之[内]者,不言而信。见于度之外者,言而不可易也。处于度之内者,静而不可移也。见于度之外者,动而不可化也。静而不移,动而不化,故曰神。神明者,见知之稽也。③

---

① 裘锡圭:《长沙马王堆汉墓简帛集成》(四),第189页。
② 裘锡圭:《长沙马王堆汉墓简帛集成》(四),第127页。
③ 裘锡圭:《长沙马王堆汉墓简帛集成》(四),第147页。

这一段明确阐述道,神明是人君"见知之稽",也就是说,人君所具备的施政智慧,其来源在于神明。而此"神明",又是源自"道"的,只有按照"道"的运转规律和要求来修身、处世,才能不受任何外在事物的干扰,保持理性的判断力。这段话是讲为人君基本之道,是黄老之学提出的治心要求。

为此,在《黄帝四经》中,人君的治心至少从几个方面提出了要求。比如要做到"贵柔守雌",人君以静、柔为德,才能够符合"道"的本性。《十六经·雌雄节》提出,"夫雄节而数得,是谓积殃。凶忧重至,几于死亡。雌节而数亡,是谓积德",这同《经法·名理》的"虚静正听","以刚为柔者活,以柔为刚者伐。重柔者吉,重刚者灭"是一致的。"虚静"、"柔弱"是人君必备的心术修养。再如人君要"节俭省欲",《经法·道法》认为"道"的本性是"无执"、"无处"、"无为"、"无私",贪私多欲与虚静无为的"道"背道而驰。再如人君必须言行相符,若言而无信则损伤大智,《经法·名理》提出,"若(诺)者,言之符也,已者言之绝也。已若(诺)不信,则知(智)大惑矣。已若(诺)必信,则处于度之内也。"这些实际的做法虽然同春秋之际的政治家类似,但黄老之学的特殊之处在于,将这些修身治心的要求纳入"天道"范畴,人君的一切修养被赋予超越的含义,黄老之学修身养心的特征也就此体现。

第三节　《管子》四篇:形神兼备、内静外敬
——兼论《凡物流形》的治心理论

人君的内圣治心理论在《管子》的《心术(上、下)》、《白

心》及《内业》篇中得到相当充分的阐释和发展。如果说《黄帝四经》的贡献在于将修身治心统摄在天道之下，则《管子》四篇则在其中与"体道"的认知能力方面做了更精深的探索阐述，形成了对黄老之学形神观念的阐述。由于"道"的超越不可感知，治心也即体道特别要通过修养工夫而非普通感官知觉的观察来实现。《管子·内业》：

> 凡人之生也，必以平正。所以失之，必以喜怒忧患。是故止怒莫若，去忧莫若乐，节乐莫若礼，守礼莫若敬，守敬莫若静。内静外敬，能反其性，性将大定。[1]

因此，《管子》治心工夫扼要地说，可以概括为"内静外敬"。内静外敬，一为"虚欲去智"[2]，一为"正形饰德"[3]。透过这种形神兼修的功夫，人君才可"体道"。实际上，为了说明"道"灌注人心的过程，《管子》四篇还特意提出一个重要概念"精"来加深对这一问题的论述。

"精"在《管子》四篇中有双重含义：一是指赋予万事万物生命的"精气"，拥有生命或灵性的物体便拥有"精气"。在《管子》中，也常以"气"来代替。如"凡人之生也，天出其精，地出其形，合此以为人。和乃生，不和不生。"[4]在这层含义上，"精"是生命力的代名词。第二层含义，这是一种理想人格的精神状态和道德水平。人君必须利用"心术"，修炼"内业"，力求"白心"，也即在"形"的方面完成必需的修养过程，才能得到"精"，

---

① 黎翔凤：《管子校注》，第947页。
② 《管子·心术上》有云："虚其欲，神将入舍。"见黎翔凤：《管子校注》，第759页。
③ 《管子·心术下》有云："形不正者德不来，中不精者心不治。正形饰德，万物毕得。"见黎翔凤：《管子校注》，第778页。
④ 黎翔凤：《管子校注》，第945页。

从而在"神"的方面完成修身治心的最高目标。

因此,《管子》四篇的治心理论,实为通过收心敛性,使心灵达到虚静、无为的状态,让"精"更多进驻于心,借助精气的作用,从而使身心达到更高层次的修养,体悟"天道"的规律。"精"进驻人身是一系列的过程,《管子》四篇也提出了各个阶段的要求。

《管子》四篇首先阐明了物质生活和情绪状态等低层次之"形"对人的影响。《内业》多次讲到"严容畏敬,精将自定","四体既正,血气既静,一意抟心,耳目不淫"①,作者是主张调和人之体气,透过端正体貌、言行、使得人欲望减少,耳目、四体、血气等等外在之"形"符合规矩,从而达到心神空虚之境界的。《内业》:

> 凡食之道,大充伤而形不臧,大摄骨枯而血冱。充摄之间,此谓和成。精之所舍,而知之所生。饥饱之失度,乃为之图。饱则疾动,饥则广思,老则长虑。饱不疾动,气不通于四末。②

形神相互影响甚大,饮食、气血这种形体上的变化会阻碍"精"的进驻。因此《管子》四篇在"形"的层面上提出的基本要求是"静之"。

正如《内业》所说:"心全于中,形全于外。不逢天灾,不遇人害,谓之圣人。人能正静,皮肤裕宽,耳目聪明,筋信而骨强,乃能戴大圜,而履大方。"③心中去欲内静,外表自然泰然方正。

---

① 黎翔凤:《管子校注》,第943页。
② 黎翔凤:《管子校注》,第947页。
③ 黎翔凤:《管子校注》,第939页。

无论"四体"或"九窍",外在之"形"皆需"正静",只有如此,才有可能"体道",而具备成为"圣人"的可能。

有了对外在之形的要求,《管子》四篇进而对"神"也即人的精神状态加以关注。"神"涉及各类感觉器官,其中最重要的,当属"心"。《管子》四篇强调人君必须虚心净舍,才能等待"精"气充盈,完成"体道"之举。

对于心,《管子》强调"虚"和"静"。"虚"指去除欲望,摆脱成见,"静"则是保持情绪上的平静。欲望、成见和情绪波动,都有可能导致不正当的喜怒哀乐之感,这些不正当的情感,是需要严格禁止的。

因此,《心术下》曰:"无以物乱官,毋以官乱心,此之谓内德。"①《内业》又强调:"凡心之刑,自充自盈,自生自成。其所以失之,必以忧乐喜怒欲利。能去忧乐喜怒欲利,心乃反济。"②人心天然就是"精舍",如不为外物所扰乱,自然"自充自盈,自生自成",会有精气进入。但当各种嗜欲引起的不正当情感充斥在"精舍"之中,自然无法摄精体道。《内业》:

> 凡人之生也,必以其欢。忧则失纪,怒则失端。忧悲喜怒,道乃无处。爱欲静之,遇乱正之。勿引勿推,福将自归。彼道自来,可借与谋,静则得之,躁则失之。灵气在心,一来一逝,其细无内,其大无外。所以失之,以躁为害。心能执静,道将自定。得道之人,理丞而屯泄,匈中无败。节欲之道,万物不害。③

---

① 黎翔凤:《管子校注》,第778页。
② 黎翔凤:《管子校注》,第931页。
③ 黎翔凤:《管子校注》,第950页。

心里有忧悲喜怒等过度的情绪，"道"也即"精"就无地可容。如能够去掉这些不正当的情感，心就能重新成为"精舍"。因此说"形不正，德不来，中不静，心不治。"①《内业》同时提出了做到"虚静"和"无欲"的具体要求：

> 和乃生，不和不生。察和之道，其精不见，其征不丑。平正擅匈，论治在心，此以长寿。忿怒之失度，乃为之图。节其五欲，去其二凶，不喜不怒，平正擅匈。②

虚静平实的心境，不同于毫无情感。《管子》认为"喜怒取予，人之谋也"，"忿怒之失度，乃为之图"，③适度、正当的情感是可以存在的。只是当这些情感"失度"，才要对它采取措施：节制"耳、目、口、鼻、心"五种情欲，除去"喜、怒"两种凶事，平和中正、虚静平实就可以占据胸怀了。"正"、"静"之后方能"定"，做到去欲内静之后，身体器官和精神状态都可以得到提升，能够四肢坚固，耳目聪明，则整个身心成为可以吸引、容纳"精"的容器。

至此，《管子》对内静外敬、形神兼顾的辩证关系做了非常系统的论述，人君外在的一切都为精气的进驻做好了准备，外在的修养功夫做到了，内在的修养才能得以提升。对于精气的进驻，《心术上》也有详实的阐释：

> 虚其欲，神将入舍；扫除不洁，神乃留处。④

---

① 黎翔凤：《管子校注》，第 937 页。
② 黎翔凤：《管子校注》，第 945 页。
③ 黎翔凤：《管子校注》，第 937 页。
④ 黎翔凤：《管子校注》，第 759 页。

世人之所职者精也。去欲则宣，宣则静矣；静则精，精
则独立矣；独则明，明则神矣。神者至贵也，故馆不辟除，
则贵人不舍焉，故曰"不洁则神不处"。①

洁其官，开其门，去私毋言，神明若存。②

正形饰德，万物毕得。翼然自来，神莫知其极。昭知
天下，通于四极。③

治心至于虚空境地，引来精气，留驻人体，"形神"俱能达到更
高的层次。《管子·内业》又说"敬除其舍，精将自来。精想思
之，宁念治之，严容畏敬，精将至定。得之而勿舍，耳目不淫，心
无他图"④。《内业》篇又强调"一意抟心"，精气进驻后，精神
要专注于内而不驰逐于外。完成了精气进驻的人君，因此也具
有了与世俗不同的宏大人格气象，《内业》：

大心而敢，宽气而广，其形安而不移，能守一而弃万
苛，见利不诱，见害不惧，宽舒而仁，独乐其身，是谓云气，
意行似天。"⑤

之所以能够如此，是由于人君在人格修养上同"天道"完全协
调一致。这种状态，《管子》也称为"全心"：

精存自生，其外安荣，内藏以为泉原，浩然和平，以为

---

① 黎翔凤：《管子校注》，第 767 页。
② 黎翔凤：《管子校注》，第 764 页。
③ 黎翔凤：《管子校注》，第 778 页。
④ 黎翔凤：《管子校注》，第 938 页。
⑤ 黎翔凤：《管子校注》，第 948 页。

气渊。①

全心在中,不可蔽匿,知于形容,见于肤色。

作为君人南面术的一部分,《管子》的"治心"突出体现了道家道法自然,虚静、无为的本色。《白心》:

> 欲爱吾身,先知吾情,周视六合,以考内身。以此知象,乃知行情。既知行情,乃知养生。②

这一段论述非常符合黄老之学的内圣外王的思路,人君必须要从对宇宙万物的普遍观察中,"周视六合,以考内身",了解自身实际,验证自身形态。天道与修身完全是一致的,只有这样才能体证大道之理,最后将对身心的修养落实到政治实践中。

以上简要分析了《管子》四篇的内圣治心理论。但《管子》的论述并没有结束,内圣进而外王,从修身来检视治术,反过来,《管子》四篇又从另一个方向考察,由"治术"印证"治心"的重要,由"治心"来检视"治术"的效果,这实际上还是在强调内圣的最终目的在于外王。黄老之学"推天道以明人事"的特征,充分贯彻在《管子》四篇的心治理论中。而《管子》四篇的这种反向推论,也充分凸显了其黄老的学术品格。《心术上》曰:

> 心之在体,君之位也;九窍之有职,官之分也。耳目者,视听之官也;心而无与于视听之事,则官得守其分矣。

---

① 黎翔凤:《管子校注》,第 939 页。
② 黎翔凤:《管子校注》,第 811 页。

　　夫心有欲者,物过而目不见,声至而耳不闻也。故曰:上
　　离其道,下失其事。故曰:心术者,无为而制窍者也。①

心于人体相当于人君于国家,九窍则类似百官。黄老在政治理
论上主张人君无为而治,下官各司其职,修身治心同样如此。
心要"无为而制窍",要能够使"官得守其分"。但不涉足"视听
之事"仅仅是"无为"的一个方面。《管子》四篇还要求"心"去
除情欲,去除私欲。无论是情欲还是私欲都会使得"心"无法
发挥最高统治功能,使其背离道德标准。人君也是这样。若处
在私欲蒙蔽下,人君会因个人己见而无法洞悉事物的真相底
蕴。在私心指导下的行动,必然成为满足个人利益的行为,最
终会落得"上离其道,下失其事"的结果。

　　在这里,作者从正反两面论证了"内圣"和"外王"的辩证
关系。"无为"的治术,要建立在去除私欲的修养之上,去除私
欲,进而达到无欲,无欲进而达到内心空明虚静,内心空明的人
君才能洞悉治国的最高原理"天道"。此时的"无为",终于由
身心修养转化为外治,从精神上的明道、识道,落实为循理用道
的政治措施。因此可以说,"无为"不但是政治作为,更是人君
内心修养、得道的具体展现。不修练心术必然无法"无为而制
窍"。这也是《管子》黄老之学着力阐发心治,要求人君修炼内
业以求白心的目标所在。

　　《凡物流形》与《管子》的关系非常密切,在内圣治心方面,
二者也有颇多可相参考的论点。
　　《凡物流形》中被推到至高地位的"一",不仅仅是宇宙及

---

① 　黎翔凤:《管子校注》,第767页。

万事万物的生发本体和运行规律,同时也被设定为人君内心修行的目标。只有通过"察一",人君才能够修炼身心,才能将"一"或"道"贯彻到对国家的治理和政治的把握中去。

《凡物流形》提出"心能胜心"之说,将"执道"、"察一"的功夫深入到人君的内心修养之中。《凡物流形》云:

> 闻之曰:心不胜心,大乱乃作;心如能胜心,【26】是谓小彻。奚谓小彻?人白为察。奚以知其白?终身自若。能寡言乎?能一【18】乎?夫此之谓小成。曰:百姓之所贵,唯君;君之所贵,唯心;心之所贵,唯一。得而解之,上【28】宾于天,下播于渊。坐而思之,谋于千里;起而用之,通于四海。

人君治理天下,首要任务是治心,而治心的首要任务,是察一,要做到"白",要做到"寡",也即去除成见,去除自私之念。这一段中所提到"人白为察"、"能寡言"之语,同《管子·白心》之"白"有着相同的义理,是指心灵的纯洁宁静。陈鼓应先生说:"《白心》,意为洁白其心,即《心术上》所谓'洁其宫'、'虚其欲'。"[①]在黄老之学的思路看来,人君想要获得政治上的成功,心灵状态必须通过各种修炼之手段,达到"专一"、"专注"。所以《凡物流形》也强调说:"君之所贵,唯心;心之所贵,唯一。"而《凡物流形》所提到的手段,便是"人白为执",就是坚持"白心",坚持心灵的空虚洁净,而且这种修养最终能够达到"终身自若",也即虽然是严格修养的结果,但却依然能够使人自然而然地达到。这样的境界,在《内业》中被描述为"能去忧

---

① 陈鼓应:《管子四篇诠言——稷下道家代表作解析》,第 187 页。

乐喜怒欲利,心乃反济。彼心之情,利安以宁,勿烦勿乱,和乃自成。"这是道家精神修养功夫的至高境界,也即司马谈所说的"道家使人精神专一"之意。《凡物流形》这种"人白"的论述虽然不及《管子》四篇详尽,但是意义是相通的。

第四节　《庄子》黄老诸篇:"虚静"养德

　　《庄子》外杂篇所包含的黄老篇目,主要集中于《天道》、《在宥》、《天地》、《天运》、《刻意》、《缮性》等六篇中。《天道》诸篇并无《管子》四篇那样专门论述治心理论的篇章,但对治心的理论依然有涉及。得道之人注重修养内心,而天地之道是修养内心的重要准则,这是《天道》诸篇的基本认识。《天道》诸篇论述治心,也以"虚静"、"无为"为最高追求。《天道》:

　　　　圣人之静也,非曰静也善,故静也,万物无足以铙心者,故静也。水静则明烛须眉,平中准,大匠取法焉。水静犹明,而况精神,圣人之心静乎,天地之鉴也,万物之镜也。夫虚静恬淡,寂漠无为者,天地之平而道德之至,故帝王圣人休焉。①

修炼者心境虚静无为,便可同天地之道保持一致。"夫虚静恬淡,寂漠无为者,万物之本也。"②"静则无为,无为也,则任事者责矣。无为则俞俞,俞俞者忧患不能处,年寿长矣。"③从天地

---

①　王先谦:《庄子集解》,第113页。
②　王先谦:《庄子集解》,第114页。
③　王先谦:《庄子集解》,第113页。

人同源同构的起点出发,天地的清静无为很容易成为修炼者效仿的对象。《在宥》记载黄帝向广成子求索长生久视,广成子提出:"目无所见,耳无所闻,心无所知,女神将守形,形乃长生。"①云将向鸿蒙请教治道,鸿蒙要求他"堕尔形体,吐尔聪明,伦与物忘,大同乎涬溟;解心释神,莫然无魂。"②都体现了虚静无为的准则。

《天道》诸篇同样是出自治心与治国的密切关系而提出修身养性的做法。《天道》认为:

> 其动也天,其静也地。一心定而王天下;其鬼不祟,其魂不疲,一心定而万物服。言以虚静推于天地,通于万物,此之谓天乐。天乐者,圣人之心,以畜天下也。"③

"圣人"即指人君,"圣人之心,以畜天下也",人君从内心发出的一举一动,无不关乎天下万物,人君必精于治心的原因即在于此。《天地》中借孔子之口说:"执道者德全,德全者形全,形全者神全。神全者,圣人之道也。"④形神皆"全",才能成为"圣人之道"。《天地》描述"王德":

> 夫王德之人,素逝而耻通于事,立于本原而知通于神。故其德广,其心之出,有物采之。故形非道不生,生非德不明。存形穷生,立德明道,非王德者邪! 荡荡乎! 忽然出,勃然动,而万物从之乎! 此谓王德之人。⑤

---

① 王先谦:《庄子集解》,第94页。
② 王先谦:《庄子集解》,第96页。
③ 王先谦:《庄子集解》,第115页。
④ 王先谦:《庄子集解》,第115页。
⑤ 王先谦:《庄子集解》,第101页。

内心的修养,能够通过其形体外在表现出来,因此"其心之出,有物采之"。而"形非道不生,生非德不明",又说明内心与外在的修养,皆以"道"和"德"为准则。如此,才能达到存形穷生,立德明道,万物从之的效果。

"内圣外王"在文献中的提出虽然晚至《庄子·天下》篇,但其精神实质出现得非常之早。西周时期的"保德"、"明德",将周天子掌管国家的权力同祖先和天子本人的宏伟德业及美好德行相联系,认为人君缺乏"德"便失去权力的有效性,这可以理解为最原始的"内圣外王"的思路。

春秋至战国时期,"德"的概念日益具体化,"修身"、"治心"等内容已经逐渐从中抽离出来,作为对人君的具体要求而提出。这一时期修德治心同"礼"关系密切。人君的举动不逾礼,方能在身体上达至气血平顺,思虑纯固,从而政治方面做出正确决策,保证国体安康。

黄老之学是先秦诸子学术的一支,同样有符合自己学术品格的"内圣外王"理论。黄老之学重在"推天道以明人事",对人君的修养要求则重在"体道"。因此《黄帝四经》中的"内圣"理论,不仅承袭了春秋时期调整气血以对人身产生积极影响,进而利于政治的传统,同时特别在"天道"统摄下,从"形"、"神"二元角度对内圣治心做出阐述。人君要在耳目口鼻等具体之"形"的层次上做到虚空和敏锐,方能至"精",方能体"道",方能按照"道"的运转规律和要求来修身、处世,方能不受任何外在事物的干扰,在施政时保持理性的判断力。

如果说《黄帝四经》已经体现出黄老之学形神论"内圣外王"的思路,那么在《管子》四篇中,作者进一步对"内圣治心"做了精深的思考,并且形成了体系。《管子》四篇专门讨论"内圣治心",提出"体道"的过程,是"精"进驻人心的过程。人君通过收敛外在形体,使心灵达到虚静无为的状态,才能让"精"更多进驻于心,借助精气的作用,体悟"天道"。"心"为"精舍",要去欲内静方得引精。因此《管子》四篇从形神两方面做出要求,对外要"正形饰德",对内要"虚欲去智","形不正,德不来,中不静,心不治。"①如此,人君才能在人格修养上同"天道"完全协调一致,达到"全心"的境界。这种摄取精气体道的内圣理论,在黄老之学内圣心治理论中是最具代表性的。它不但超越了春秋时期仅从外在形体修养谈论治术的思路,同时也对《黄帝四经》较为简单的"形神分论"内圣治心进行了极大的丰富,黄老之学的形神二元论在《管子》四篇中体现得非常鲜明。可以说,《管子》四篇的"内静外敬"治心思路是黄老之学对先秦"内圣外王"理论的极大贡献。

"内圣外王"一语虽为《庄子》提出,但其本身的学术倾向较为复杂。《庄子》外杂篇中包含黄老之学的部分内容,但并不像其他黄老文献那样自成体系。因此,在《庄子·天道》诸篇的内圣治心理论,整体体现出道家黄老之学无为而治的学术旨归,主张"虚"、"静"以养德,德全则为"圣人"。

由此我们大体能够看出先秦黄老之学内圣治心理论的发展脉络,其理论基础仍是推天道以明人事,"内圣"的目的是"外王","内圣"的途径是"体道","体道"则需身体的静、定、少欲,内心的虚、空、无情。这种内圣,既不同于原始道家注重长生久视的养生之道,也不同于儒家《诗》《书》教化的修养方式,是独属于黄老之学的内圣外王之道。

---

① 《管子·内业》,见黎翔凤:《管子校注》,第937页。

第五节　黄老之学气论与
心术理论的关系

《管子》认为,"气"是"道"的落实,是直接组成万事万物的基本要素。因此可以说《管子》气论是其道论的发展。实际上,在宇宙万物自然生化的过程加入"气"这一环节,并非《管子》的专利。上博简《恒先》有之,《鹖冠子·环流》亦有之。《恒先》:

> 恒先无有,质、静、虚。质,大质;静,大静;虚,大虚。自厌不自忍,或作。有或焉有气,有气焉有有,有有焉有始,有始焉有往……气是自生,恒莫生气。气是自生自作,恒气之生,不独有与也。或,恒焉,生或者同焉。

宇宙万物按照:恒先(恒)—或—气—有的顺序生成。《鹖冠子·环流》:

> 有一而有气,有气而有意,有意而有图,有图而有名,有名而有形,有形而有事,有事而有约。约决而时生,时立而物生。①

宇宙万物按照"一—气—意—图—名—形—事—约—时—物"的顺序生成。

---

① 黄怀信:《鹖冠子汇校集注》,第71—72页。

同时,《庄子》对于生死气化问题也有很多的探讨。《庄子》认为道生天地,而气构成天地。气精微而流动,不仅构成自然万物,同时也形成人的身形,气聚则形聚,气散则形散。人的生死便是气聚散的过程。《庄子·至乐》载惠子前往吊念庄子妻时,庄子正"箕踞鼓盆而歌",并说:

> 察其始而本无生,非徒无生也,而本无形,非徒无形也,而本无气。杂乎芒芴之间,变而有气,气变而有形,形变而有生,今又变而之死。是相与为春秋冬夏四时行也。人且偃然寝于巨室,而我噭噭然随而哭之,自以为不通乎命,故止也。①

此处虽然并非讨论宇宙生成,但也表达了"气"是生命的组织基础的含义。有"气"才有"形",才有"生"。从《恒先》、《环流》、《至乐》所描述的生成顺序来看,气都占据了连接"有"与"无"的枢纽地位,较之《老子》的"道生一,一生二,二生三,三生万物"这种较为简单的生化论而言,"气"在"有"、"无"中的铺垫和过渡证明了古人对宇宙万物来源的深入思考。从道论向气论的发展,确实是中国古代哲学的一大进步。

但本文认为,由道论向气论的发展,黄老之学是经世致用的学问,它对道家道论的推崇,对黄帝方术之学的利用,对法家法、刑名理论的借鉴,都有其明确的实用目的。而宇宙生化过程、万物组成结构等形而上的问题,对于法天而治的政论理论没有直接的应用价值,因此并非黄老之学关心的焦点所在。但《管子》将"气"及"精气"概念引入心术之学,使"气"特别是

---

① 王先谦:《庄子集解》,第150—151页。

"精气"在其心治学说中发挥了重要作用。心治理论是黄老之学内圣外王之道的重要组成部分,黄老之学君人南面借此而得以全面建立。因此本文主要以内圣心治之学为本位分析《管子》的"气"和"精气"理论。

　　黄老之学治身治心的意识非常突出,这同道家对长生久视的追求以及黄帝方术学中的方技知识都有联系。在《老子》学说中,保持自身精神状态和身体条件的稳定是长寿延年的基础条件。而在黄老之学中,人君身心的状态,不但关乎其本人,更是国家长治久安的一大资源。《管子·心术上》云:"心之在体,君之位也"。①《枢言》云:"道之在天者,日也;其在人心者,心也。"黄老之学的心术是统摄在道论之下的。《庄子·天道》也说:"其动也天,其静也地。一心定而王天下;其鬼不祟,其魂不疲,一心定而万物服。"②"虚"和"静"原本是天地之道的特性,而心灵若想与天地之道冥和,就必须先以虚静修身。"心术"理论固然是讲个人的内在修养问题。但从根本上看,也是黄老学者为统治者提出的为政原则,即以虚、静、壹的心态治理国家,使自己的行为符合客观法则的要求。这样,"心术"便与"治论"紧密联系,形成了颇具特色的黄老之学内圣外王之道。

---

① 　黎翔凤:《管子校注》,第 767 页。
② 　王先谦:《庄子集解》,第 115 页。

第三章
道法转关及循名参实

《史记·太史公自序》将老子、庄子、申不害、韩非同传,论述申不害、韩非同出于黄老之学,并曰:

> 老子所贵道,虚无,因应变化于无为,故著书辞称微妙难识。庄子散道德,放论,要亦归之自然。申子卑卑,施之于名实。韩子引绳墨,切事情,明是非,其极惨礉少恩。皆原于道德之意,而老子深远矣。

太史公之所以将老、庄、申、韩合传,原因在于他们的思想主张"皆原于道德之意"。道、法二家在思想上确实存在承变关系。上文论述黄老之学从"天道阴阳"的运转中体会出"法天而治"的精义,将法家之"法"赋予了更为深远的依据和内涵。具有道家倾向和具有法家倾向的思维在相同的思路下,形成了黄老之学独特的"道法"理念和刑名观念,这是"法天而治"的具体操作,也是作为君人南面之术的核心内容。

第一节　由道而来的法观念及其政治呈现

一、马王堆帛书《经法》等四篇古佚书：
由道生法，刑德相参

1. 抱道执度

《经法》指出："道生法。""法"是形而上之"道"在形而下世界的落实。这是一种广泛意义的"法"，其中包含有"规定"、"范式"之意，而不仅仅是法家所指的"法令"的含义。《经法》四篇所讲到的由"道"生出"法"的思路，同黄老之学吸收的黄帝数术技术有直接关系。本文曾有分析，黄帝之学注重对天道的测度与推衍，有关日月轮转、星辰运行、四时变化、节气赢绌等原本是属于黄帝之学的专门知识，这些都是天道运行的具体规律。正是由此推衍，带有规律、范式之意的"法"由此而生，这是"天道"在人间的落实。《经法》四篇在很多地方讲到"执道"，而所谓"执道"，就是要求人君去认识和掌握万事万物运行规律，也即掌握这个"法"。值得注意的是，《经法》四篇是从为政角度出发，反复强调"执道"之重要性。《经法·道法》云：

> 故惟执[道]者，能上明于天之反，而中达君臣之半，密察于万物之所终始而弗为主。故能至素至精，浩弥无形，然后可以为天下正。①

---

① 裘锡圭：《长沙马王堆汉墓简帛集成》（四），第 127 页。

也就是说,"执道"的目的是为了"明于天之反",这样可以"达君臣之半",可以"察于万物之终始"。而这一切是建立在对天道的了解掌握之上的。了解天道便能够掌握人间行为的规律和法则,能够掌握政治兴盛的准则。这个"规律"和"准则"实际上就是"法"。《经法·论》中也有引申天道而得出规律之文。作者从"道生法"的思路出发继续延伸,阐述"物各[合于道者],谓之理。理之所在,谓之[道]"。① 因此,作者认为"天道"规定"物理","物有不合于道者,谓之失理,失理之所在,谓之逆。逆顺各命也,则存亡兴坏可知也。"②这一层"物理"的含义由天道推衍而来,是非常明确的"推天道以明人事"的思路。

《经法·道法》云:

> 道生法。法者,引得失以绳,而明曲直者也。故执道者,生法而弗敢犯也,法立而弗敢废[也]。□能自引以绳,然后见知天下而不惑矣。③

这一段文字,一般被认为是黄老之学兼论道法的依据。本文认为,从《经法》四篇整体论"道"与"法"的情况看,要理解此处的"法",仅从法家之"法令"的含义出发是不够的,会以偏概全。从上下文判断,作者显然是将"法"视为一种可以明辨是非曲直、考察验证世间万物的衡量器具,而这个内涵已将法家之"法"的含义包括其中了。

《经法》四篇中,从"天道"的视角来阐述权衡之"法"的用

---

① 这一句帛书原文本有缺字,《长沙马王堆汉墓简帛集成》作"物各□□□□,胃(谓)之理。理之所在,胃(谓)之□",很多研究者认为,根据上下文可填充为"物各[合于道者],谓之理。理之所在,谓之[道]"。
② 裘锡圭:《长沙马王堆汉墓简帛集成》(四),第141页。
③ 裘锡圭:《长沙马王堆汉墓简帛集成》(四),第127页。

例很多。

> 称以权衡，参以天当，天下有事，必有考验。事如直
> 木，多如仓粟。斗石已具，尺寸已陈，则无所逃其神。故
> 曰：度量已具，则治而制之矣。①
> 日月星辰之期，四时之度，[动静]之位，外内之处，天
> 之稽也。高[下]不蔽其形，美恶不匿其情，地之稽也。②

可见，法度充满天地万物，并不仅仅是政治的手段。人君需明
晰天地之法，才能期待在政治中有所成就。

进一步而言，《经法》四篇多次提出的"法"之概念，与其文
中的"理"、"度"、"纪"、"数"等概念含义是一致的。上文曾引
文说明，作者认为掌握了"法"，则可以"见知天下而不惑矣"，
这个"天下"，既是政治范畴的"天下"也即国家的政事，同时也
是指自然之"天下"。因此，在政治领域中，将"法"做法律、法
规解固然无妨，但若将其放在更广程度上的"天下"范围中，
"法"更合适的理解应该是"物理之当然"。《道法》有言：

> 应化之道，平衡而止。轻重不称，是谓失道。天地有
> 恒常，万民有恒事，贵贱有恒位，畜臣有恒道，使民有恒度。
> 天地之恒常，四时、晦明、生杀，柔刚。万民之恒事，男农女
> 工。贵贱之恒位，贤不肖不相放。畜臣之恒道，任能毋过
> 其所长。使民之恒度，去私而立公。③

---

① 《经法·道法》，见裘锡圭：《长沙马王堆汉墓简帛集成》（四），第127页。
② 《经法·四度》，见裘锡圭：《长沙马王堆汉墓简帛集成》（四），第127页。
③ 裘锡圭：《长沙马王堆汉墓简帛集成》（四），第127页。

在这一段中,"恒常"、"恒事"、"恒道"、"恒度"皆有将"法"作为规律、法度之意。《经法》四篇显然是将自然界与人类社会普遍之"法度",借鉴到政治领域君人南面之术中,认为这是成功的关键,正所谓"法度者,正之至也,而以法度治者,不可乱也。"①

作为道体之用,"法"是"道"充盈宇宙的具体体现,"道"则是贯穿于天上以及人间的普遍法则,"天之反"、"君臣之半"、"万物之终始"皆为"道"所规定。《经法》四篇屡有"抱道执度"、"执道循理"之语,实际上便是说要通过掌握"度"、"理"来掌握道。《经法·论》曰:

> 物各□□□□谓之理。理之所在,谓之□。物有不合于道者,谓之失理,失理之所在,谓之逆。逆顺各自命也,则存亡兴坏可知[也]。②

将"天"之"理"、"物"之"理"落实在政治上,《经法》四篇将人君称为"执道者",这透露了作者的用意——人君必须通过通晓"法"、"度"、"理"等等"道"之形而下的具现,才能进一步在政治上借鉴周行天下而不殆的大道。执政者唯有掌握这种法则,且不能抱有先入为主的成见,才能认识精深,思路开阔,成功运用衡量天下是非的准绳。这也就是《经法》等四篇所言的"抱道执度"。

《经法》四篇提出人君要做到"抱道执度",这个目的也是非常明确的,就是要求人君通过把握法度,进而把握政治事务

---

① 《经法·君正》,见裘锡圭:《长沙马王堆汉墓简帛集成》(四),第132页。
② 裘锡圭:《长沙马王堆汉墓简帛集成》(四),第140—141页。

本身的"顺逆",能够对国家进行成功的治理。《经法》四篇认为,在政治上,最为重要的"顺逆"便是"四度":君臣、贤不肖、动静、生杀,这四者是执政者要审度的首要大事。"审知四度,可以定天下,可安一国"①,否则,就有可能招致"身危为僇","国危破亡"的命运。对于"四度"等政治大事的处理,需要遵循"道"的法则,因此,原本放之四海而皆准的法度成为政治生活中的"法治"。

法度落实到政治领域,"法治"便也带有了源自"道"的合理与权威。在此,将"法治"理解为"以法律治国"是不够恰当的,其含义实际更为贴近"以天道所规定的法度治国"。这种法度不仅仅是落实在文字上的法律法规,更是一种因循、借鉴天道运行的思路。《经法》四篇所谓的法治,一是具有源"道"而来的合理性,二是具有天然的公正性。因此人君莫不以此为治国法宝。

实行法治,便可顺天。法度既然是道的落实,法治便有天然合理性。《经法·君正》云:

> 天有死生之时,国有死生之政。因天之生也以养生,谓之文,因天之杀也以伐死,谓之武。[文]武并行,则天下从矣。②

《十六经·观》云:

> 是故为人主者,时挃三乐,毋乱民功,毋逆天时。然则

---

① 《经法·四度》,见裘锡圭:《长沙马王堆汉墓简帛集成》(四),第138页。
② 裘锡圭:《长沙马王堆汉墓简帛集成》(四),第132页。

五谷溜熟,民[乃]蕃滋。君臣上下,交得其志。天因而成之。夫并时以养民功,先德后刑,顺于天。[①]

同时,作为衡量得失,审明曲直的标准,"法治"又具有天然的公正性。《经法·君正》云:

> 精公无私而赏罚信,所以治也。[②]

《经法·四度》曰:

> 君臣不失其位,士不失其处,任能毋过其所长,去私而立公,人之稽也……逆顺有形,情伪有实,王公执□以为天下正。[③]

"法"是"物理之当然",是"道"的形而下落实,因此具有公正无私的特征。依照"法"而治国,自然也可以摒除一切偏颇和私欲,达到为治的标准。

依照"法"而治理国家的具体办法,并非执行既定的法律规章如此简单。《经法·论》中详细陈述了一套依天地法度而为的治国方略,其文曰:

> 是以守天地之极,与天俱见,尽□于四极之中。执六柄以令天下,审三名以为万事□,察逆顺以观于霸王危亡之理,知虚实动静之所为,达于名实相应,尽知情伪而不

---

① 裘锡圭:《长沙马王堆汉墓简帛集成》(四),第152页。
② 裘锡圭:《长沙马王堆汉墓简帛集成》(四),第132页。
③ 裘锡圭:《长沙马王堆汉墓简帛集成》(四),第138页。

惑,然后帝王之道成。①

从文意可知,执六柄、审三名、察逆顺、知虚实动静,实际上就是《经法》四篇所推崇的"法治"的具体内容。六柄即为观、论、动、转、变、化六种方法;三名即为正名、倚名、无名。知"六柄"可使人君充分了解政治形势,适时把握时机,采取有效行动;查"三名"可使国家处于上下安其位,各种事务都安排妥当;而体察顺逆、动静、虚实则使政治生活中的一切事务按照天地之道来运转。实践这些治国方法,前提是"守天地之极,与天俱见"。如能做到这些,"六枋(柄)备则王矣","三名察则事有应矣"。

2. 刑德兼备

"刑德相养"、"刑德兼备"是《经法》四篇非常具有特色的政治思路,与"天道"也有非常密切的联系。

"刑德"的观念植根于《经法》四篇所认可的阴阳之理,其实质是将四时之序与政治实践相结合,认为天有此道,人亦有此理。"刑"与"德"在《经法》四篇中常常相对出现,在政治中亦是交互推行。这是《经法》四篇从"天道"中推衍出的重要政治原则。《十六经·观》有:"春夏为德,秋冬为刑。""刑德"的概念同阴阳四时有着密切的关系,而其实践中的目的是务时寄政、务时用兵。《十六经·观》

凡谌之极,在刑与德。刑德皇皇,日月相望,以明其当,而盈□无匡。夫是故使民毋人执,举事毋阳察,力地毋阴敝,阴敝者土荒,阳察者夺光。人执者纵兵。是故为人

---

① 裘锡圭:《长沙马王堆汉墓简帛集成》(四),第141页。

> 主者,时挃三乐,毋乱民功,毋逆天时。然则五谷溜熟,民
> [乃]蕃滋。君臣上下,交得其志。天因而成之。夫并时
> 以养民功,先德后刑,顺于天。①

引文的最后一句"先德后刑,顺于天",含义很明确,也即"刑"
与"德"交替运用的终极合理性在于天道阴阳的规定。

而从实际政治操作的层面来说,"刑"在《经法》四篇中,包
含有法律制度、禁诛奖惩之含义,其实质是通过法令律历辅助
人君治国。"刑"所包括的诛禁奖惩措施,行之有效,人君必得
而用之。《经法·君正》认为人君治国要按照以下步骤进阶:

> 一年从其俗,二年用其德,三年而民有得,四年而发号
> 令,[五年而以刑正,六年而]民畏敬,七年而可以征……
> 四年发号令,则民畏敬。五年以刑正,则民不倖……②

《经法·君正》认为,颁布法令制度并严格执行具有重要
意义:

> 号令者,连为什伍,选练贤不肖有别也。以刑正者,罪
> 杀不赦也。[畏]敬者,[□□□□]殹。可以征者,民死
> 节也。③

法令和制度的颁行,最大的效用是上至政府机构下至平民百姓
都拥有了既定秩序。国家日常事务有章可循,贵贱有差等,有

---

① 裘锡圭:《长沙马王堆汉墓简帛集成》(四),第152页。
② 裘锡圭:《长沙马王堆汉墓简帛集成》(四),第132页。
③ 裘锡圭:《长沙马王堆汉墓简帛集成》(四),第132页。

效避免混乱;贤、不肖、守法与有罪者各得其所;国家内部安定团结,臣民富庶,可以达到"守必固、战必胜"的强国目标,这也是人君都希望追求的目标。因此《六分》说:

> 为人主,南面而立。臣肃敬,不敢蔽其主。下比顺,不敢蔽其上。万民和辑而乐为其主上用,地广人众兵强,天下无敌。①

同时,《经法》四篇认为,人君必须牢牢掌握颁布政令的大权并实行有效的推行。《经法·论》认为"人主者……号令之所出也"。②　执行法令必须严肃认真:"废令者亡……名禁而不王者死。"③"大杀服民,戮降人,刑无罪"被认为是"三不辜",是亡国的标志,会使得"祸皆反自及也"。④《经法·六分》认为,成功的人君应该是这样的:

> 霸主积甲士而征不服,诛禁当罪而不私其利,故令行天下而莫敢不听。⑤

所以说,从法天地之道出发,《经法》四篇牢牢把握住阴阳刑德之规律,指导人君认识到"三时成功,一时刑杀"的原则,在处理政事时依照"刑德相养"的原则,合理运用刑(法)与德的手段,正如《经法·四度》所言:

---

① 裘锡圭:《长沙马王堆汉墓简帛集成》(四),第 134 页。
② 裘锡圭:《长沙马王堆汉墓简帛集成》(四),第 140 页。
③ 《经法·亡论》,见裘锡圭:《长沙马王堆汉墓简帛集成》(四),第 143 页。
④ 《经法·亡论》,见裘锡圭:《长沙马王堆汉墓简帛集成》(四),第 143 页。
⑤ 裘锡圭:《长沙马王堆汉墓简帛集成》(四),第 134 页。

　　因天时,伐天毁,谓之武。武刃而以文随其后,则有成功矣。用二文一武者王。①

如此才是理想的统治原则。

二、《鹖冠子》：法天而成的天曲日术②

　　《鹖冠子·环流》认为："万物相加而为胜败。莫不发于气,通于道,约于事,正于时,离于名,成于法者也。"③整个社会结构的合理性都来自天道。作者对于战国纷乱的社会秩序失望透顶,像所有道家思想者一样,他所倾慕的是一种"德之盛,山无径迹,泽无津梁,不相往来,舟车不通"④的世界,但"五帝在前,三王在后,上德已衰矣"⑤,"至世之衰,父子相图,兄弟相疑,何者？其化薄而出于相以有为也,故为者败之,治者乱之"⑥。面对如此混乱的世界,利用法律体制和权势操纵来整顿社会秩序的想法滋生出来。这也是黄老之学结合道与法的内部需求。

　　《鹖冠子·兵政》说："道生法,法生神,神生明"。而此处的"法"也非法家刑法制度的含义。"法"在《鹖冠子》中出现76次。⑦ 同《经法》等四篇相似,"法"一词在《鹖冠子》中也并

---

① 裘锡圭：《长沙马王堆汉墓简帛集成》(四),第138页。
② 所谓"天曲",是指天体的环曲、周合；日术,指太阳行天之术,喻君术。"天曲日术"是《鹖冠子》效仿天道运转规律构建的一套政治体制,集中体现了《鹖冠子》法天而治、"推天道以明人事"的主张。
③ 黄怀信：《鹖冠子汇校集注》,第73—74页。
④ 《鹖冠子·备知》,见黄怀信：《鹖冠子汇校集注》,第304页。
⑤ 《鹖冠子·世兵》,见黄怀信：《鹖冠子汇校集注》,第272页。
⑥ 《鹖冠子·备知》,见黄怀信：《鹖冠子汇校集注》,第305—306页。
⑦ 参考黄怀信：《鹖冠子通检》,见《鹖冠子汇校集注》附,第182页。

不固定，而是具有多重含义的。首先，最高层的含义是指天道运转的自然规律，"一之法立，而万物皆来属"，便是这种用例。其次指人间帝王在政治领域利用对天道的效仿而采取的治国方略。《鹖冠子》中记载了很多所谓上古时代或圣人流传下来的"成鸠之制"、"九皇之制"、"大同之制"、"定制泰一"、"天曲日术"之类，这实际都包含在"法"的这层内涵中。作为对天道运转的模仿，这种意义上的"法"是人君对现实政治的最高追求。另外，具有"法律"、"法规"含义的"法"在《鹖冠子》中也不少见，《天则》有言曰："文武交用而不得事实者，法令放而无以枭之谓也。"①在这层含义中，"法"与"令"也常常连用，《度万》阐述：

> 散无方化万物者令也，守一道，制万物者，法也。法也者，守内者也，令也者，出制者也。夫法不败是，令不伤理。②

从上下文看，这里的"法"是明显具有"刑法"、"律令"含义的。

具有"律令"含义之"法"的来源，一直是黄老之学不能含糊而过的问题，黄老之学力求使人间之"法"拥有不容置疑、不言自明的身份。《鹖冠子·度万》的中心实际上就是讲"立法以神"，法天法地，力求达到"以一法而度万"的目的。《度万》：

> 天者，神也，地者，形也，地湿而火生焉，天燥而水生焉。法猛刑颇则神湿，神湿则天不生水，音□声倒则形燥，

---

① 黄怀信：《鹖冠子汇校集注》，第53页。
② 黄怀信：《鹖冠子汇校集注》，第149页。

形燥则地不生火。水火不生,则阴阳无以成气,度量无以成制,五胜无以成执,万物无以成类。百业俱绝,万生皆困,济济混混,孰知其故?①

作者以天地阴阳五行的理论来证明"法"与"天地"的关系及其存在的合理性。天阳地阴,故天生水而地生火。法也属阴,若"法猛刑颇"即法令不公正则伤阳,天不能生水,阴阳不和,最后导致"百业俱绝,万生皆困"的局面。《度万》还认为:

> 阴阳者,气之正也;天地者,形神之正也。圣人者,德之正也,法令者,四时之正也。②

作者认为,四时更替永不错乱,故为法令之正长。这同《管子·正》中所谓"如四时之不贷,如星辰之不变,如星如昼,如阴如阳,如日月之明,曰法"③的说法含义相同。

正因"法"同天地日月四时如此相似,因此《鹖冠子》一再强调"法"的永恒及不可更改。《王铁》:

> 王铁者,非一世之器也;以死遂生,从中制外之教也。后世成至孙一灵羽,理符日循,功弗敢败,奉业究制,执正守内,拙弗敢废。楼劓与旱,以新续故,四时执效,应锢不骏……成鸠之所枋以超等,世世不可夺者也。功日益月长,故能与天地存久,此所以与神明体正之术也。不待士

---

① 黄怀信:《鹖冠子汇校集注》,第 135—137 页。
② 黄怀信:《鹖冠子汇校集注》,第 138 页。参照黄怀信说:"法令""四时"疑互误。
③ 黎翔凤:《管子校注》,第 893 页。

史苍颉作书,故后世莫能云其咎。①

"王铁"即是"法"的代表,"王铁""非一世之器",是"万世之器",这是作者承认了"法"的永恒性。这种永恒性,来源于天道,可以通过同日月四时的关系得到验证。人君若想维持像天地一样长久的统治,就必须保证"法"得到正确、严格地执行。《环流》认为:

> 故日月不足以言明,四时不足以言功。一为之法,以成其业,故莫不道。一之法立,而万物皆来属。法贵如言。言者万物之宗也。是者,法之所与亲也。非者,法之所与离也。是与法亲,故强;非与法离,故亡。法不如言,故乱其宗。故生法者命也,生于法者亦命也。②

在政治领域中,"法"即如"天道"一般具有至关重要的意义。"日月不足以言明,四时不足以言功",因为"天道"使然。"法"也是一样。"法"之所贵便在于其执行的效用。因此说"是与法亲故强,非与法离故亡",不这样做,便是"乱其宗"。生法者与生于法者都必须遵循这样的原则,因此作者将依法治国称为"命也"。《度万》又说:

> 神备于心,道备于形,人以成则,士以为绳,列时第气,以授当名,故法错而阴阳调。③

---

① 黄怀信:《鹖冠子汇校集注》,第207—213页。
② 黄怀信:《鹖冠子汇校集注》,第77—78页。
③ 黄怀信:《鹖冠子汇校集注》,第150—151页。

在作者看来,依照法令行事,犹如按照时令节气秩序而授以民时,必无错乱发生的可能。法"错"之"错",是"措"、"置"之意,将源自天道的法认真贯彻实施,自然会收到阴阳协调的效果。

认真执行天道之"法",意味着"法"的内涵之一"刑德赏罚"必须得到严格的遵守。实际上,《鹖冠子》中不乏此类记载。《王鈇》:

> 县啬夫不以时循行教诲,受闻不悉以告郡,善者不显,命曰蔽明;见恶而隐,命曰下比,谓之乱县:其诛啬夫无赦。郡大夫不以时循行教诲,受闻虽实,有所遗脱,不悉以教柱国,谓之乱郡:其诛郡大夫无赦。柱国不政,使下情不上闻,上情不下究,谓之绤政:其诛柱国,灭门残疾。令尹不宜时合地,害百姓者,谓之乱天下:其轸令尹以狗。[①]

像这种"诛无赦"、"诛灭门残疾"、"轸以狗"的惩罚,不可谓不严厉。而作者认为这种非常手段的颁行也是有着非常充足的理由的。《王鈇》:

> 天用四时,地用五行,天子执一以居中央,调以五音,正以六律,纪以度数,宰以刑德。[②]

天子所执之"一",即是人间所用的"天道",即是"法"。同样是以"赏罚"之"法"为治,《鹖冠子》用"法"同法家之"法"的差

---

① 黄怀信:《鹖冠子汇校集注》,第184—186页。
② 黄怀信:《鹖冠子汇校集注》,第187页。

别由此得到体现。

三、《管子》：道法与德、礼的结合

　　刘歆《七略》列《管子》于法家，班固《汉书·艺文志》虽据刘歆《七略》而成，却将《管子》归入道家。而几乎所有《隋书·经籍志》之后的正史著作和目录学著作，都依据刘歆的观点，将《管子》入法家。这一方面说明，时至汉代，《管子》的学派归属已开始有不同的看法；另一方面也说明，《管子》一书思想确实复杂，其思想倾向与儒、道、法等家皆有一定联系。特别是其黄老诸篇，道法转承、刑名相参的倾向体现得较为明显。

　　郭沫若在《十批判书·后记之后》中说："《管子》中多法家言，但不限于一家。如《法法》、《任法》、《明法》诸篇其理论确渊源于慎到，而为韩非所本"，"这些主张很显明地是慎到与韩非之间的桥梁"。① 胡家聪先生也认为："《法法》、《任法》、《明法》的法治思想声息相通，可概称之'三法'，系《管子》书中专题法理论文的重要篇章……主要特征是道、法思想结合"。② 丁原明先生也说："稷下黄老学中有一个道法派……在《管子》的《法法》、《任法》、《明法》诸篇中有明显的反映。从外观上看，贯串于《管子》这三篇的一个共同特点，就是公开推尊黄帝和明确使用了'道法'的概念"，这"三篇虽不敢冒昧断定为慎到亲著，但这三篇同慎到这派道法家具有一脉相承的思想联系，却是毋庸置疑的"。③

　　这三篇文章是否为慎到、田骈作品，本文不准备展开讨论。

① 郭沫若：《十批判书》，第 513 页。
② 胡家聪：《稷下争鸣与黄老新学》，第 221—223 页。
③ 丁原明：《黄老学论纲》，第 138 页。

但学者们对这三篇文章的关注和探讨,使我们在分析以此三篇作品为代表,包括其它《管子》黄老诸篇所表现出的强烈的以道论法,道法转承的思路时,有了更多依据。《管子》黄老道法思想在黄老之学发展理路中的地位,也更加彰显。

1. 法出乎道

随着时代的发展,《管子》体现的黄老思想较之田骈诸人,显然是更为成熟的。《管子》黄老诸篇中所提出的法思想,也比田骈慎到诸人更具有法家倾向。对于黄老之学道法并举、以道论法的思想,《管子》是加以继承并发展的。《法法》说:"道法行于国,民皆舍所好而行所恶"。① 民之所好是私事,民之所恶则是公务。《任法》说:"法者,天下之至道也。""百姓辑睦,听令道法以从其事"。②《君臣上》说:"是以知明君之重道法而轻其国也"。③ 这些文句都以"道法"并提,以道论法,说明《管子》黄老诸篇以道为体、以法为用的治国观点已经形成。《心术上》说:

> 事督乎法,法出乎权,权出乎道。道也者,动不见其形,施不见其德,万物皆以得,然莫知其极。④

"法出乎权"即"法"具有"权"那样无可争议的公正性和权威性,可以作为衡量事物的标准和尺度。而"权"的公正性又出乎"道"。《七法》说:"尺寸也,绳墨也,规矩也,衡石也,斗斛也,角量也,谓之法。"⑤"权"取法于天道的公正无私,作为中间

---

① 黎翔凤:《管子校注》,第302页。
② 黎翔凤:《管子校注》,第906页。
③ 黎翔凤:《管子校注》,第563页。
④ 黎翔凤:《管子校注》,第770页。
⑤ 黎翔凤:《管子校注》,第106页。

环节,将"法"与"道"二者联系了起来。法、权、道的基本精神与性质由于皆具有公正无私的特点而取得了一致。这使得"法"作为普遍适用的社会规范,直接从"道"取得了基本精神。所以《法法》说:"宪律制度必法道,号令必著明,赏罚必信密,此正民之经也。"①

秉承了道家的一贯传统,《管子》之"道"无止无穷,贯通于天地万物和人类社会之中,"道也者,通乎无上,详乎无穷,运乎诸生"②。而《管子》的"法出乎道"之思路,正是从"道"的特性而来。

无论是从"法"的职能来看,还是从"法"的执行而言,《管子》所论之"法"已经达到相当成熟的水平。

《君臣上》将"道"、"法"与"君"的关系阐述得非常明白。《君臣上》说:

> 天子出令于天下,诸侯受令于天子,大夫受令于君,子受令于父母,下听其上,弟听其兄,此至顺也……天子有善,让德于天。诸侯有善,庆之于天子。大夫有善,纳之于君。民有善,本于父,庆之于长老。此道法之所从来,是治本也。③

又说:

> 道也者,万物之要也,为人君者,执要而待之,则下虽有奸伪之心,不敢杀也。夫道者虚设,其人在则通,其人亡

①　黎翔凤:《管子校注》,第 301 页。
②　《管子·宙合》,见黎翔凤:《管子校注》,第 234 页。
③　黎翔凤:《管子校注》,第 559 页。

则塞者也。①

从文中可以看出,法出于天(道),天道赋予法天然的合理性和
不可动摇性。法虽然由君主制订并执行,但是君主也在"法"
的管辖之下。《管子·形势》说:"有闻道而好为家者,一家之
人也;有闻道而好为乡者,一乡之人也;有闻道而好为国者,一
国之人也;有闻道而好为天下者,天下之人也;有闻道而好定万
物者,天下之配也。"②也就是说天(道)赋智慧予君主,使之具
有神圣权势,而君主则据以创设制度,使百官依此行事。但此
法一旦创立之后便具有至高无上的权威性。任何人都必须遵
守执行,即使君主也不例外。

　　《管子》提出"法出乎道","道"所具有的两个特点对于
"法"而言非常重要。首先,所谓"道"无偏私之心和偏私之欲。
《管子》认为,天因为其无限大,所以才能兼覆万物,地大才能
兼载万物。天兼覆而无外,其德无所不在;地兼载而无弃,故能
生养万物。君主圣人之治应该像天地那样兼覆、兼载万物,像
日月那样普照万物,才能够清明审察,不遗善,不隐奸,从而达
到劝善止奸、万民莫不为之所用的目的。所以《心术下》说:

　　　　是故圣人若天然,无私覆也;若地然,无私载也。私
　　者,乱天下者也。③

《任法》说:

---

① 　黎翔凤:《管子校注》,第 563 页。
② 　黎翔凤:《管子校注》,第 41—42 页。
③ 　黎翔凤:《管子校注》,第 778 页。

以法制行之,如天地之无私也。是以官无私论,士无私议,民无私说,皆虚其匈以听其上。上以公正论,以法制断,故任天下而不重也。①

可见,"道"保证了"法"的公正无私。《法法》说:

规矩者,方圆之正也,虽有巧目利手,不如拙规矩之正方圆也。故巧者能生规矩,不能废规矩而正方圆。虽圣人能生法,不能废法而治国。故虽有明智高行,倍法而治,是废规矩而正方圆也。②

"法"公正无私的特点,使得政治生活中的一切人、事皆纳入其中。法治管辖的对象包括天子、诸侯、大夫及百姓,谁也不能逃其外,谁也不能破其例。法是君主据以治天下的基础。所以《法法》说:"不法法则事毋常,法不法则令不行。"③《明法》说:"是故先王之治国也,不淫意于法之外,不为惠于法之内也。动无非法者,所以禁过而外私也。"④

因此可以看出,由于被"道"赋予了公正无私的含义,因此《管子》强调,对于法的神圣性必须予以尊重。这个理念与《经法·君正》所谓"以法度治者,不可乱也。而生法度者,不可乱也。精公无私而赏罚信,所以治也"⑤相同。

"法出乎道"中,"道"的第二个特点则是其因任与自然,它规定了法必须顺应民心、民情。所谓因,即因循天道自然,顺应

①　黎翔凤:《管子校注》,第 911 页。
②　黎翔凤:《管子校注》,第 308 页。
③　黎翔凤:《管子校注》,第 293 页。
④　黎翔凤:《管子校注》,第 914 页。
⑤　裘锡圭:《长沙马王堆汉墓简帛集成》(四),第 132 页。

人情。而以法治国就是因循天道、顺应人情的表现。《管子·形势解》认为，圣明的君主"动静得理义，号令顺民心"，"必令于民之所好，而禁于民之所恶。"①君主立法出言只有"顺于理，合于民情"，百姓才会"受其辞"，按照法令的规范去做。《七法》说：

> 根天地之气，寒暑之和，水土之性。人民、鸟兽、草木之生物，虽不甚多，皆均有焉，而未尝变也，谓之"则"……尺寸也，绳墨也，规矩也，衡石也，斗斛也，角量也，谓之"法"……不明于则，而欲出号令，犹立朝夕于运均之上，担竿而欲定其末……不明于法，而欲治民一众，犹左书而右息之。②

这其中对于"则"、"法"等的解说，从内容上看，都是"道"的衍生，同样来自天道自然，因任自然的特色十分明显。

《管子》黄老诸篇所谓的道法思想，兼从道家之道和法家之法中提取所需的理论。《心术上》有所谓"唯圣人得虚道"、③《任法》有"生法者君也"、《法法》有"宪律制度必法道"之说，可见《管子》之法虽是人为，但仍由道而生，是天道的具体呈现，故仍有其高度的神圣性。

《管子》中的黄老之学，一方面阐明了法的理论依据，将法与道结合在一起。认为法在形式上是由君主制定，但并非君主随心所欲为之。君主制定的一切法律制度，是宇宙普遍法则和总规律的"道"在人类社会生活中的具体表现。另一方面，又强调了法在社会政治生活中的重要地位，认为法是区分是非曲

---

① 黎翔凤：《管子校注》，第 1169 页。
② 黎翔凤：《管子校注》，第 106—107 页。
③ 黎翔凤：《管子校注》，第 767 页。

直、衡量得失的客观标准。任何人,包括君主本人,都必须以法行事,决不允许凌驾于法之上。

2."礼"、"德"、"法"并重

商鞅、韩非等法家人物,从原则上反对德治天下。将儒家所提倡的仁义礼智等道德要求讥讽为"六虱",认为这些是对国家的六种危害,应该坚决消灭。韩非也认为,仁义可以丧国,慈惠将会乱政,反对儒家所推行的德治,提倡法治。

与法家任法而治的思路不同,《管子》黄老诸篇的法理思想,讲求"德"、"法"、"理"并重而治。《管子》的这种主张,实际是"法出乎道"思路的延伸,也是黄老之学融合儒法的表现。

钱穆先生说:"礼者,《周语》:'随会聘于周,归而讲聚三代之典礼,于是修《执秩》以为晋法。'故礼即古代之遗制旧例,与本朝之成法也。《楚语》子木曰:'楚国之政,其法刑在民心,而藏在王府。其《祭典》有之曰:国君有牛享,大夫有羊馈。'此所谓法、典,皆礼也。"①这说明在周礼等早期礼制中,礼即是法,法即是礼。所谓"法",在春秋之世,并不仅仅指刑法,同样包含后世所谓"礼"的典章制度。战国晚期由法家所主张的"礼"、"法"分野,是经历了一个过程才渐渐形成的。而《管子》黄老诸篇为人主治术提出的"礼"、"法"并重思想,正处在这样一个过程当中。

《管子》黄老诸篇论证了法出乎道,因此人主依法而治实际上便是依道而治。而《管子》同样认为礼出于道。《心术上》说:"故礼出乎义,义出乎理,理因乎宜者也。法者所以同出不得不然者也。"②"理"是"道"在具体事物中的显现,"礼"则是

---

① 钱穆:《国学概论》,北京:商务印书馆,1997 年,第 21 页。
② 黎翔凤:《管子校注》,第 770 页。

"理"在政治社会中的存在形态,因此从根本上说,礼也是永恒不变的"道"在人类社会生活中的体现。

上文曾分析,从"道"具有因任的特征出发,"法"也应具备因顺民意的特点。这种特点使得"法"与"礼"、"德"获得了一致的基础。《管子》黄老诸篇中,礼和法同出于"道",都是治国手段。"法"、"礼"、"德"三者是相互补充、相辅相成的。《任法》说:"故黄帝之治也,置法而不变,使民安其法者也。所谓仁义礼乐者,皆出于法,此先圣之所以一民者也。"①仁义礼乐皆为治国之手段,因此称为"法"。《法禁》认为:

> 法制不议,则民不相私;刑杀毋赦,则民不偷于为善,爵禄毋假,则下不乱其上。三者藏于官则为法,施于国则成俗。②

文中的"三者"指"法制"、"刑杀"、"爵禄",这三种前提皆属于法的范畴:"民不相思"、"不偷于为善"、"下不乱其上"这三种结果则属于礼义道德的范畴,三种法令范畴的原因可以达到三种道德范畴的结果。这种关系清楚地表明,法可以促德,也即文中所说"三者藏于官则为法,施于国则成俗"。由此可见,法的实施可以转化为习俗;而习俗、道德又有依赖于法的一面。《管子》黄老诸篇对法与德的相互依存关系阐述得十分明确。

黄老之学是一门君人南面术,因此《管子》黄老诸篇礼法兼重,德教并举的原因,根本目的正在于维护人君的政治统治。礼义道德通过使人们自觉区别尊卑、贵贱、长幼、上下等级来强

---

① 黎翔凤:《管子校注》,第901—902页。
② 黎翔凤:《管子校注》,第273页。

化统治;法、势、刑、罚则通过制度上的公正来要求人们必须遵守,约束人们的行为,维护君主的专制统治,监督人们通过自觉尚不足达到的行为。《管子·重令》所说"安国在乎尊君,尊君在乎行令,行令在乎严罚",[①]阐述的就是这个意思。

第二节　刑与名的辩证

　　名实之辨一直是战国百家争鸣的主要课题,春秋战国时期,政治经济社会制度发生激烈变革,旧有的事物急速崩解,新的事物也在快速重构中,原来名实相符的情况受到严酷的挑战,过去的名分已经不能符合急剧变化的现实。正如《管子·宙合》所言:

　　　　夫名实之相怨久矣,是故绝而无交。惠者知其不可两守,乃取一焉。故安而无忧。[②]

名实的歧异就成了亟待处理的问题,也是黄老之学政治理论关注的焦点所在。

一、马王堆帛书《经法》等四篇古佚书:刑名相参

　　《经法·论》要求人君审查三名,"三名:一曰正名位而

---

①　黎翔凤:《管子校注》,第284页。
②　黎翔凤:《管子校注》,第222页。

偃,二曰倚名法而乱,三曰强主灭而无名。"①刑名说是黄老之学治道的重要理论,《史记》评价黄老学者时往往称"主刑名"、"刑名道德"等语。马王堆帛书中也留下大量审查刑名,循名督实的理论。

通过上文对申不害、韩非等人的审查刑名、循名督实等理论的分析可以看出,运用刑名相参明晰君臣之分、督察臣下职责是战国中后期流行的统治术。循名责实理论的渊源来自黄老之学的"道"论。《经法》四篇的表达亦可印证。《称》说:

> 道无始而有应。其未来也,无之;其已来,如之。有物将来,其形先之。建以其形,名以其名。②

刑名源自"道",万物名实由天道确定。名实从产生之时起便相互依存,不相混淆。《经法·道法》说:

> 天下有事,无不自为形名、声号矣。形名已立,声号已建,则无所逃迹匿正矣。
> 凡事无小大,物自为舍。逆顺死生,物自为名。名形已定,物自为正。③

刑名已立,则天下事皆受到天道的束缚。刑名是道赋予宇宙万物自然属性,这是《经法》四篇所谓的"正、奇有立(位)。而名□弗去。"④辨别刑名也是圣人认识事物的正确途径。《经法·

---

①　裘锡圭:《长沙马王堆汉墓简帛集成》(四),第141页。
②　裘锡圭:《长沙马王堆汉墓简帛集成》(四),第175页。
③　裘锡圭:《长沙马王堆汉墓简帛集成》(四),第127页。
④　《经法·道法》,见裘锡圭:《长沙马王堆汉墓简帛集成》(四),第127页。

名理》明确指出这一点：

> 天下有事,必审其名。名□□循名究理之所之,是必为福,非必为灾。是非有分,以法断之。虚静谨听,以法为符。审察名理名终始,是谓究理。唯公无私,见知不惑,乃知奋起。①

同时,《经法·道法》又指导"执道者"如何认识、使用刑名之理：

> 见知之道,唯虚无有。虚无有,秋毫成之,必有形名。形名立则黑白之分已。②

这一段指出"见知"的要诀,认为只要保持"虚无有"的心境,对秋毫般的微小事物也能辨其刑名,并且进而能够分辨事物的特征或是非曲直。作为君人南面之术的一部分,刑名之理最能发挥其作用的舞台也是政治领域。《经法·论约》又作如此申论：

> 故执道者之观于天下也,必审观事之所始起,审其形名。形名已定,逆顺有位,死生有分,存亡兴坏有处。然后参之于天地之恒道,乃定祸福死生存亡兴坏之所在。是故万举不失理,论天下而无遗筴。故能立天子,置三公,而天下化之,之谓有道。③

---

① 裘锡圭:《长沙马王堆汉墓简帛集成》(四),第147页。
② 裘锡圭:《长沙马王堆汉墓简帛集成》(四),第127页。
③ 裘锡圭:《长沙马王堆汉墓简帛集成》(四),第146页。

这段话将政治领域中的刑名问题谈得十分透彻：刑名既是"道"赋予天下事物的属性，因此审查刑名便成为正确认识、考察天下事物的唯一办法。对人君而言，政治事务的祸福、死生、存亡、兴坏，只要通过考察名实是否相符便可知晓。这个过程需要人君依循正道、顺从事理，能够辨别事物的是非曲直，体察事物发展的终始往复。因此人君必须掌握"道"，"故唯执道者能虚静公正"，"乃得名理之诚"。

因此，审查刑名是人君执政的第一要务，刑名之间隐藏了一切政治祸福成败。"刑名出声，声实调合，祸灾废立，如影之随形，如响之随声，如衡之不藏重与轻。"源自"道"的"名实"正如"法"一样公正地显示出事物的特征。"名□□循名究理之所之，是必为福，非必为灾"①。因此人君不得不重视和把握。

《经法》四篇告诫统治者要审查"三名"，即"正名"、"奇名"、"强主灭而无名"②。正名即符合名实相符的事物，倚（奇）名即名实开始出现不相符的事物，而无名则是名实严重混乱，已经失去了曾有的形名状态的事物。名实相参在政治领域中主要通过这三种形式体现出来。

为了指导人君合理运用名实相参的手法，《经法》还提供了很多涉及政治领域的事物名称和表现。如：

> 凡观国，有六逆：其子父，其臣主，虽强大不王。其谋臣在外位者，其国不安，其主不悟则社稷残。其主失位则国无本，臣不失处则下有根，[国]忧而存。主失位则国荒，臣失处则令不行，此之谓频国。主两则失其明，男女争

---

① 《经法·名理》，见裘锡圭：《长沙马王堆汉墓简帛集成》(四)，第147页。
② 《经法·论》，见裘锡圭：《长沙马王堆汉墓简帛集成》(四)，第140页。

威,国有乱兵,此谓亡国。①

　　君臣易位谓之逆,贤不肖并立谓之乱,动静不时谓之逆,生杀不当谓之暴……君臣当位谓之静,贤不肖当位谓之正,动静参于天地谓之文。诛□时当谓之武。静则安,正治,文则明,武则强。②

《经法》四篇选择了对国家极端重要的政治事件,如"六逆"、"乱"、"暴"、"精"、"正"、"文"等,规定其内涵,为执道以观天下的人君提供了审查刑名的标准。同时,《经法》四篇十分强调审查刑名时的心态:

　　故执道者之观于天下也,无执也,无处也,无为也,无私也。③

　　欲知得失情,必审名察形。形恒自定,是我愈静。事恒自施,是我无为④

　　观于天下,要怀着像"道"一般的心胸。《经法·名理》还提出"神明者,见知之稽也"的说法,将"神明"这种精神状态作为认识事物、审查刑名的心理标准:

　　道者,神明之原也。神明者,处于度之内而见于度之外者也。处于度之[内]者,不言而信。见于度之外者,言

① 《经法·六分》,见裘锡圭:《长沙马王堆汉墓简帛集成》(四),第 134 页。
② 《经法·四度》,见裘锡圭:《长沙马王堆汉墓简帛集成》(四),第 138 页。
③ 《经法·道法》,见裘锡圭:《长沙马王堆汉墓简帛集成》(四),第 127 页。
④ 《十六经·顺道》,见裘锡圭:《长沙马王堆汉墓简帛集成》(四),第 172 页。

而不可易也……神明者,见知之稽也。①

"神明"大约是指一种心理状态,它由道而来,顺道而发。所谓"度",本文认为是由"道"落实在形而下世界的"法度",《名理》认为,人虽然处于"道"所规定的客观法度之内,但在"见知"之时,却要让精神世界"见于度之外"。也即要通过"无形"把握"有形",通过"形而上"把握"形而下"。

二、马王堆帛书《九主》: 必也正名

《九主》将"正名"放在十分突出的位置,并且将"名"与法君需要效仿的"天则"相联系。帛书云:

> 天乏(范)无□,覆生万物,生物不物,莫不以名,不可为二名。此天乏(范)也。②

"天乏"的"乏"字,李学勤先生认为应读为"范",是"法"之古字。"天乏"即"天法"。而魏启鹏先生认为,"天乏"当释为"天启",具有上天开导、启迪、赞助、光大之意。而后文的"生物不物",使万物各有其名而别之,也是"天启"的内涵之一。③ 无论"天乏"作何解释,它的功用之一是"生物不物,莫不以名,不可为二名",也就是将所覆载之物命名,并且使之相区别。伊尹认为,这是"法君"应当效仿的一种法则,从而在政治上达到"生物不物"的境界。伊尹说:

---

① 裘锡圭:《长沙马王堆汉墓简帛集成》(四),第147页。
② 裘锡圭:《长沙马王堆汉墓简帛集成》(四),第143页。
③ 魏启鹏:《马王堆汉墓帛书〈黄帝书〉笺证》,第257页。

　　　　主法天,佐法地,辅臣法四时,民法万物,此谓法则。
　　　天覆地载,生长收藏,分四时……分名既定,法君之佐佐主
　　　无声。①

根据天则天覆地载,生长收藏的规律,人君、佐臣及万民都被赋
有不同的名分。一旦法君能够确立这些"名",便可以执符节
以匡正臣下,伊尹对此进行进一步解释:

　　　　法君为官求人,弗自求也。为官者不以妄予人,故知
　　　臣者不敢诬能,□主不忘(妄)予,以分听名。臣不以妄
　　　进,曰蕭以受也。②

"法君"的治理方式,是对照"官职"和"人才"二者,力求使官
与人名实相符。这种对照也贯彻在审核臣下工作中。由于有
了"听名"这个过程,臣下既不敢无能而欺君,人君也不会对臣
下的工作妄加评论。"蕭"字,按魏启鹏先生释为"匡",训为
"正"。③

　　　　自蕭者先名,先名者自责。夫先名者自蕭之命已。名
　　　命者符节也,法君之所以蕭也。④

帛书认为,政治事物的名分是"法君"借以进行统治的工具,
"法君执符以听,故自蕭之臣莫敢伪会以当其君。"⑤帛书《经

①　魏启鹏:《马王堆汉墓帛书〈黄帝书〉笺证》,第253—254页。
②　魏启鹏:《马王堆汉墓帛书〈黄帝书〉笺证》,第259页。
③　魏启鹏:《马王堆汉墓帛书〈黄帝书〉笺证》,第261页。
④　魏启鹏:《马王堆汉墓帛书〈黄帝书〉笺证》,第259页。
⑤　魏启鹏:《马王堆汉墓帛书〈黄帝书〉笺证》,第259页。

法·论》中也有相似的论述:"物自正也,名自明也,事自定也。"①《韩非子·扬权》也说:"故圣人执一以静,使名自命,令事自定。"②名自命,事自定是黄老刑名之学的基本主张。"名"有如客观尺度,是确立各种制度的准则。有了客观尺度与准则,"法君"则不但有效审核臣下业绩,也可使政治制度达到一种自动、高效的运作。

> 是故法君执符以职,则伪会不可□主。伪会不可□主矣,则贱不事贵,远不事近,皆反其职,信□在己心……法君之佐何道别主之臣以为其党,空主之廷朝之其门。所谓法君之佐佐主无声者,此之谓也。③

这也就达到了伊尹所追求的"法君之邦若无人。非无人也,皆居其职也"④的要求。

三、上博简《恒先》: 名言之辨

《恒先》中对"名"、"言"等问题虽有较多探讨,但学术界对《恒先》的"名言"观,目前尚没有统一的结论。然较多研究者认为,《恒先》明确将"名"、"言"放在人文建构中,至少表明了一种相当肯定的态度,即认为,名、言是与社会政治、治乱兴衰密切相关的问题,是值得执政者关注的。陈丽桂先生还提出这样的假设:"(《恒先》所提出)'名'与'政'(礼、治乱)的相

① 《马王堆汉墓简帛集成》(四),第141页。
② 王先慎:《韩非子集解》,第45页。
③ 魏启鹏:《马王堆汉墓帛书〈黄帝书〉笺证》,第259页。
④ 魏启鹏:《马王堆汉墓帛书〈黄帝书〉笺证》,第259页。

关问题,这是否意味着,战国时期的某阶段,某群学者(比如黄老道家学者)正流行着以创生与名论为主题,并将名论与政治相结合,作为其主要思想议题的讨论?"①陈静先生也认为,这种假设,对重塑《恒先》的思想背景、理解《恒先》的思想中心,是十分有意义的。

《恒先》对于"名"、"言"的讨论,主要有如下内容,在人间社会的创生阶段,《恒先》说:

> 有出于或,性出于有,意出于性,言出于意,名出于言,事出于名……言非言,无谓言。名非名,无谓名。②

在生成顺序上,"有"和"或"上接"恒先",下接性、意、言、名、事。按照道家的思路,"恒先"、"质"、"静"、"虚",无形无名。而直到"名"产生之前,万物都是处于"无名"状态。性、意、言、名、事等皆不属于自然万物,是人类社会的因素。其中"名"由"言"决定,"言"由"意"决定。

丁四新先生认为,这一段中"言"指言辞、言语;"名"指名号、名称;"事"指人事,是名号所包含和要求之事。"言出于意",无"意"之"言",只可能是没有经过人心作用的各种自然声响,因此"言"的存在性正在于其"意","意"是"言"的存在根据。"名出于言"之"名",是特定的名号、名称,它无疑根源于言辞结构或言语活动之中。脱离了言辞结构或言语活动,"名"就会丧失其本源而无所依附。"名"存在的根本,正在于"言"。事,职事、事情,属于人有意图或在职分内的行为活动。

---

① 陈丽桂:《上博简(三):〈恒先〉的义理与结构》,见《近四十年出土简帛文献思想研究》,第334页。
② 马承源:《上海博物馆藏战国楚竹书》(三)。

事出,必有其名。"名"正代表了"事"出之因,名正、言顺而事成。《论语·子路》:"名不正,则言不顺;言不顺,则事不成。"正说明了"名"、"事"之间的关系。① 可见《恒先》的这段论述是探讨人间社会"名言"问题的基础。《恒先》又说:

> 　　言名先者有疑,亢言之后者校比焉。举天下之名虚树,习以不可改也。
> 　　举天下之名,无有废者,与天下之明王、明君、明士,庸有求而不虑。②

《恒先》明确指出"举天下之名虚树,习以不可改也。""名"是虚而不实的,然而"名言"的系统一旦建立起来,一旦为世人接受,因袭久之,却能够达到"不可改"的程度。这也是"名言"的重要性所在。

对"凡言名先者疑,亢言之后者校比焉"及下文的理解,丁四新先生认为,"有矣,就是有待于名先者,与稷下道家静因的思想相近;校比,就是审核名事,属于形名之学","凡言名先者,有所依待(待于本源、恒道);广言名后者,就是审核名事","校比"也有审核之意,结合"举天下之名,无有废者",明王诸人"庸有求而不虑",则其含义是"举天下之名,如果实而立之,没有虚废的话,天下的明王、明君、明士于是就可以循名责实以治,而不必用心于思虑、智巧了"。③ 郭齐勇先生也认为这几句话,"仍是讲的审合名形、言事的","在道之下,以名统事,社会

---

① 详见丁四新:《楚简〈恒先〉章句释义》。见丁四新主编:《楚地简帛思想研究》(二),2005 年 4 月。
② 马承源:《上海博物馆藏战国楚竹书》(三),第 296 298—299 页。
③ 详见丁四新:《楚简〈恒先〉章句释义》。

政务在名言制度下自然运转,反而不会紊乱。如此,言名、事务均不可废,天子、诸侯、士君子各行其道而能相辅相成。"①廖名春先生认为,"先者"与"后者"相对,"先者"疑指"恒"这些本源性的东西,"后者"当指"言名"这些后出的东西。"校"当读为"效",训为仿效。"比"义同。"先者有疑",即"有疑先者"或"先者有被疑"。"后者效比",即"效比后者"或"后者被效比"。因此这句话是说,人们怀疑本源,妄加评论,结果效法的倒是"言名"这些末流。天下的名都是虚的,求名者与天下之明王、明君、明士,都应好好想一想,为何只求名却不去探索名的本质。②而曹峰先生则认为"举天下之名,无有废者"中的"无有废者"可能指的是与"正名"相对的"倚名",可以联系马王堆帛书《经法·论》中有"三名,一曰正名,一曰位而安,二曰倚名,废而乱,三曰强主灭而无名。三名察则事有应矣"以辅助理解③。王中江先生则详细分析了《恒先》的"名言"的论述,认为其"名言观"主要是针对"人"与"自然"的关系问题而提出的。倾向于道家思想的《恒先》,虽然也主张"贵自然"、"尚无为",但又不同于庄子那种激烈拒斥"名"的做法,而是形成一套自己的"名言观",包括:"名"的产生(从"言说"中产生);"名"在社会政治中的地位(人间事物是以"名"提出的,或按名而行事,"名"使行动正当化,也即"事出有名")以及"名"的特点("名"要符合其内涵和规定,"名非名,无谓名";"名"具有稳定性,一旦形成,即使是抽象的没有具体事物的"虚名",人

①　详见郭齐勇:《恒先——道法家形名思想的佚篇》,载于《江汉论坛》2004 年第
　　8 期。
②　详见廖名春:《上博馆藏楚竹书〈恒先〉新释》,载于《中国哲学史》2004 年第
　　3 期。
③　详见曹峰:《〈恒先〉编联、分章、释读札记》,见简帛研究网,2004 年 5 月 16 日。

们习惯了也难以改变)等。①

综上所述,《恒先》思想内容中涉及了"形名"或"名言"的问题,这一点是毋庸置疑的。在全文的最后,《恒先》提出"天下之名"的问题提醒本文的读者——天下之明王、明君、明士,这说明《恒先》是将"形名"或"名言"问题作为政治生活中的重要问题来对待的。

四、《管子》：确立名实,刑名之治

1. 名生于实,以形务名

《管子》主张以形定名,《管子》书中常常有"形"、"实"互代的情况。《管子》提出,名实选择的原则应该根据名实出现的先后顺序来确定。《心术上》曰："物固有形,形固有名。"②《白心》曰："物至而命之。""物至而名自治之。"这些都明确地指出"名"并非先验的预设,名无法自生,"名生于实",必须先有形,然后才有名,名是形之名,是针对形的特点而加以制定的,正如《心术上》所云："姑形以形,以形务名。"③

《心术上》还提出"以其形,因之为名,此因之术也。"④可见《管子》所提出的名生于实,也是道家"因"思路在名实关系的一种应用。对于"因"的含义,《心术上》定义为："因也者,舍己而以物为法者也。感而后应,非所设也;缘理而动,非所取也。"⑤正确的知识是明察客体之所是,掌握其规律的要点,所

---

① 详见王中江:《〈恒先〉宇宙观及人间观的构造》,载于《文史哲》2008 年第 2 期。
② 黎翔凤:《管子校注》,第 764 页。
③ 黎翔凤:《管子校注》,第 771 页。
④ 黎翔凤:《管子校注》,第 771 页。
⑤ 黎翔凤:《管子校注》,第 776 页。

以人要做到"舍己而以物为法",在认识事物时,要从该事物本身角度入手,因顺事物自身之理,不要在心中先存成见,造成主观臆度,更不能受好恶利欲的左右。《心术上》这段指导认识过程的理论,实际上是名实理论的基础。在名实确认的过程中,物质之"实"是人们需要认知的对象,而对"实"把握,则要应用"舍己而以物为法者也"的"因"原则。

名实问题表面上虽是对事物名称与本质的辩论,但实际上却涉及人君治国的关键环节。《管子·七臣七主》警惕国君说:"好名则无实……无实则无势。"[1]循名责实在为政之道上是经过验证的,有实践的意义在其中。

2. 循名督实,刑名治术

《管子》认为,正确的认识需要不存主观成见,从事物本身出发,以其固有之形来规定其名,名定之后,再循其理以检验之,以求名实符应。这种循理而动,依理而治的作为,才是人君治国的大道。

因此《管子》所主张的"正名"可以分为两个阶段:第一阶段"以形务名",凸显先形后名的事实;第二阶段"督言正名",考察名与实是否能全然相合、无违。这不仅是认识事物的过程,也是人君实行圣人之治的过程。因此,认识事物过程中的"名不得过实,实不得延名",[2]实际上也是《管子》为人君治术所提出的要求。《心术上》提出:"物固有形,形固有名,名当谓之圣人。"[3]意味着圣人治国,要将天道与政治事物本身相应,这就是"名当"。"名当"是平治天下的根基,这是《管子》讲求"形名"的根本目的——将形名关系落实在为政的治道上。

---

① 黎翔凤:《管子校注》,第 1002 页。
② 黎翔凤:《管子校注》,第 771 页。
③ 黎翔凤:《管子校注》,第 764 页。

《白心》提出这样一个循名督实的原则：

> 原始计实，本其所生，知其象则索其形，缘其理则知其情，索其端则知其名。①

这个原则可分为三个步骤：首先，厘清官制中的官名是否恰当，其职掌是否明确。官名的范围如果大于它的职掌就应扩大职掌使之相符应；官名的范围小于它的职掌，则应该提高官等，这是"名当"，是正名的第一步；其次，依照臣下的官等及其职掌的内容来考核、监督其绩效，也即"索其形"；最后，依据整个官制体制的状况作全盘检验，则一切国事便能了悟于胸中，这就是"正名"之道在政治事务中的操作。

《九守》对此也有详尽、明确的解说，《九守》云：

> 修名而督实，按实而定名。名实相生，反相为情。名实当则治，不当则乱。名生于实，实生于德，德生于理，理生于智，智生于当。②

国君当依实际的职掌来定官名，再依官名来考察绩效，使得官名与臣实必须相符相依。臣下就职之时，便明确知晓了其职能的实际内容。如此天下必然大治，否则必趋败亡。

《管子》所倡导这种刑名治术，同《管子》的道、气理论，及其所提倡的人君治心、修德皆有关系。《管子》相信，名由实而生，事物之"实"也即事物之"形"。同时主张，宇宙万物之实是

---

① 黎翔凤：《管子校注》，第 788 页。
② 黎翔凤：《管子校注》，第 1046 页。

"道"的表现,是"气"的充盈,一物之所以为该物,正是由于该事物源自"道"、"气"的基因。人君若欲通晓万物之理,并且以此理来推行国政,考核臣下,则必须修炼得"德成而智出",而且能够"名当"。

因此《管子》强调人君治国唯有修德治心,方能尽其责、当其能。《管子》黄老诸篇屡屡强调人君必须修练内业、治心成圣的原因也在于此,唯有圣人明道,然后才能以道治天下,而道治则是在乱世中平治天下的唯一有效途径,正如《君臣上》所言:"名正分明,则民不惑于道。道也者,上之所以导民也,是故道德出于君。"①可见"正名"在人君治道中的重要地位。名正,则臣民也能明理循理,国家也可因此而大治。如若不然,则会像《明法解》中所述这般,"君臣相推以美名,相假以攻伐,务多其佼,而不为主用"。② 群臣相互结党以求私利,互相抬举以获美名,互夸功劳以得尊位。"正名"的关键性得以体现出来。

第三节　田慎申韩的道法与刑名观念

本文曾经分析田骈、慎到以及申不害和韩非学术同黄老之学的契合,讲到他们的思想中皆存在"由道入法"的倾向。实际上,"由道入法"正是田、慎、申、韩将天道落实在人间政治上的方式,是作为人君统治术而存在的。但是田、慎、申、韩的思想从整体上而言,与传统意义上的黄老之学《经法》四篇等思

---

① 黎翔凤:《管子校注》,第551页。
② 黎翔凤:《管子校注》,第1214页。

路并不完全吻合。特别是申不害与韩非的学说,已经呈现出成熟的法家学说面貌。

一、田骈慎到：因道全法、道法转关

《荀子·非十二子》中评论田骈、慎到:

> 尚法而无法,下修而好作,上则取听于上,下则取从于俗,终日言成文典,反纠察之,则偶然无所归宿,不可以经国定分;然而其持之有故,其言之成理,足以欺惑愚众,是慎到、田骈也。①

荀子对田、慎法治主义的措施不力、难以经国定分而进行褒贬,因此田、慎应该确实有一套法理主张,也有相应文典法规,但大约“偶然无所归宿”,多停留在纸面,实际实施起来有一定难度。

田骈关于“法”的理论主张今已无存,但《慎子》中保存着大量关于“法”的论述,《四库全书总目》中《慎子》提要云:

> 欲因物理之当然,各定一法而守之。不求于法之外,亦不宽于法之中,则上下相安,可以清静而治。然法所不行,势必刑以齐之,道德之为刑名,此其转关,所以申韩多称之也。②

可见,道家之道德与法家之刑名,正好由慎到在中间沟通。纵

---

① 王先谦:《荀子集解》,第 93 页。
② 《四库全书总目》,第 1007 页下。

观《慎子》书,慎到的法理背后还是能看到道家思想背景,从中体现出因任自然的道家精神。

《慎子》七篇虽非全豹,但其中的法治思想,基本已自成体系,全本《慎子》中当有更加详备和系统的法治理论,足以使汉志归其为法家类。

慎子的"法治",同其哲学思想"齐物"和"循理"有着密切的联系,可以说慎子之"法"正是其"齐物"和"循理"原则在社会政治生活中的体现。

田、慎"齐物论"认为:"天能覆之而不能载之,地能载之而不能覆之,大道能包之而不能辩之。知万物皆有所可,有所不可。"①从这个角度而言,虽然万物皆不同,但有一点是一样的,就是每个事物都有其局限性。"齐物"的结论便在这一点的基础上得出。对于这种"齐物"的现状,田、慎的处事方法是"弃知去己","泠汰于物,以为道理",放弃主观心智,彻底顺应外物变化,这样才能无错误、无非议、无罪过。这种方法虽然看起来消极,但其初衷却是要因循事物的规律,从而最大限度地"守成理,因自然",行事以获得最佳效果。

慎到将"法"也作为"物理"之一进行对待,"物理"乃由"道"而来,因此"法"也由"道"而来。如此,便不难理解慎到法治主义体现出的种种特点。《慎子·逸文》有关道法论述中,有"古之全大体者,望天地,观江海,因山谷,日月所照,四时所行,云布风动,不以智累心,不以私累己,寄治乱于法术,托是非于赏罚,属轻重于权衡","至安之世,法如朝露,纯朴不欺,心无结怨,口无烦言"②之语,在慎到的思路中,法术、赏罚、

---

① 《庄子·天下》,见王先谦:《庄子集解》,第292页。
② 许富宏:《慎子集校集注》,第103页。

权衡皆是"全大体者"从"望天地、观江海"中得来。治世之"法"没有体现苛严面目却纯如朝露，成为"道"在人间政治中的具象体现，这是慎子"法"不同于商申韩"法"的特点之一，是慎子对"法"的独特思考，《慎子·逸文》言：

> 法者，所以齐天下之动，至公大定之制也。故智者不得越法而肆谋，辩者不得越法而肆议；士不得背法而有名，臣不得背法而有功。①

慎子主齐物，而"法"在其理论中恰是"齐天下之动，至公大定"的一个准则，无论智、辩、士、臣，均须按法来衡量一切。"法"在慎子心中，是一杆公平公正、源自人心的标杆，法的主要功用在于去己去私，衡量万物，赏罚惩戒倒在其次，《慎子·君人》：

> 君舍法而以心裁轻重，则同功殊赏，同罪殊罚矣。怨之所由生也。是以分马者之用策，分田者之用钩，非以钩、策为过于人智也，所以去私塞怨也。故曰：大君任法而弗躬，则事断于法矣。法之所加，各以其分，蒙其赏罚而无望于君也。是以怨不生而上下和矣。②

以法断事的原因，正如以策分马和以钩分田，是取其可以公正无私，去除私怨。由法来断事，则不但人君可免除事必躬亲的烦劳，且怨不生而上下和。这是慎子思路中法所应具备的社会意义和作用。正如其逸文所言：

---

① 许富宏：《慎子集校集注》，第 108 页
② 许富宏：《慎子集校集注》，第 52—54 页。

　　法之功,莫大使私不行;君之功,莫大使民不争。今立
法而行私,是私与法争,其乱甚于无法。立君而尊贤,是贤
与君争,其乱甚于无君。故有道之国,法立则私议不行;君
立则贤者不尊。民一于君,事断于法,是国之大道也。①

　　这种认识,明显是出自其"去私因循"的思想,也即《庄子·天
下》所言"弃知去己,而缘不得已,泠汰于物以为道理","无建
己之患,无用知之累,动静不离于理"。② 荀子批评慎到之法
"上则取听于上,下则取从于俗",③这正是慎到将"因循"之道
运用于"法"的结果。

　　《慎子·因循》有"天道因则大,化则细。因也者,因人之
情也"之语,逸文有"法非从天下,非从地出,发于人间,合乎人
心而已"④之语,两相对比,会发现此"法合人心"之"人心",恰
从因循而来。人心若何?《慎子》回答:"人莫不自为也"。克服
人之自为之心,只有因循人情之理,建立公正合理的法才能办
到。法也是"物理"之一,循法方能立"公",立公则可去私,去私
则可不"逾"不"兼",才能达到天下大治。《慎子·威德》:

　　夫投钩以分财,投策以分马,非钩、策为均也。使得美
者,不知所以德;使得恶者,不知所以怨。此所以塞愿望
也。故著龟,所以立公识也;权衡,所以立公正也;书契,所
以立公信也;度量,所以立公审也;法制礼籍,所以立公义
也。凡立公,所以弃私也。明君动事分功必由慧,定赏分

① 许富宏:《慎子集校集注》,第64页。
② 王先谦:《庄子集解》,第292页。
③ 王先谦:《荀子集解》,第58—59页。
④ 许富宏:《慎子集校集注》,第102页。

财必由法,行德制中必由礼。故欲不得干时,爱不得犯法,贵不得逾亲,禄不得逾位,士不得兼官,工不得兼事。以能受事,以事受利。若是者,上无羡赏,下无羡财。①

从以上论述可以看出,慎子"法治"思想的特色,便在于他从"齐万物"的角度出发,从"道"和"物之理"中生出"法"来。

慎子之"法"不像商申之法那样以严酷面目出现在世人面前,甚至并不赞成那种以身体伤害为手段的刑法,《慎子》逸文云:

> 有虞之诛,以幪巾当墨。以草缨当劓,以菲履当刖,以艾韠毕当宫,布衣无领当大辟,此有虞之诛也。斩人肢体,凿其肌肤,谓之刑;画衣冠,异章服,谓之戮。上世用戮而民不犯也;当世用刑而民不从。②

民是否依法,不在于法是否苛严,而在于能够像"道"一般"去私立公",逸文曰:"有权衡者,不可欺以轻重;有尺寸者,不可差以长短;有法度者,不可巧以诈伪。"③《慎子》中论法十余次,而谈论法的功用时将法比作权衡、尺寸、策钩者便有三次。主张如此之"法",与商申韩的刻薄寡恩相比,无怪乎荀子发出"尚法而无法"的批判。

慎到的"法治"同源自道家思想的"齐物"与"因循"密切相关。在对万事万物的"齐"的认识下,慎到因循物理,在政治领域找出"法"这个权衡,用以去己去私,治国安民。总体看

---

① 　许富宏:《慎子集校集注》,第 17—21 页。
② 　许富宏:《慎子集校集注》,第 68 页。
③ 　许富宏:《慎子集校集注》,第 67 页。

来,慎到正遵循"推天道以明人事"逐层推进其学术思路,其政治主张背后皆有深厚的哲学思考。从其"天道,因则大,化则细。因也者,因人之情也"①的论述便可明显体会这一点。

二、申不害: 任法而治、法术刑名、循名责实

司马迁所云"申子之学,本于黄老而主刑名",将申不害学术与黄老之学联系了起来,又云:"申子卑卑,施之于刑名……皆原于道德之意。"概括看来,申不害学术一个重要内容便是以道家思路改造的刑名法术之学。刑名法术之学是成功的治术。《史记·老子韩非列传》谈到申不害相韩时说他"内修政教,外应诸侯,十五年,终申子之身,国治兵强,无侵韩者"。② 可见申不害在韩国的治理工作进行得十分有成效,内政外交皆有成效。

《汉书·艺文志》将《申子》六篇载录于法家类下,可见其法家性质的明显。而打开《申子》辑本,扑面而来的是"术"的气息。《韩非子》中也屡屡提及申不害言术之种种。申不害以术著称,深不可测且行之有效,因此不少学者有将申不害归为"术家"的倾向。如郭沫若在《十批判书·前期法家的批判》中说:

> 申子虽被汉以后人称为法家,其实他和李悝、吴起、商鞅的倾向完全不同,严密地说是应该称为"术家"的。③

这确实代表了相当一部分学者的主张。"术"确实是申不害学

① 许富宏:《慎子集校集注》,第 24 页。
② 司马迁:《史记》,第 2146 页。
③ 郭沫若:《十批判书》,第 345 页。

术一重要内容,但是今《申子》辑本未全,不能轻易将"术"作为申不害学术的全部内容。而申不害学说除"术"之外,在文献中尚能稍作披索。

《韩非子·外储说左上》引申不害与韩昭王言论:

> 韩昭侯谓申子曰:"法度甚不易行也。"申子曰:"法者,见功而与赏,因能而受官。今君设法度而听左右之请,此所以难行也。"①

《申子》文本中有:

> 君必有明法正义,若悬权衡以称轻重,所以一群臣也。
> 尧之治也,善明法审令而已。圣君任法而不任智,任数而不任说。黄帝之治天下,置法而不变,使民安乐其法也。②

从上述文献可以判断,申不害也主张建立严格的法律制度来对国家进行统治。对法令的制定和执行亦颇有一番见解,《申子》原文中当有不少关于"法"的主张,但在辑本中已经不能体现。

《韩非子·定法》云:"晋之故法未息,而韩之新法又生……申不害不擅其法,不一其宪令,则奸多。"③这是韩非对申不害的批评之辞,申不害在法令的建立与执行方面没有得到韩非的赞许。但这也说明,虽然也许造成"奸多"的不良后果,

---

① 王先慎:《韩非子集解》,第 285 页。
② 严可均:《全上古三代文》,第 54 页。
③ 王先慎:《韩非子集解》,第 397 页。

但申不害在立法执法上,确实还是有着自己的主张和标准的。

《淮南子·泰族训》曾言"今商鞅之《启塞》,申子之《三符》,韩非之《孤愤》"云云,高诱注:"申不害治韩,有三符验之术也。"①明代董说编纂的《七国考》卷十二载隋代刘臻《孟子注》曾提到韩之《刑符》曰:一罪谓之犯,二罪谓之干,三罪大逆曰"凶人"。②此处的《刑符》也许是《三符》之一。王充《论衡·效力》也说:"韩用申不害,行其《三符》,兵不侵境盖十五年。"③可见《三符》当时是颇为行之有效的治国要略,其中还包括较为系统详细的法律规定。

另外,秦汉相当一部分政论作品中,提到"任法而治",往往申商并举,如《淮南子》有:"若夫申、韩、商之为治也……凿五刑,为刻削。"④"使遇商鞅、申不害,刑及三族,又况身乎?"⑤

《汉书·刑法志》载:

> 陵夷至于战国,韩任申子,秦用商鞅,连相坐之法,造参夷之诛。增加肉刑、大辟,有凿颠、抽胁,镬亨之刑。⑥

桓宽《盐铁论·申韩》中也有"申子任法,其说于商君同符"之论。今本《申子》中虽未有详论任法而治的文字,但这些评论必定是针对当初申不害所作所为的。

申不害言:"昔者尧之治天下也以名,其名正则天下

---

① 何宁:《淮南子集释》,第 1424 页。
② 董说:《七国考》,中华书局,1998 年,第 371 页。
③ 黄晖:《论衡校释》,第 586 页。
④ 《淮南子·览冥训》,见何宁:《淮南子集释》,第 498 页。
⑤ 《淮南子·齐俗训》,见何宁:《淮南子集释》,第 817 页。
⑥ 班固:《汉书》,第 1096 页。

治。"①可见以名治国,刑名相参,正是申子所推崇的一种治国方略。

《申子》逸文有"天道无私,是以恒正;天道恒正,是以清明。地道不作,是以常静;地道常静,是以正方"②之语,可见效法天地而治理人事也是申不害思路的倾向。《申子·大体》云:

> 镜设精无为,而美恶自备;衡设平无为,而轻重自得。凡因之道,身与公无事,无事而天下自极也。③

在这一段文字中,《老子》守愚示弱的自我保全之术,被申不害转化为静因无为的君人南面之道。申不害从镜与衡的无为因循,不添加主观因而可真实反映外物的现象,体悟出人君亦应以此种"静因"之道施于政治,方能得天下之自极。

将静因的方法施于政治,意味着先要对政治中的一切因素有正确完整的认识,这也正是"循名责实"的意义所在。"刑名"是申不害法治思想中的重要概念。

《申子》认为"名者,天地之纲,圣人之符"。掌握事物的"名",这才能有所"因",才能行"无为"之术。《申子·大体》说:

> 名自正也,事自定也,是以有道者,自名而正之,随事而定之也。
>
> 昔者尧之治天下也以名,其名正则天下治;桀之治天

---

① 严可均:《全上古三代文》,第53页。
② 严可均:《全上古三代文》,第54页。
③ 严可均:《全上古三代文》,第53页。

下也亦以名,其名倚而天下乱。是以圣人贵名之正也。主
处其大,臣处其细。以其名听之,以其名视之,以其名
命之。①

天下万物各有其名,"名"本源自"道",名实相符是"道"赋予
万物的自然本性。有"天子"之实则有"天子"之名,有"百
官"之实则有"百官"之名,名实相符的规律统摄一切,特别
是在政治生活中。主上臣下是正名,一臣专君则是倚名,主
大臣细是正名,主劳臣逸则是倚名。尧治天下之时,正是凭
借着其名正而天下太平。但若庸君施政,疏于协调,使得名
实相离,则天下必定大乱。因此,身为人君,必要细细体察事
物的名实关系,固正名而纠倚名。这就是圣人之所以重视
"正名"的道理。

　　申不害所处的时代,是一个社会动乱、名实混淆的时代。
在这种情况下,如何能实施君人之"术",如何能"因"万物之自
然而使得君主行无为之"逸政",申不害也希冀通过"循名责
实"这种办法来解决根本性问题。

　　《韩非子·定法》介绍的申不害的"术",认为其内容包括
"因任而授官"、"循名而责实"、"操杀生之柄"、"课群臣之能
者"等等。但实际上,"循名责实"虽是一种治术,但在申不害
的思路中,其施用范围却不限于政治领域和君臣之间。

　　《申子》有"名者天地之纲,圣人之符,张天地之纲,用圣人
之符,则万物之情,无所逃之矣"②的论述,认为天下万物莫不
需名实相符,"循名责实"。毫无疑问,政治层面中的一切事物

① 严可均:《全上古三代文》,第53页。
② 严可均:《全上古三代文》,第53页。

是申不害"循"和"责"的重点。政治治理中一旦运用"循名责实"的方法,定可收到事半功倍的效果,这正是所谓"三寸之机运而天下定,方寸之基正而天下治"[①]。"因"臣下之能而授官,"因"官位之名而考察臣下业绩之实。由道体悟出的"因循",被下移至人间,以"循名"的方法作用于政治,这便是司马迁认为申不害其术"源于道德之意"的原因,也是申不害面对战国社会"失序"状态力图加以扭转所提出的办法。

司马迁、班固皆云申子号刑名,但今《申子》辑本中有关刑名的内容却并不很多。但申不害的种种治国主张,在历史上得到了韩昭侯的大力贯彻,从韩昭侯身上,我们能够看到申不害所主张的刑名术的具体实施情况。《韩非子·二柄》载:

> 昔者韩昭侯醉而寝,典冠者见君之寒也,故加衣于君之上。觉寝而说,问左右曰:"谁加衣者?"左右答曰:"典冠。"君因兼罪典衣,杀典冠。其罪典衣,以为失其事也;其罪典冠,以为越其职也。非不恶寒也,以为侵官之害甚于寒。故明主之畜臣,臣不得越官而有功,不得陈言而不当。越官则死,不当则罪。[②]

"典衣"未行其职,获罪无可厚非,但是"典冠"也被定了罪。原因在于"典冠"职位之实即为"冠",若兼及"衣",则亦失其实、越其职。韩昭侯认为,这种越俎代庖的举动属于"侵官",虽爱主有功,亦必治罪。这可算是申不害"循名责实"主张在政治上的极致体现。

---

① 　严可均:《全上古三代文》,第32页。
② 　王先慎:《韩非子集解》,第41页。

三、《尹文子》：名法为治

《尹文子·大道下》说："仁义礼乐，名法刑赏，凡此八术，五帝三王治世之术也。"①可见，《尹文子》所谓治国之要，名与法是不可或缺的两端。《大道下》曰："政者，名法是也。以名法治国，万物所不能乱。"②

1. 形名之逻辑关系

虽然《尹文子》论形名的本意是为论政，但文中仍对"形"、"名"的辩证关系大有发明。《大道上》：

> 大道无形，称器有名。名也者，正形者也。形正由名，则名不可差……大道不称，众有必名，生于不称，则群形自得其方圆。名生于方圆，则众名得其所称也。③

大道为形之上，大道落实为"器"之后，始有名称。从《尹文子》"形而不名，未必失其方圆白黑之实"④的议论看，事物之"形"即为"实"之意。因此，事物之名是由事物之实来决定的，此所谓"名生于方圆"也：

> 名者，名形者也；形者，应名者也。然形非正名也，名非正形也，则形之与名，居然别矣，不可相乱，亦不可相无。无名，故大道无称；有名，故名以正形。今万物具存，不以

① 钱熙祚校：《尹文子》，第 7 页。
② 钱熙祚校：《尹文子》，第 9 页。
③ 钱熙祚校：《尹文子》，第 1 页。
④ 钱熙祚校：《尹文子》，第 1 页。

名正之则乱;万名具列,不以形应之则乖。故形名者,不可
不正也。①

名与形是两个不同的概念,彼此间具有相互依存的关系:既不
可相乱,亦不可相无。万物之名不正则乱,万名之形不应则乖。
故曰:"名以名形,形以应名"也。

形名不符会造成混乱,《尹文子》对形名关系是相当重视
并力求使之明晰的。文中以很多具体事例证明形名相符的重
要性:

"宣王好射,悦人之谓己能用强也。其实所用不过三石",
左右为取悦宣王,皆曰:"不下九石,非大王孰能用是。"但实际
上,三石之实却有了九石之名,宣王悦其名而丧其实。

齐国黄公的两个女儿非常美丽,但"黄公好谦,故毁其子
不姝美。""丑恶之名远布,年过而一国无聘者"。本为倾国之
色却担当了丑恶之名。这是违背真实取得假名。

楚人担山雉以重金卖给路人,说是凤凰。路人欲将其献给
楚王,鸟却不幸死了,"路人不追惜金,唯恨不得以献楚王。国
人传之,咸以为真凤凰。"事情传到楚王耳中,"王感其欲献于
己,召而厚赐之,过于买鸟之金十倍。"这是用了讹名却得
其实。

魏田父耕地时得到宝玉却不认识,识货的邻居想将宝玉骗
到手,于是说这是"怪石",不吉利,应该扔到远野。之后邻居
私自将宝石捡回来,献给魏王,得到了优厚的回报。这是田父
因为不识实而失实。

另外,还有庄里丈人为长子取名"盗"使其被误为盗贼,为

----

① 钱熙祚校:《尹文子》,第2页。

次儿取名"殴"使其遭殴打；康衢长者为看门人取名"善搏"，为看门犬取名"善噬"，使得宾客不敢上门；郑国人称未加工的宝玉为"璞"，而周国人称未晒干的老鼠为"璞"，以致闹出误会的例子。

《尹文子》广举例证，乃是为了证明，名与形必须一一相符，形不同，名亦不同，且名与名之间也要界线分明。名与实的问题，实在是关乎政治治乱的关键问题。

2. 名法为治

《尹文子·大道上》将法分为四类："一曰不变之法，君臣上下是也；二曰齐俗之法，能鄙同异是也；三曰治众之法，庆赏刑罚是也；四曰平准之法，律度权量是也。"[①]可以看出，《尹文子》所谓的"法"与法家之"法"的内涵并非完全一致。《大道上》为"法"所进行的分类，实际上还是以各种各样的"名"为原则的：

第一类，不变之法，强调君臣、上下关系不可变，"上下不相侵与，谓之名正。"[②]

第二类，齐俗之法。强调"能鄙不相遗，则能鄙齐功。"[③]每个人能力不同，这是不能改变的事实，但"心皆殊而为行若一，所好各异而资用必同。"[④]能、鄙都发挥其自身能力，社会才"能得治"。

第三类，治众之法。强调以赏罚措施为鼓励，引导人民各执其分。

第四类，平准之法。强调的是公平以检名。

① 钱熙祚校：《尹文子》，第 1 页。
② 钱熙祚校：《尹文子》，第 5 页。
③ 钱熙祚校：《尹文子》，第 4 页。
④ 钱熙祚校：《尹文子》，第 4—5 页。

由此可见,此四者"法"皆与名形相关。它们的共同思想基础是名实正,社会稳:"不变之法"也即区分君臣之际,这是政治的基础;"齐俗之法"也是广义的法则、施政纲领之意;而"治众之法"和"平准之法"才包含了法家之"法"的意味。

"以名法治国,万物所不能乱。"①名与法都是《尹文子》所看重的政治要素。对法的运用是人君必不可少的,《尹文子》对于"齐俗"、"治众"、"平准"之法,都作了详细的申论:

> 圣人任道以夷其险,立法以理其差。使贤愚不相弃,能鄙不相遗。能鄙不相遗,则能鄙齐功;贤愚不相弃,则贤愚等虑。此至治之术也。②

从这段论述可以看出,《尹文子》所主张的"任道以夷其险,立法以理其差",与田、慎的"齐物"有类似之处。田、慎主张,一切都要顺从事物自然之理,去除一切主观成见、偏见和误解,彻底抛弃自我主观。而《尹文子》则认为,"贤愚不相弃,能鄙不相遗"才是圣人所追求的社会秩序。每个人能力不同,天生如此,非人力所能改变。如何"立法以理其差"是圣人所面临的问题。"立法"在这里并非制定法律规章制度的意思,而是强调面对贤、愚、能、鄙这种天然的差异而制订合理标准,因任其本性而加以引导,使其发挥能力,因其实际而定其名。这便是"齐俗"之法的含义。

齐俗之法应用在政治上,有助于人君的选用人才。人君在安排臣下职务之时,应当依照他们的才能来决定职位,这也是

---

① 《尹文子·大道下》,见钱熙祚校:《尹文子》,第9页。
② 钱熙祚校:《尹文子》,第4页。

"名实当"的一个过程,《大道上》:

> 圆者之转,非能转而转,不得不转也;方者之止,非能止而止,不得不止也。因圆之自转,使不得止;因方之自止,使不得转。何苦物之失分? 故因贤者之有用,使不得不用;因愚者之无用,使不得用。用与不用,皆非我用,因彼所用,与不可用,而自得其用,奚患物之乱乎?①

臣下之才能或"圆"或"方",这是天生而并非人君所能决定的。但是因其方与圆,使之不得不转不得不止,这却是人君可以把握的。《大道上》:

> 天下万事,不可备能,责其备能于一人,则贤圣其犹病诸……全治而无阙者,大小多少,各当其分;农商工仕,不易其业。老农长商,习工旧仕,莫不存焉,则处上者何事哉?②

每个人都有自己的能力范围,农商工仕分工不同,彼此之间亦无高下之分,人君要有识别每种人才的眼光,任能事能,使每种人才各得其所,方能达到天下万事之备。

同时,《尹文子》认为"治国无法,则乱。"这个"法"中则包括了法律法规、奖罚刑赏之含义。《大道上》:

> 人以度审长短,以量受少多,以衡平轻重,以律均清

---

① 钱熙祚校:《尹文子》,第4页。
② 钱熙祚校:《尹文子》,第3页。

浊，以名稽虚实，以法定治乱，以简治烦惑，以易御险难，以万事皆归于一，百度皆准于法。归一者，简之至，准法者，易之极。如此，则顽嚣聋瞽，可与察慧聪明同其治也。[1]

"法"在社会中相当于度量衡律，有着准绳的功用，人主以名法为治。正是"以易御险难，以万事皆归于一"，乃是至简至易之道。只要使用得法，顽嚣聋瞽，也可成为察慧聪明。因此，"政者，名法是也。以名法治国，万物所不能乱。"[2]

《尹文子》多次劝告人君，要谨慎对待赏罚之"法"，奖罚刑赏对社会秩序的制约作用十分突出。君主想要使臣下尽忠职守，利用臣下对君主的喜爱或忠诚是不够的。俸禄、奖赏、名分、法制才是真正起效的措施。

《老子》曰："民不畏死，奈何以死惧之。"[3]但《尹文子》认为，在对百姓的管理上，出现"民不畏死"的情况是因为刑罚太泛滥，使得百姓生存就没有保障，因此才会无视君主的权威。适当的刑罚才是正当的治国之法：

> 刑罚中则民畏死，畏死，由生之可乐也。知生之可乐，故可以死惧之。此人君之所宜执，臣下之所宜慎。[4]

无论是广义之"法"还是狭义之"法"，在《尹文子》的政治思路中均占据了重要的位置。《尹文子》同时强调，作为政治手段，法显然不及"道"：法是社会已出现混乱之后的补救措施："故

---

[1]　钱熙祚校：《尹文子》，第2页。
[2]　钱熙祚校：《尹文子》，第9页。
[3]　楼宇烈：《老子道德经注校释》，北京：中华书局，2008年，第183页。
[4]　钱熙祚校：《尹文子》，第9页。

失治则任法,失法则任兵,以求无事,不以取强。"①可以看出,《尹文子》所希冀的道行于世的社会,与《老子》的"小国寡民"理想有类似之处。在维护社会稳定上,虽然"道"与"法"皆能达到国泰民安的效果,但"法治"社会的安定是建立在不得已而"不敢"的基础上,相比于道治社会,显然存在后顾之忧。所以,《尹文子》对社会现实有着清醒的认识,《大道上》:

> 今天地之间,不肖实众,仁贤实寡。趋利之情,不肖特厚。廉耻之情,仁贤偏多。今以礼义招仁贤,所得仁贤者,万不一焉;以名利招不肖,所得不肖者,触地是焉。故曰:"礼义成君子,君子未必须礼义;名利治小人,小人不可无名利。"②

当今社会,亦不能够靠"礼义"维持和平与稳定,道被法所替代,权术横行于世,也都是社会发展的规律,正所谓"穷则徼终,徼终则反始。始终相袭,无穷极也"③是也。

总之,《尹文子》为战国社会君主开出的治世药方便是名法之治。"名正,则法顺也","有法而能行,国不治,未之有也"。④

四、韩非:因道全法

韩非认为"道"是万物的本原,但韩非更为关注的是本原之用。《韩非子·主道》说:

---

① 尹文:《尹文子·大道下》,见钱熙祚校:《尹文子》,第9页。
② 钱熙祚校:《尹文子》,第5页。
③ 钱熙祚校:《尹文子》,第1页。
④ 钱熙祚校:《尹文子》,第7页。

> 道者,万物之始,是非之纪也。是以明君守始以知万物之源,治纪以知善败之端。①

纪,即标准,道既是万物的来源,也是考察万物的标准。而作为标准的"道",实际上便是"法"。韩非认为"法"是人君用以知万物、辨善败的工具。《扬权》又说:

> 道不同于万物,德不同于阴阳,衡不同于轻重,绳不同于出入,和不同于燥湿,君不同于群臣。凡此六者,道之出也。②

"六者"指万物、阴阳、轻重、出入、燥湿、群臣,它们由道推衍而出,是低于道的范畴。而德、衡、绳、和则是与君与道同等、平行的事物。这里没有提到法,但衡和绳属于广义的法。韩非常用衡、绳比喻法,因此作为道体之用,在韩非的理论中,法与道是同一层次的范畴。《饰邪》也说:"先王以道为常,以法为本","道法万全,智能多失"。③ 因此,韩非的法思想不同于慎到,韩非似乎不是从"道"中为"法"寻找合理依据,而是更直接地将人间社会之"法"等同于"道"。故韩非提出"因道全法"。《韩非子·大体》说:

> 使匠石以千岁之寿操钩,视规矩,举绳墨而正太山;使贲育带干将而齐万民。虽尽力于巧,极盛于寿,太山不正,民不能齐。故曰:古之牧天下者,不使匠石极巧以败太山

---

① 王先慎:《韩非子集解》,第26页。
② 王先慎:《韩非子集解》,第46页。
③ 王先慎:《韩非子集解》,第92页。

之体,不使贲育尽威以伤万民之性。因道全法,君子乐而大奸止。澹然闲静,因天命,持大体。故使人无离法之罪,鱼无失水之祸。①

"因道全法"重点在"因",也即顺应。败太山之体,伤万民之性并非上策,"因天命,持大体",这样才能事半而功倍。

在"因道"思想的指导下,韩非的法又突出了两个特点,一是使公平,二是因人情。"法"之去私立公,是黄老学者所共同强调的功用。《韩非子·诡使》说:

> 立法者以废私也,法令行而私道废矣……道私者乱,道法者治。②

在韩非的理论中,法的客观公正性,使得行政获得较高的效率,官吏不必具有贤才贤德便可操作自如。《用人》:

> 释法术而任心治,尧不能正一国;去规矩而妄意度,奚仲不能成一轮;废尺寸而差短长,王尔不能半中。使中主守法术,拙匠执规矩尺寸,则万不失矣。③

因此《有度》说:

> 法之所加,智者弗能辞,勇者弗敢争……矫上之失,诘

---

① 王先慎:《韩非子集解》,第210页。
② 王先慎:《韩非子集解》,第414页。
③ 王先慎:《韩非子集解》,第205页。

下之邪,治乱决缪,绌羡齐非,一民之轨,莫如法。①

"因道全法"使得"法"必因人情而设。《八经》说:

> 凡治天下,必因人情。人情者有好恶,故赏罚可用;赏罚可用则禁令可立,而治道具矣。②

"法"要利用人情趋利避害的特点才能发挥效用。《韩非子·奸劫弑臣》曰:"夫安利者就之,危害者去之,此人之情也。"③《八经》又说:

> 赏莫如厚,使民利之;誉莫如美,使民荣之;诛莫如重,使民畏之;毁莫如恶,使民耻之。④

在韩非的理论中,"法"与"术"是密不可分的,《难三》中直言:"主之大物,非法则术也。"《亡征》也说:"万乘之主,有能服术行法……其兼天下不难矣。"⑤《难三》又论法术的区别:

> 法者,编著之图籍,设之于官府,而布之于百姓者也。术者,藏之于胸中,以偶众端,而潜御群臣者也。故法莫如显,而术不欲见。⑥

---

① 王先慎:《韩非子集解》,第38页。
② 王先慎:《韩非子集解》,第430—431页。
③ 王先慎:《韩非子集解》,第98页。
④ 王先慎:《韩非子集解》,第430页。
⑤ 王先慎:《韩非子集解》,第113页。
⑥ 王先慎:《韩非子集解》,第380页。

韩非所论"术"的实质,同申不害大致相同。

　　经过上文分析可知,先秦黄老之学道法观念的发展,是沿着不同路数展开的。

　　原本道家气息比较浓厚的《经法》四篇和《鹖冠子》,在吸收了来自法家的"法"理论之后,形成了刑德相养、道法相参的格局。发展了"法"的内涵中较为温和的"衡量"、"法度"的含义,力求以法规范社会、约束行为,从而达到案法而治的效果。《鹖冠子》更依靠黄帝数术之学的技术支持,稽天道环周,发明一套天曲日术,真正做到了以"天"为法度,法天而治。

　　兼具道法双重气息,被誉为"道法转关"的田慎学派,在道法结合的发展道路上兼顾了道家法家的政治理念,慎到以"因"为援道入法的切入点,将"因人情"作为"法治"的理论依据,使法家之"法"得以顺利进入黄老之学的政治理论中。而原本便崇法的申不害与韩非,通过《老子》之"道",化解了法治理念中一些锋芒毕露之处。当韩非包含在"天道"之下的"法"、"术"、"势"三位一体政治结构建立起来的时候,也意味着韩非终于走出黄老,走入法家。

　　刑名理论是黄老之学中非常重要的施政理论。几乎每一部黄老学著作中都包含对于刑名的讨论及其在政治中实际运用的法则。黄老之学认为,名与实都有着源自天道的高贵血统,不可混淆。而人类社会如此混乱、失序的最主要原因,便是由于名与实的混乱。马王堆帛书《经法》等四篇的"形名相参"、帛书《九主》的正名、《恒先》对于名与实的辩论、《管子》的循名督实、《尹文子》的以名法为治,莫不源于这种名实混乱的现实。如果说上述著述中的"刑名"理论还透露出浓厚的道家"道论"气息的话,则《申子》的"刑名"理论则更向法家方向倾斜。"刑名"与"法术"的结合越来越亲密,直至《韩非子》最终将刑名纳入"术"中,成为法家三位一体"法术势"统治框架中的一部分。

第四章
君人南面：君臣观念的表达

　　黄老之学的本质是君人南面之术,而君臣关系模式是为君之术最直接的体现。政治领域中,君臣关系是关乎政治和睦、国家兴衰乃至人君身家性命的关键问题。君臣之道在黄老之学中,虽然没有法天而治、道法结合、刑名相参那样充满哲理思辨特色,但却是最为实用、最为基础的学问。

　　纵观黄老著作的主张可以看出,黄老之学君臣观念的发展,是由道家倾向逐步转入法家倾向的。在君臣关系中,黄老之学的思路里有一些通用的原则,比如皆主张君位为天下至尊,君逸臣劳等等。但早期的《经法》等四篇,虽然也严防臣下的篡权,以政治手腕来驾驭臣下,然而更多的还是倡导积极理念,对人君自身道德的水平、对所颁布政令与天道的顺应与否有着明确的要求。《九主》所论也是如此,作者讨论了八种不成功的君主,并将大部分责任归在人君执政不得其法的原因上,这也是从正面对人君提出要求。然而从《管子》黄老诸篇开始,君主与臣下的关系渐渐变得紧张起来。申不害以"夫一妇擅夫,众妇皆乱"来形容君臣关系,一臣专君,群臣皆蔽。尽管其中也采取"无为"、"无欲"等具有道家色彩的理念,但在运用时却颇有阴谋家的效果,比如要君主尽量"装傻",不轻易透露心思,使得臣下无从体察人君的思想,心中恐惧、不敢胡作非为。或者像韩昭侯一样,运用"微视"等方法验证臣下是否更换祭祀牺牲,尽量隐秘自己、暴露臣下的错误。对于臣下的失误,惩罚措施也比较严厉。这样,君臣之间的关系从《经法》中所谓的"帝王师"、"帝王友"便成为赤裸裸的针锋相对。到了韩非时代,君与臣更是变得水火不容、你死我活。《主道》虽然提出"人主之道,静退以为宝",但"静"、"退"绝对是达到"动"、"进"的手段。各种隐蔽难察的方法都被运用到君臣之间的作战中。在申不害与韩非的思想中,早期黄老之学所提倡的人君之修养、德行固然有必要,但"术"、"势"才是最终确保王位不被潜越的法器。

　　下面分两个方面讨论黄老之学的君臣观念:为君之原则与待臣之原则。

第一节　君为至尊、任势为安

　　同先秦诸子百家之书一样,黄老之学首先要解决的问题,是谏言君主如何为君。在《经法》四篇、《管子》四篇、《鹖冠子》等典籍中,作者预设的读者原本就是君主本人。这种谏言有着深刻的现实意义。战国社会正值天下失序、礼崩乐坏的时代。原本在商周时期逐渐形成并行之有效的礼乐制度开始分崩离析,"礼乐征伐自天子出"沦落为"礼乐征伐自诸侯出",甚至"自大夫出"。在这种情况下,如何保存人君实力,不使大权

旁落,如何避免臣下迋上蔽下的情况发生,如何做到令必行、禁
必止,有效统领百官,这些都是政治生活中的重大问题。黄老
之学在这些问题上作了较为深入的思考,妥善处理君臣之道是
君人南面过程中最基本也是最关键的一环。

一、马王堆帛书《经法》等四篇古佚书: 唯余一人乃配天

《经法》四篇将君主的地位与权威推向极致,这一点在四
篇文献中贯彻得相当一致。《十六经·立命》借黄帝之口,将
尊君的观点表露无遗:

> 吾受命于天,定位于地,成名于人。唯余一人□乃配
> 天,乃立王、三公,立国,置君、三卿。数日、历月、计岁,以
> 当日月之行。允地广裕,吾类天大明。①

《经法》四篇认为,君主是国家中最重要的角色,君主肩负着效
法天地,建立制度、治国安邦的重任,正如上文所宣称的那样,
"唯余一人"的德行能够与天相配。

身为人君,如何能够保有权威和地位,《经法》四篇也讲述
得非常详尽。

为君之道最为重要的,是要保证王位的安全。出于对现实
中经验教训的吸取,《经法》等要求人君须谨守王位,严防臣下
的篡权。《经法·六分》、《四度》和《亡论》中都谈及王位的安
全性问题。

---

① 裘锡圭:《长沙马王堆汉墓简帛集成》(四),第151页。

《六分》中谈到"六逆"：上曊、壅塞、逆成、外根、无本、大荒、大迷，这是六种危及国家安全的情况，其中有四种同君主失位有关：

> 嫡子父，命曰上曊，群臣离志；大臣主，命曰壅塞……主失位，臣不失处，命曰外根，将与祸邻……主失位，臣失处，命曰无本，上下无根，国将大损……主两，男女分威，命曰大迷，国中有师。①

嫡子父，大臣主，男女分威，在君主所面对的政治格局中，君权的直接威胁来自太子、重臣和后宫。君主丧失权位，尽管大臣能够克尽职守，国家依然会陷入岌岌可危的危险局面，更不用说在此情况下，一旦臣下擅离职守，对国家所造成的损害了。《经法》四篇认为，遇到这几种灾难的国家，如是大国，则其国力大大受到削弱破坏，如是小国，会直接导致灭国之灾。

《经法·亡论》又举"六危"和"三壅"来警告人君，认为一个国家只要出现"六危"，就必定倾覆无疑，若出现"三壅"，也会出现随时更替君主的可能。

> 六危：一曰嫡子父。二曰大臣主。三曰谋臣[离]其志。四曰听诸侯之所废置。五曰左右比周以壅塞。六曰父兄党以償。
> 三雍(壅)：内位胜谓之塞，外位胜谓之償，外内皆胜则君孤特……此谓一壅。从中令外谓之惑，从外令中谓之[□]，外内遂争，则危都国。此谓二壅。一人擅主，命曰

---

① 裘锡圭：《长沙马王堆汉墓简帛集成》(四)，第134页。

蔽光。从中外周，此谓重壅，外内为一，国乃更。①

"六危"同"六逆"有相似之处，又增加了谋臣离志、诸侯自立等状况。而"三壅"则是警告人君，警惕来自后妃、内廷之臣、外廷之臣以及朝廷重臣的威胁。总之，人君周围的威胁来自方方面面，一旦大权旁落，极有可能落得国破家亡的下场。

保证君权所属以外，《经法》等四篇认为"御臣"之道也是人君所必须掌握的。《经法·六分》阐述了为王之道，认为王之本也，是"文德究于轻细，武[□]叩于□[□]"，②也即文武并用赏罚齐上，这是对待臣下的方式。不懂得王道的人，即使处君位，也不能持久。《经法》四篇认为，最值得效仿的榜样便是黄帝。黄帝治理天下，说："吾畏天爱【地】亲民，立有命，执虚信。"③黄帝的治理措施使得臣民不逃亡、土地不荒芜、君位不动摇。

为了保证君位的安全，能够有足够的资源和力量御使臣下，使其辅助人君成为天下之王，《经法》四篇提出以下几点：

第一，注重人君道德涵养，《经法·君正》说：

> 无父之行，不得子之用。无母之德，不能尽民之力。父母之行备，则天地之德也。三者备则事得矣。能收天下豪杰俊雄，则守御之备具矣。审于行文武之道，则天下宾矣。号令合于民心，则民听令。兼爱无私，则民亲上。④

人君要具备父母、天地之德行，《经法·六分》认为，"王天下者

---

①　裘锡圭：《长沙马王堆汉墓简帛集成》（四），第143页。
②　裘锡圭：《长沙马王堆汉墓简帛集成》（四），第143页。
③　《十六经·立命》，见裘锡圭：《长沙马王堆汉墓简帛集成》（四），第151页。
④　裘锡圭：《长沙马王堆汉墓简帛集成》（四），第132页。

有玄德"，具体而言：

> 王天下者，轻县国而重士，故国重而身安；贱财而贵有
> 智，故功得而财生；贱身而贵有道，故身贵而令行。①

《十六经》中的黄帝，是作者所推崇的人君榜样。黄帝君臣都认为，人君要修德正形，内外兼养。《五正》记载黄帝臣阉冉对黄帝为政的建议：

> 始在于身。中有正度，后及外人。外内交接，乃正于
> 事之所成……后中实而外正，何［患］不定……后身未自
> 知，乃深伏于渊，以求内刑。内刑已得，后□自知屈
> 后身。②

阉冉认为，君主身心整肃才能施及外人，内心与外表相呼应，才能使所欲成就之事正当不谬。当"玄德"未修炼好之际，不可贸然行事，卷入争端。黄帝于是"辞其国大夫，上于博望之山，谈卧三年以自求。"③

其次，人君政令的颁布须遵循天道逆顺。《经法·论》说：

> ［天天则得其神，重地］则得其根。顺四［时之度
> □□］□而民不疬疾。［处］外［内之位，应动静之化，则
> 事］得于内，而得举得于外。④

---

① 裘锡圭：《长沙马王堆汉墓简帛集成》（四），第 134 页。
② 裘锡圭：《长沙马王堆汉墓简帛集成》（四），第 155 页。
③ 裘锡圭：《长沙马王堆汉墓简帛集成》（四），第 155 页。
④ 裘锡圭：《长沙马王堆汉墓简帛集成》（四），第 140 页。

国计民生、内政外交,基本上都可通过"天天"、"重地"、"顺四时"、"确认外内之位"以及"顺应动静变化"来解决。《十六经·观》也借黄帝之口论曰:

> 是故使民毋人执,举事毋阳察,力地毋阴敝。阴敝者土荒,阳察者夺光,人执者摊兵……天因而成之。夫并时以养民功,先德后刑,顺于天。①

《经法·六分》认为,执道者要真正懂得国家兴亡的关键,并以此为依据,"以赏□,以必伐。天下太平,匹以明德,参之于天地,而兼覆载而无私也。"②这样才能成为天下之王。

第三,本着"不擅作事,以待逆节所穷"③的原则,《经法》四篇认为君主对威胁到自己权位的势力,要密切关注,耐心等待时机,坚决予以打击。《十六经》中讲述黄帝伐蚩尤,讨伐的过程非常讲究策略,黄帝臣太山之稽劝告黄帝对蚩尤不要轻举妄动:

> 勿惊□戒,其逆事乃始。吾将遂是其逆而戮其身,更置六直而合以信。事成勿发,胥备自生。④

当蚩尤悖逆天道之事还未恶贯满盈时,不宜张扬讨伐,当时机到来时,逆臣会自行溃败。而黄帝对蚩尤的惩罚手段也异常严厉:

---

① 裘锡圭:《长沙马王堆汉墓简帛集成》(四),第 152 页。
② 裘锡圭:《长沙马王堆汉墓简帛集成》(四),第 134 页。
③ 《十六经·顺道》,见裘锡圭:《长沙马王堆汉墓简帛集成》(四),第 171 页。
④ 《十六经·正乱》,见裘锡圭:《长沙马王堆汉墓简帛集成》(四),第 159 页。

剥其口革以为干侯,使人射之,多中者赏。翦其发而
建之天,名曰蚩尤之旌。充其胃以为鞠,使人执之,多中者
赏。腐其骨肉,投之苦醢,使天下噈之。[①]

可见虽然《经法》四篇倡导"刑德相养"、"重德抑刑",但真正
在叛贼逆臣面前,维护君权便处于绝对优先的地位,可以使用
极端的武力手段。这种严刑酷法,不得不说同法家的思路有相
当的契合之处。

二、《管子》：明君之尊

《管子》认为,一国治乱的关键在统治者身上。《君臣上》
说:"主道得,贤材遂,百姓治,治乱在主而已矣。"[②]《七臣七主》
亦谓:"一人之治乱在其心,一国之存亡在其主。天下得失,道
一人出。"[③]这都说明了人君在一国中的位置,如同"心"在人体
中一般重要——君主乃一国之中枢。因此对于"君"的地位,
一定要确保其"尊"、其"势",不能受到威胁,"主行臣道则乱,
臣行主道则危,故上下无分,君臣共道,乱之本也"。[④] 因此,
《管子·君臣上》告诫说:"君失其道,无以有其国;臣失其事,
无以有其位。"又说:"君道立,然后下从;下从,故教可立而化
可成也。"[⑤]

《管子·明法解》深入探讨了人君确立权势、统领百官的
方法：

---

① 《十六经·正乱》,见裘锡圭：《长沙马王堆汉墓简帛集成》(四),第159页。
② 黎翔凤：《管子校注》,第554页。
③ 黎翔凤：《管子校注》,第989页。
④ 黎翔凤：《管子校注》,第1208页。
⑤ 黎翔凤：《管子校注》,第550页。

　　　　明主在上位,有必治之势,则群臣不敢为非。是故群
臣之不敢欺主者,非爱主也,以畏主之威势也。百姓之争
用,非以爱主也,以畏主之法令也。故明主操必胜之数,以
治必用之民。处必尊之势,以制必服之臣。故令行禁止,
主尊而臣卑。故《明法》曰:"尊君卑臣,非计亲也,以势
胜也。"①

在《管子》看来,百官、百姓对于人君的爱戴与否并不是最主要
的,"威势"才是人君处尊的利器。同时,人君必须学会运用赏
罚手段,拉拢或威慑人心,《明法解》说:

　　　　故无爵禄则主无以劝民,无刑罚则主无以威众。故人
臣之行理奉命者,非以爱主也,且以就利而避害也。百官
之奉法无奸者,非以爱主也,欲以爱爵禄而避罚也。②

君主立法行令,可以约束群臣百官,使其忠于职守,这样才能使
君主居于至尊之位,更好地驱使群臣、控制百官。
　　同慎到、申不害有所差别的是,为了取得权势与尊位,《管
子》力倡"法"的威力与效果。《管子》认为,实行法治,有助于
君主的至德、至尊。《正世》说:

　　　　为人君者,莫贵于胜。所谓胜者,法立令行之谓胜。③

《重令》说:

————————————

① 黎翔凤:《管子校注》,第 1208 页。
② 黎翔凤:《管子校注》,第 1208 页。
③ 黎翔凤:《管子校注》,第 920 页。

> 凡君国之重器，莫重于令。令重则君尊，君尊则国安。令轻则君卑，君卑则国危。故安国在于尊君，尊君在于行令，行令在于严罚。①

完备的法令制度能够保证国家机器的正常运作。"法立令行，故群臣本法守职，百官有常"②，百官才能唯法令是尊，办事才有章有程。如果不行法治，则群臣各行其是，是非善恶就会失去衡量的标准。这样，君主也就无从任用和管理群臣百官，国家必然混乱不堪。

除了制定完备的律例之外，通过制约权贵来强化君权也是保证君位之尊的一大手段，因此人主必须通晓支配的手段。《明法解》明确地指出：

> 法废而私行，则人主孤特而独立，人臣群党而成朋。如此则主弱而臣强，此之谓乱国。③
>
> 明主者，使下尽力而守法分。故群臣务尊主，而不敢顾其家。臣主之分明，上下之位审，故大臣各处其位，而不敢相贵。④

在"法"的协助下，人君要监督臣下守法安分，不敢以权谋私，不能轻举妄动。这样才能树立君主的权威。

君主权威的树立，除了"立法令"及"制臣下"外，更为根本的，还是要达到"治天下"的目标，这样才能保证自己的地位和

---

① 黎翔凤：《管子校注》，第284页。
② 黎翔凤：《管子校注》，第920页。
③ 黎翔凤：《管子校注》，第1207页。
④ 黎翔凤：《管子校注》，第1218页。

统治。除暴安民,稳定社会秩序,无疑是巩固君主地位的重要条件。《正世》说:

> 夫盗贼不胜,邪乱不止,强劫弱,众暴寡,此天下之所忧,万民之所患也。忧患不除,则民不安其居。民不安其居,则民望绝于上矣。[1]

为了达到除暴安民的目的,就必须实行法治。平民百姓安分守己,竭诚为国效力,人君的地位才能得以保证。此外,固结百姓、利用百姓来监察群臣,也是统治者用以巩固政权的手段。如《君臣上》说:"法制有常,则民不散而上合,竭情以纳其忠。"文中还进一步说:

> 夫民别而听之则愚,合而听之则圣。虽有汤、武之德,复合于市人之言。是以明君顺人心,安情性,而发于众心之所聚。是以令出而不稽,刑设而不用。先王善与民为一体,与民为一体,则是以国守国,以民守民也。[2]

换言之,人主必须兼听民意,重视百姓心声,这是确保他不被大臣蔽明塞聪的好办法。

三、慎到的主张:任势尊君

　　《慎子》今本中"尚势"的观点十分鲜明。"势"是慎到"因

---

① 黎翔凤:《管子校注》,第922页。
② 黎翔凤:《管子校注》,第565—566页。

循"万物之理的结论。《庄子·天下》评论慎到"推而后行,曳而后往,若飘风之还,若羽之旋,若磨石之隧",这是对慎到学术中主张因顺自然万物的描述。可以说,循理原本乃慎到的思路,而"势治",正是将道家因循思想运用在政治领域中的表现。

慎到谈"势",重视外在的客观条件,《慎子》逸文有"行海者,坐而至越,有舟也;行陆者,立而至秦,有车也。秦、越远途也,安坐而至者,械也"[1]。慎到在政治领域中提出"势治",目的是树立人君的权威,确保其法能够得以实施,确保有令必行,令行禁止。而慎到之所以尚势而轻贤,正在于认为"贤"不足以取得政治优势,《慎子·威德》言:

> 故贤而屈于不肖者,权轻也;不肖而服于贤者,位尊也。尧为匹夫,不能使其邻家。至南面而王,则令行禁止。由此观之,贤不足以服不肖,而势位足以屈贤矣。[2]

由于"势"自客观形势而来,因此在谈论君主立"势"时,慎到十分注重"得众",《威德》云:

> 腾蛇游雾,飞龙乘云,云罢雾霁,与蚯蚓同,则失其所乘也。
>
> 故无名而断者,权重也;弩弱而矰高者,乘于风也。身不肖而令行者,得助于众也……此得助则成,释助则废矣。夫三王、五伯之德,参于天地、通于鬼神、周于生物者,其得

---

① 许富宏:《慎子集校集注》,第60页。
② 许富宏:《慎子集校集注》,第9页。

助博也。①

这一段文字在《韩非子·难势》中也曾出现,内容虽然是谈论得势的重要性,但其中也表达了这样一层含义:势的获得,远非仅凭人君个人能力便可造就,必须要有"重权"、"乘风"、"得助于众"的协助方可完成。

慎到的"势治"思想中,也包含了"重民"的思想。《慎子·民杂》云:

> 大君者,太上也,兼畜下者也。下之所能不同,而皆上之用也。是以大君因民之能为资,尽包而畜之,无能去取焉。是故不设一方以求于人,故所求者无不足也。大君不择其下,故足。不择其下,则易为下矣。易为下,则莫不容;莫不容,故多下。多下之谓太上。②

"势"不可凭空而来,"势"是因循物理而产生的。在人君立"势"之时,重视民众的力量,即所谓"因民之能"。对此我们不能做"拔高"的理解,但是用历史和逻辑的思路来看,这也是慎到的独到之处。并且,他对天子与国、国与国民的辩证关系做了理性的分析:

> 古者,立天子而贵之者,非以利一人也。曰:天下无一贵,则理无由通,通理以为天下也。故立天子以为天下,非立天下以为天子也;立国君以为国,非立国以为君也;立

① 许富宏:《慎子集校集注》,第9—10页。
② 许富宏:《慎子集校集注》,第30页。

官长以为官，非立官以为长也。①

立天子、使其贵，皆是为天下，这种"重民"思想的由来，仍然应该用他"因循物理"的思路来理解，慎到曾说过，"廊庙之材，盖非一木之枝也；粹白之裘，盖非一狐之皮也；治乱安危、存亡荣辱之施，非一人之力也"。② 这个道理，放在政治之中，也是成立的。

《慎子》对于君位安全问题比较敏感，《慎子·德立》说：

> 　　立天子者，不使诸侯疑焉。立诸侯者，不使大夫疑焉……疑则动，两则争，杂则相伤，害在有与，不在独也。故臣有两位者，国必乱……臣疑其君，无不危之国；孽疑其宗，无不危之家。③

慎到认为，在一个国家中君与臣的关系，正如正妻与婢妾，嫡子与庶孽一样，都是对立的，人君的地位容不得半点怀疑和威胁，必须要做到唯我独尊，这不仅仅涉及"治道"的问题，这是根本的"生存之道"。

君臣分职是重要的问题，"君臣之顺，治乱之分，不可不察也"。慎到很直白地提出："君之智，未必最贤于众也，以未最贤而欲以善尽被下，则不赡矣。"④因此《民杂》说：

> 　　君臣之道，臣事事，而君无事，君逸乐而臣任劳。臣尽智力以善其事，而君无与焉，仰成而已。故事无不治，治之

---

① 　许富宏：《慎子集校集注》，第 16 页。
② 　慎到：《慎子·知忠》，见许富宏：《慎子集校集注》，第 44 页。
③ 　许富宏：《慎子集校集注》，第 47—50 页。
④ 　《慎子·民杂》，见许富宏：《慎子集校集注》，第 35 页。

正道然也。①

君主如果事事都亲自去做,臣下则无所事事,这样人君和人臣的地位就会颠倒,《慎子》称之为"倒行逆施"。国家出现倒行逆施,社会就会出现混乱。因此,要谨记"人君苟任臣而勿自躬,则臣皆事事矣"②的道理。

同时,《慎子》还提出,"将治乱,在乎贤使任职而不在于忠也"的道理。面对每个臣下的能力不同的现实,人君不但要充分认识,"所能者不同,此民之情也"③。因此要以正确的方式对待。人君对臣下不故意挑剔,臣下才能各尽所能。

通过上述几节的分析我们可以看出,黄老之学的君人南面术,首先是要确保人君的权柄牢牢掌握在自己手中,同时消弭一切权力威胁。而其手段,在时间稍早的《经法》四篇中主要体现为君主本身的修身养性、颁布适当的政令(所谓"适当"在很大程度上是指符合天道阴阳之法则)以及有效控制、御使臣下。及《管子》诸篇,已开始思考以"立法令"来治御下属,而慎到等一派的主张,则已全然是尚势目的下的具体操作方法,实用主义的特色显露无遗。

第二节　君臣分际、防微杜渐

对于君主而言,如何"自为"以及如何待人是一个问题的

---

① 　许富宏:《慎子集校集注》,第32—33页。
② 　许富宏:《慎子集校集注》,第36页。
③ 　《慎子·民杂》,见许富宏:《慎子集校集注》,第30页。

两个方面，本不可分裂而言。但有一些具体情况，在黄老之学的思路中是被重点强调的。

一、马王堆帛书《经法》等四篇古佚书：
以"道"为君

古佚书虽然提醒人君谨防臣下乱政，但也认为，治理国家如果仅靠人君是远远不够的。善处君臣之道，不仅可以使臣下辅政，更可以调动臣下的智慧与能力，使之成为"帝王师"、"帝王友"。《称》说：

> 帝者臣，名臣，其实师也。王者臣，名臣，其实友也。霸者臣，名臣也，其实宾也。危者臣，名臣也，其实庸也。亡者臣，名臣也，其实虏也。[1]

能力不同的人主，对待臣下的方式不同。臣下在政治事务中所起到的作用也大相径庭。能够使臣下成为"师""友"，显然是古佚书所推崇的。但并非所有人君都能做到这一点。

可见，在保证君权不得旁落的基础上，古佚书认为君臣关系不宜太过紧张，失去了贤臣忠士的辅佐，人君一人孤掌难鸣。《称》举战事为例：

> 不用辅佐之助，不听圣慧之虑，而恃其城郭之固，怙其勇力之御，是谓身薄。身薄则殆。以守不固，以战不克。[2]

---

[1]　裘锡圭：《长沙马王堆汉墓简帛集成》(四)，第176—177页。
[2]　裘锡圭：《长沙马王堆汉墓简帛集成》(四)，第186页。

空有城郭之固、战士之勇而失去贤臣的辅佐,战争也很难得到胜利。

《经法·六分》认为,君臣关系和顺、上下协力,是国家兴盛的标志:

> 主不失其位则[国有本。臣]失其处则下无根,国忧而存。主惠臣忠者,其国安。主主臣臣,上下不赿者,其国强。主执度,臣循理者,其国霸昌。主得□,臣辐属者,王。①

人君和人臣都在国家的政治体系中扮演重要的角色。人君为主,人臣为辅,因此在君臣关系中,人君一定要态度端正。礼贤下士、敬重智者及有道之人,才是为君的正道。

二、马王堆帛书《九主》:明分

《九主》强调"明分"。伊尹通过分析八种不成功的君主以及"法君"、"法臣"的成功之处,得出君臣必须各守分职,人君则应"以无职并听有职"。

明分的观念,是伊尹由"法天地之则"中推衍而出的。伊尹认为:

> 古今四纶,道数不忒,圣王是法,法则明分。②

"明分"是法则本身具有的性质,下文又具体阐述说:

---

① 裘锡圭:《长沙马王堆汉墓简帛集成》(四),第134页。
② 《〈伊尹·九主〉笺证》,见魏启鹏:《马王堆帛书〈黄帝书〉笺证》,第253页。

主法天，佐法地，辅臣法四时，民法万物，此谓法则。天覆地载，生长收藏，分四时。故曰：事分在职臣。是故受职□□［佐］分□□□□□臣分也。有民，主分。以无职并听有职，主分也。听□□敬□□诱□分□□之谓明分。①

主、佐、辅臣、民包含了社会中的各个等级。伊尹认为，不但君主本人要恪守"天则"的规定，社会各个阶层都应有明确的"分"。因此，从理论上来说，明分的观念并不仅在君臣之间发挥效力。

文中着重强调了"君主无职，群臣有职"的观念，这是黄老之学固有的观念，《吕氏春秋·君守》云："故善为君者无识，其次无事，有识则有不备矣，有事则有不恢矣。"②其中的"无识"与帛书中的"无职"相通。《韩非子·主道》也说："形名参同，君乃无事焉……故有智而不以虑，使万物知其处；有行而不以贤，观臣下之所因……君臣守职，百官有常；因能而使之，是谓习常。故曰：寂乎其无位而处，漻乎莫得其所。"③都指出要明确君臣之分际，以恰当的举措来应对。

对于本段的缺文，魏启鹏先生认为"是故"以下的内容，应当就"佐分"、"臣分"、"主分"、"民分"而列论之，据后文的"佐者无偏职，有守分也……佐主之名，并列百官之之也"，魏先生建议将前一段缺文补为"是故受职［者，佐分也。守职尽力，］臣分也。"（"佐"字帛书整理小组补作"臣"。）后一段缺文

① 《〈伊尹·九主〉笺证》，见魏启鹏：《马王堆帛书〈黄帝书〉笺证》，第253—254页。
② 许维遹：《吕氏春秋集释》，第440页。
③ 王先慎：《韩非子集解》，第26页。

参考《吕氏春秋·决胜》中的"审于民气而有以羁诱之也",可补为"听上而敬从羁诱,民分也。此之谓明分。"①

综合起来看,伊尹认为,君分是无职或听职,臣分是有职或守职,民分则是听上和敬从。君臣百姓各守分职,则国家便能够进入到正常的秩序中。"故法君之邦若无人。非无人也,皆居其职也。"

《九主》之所以如此重视"明分",强调明确君臣分职,是同为一方面可以使人君能够以简驭繁,以逸待劳;同时也有利于加强君权,防止"擅主之臣"。《九主》中还列举了八种不成功的君主,其中便有因未能"明分"而导致严重后果的。《九主》批评"专授之君",因不明分而导致政权倾覆:

> 专授失道之君也,故得乎人,非得人者也。作人邦,非用者也,用乎人者也。是□□得擅主之前,用主之邦,故制主之臣。②

关于"专授"的含义,李学勤先生进行了专门研究。他认为,《管子·明法》和《明法解》中对"专授"作了明确的解答。《管子·明法》:

> 所谓治国者,主道明也。所谓乱国者,臣术胜也。夫尊君卑臣,非计亲也,以执胜也;百官识,非惠也,刑罚必也。故君臣共道则乱,专授则失。③

---

① 《〈伊尹·九主〉笺证》,见魏启鹏:《马王堆帛书〈黄帝书〉笺证》,第258页。
② 《〈伊尹·九主〉笺证》,见魏启鹏:《马王堆帛书〈黄帝书〉笺证》,第267页。
③ 黎翔凤:《管子校注》,第913—914页。

《明法解》文曰：

> 夫生杀之柄，专在大臣而主不危者，未尝有也。故治乱不以法断，而决于重臣，生杀之柄，不制于主，而在群下，此寄生之主也。故人主专以其威势予人，则必有劫杀之患。专以其法制予人，则必有乱亡之祸。如此者，亡主之道也。故《明法》曰：专授则失。[①]

因此，"专授"之君是指由于没有明确君臣之分，从而使得原本属于人君的威势与法制落入他人之手，造成臣下"擅主之前"，迕下弊上，成为"制主之臣"。

成为"专授之君"而不能省悟，情况将会进一步恶化，

> 半君者专授而[不悟]者也，[是]故擅主之臣，见主之不悟，故用其主严杀僇，□臣恐惧，然后□□□利□主之臣，成党于下，与主分权。[②]

擅主之臣将会"用主严杀戮"，大力发展自己的势力，进而结党营私，使得人君成为"半君"。更有甚者，使人君成为有名无实的"寄主"：

> 寄主者半君之不悟者。□□□□臣见主之[不]能□□□□□□□□□□□□□则主寄矣。是故或闻道而能悟，悟正其横臣者□。□□□未闻寄主之能悟者也。[③]

---

① 黎翔凤：《管子校注》，第1209页。
② 《〈伊尹·九主〉笺证》，见魏启鹏：《马王堆帛书〈黄帝书〉笺证》，第271页。
③ 《〈伊尹·九主〉笺证》，见魏启鹏：《马王堆帛书〈黄帝书〉笺证》，第271页。

寄主就是寄生之主,失地之君。而且从伊尹的论述看,寄主很少有能够扭转局面的。因此汤大呼:"哀才(哉)寄主!"

"破邦之主"也是"专授"而不悟酿成的恶果。伊尹描述"破邦之主":

> 破邦之主专授之不悟者也。臣主同术为一以策于民,百姓绝望于上,分倚父兄大臣,此王君之所因以破邦也。①

破邦之主的特点是臣主同术,不明分际。人君大权旁落,终至破邦失国。

可见,从专授之君到半君、寄主、破邦之主,这一系列灾祸的渊源都在于人君不能"明分",导致大臣专权,削弱了人君的统治。《九主》中还有劝诫人君"得道之君,邦出乎一道,制命在主,下不别党,邦无私门,争理皆塞"②之语。明确提出"邦出乎一道,制命在主",就是针对不明君臣之分、从而导致"专授"这样的祸源而予以警戒。

不同于上述三种人君之不悟,还有一种对"专授"有所悟却又陷于另一种困境的人君——"劳君":

> 劳君者专授之能悟者也。□悟于专授主者也。能悟不能反道,自为其邦者,主劳臣佚。为人君任臣之□□因主□□知,倚事于君,逆道也。凶归于主不君,臣主□□侵君也,未免于□□。过在主。虽然,犹君也,自制其臣者也,非作人者。③

---

① 《〈伊尹·九主〉笺证》,见魏启鹏:《马王堆帛书〈黄帝书〉笺证》,第271页。
② 《〈伊尹·九主〉笺证》,见魏启鹏:《马王堆帛书〈黄帝书〉笺证》,第254页。
③ 《〈伊尹·九主〉笺证》,见魏启鹏:《马王堆帛书〈黄帝书〉笺证》,第267页。

劳君多是看到了"专授"的危害，因此紧紧把握君权，但是又走向另一个极端——凡事都依靠人君解决，从而导致主劳臣佚。伊尹称此为"逆道"。但伊尹同时也认为，这种君王尚且没有丧失人君的主位，没有为臣所制。关于"劳君"的种种，《管子·七臣七主》中也有相应的论述：

> 劳主不明分职，上下相干，臣主同则，刑振以丰，丰振以刻，去之而乱，临之而殆，则后世何得。①

可见劳主不能明确任用臣下之理，虽自身劳碌却无功效。

君逸臣劳是黄老君术的一大原则，为君必须掌大道而舍小物。《淮南子·主术》也说："不正本而反自然，则人主逾劳，人臣逾逸，是犹代庖宰剥牲，而为大匠斫也。"②《九主》认为"劳君"属于"凶归于主不君"，也就是说，过错在于主。文中的"臣主□□侵君也"一句有阙文，魏启鹏先生认为可补为"臣主共道侵君也"，根据是《管子·明法》中的"君臣共道则乱，专授则失"③以及《淮南子·主术训》中的"是故君臣异道则治，同道则乱"。④ 主劳臣佚同样是未能明晰君臣之分的结果。虽然暂且不至于落得国破邦灭的下场，但亦是人君应当避免的情况。

三、《鹖冠子》：善辨贤愚

君臣关系虽然不是《鹖冠子》着力阐述的要点，但行文中

---

① 黎翔凤：《管子校注》，第 982 页。
② 何宁：《淮南子集释》，第 669 页。
③ 黎翔凤：《管子校注》，第 914 页。
④ 何宁：《淮南子集释》，第 635 页。

也有所涉及。同《申子》、《韩非子》等相比,《鹖冠子》显然没有将君臣之间的关系上升到势不两立的紧张程度,但对二者微妙的关系,也有较深的体会。

同马王堆帛书《经法》等四篇古佚书、《管子》等著作一样,《鹖冠子》主张君臣之间应是"无为"与"有为"的相互协调。因此《度万》告诫人君:"天人同文,地人同理,贤、不肖殊能,故上圣不可乱也,下愚不可辩也。"①指上圣下愚的格局是不容变更的。《道端》:

> 君道知人,臣术知事。故临货分财使仁,犯患应难使勇,受言结辞使辩,虑事定计使智,理民处平使谦,宾奏赞见使礼。用民获众使贤,出封越境适绝国使信,制天地御诸侯使圣。②

陆佃对这段话注曰:"因任之道,此其大略也。"圣明的人主懂得无为而用天下也,并不必全通仁、勇、辩、智、谦、贤、信、圣之事,只要使仁、勇、辩、智、谦、贤、信、圣各得其所便可。

因此,知人善任是《鹖冠子》对人君的要求。对不同的臣下,要善于发现其特点,以授其职。《道端》:

> 富者观其所予,足以知仁;贵者观其所举,足以知忠。观其大祥,长不让少,贵不让贱,足以知礼达。观其所不行,足以知义;受官任治,观其去就,足以知智;迫之不惧,足以知勇。口利辞巧,足以知辩;使之不隐,足以知信。贫

---

① 黄怀信:《鹖冠子汇校集注》,第138页。
② 黄怀信:《鹖冠子汇校集注》,第100—101页。

者观其所不取,足以知廉。贱者观其所不为,足以知贤。测深观天,足以知圣。[1]

掌握了这样的技巧,才能"第不失次,理不相舛,近塞远闭,备元变成,明事知分,度数独行",[2]使得各类人才各得其所。《鹖冠子》告诫人君善用人之重要性,称:"无道之君,任用幺么,动即烦浊,有道之君,任用俊雄,动则明白。"[3]"幺么"指心胸狭小之人,"俊雄"指雄才伟略之人。用人得当与否,直接关系着政治的混乱与清明。正如《鹖冠子·道端》所形容:"夫长者之事其君也,调而和之,士于纯厚。引而化之,天下好之,其道日从,故卒必昌。夫小人之事其君也,务蔽其明,塞其听,乘其威,以灼热人。天下恶之,其崇日凶,故卒必败,祸及族人。"[4]

　　纷繁复杂的政治领域中,人君要保持清醒的头脑和洞察秋毫的能力,这是避祸、生存之道。《天则》:

　　　圣王者,有听微决疑之道。能屏谗权实,逆淫辞,绝流语,去无用。杜绝朋党之门,嫉妒之人不得著明。非君子术数之士,莫得当前。故邪弗能奸,祸不能中。[5]

　　对于谣下蔽上、谗言淫辞流语纵生的现实,《鹖冠子》有着很清醒的认识。所有这些"邪"、"祸"必须得人君自己察觉、抉择。否则,难免落得国破家亡的境地。

---

① 黄怀信:《鹖冠子汇校集注》,第104—106页。
② 黄怀信:《鹖冠子汇校集注》,第106页。
③ 黄怀信:《鹖冠子汇校集注》,第107页。
④ 黄怀信:《鹖冠子汇校集注》,第110—111页。
⑤ 黄怀信:《鹖冠子汇校集注》,第31—32页。

四、《尹文子》：以形名定分际

对于微妙的君臣关系，《尹文子》提出很多建议：

> 术者，人君之所密用，群下不可妄窥；势者，制法之利器，群下不可妄为。人君有术而使群下得窥，非术之奥者；有势，使群下得为，非势之重者。大要在乎先正名分，使不相侵杂。然后术可秘，势可专。[①]

这段论述深刻体现出黄老之学的特色。《尹文子》对世俗的眼光认识得非常清楚；"处名位，虽不肖下愚，物不疏己。亲疏系乎势利，不系于不肖与仁贤也。吾亦不敢据以为天理，以为地势之自然者尔。"[②]一个人与他人的亲疏远近，与其贤或不肖没有太大关系，关键在于其是否出于"名位"。基于这一点，《尹文子》提出"术"与"势"乃人君保持身份的两大法宝。君处高位，靠的是高明的政治手腕，"故人君处权乘势，处所是之地，则人所不得非也。居则物尊之，动则物从之，言则物诚之，行则物则之，所以居物上、御群下也。"[③]要谨防"乱政之本"——"下侵上之权，臣用君之术"的情况出现。可见，为君者必须巧用术势保全自己。

在政治生活的方方面面中，"法"的颁布实施是关系重大的环节。一旦出现令不行而禁不止的情况，便会使人君大权旁落，因此人君一定谨慎从事，树立威信，《大道下》：

---

① 　钱熙祚校：《尹文子》，第1—2页。
② 　《尹文子·大道下》，见钱熙祚校：《尹文子》，第5页。
③ 　钱熙祚校：《尹文子》，第7页。

令不行而禁不止。若使令不行而禁不止,则无以为治。无以为治,是人君虚临其国,徒君其民,危乱可立而待矣。①

但对君臣分际问题的解决,《尹文子》主要还是从形名的角度进行分析,寻找答案。《尹文子·大道上》说:

庆赏刑罚,君事也;守职效能,臣业也。君科功黜陟,故有庆赏刑罚;臣各慎所务,故有守职效能。君不可与臣业,臣不可侵君事,上下不相侵与,谓之名正,名正而法顺也。②

君臣有明确不同的分工。人君的本分是庆赏刑罚,人臣的工作是守职效能,君臣分际确立之后,才能"名正而法顺"。此外,《大道上》又说:

名称者,何彼此而检虚实者也。自古及今莫不用此而得,用彼而失。失者由名分混,得者由名分察。今亲贤而疏不肖,赏善而罚恶,贤不肖善恶之名宜在彼,亲疏赏罚之称宜属我。我之与彼,又复一名,名之察者也。名贤不肖为亲疏,名善恶为赏罚,合彼我之一称而不别之,名之混者也。故曰:名称者,不可不察也。③

政治生活中,君臣名分的确立十分关键。名分关乎治道,名分

① 钱熙祚校:《尹文子》,第 10 页。
② 钱熙祚校:《尹文子》,第 5 页。
③ 钱熙祚校:《尹文子》,第 2 页。

清楚则治,混淆则乱。换言之,君有君的权限,臣有臣之职责,二者不可淆乱。一旦淆乱而不加区别,便是模糊君臣之际,势必将导致官僚体系的运作出现问题。不能谨守君臣的分际,谓之"乱政"。如此一来,则"下侵上之权,臣用君之术,心不畏时之禁,行不轨时之法,此大乱之道也。"①

　　为了避免弊端,统治者宜将亲疏赏罚的权柄归于己身,君主拥有至高无上的权力,《大道上》:

　　　　人君处权乘势,处所是之地,则人所不得非也。居则物尊之,动则物从之,言则物诚之,行则物则之,所以居物上,御群下也。②

君臣分际确立之后,以"名"为治便可以推广开来。《尹文子》认为,在整个社会推行"名实当"有利于社会的稳定,"名者所以正尊卑",确定了名实,便是确定了尊卑,从某种角度抑制了私欲:

　　　　名定则物不竞,分明则私不行。物不竞,非无心;由名定,故无所措其心。私不行,非无欲;由分明,故无所措其欲。然则心欲人人有之,而得同于无心无欲者,制之有道也。③

权利、义务既经确定,自然"物不竞"而"私不行"。所以《大道上》引用田骈的话说:"游于诸侯之朝,皆志为卿大夫,而不拟

---

① 《尹文子·大道下》,见钱熙祚校:《尹文子》,第8页。
② 钱熙祚校:《尹文子》,第7页。
③ 钱熙祚校:《尹文子》,第4页。

为诸侯者,名限之也。"①

另外,《尹文子》亦认为君主不宜事事亲躬,他认为:

> 天下万事,不可备能,责其备能于一人,则贤圣其犹病诸。设一人能备天下之事能,左右前后之宜、远近迟疾之间,必有不兼者焉。苟有不兼,于治阙矣。②

人君应充分利用社会既有分工,使每人专其事,任其劳。"君子不知,无害于治"③,国家的长治久安,需要全体社会成员的共同参与,并非人君的个人事业。

五、《管子》: 静因执名以验

1. 君与臣的分工

《管子》黄老诸篇认为君与臣各有其工作分工,《君臣上》论述曰:

> 为人君者,修官上之道,而不言其中。为人臣者,比官中之事,而不言其外。④
>
> 是故人君也者,无贵如其言;人臣也者,无爱如其力。言下力上,而臣主之道毕矣。
>
> 论材量能、谋德而举之,上之道也;专意一心,守职而不劳,下之事也。为人君者,下及官中之事,则有司不任。

---

① 钱熙祚校:《尹文子》,第4页。
② 钱熙祚校:《尹文子》,第3页。
③ 钱熙祚校:《尹文子》,第3页。
④ 黎翔凤:《管子校注》,第545页。

为人臣者,上共专于上,则人主失威。是故有道之君,正其德以莅民,而不言智能聪明。智能聪明者,下之职也。所以用智能聪明者,上之道也。上之人明其道;下之人守其职。上下之分不同任,而复合为一体。①

君之责在出言,臣之职在出力,此即《宙合》所云"君出令佚"、"臣任力劳",明确君臣上下的不同分工,《君臣下》将其称为"上下之礼",曰:

> 是故始于患者,不与其事;亲其事者,不规其道。是以为人上者,患而不劳也;百姓,劳而不患也。君臣上下之分素,则礼制立矣。是故以人役上,以力役明,以刑役心,此物之理也。②

从上文可以看出,《管子》认为正确的君臣之分,应包含以下几个要点:

君主的本务在于"正德"、"不言智能聪明",这就是"去智",就是"无为"。至于大臣,其职分乃在尽其"智能聪明",亦即有为。

国君除了"正德"以外,对于臣下还要讲究"论材"、"量能"与"谋德"。而臣下在尽其"智能聪明"的同时,更应专心一意事奉主上,不可怀有异志。

为人君者干预臣下之事,或者为人臣者参与"论材"、"量能"与"谋德",会造成"君臣共道"的局面。如此"君不君"、

---

① 黎翔凤:《管子校注》,第553页。
② 黎翔凤:《管子校注》,第583页。

"臣不臣",势将影响政府的正常运作。

2. 君逸臣劳

可以看出,《管子》对于君臣的分工,大体还是依据其治心术中"心之在体,君之位也。九窍之有职,官之分也"①进行的。《管子》四篇论述修养过程的同时也对人君的治国术提出不少建议。因此,《管子》所论"心术"与"治术",二者实难分而论之。

从操作层面而言,《管子》四篇的治心之术是《管子》黄老诸篇治国术的一个关键步骤。君主治心,虽可达到长生久视的效果,但《管子》诸篇详论之的最终目的,还是在于希冀君主以此行国治民安之道。因此,从治心中阐发出来的"无为"与"静因"的原理,也广泛被用于治国之术上。

黄老之学的无为而治,从来不是"无所事事"之义。《心术上》曰:"虚无无形谓之道,化育万物谓之德。"②道德之所以为道德,正在于其能够化育万物。实际上,化育万物也是一种"有为",这一思想与《老子》相承。《老子》曰:"故道生之,德畜之,长之育之,亭之毒之,养之覆之。生而不有,为而不恃,长而不宰,是谓玄德。"③道和圣人对于万物都不是一无所为,而是"为而不恃,长而不宰",即不私为。无为即是因任物性,循物性之自然而为。《管子》四篇对《老子》的这一思想进行了发挥并在此基础上提出了"静因之道"。

《心术上》谓:"虚者无藏也。"④这条理论运用在治术上,是要求人君效法大道的虚静特性,治国时不以个人的好恶为

---

① 黎翔凤:《管子校注》,第767页。
② 黎翔凤:《管子校注》,第759页。
③ 《老子》五十一章,朱谦之:《老子校释》,第204页。
④ 黎翔凤:《管子校注》,第767页。

出发点,不求私欲的满足,不设主观成见,将虚静"心术"转变为"无为"治术。《心术上》还提出"心术者,无为而制窍者也"的原则,"是故有道之君,其处也若无知,其应物也若偶之,静因之道也。"①因此可以认为,静因之道是无为治道的具体操作,是黄老道家重视修齐治平之术,形上形下会通的精神所在。

因此,《管子》黄老诸篇为人君制定的无为静因之治的要点包括:

首先,明确"圣人之治也,静身以待之,物至而名自治之。正名自治之,奇身名废,名正法备,则圣人无事"②的原则,就是指,人君当"执名"、"以物为法",亦即以法督责百官,审视其职务是否与政绩相符。

其次,通晓"明主不用其智,而任圣人之智;不用其力,而任众人之力;故以圣人之智思虑者,无不知也。以众人之力起事者,无不成也。能自去而因天下之智力起,则身逸而福多"③,人君需要去智与故,不需刻意作为。

最后,人君应让百官各尽其职,而不横加干涉。对于其治事绩效,只需"执名"以验即可。

从"去欲"到"静因",从治耳目之官到官僚体系的运作,《心术上》及《内业》皆强调"无为"。无论是对"心"而言,还是对"君"而言,在《管子》的思想体系中,心与耳目九窍和君与臣下百官的关系是并举的。其原因就在于《管子》所遵循的"治国之道在治心"的思路。

---

① 黎翔凤:《管子校注》,第 764 页。

② 《管子·白心》,见黎翔凤:《管子校注》,第 789 页

③ 《管子·形势解》,见黎翔凤:《管子校注》,第 1187 页。

六、申不害：倚愚微视

申不害之"术"的目的，完全在于合理处理人君与人臣的关系。在这一点上，申不害将君与臣放在完全对立的位置上。《申子·大体》云：

> 夫一妇擅夫，众妇皆乱；一臣专君，群臣皆蔽。故妒妻不难破家也，乱臣不难破国也。是以明君使其臣，并进辐凑，莫得专君焉。今人君之所以高为城郭而谨门闾之闭者，为寇戎盗贼之至也。今夫弑君而取国者，非必逾城郭之险而犯门闾之闭也。蔽君之明，塞君之聪，夺之政而专其令，有其民而取其国矣。[①]

君位人人觊觎，而守在人君身旁的人臣则最得地利之便。"夺之政而专其令，有其民而取其国矣"恐怕是人君最大的噩梦，因此不得不防。

在处理君臣关系时，申不害采用了"无为"的原则，他认为"无为"既是治国手段，更是君主的保护色：

> 慎而言也，人且知女；慎而行也，人且随女。而有知见也，人且匿女；而无知见也，人且意女。女有知也，人且臧女；女无知也，人且行女。故曰：惟无为可以规之。[②]

---

① 严可均：《全上古三代文》，第53页。
② 《外储说右上》，王先慎：《韩非子集解》，第318页。

在臣下面前，人主要尽量"装傻"，无为无欲，不能轻易透露心思。要令臣下无从体察人君的想法，从而达到令臣下恐惧、不敢胡作非为的目的。在提高人君的威望上，申不害并非利用严酷刑法，而是通过心理战术达到目的。在申不害的理论中，人君不能做到无为，则不但无法窥知臣下之实情，还会遭到奸邪之臣的利用。

> 故善为主者，倚于愚，立于不盈，设于不敢，藏于无事，窜端匿疏，示天下无为。是以近者亲之，远者怀之。示人有余者人夺之，示人不足者人与之。刚者折，危者覆，动者摇，静者安。①

"倚愚"、"不盈"、"不敢"、"无事"，深刻体现出申不害学术所倡导的"处后"与"不足"。为君宜愚不宜智，宜不盈不宜满，要善于表现"无为"与"不足"，万不可锋芒毕露。如此，则臣下无法投君所好，也无法掩盖自己的缺陷。否则，便是授人以柄，便会面临"折"、"覆"、"摇"的命运。

因此，人君不能设想与臣下和睦共处，最好尽量保持神秘色彩。这些理论与《老子》的"圣人后其身而身先，外其身而身存"②、"圣人欲上人，必以言下之；欲先人，必以身后之"③，还是有些异曲同工之处的。

韩昭侯任用申不害为相，对其十分信任。从史书中所记载韩昭侯作为中，亦可清楚看到申不害对它的影响，《吕氏春秋·任数》：

---

① 严可均：《全上古三代文》，第 53 页。
② 《老子》第七章，见朱谦之：《老子校释》，第 30 页。
③ 《老子》第六十六章，见朱谦之：《老子校释》，第 267 页。

韩昭厘侯视所以祠庙之牲，其豕小，昭厘侯令官更之。官以是豕来也，昭厘侯曰："是非向者之豕邪？"官无以对。命吏罪之。从者曰："君王何以知之？"君曰："吾以其耳也。"申不害闻之，曰："何以知其聋？以其耳之聪也；何以知其盲？以其目之明也；何以知其狂？以其言之当也。故曰：去听无以闻则聪，去视无以见则明，去智无以知则公。去三者不任则治，三者任则乱。"①

看来在防止臣下"微视"、窥探君主想法的预防上，韩昭侯可谓得其真谛。钱穆先生对此评论道："申子以贱臣进，其术在于微视上之所说以为言。而所以教其上者，则在使其下无以窥我之所喜悦，以为深而不可测。夫而后使群下得以各竭其诚，而在上者乃因材而器使，见功而定赏焉。"②

在政务的处理上，申不害亦主张人君要"独断"。《韩非子·外储说右上》引《申子》说："能独断者，故可以为天下主。"③人君是施政的绝对主体和轴心，这一点是不可动摇的。《大体》篇云：

> 明君如身，臣如手；君若号，臣如响。君设其本，臣操其末；君治其要，臣行其详；君操其柄，臣事其常。
> 鼓不与于五音，而为五音主；有道者，不为五官之事，而为治主。君之其道也，臣知其事也。④

---

① 许维遹：《吕氏春秋集释》，第445页。
② 钱穆：《先秦诸子系年考辨》，第223页。
③ 王先慎：《韩非子集解》，第321页。
④ 严可均：《全上古三代文》，第53页。

但是,高明的君主并不必事事躬亲,"明君治国,而晦晦,而行行,而止止。三寸之机运而天下定,方寸之基正而天下治。一言正而天下定,一言倚而天下靡"。① 这种四两拨千斤的功夫,正是申不害所追求的境界。

七、韩非:设势循名

韩非虽然批评申不害治国"知术而无法",但在用"术"的策略上,还是借鉴了申不害的理论。《外储说右上》有:

> 申子曰:上明见,人备之;其不明见,人惑之。其知见,人惑之;不知见,人匿之。其无欲见,人司之;其有欲见,人饵之。故曰:吾无从知之,惟无为可以规之。②

可见,从申不害到韩非,其用"术"的目的是相当明确的。韩非对于"术"的解释,一见《定法》,一见《难三》:

> 术者,因任而授官,循名而责实,操生杀之柄,课群臣之能者也,此人主之所执也。③
> 术者,藏之于胸中,以偶众端,而潜御群臣者也。④

简单地说,"术"就是人君暗中驾驭群臣的谋略,而且是人君不得不用的得力武器。

---

① 《申子·君臣》,载严可均:《全上古三代文》,第 52 页。
② 王先慎:《韩非子集解》,第 317—318 页。
③ 王先慎:《韩非子集解》,第 397 页。
④ 王先慎:《韩非子集解》,第 380 页。

　　韩非注重人君用"术"，理由有二。

　　第一，韩非认为个人能力有限，君主力量不能敌群臣，智慧也不足以知天下事。因此，治国要借力而为。因此，便产生了无为静因、循名责实之术。

　　《八经》说："下君尽己之能，中君尽人之力，上君尽人之智。"①但君臣的利益恰恰是相互对立的，《孤愤》说：

　　　　主利在有能而任官，臣利在无能而得事；主利在有劳而爵禄，臣利在无功而富贵；主利在豪杰使能，臣利在朋党用私。是以国地削而私家富，主上卑而大臣重。故主失势而臣得国，主更称蕃臣，而相室剖符。此人臣之所以谲主便私也。②

　　这种对立是人情使然，现实要求君主必须对臣下有客观的了解。但群臣的蔽上营私使得人君难免掣肘。《主道》因此认为："人主之道，静退以为宝。"③人君地位特殊，因此他想要了解群臣实情，必须使用手段。《二柄》明白地阐述道：

　　　　人主好贤，则群臣饰行以要君欲，则是群臣之情不效；群臣之情不效，则人主无以异其臣矣。故越王好勇，而民多轻死；楚灵王好细腰，而国中多饿人；齐桓公妒而好内，故竖刁自宫以治内；桓公好味，易牙蒸其子首而进之；燕子哙好贤，故子之明不受国。④

―――――――――――――

① 王先慎：《韩非子集解》，第 432 页。
② 王先慎：《韩非子集解》，第 84 页。
③ 王先慎：《韩非子集解》，第 29 页。
④ 王先慎：《韩非子集解》，第 41—42 页。

人君之"欲"一旦表现出来,群臣便知做何"情态"以迎合。因此只有"去好去恶,群臣见素","群臣见素,则大君大蔽矣"。这些不示好恶,不显智巧之术同申不害所主张的几无二致。

《扬权》建议人君:"上固闭内扃,从室视庭,参咫尺已具,皆之其处。以赏者赏,以刑者刑。因其所为,各以自成。"①君主用各种隐蔽的、不为人察觉的手段监视众臣,并以此为据,进行赏罚。《内储说上·七术》集中论述御臣之术,其中有"众端参观"、"必罚明威"、"信赏尽能"、"一听责下"、"疑诏诡使"、"挟知而问'、"倒言反事"等等,五花八门,不一而足。看来韩非不但继承了申不害的"无为术",而且还大大丰富了其内容和技巧。

韩非重"术"的第二个原因,即是为人君自保。自春秋以后,诸侯僭越天子,大夫僭越诸侯的事例层出不穷,有效驾驭群臣实际上等于保证君位的平安。对此,韩非强调人君要亲掌"二柄"。《二柄》:

> 人主者,以刑德制臣者也,今人君者释其刑德,而使臣用之,则君反制于臣矣。②

同时,出于人性之利己的考虑,韩非主张人君不可信任任何人,"乱之所生六也:主母、后姬、子姓、弟兄、大臣、显贵",③"夫以妻之近与子之亲,而犹不可信,则其余无可信者矣!"④

韩非之用术,较之申不害更加极端,始肇法家之南面术。

---

① 王先慎:《韩非子集解》,第 32 页。
② 王先慎:《韩非子集解》,第 48 页。
③ 《韩非子·八经》,见王先慎:《韩非子集解》,第 433 页。
④ 《韩非子·备内》,见王先慎:《韩非子集解》,第 115 页。

韩非认为，"法"与"术"要配合使用，"凡术也者，主之所以执也；法也者，官之所以师也"①。《五蠹》又说："明主之道，一法而不求智，固术而不睦信。"②都是帝王之具。

　　韩非学说法术势三足鼎立，其"势"说承自慎到。《八经》说："势者，胜众之资也。"③《难三》也说："明主之治国也，任其势。"④韩非将"势"作为人君生而有之的资本，君臣上下关系的确立和稳固，关键在于人君之"势"。《难势》中韩非与主张"任贤"者论辩：

　　　　夫贤之为势不可禁，而势之为道也无不禁，以不可禁之势，此矛盾之说也。夫贤势之不相容亦明矣。⑤

"任势"的理论，原本来自慎到的"因循物理"，反智巧、黜圣贤，在韩非的理论体系中，更将慎到的自然之"势"发展为人设之"势"，也即单纯依靠人君的出身之势统御群臣还不够强大，必须依靠"法"、"术"来配合。这样才能避免《定法》所说的"徒术而无法，徒法而无术"⑥之弊。

---

① 《韩非子·说疑》，见王先慎：《韩非子集解》，第400页。
② 王先慎：《韩非子集解》，第451页。
③ 王先慎：《韩非子集解》，第431页。
④ 王先慎：《韩非子集解》，第379页。
⑤ 王先慎：《韩非子集解》，第392页。
⑥ 王先慎：《韩非子集解》，第397页。

第五章
黄老之学对儒法诸家思想的吸收和借鉴

　　司马谈《论六家要旨》评论"道德家"说："其为术也，因阴阳之大顺，采儒墨之善，撮名法之要，与时迁移，应物变化，立俗施事，无所不宜。"①

　　黄老之学所活跃的战国中后期，各主要学派事实上也都在互相影响和借鉴，其学说都是以本学派的理论为本位而进行发展。但是黄老之学作为一门"君人南面之术"，能够兼容并蓄，其君术的本质赋予它"有容乃大"的精神，致力于将百家之学有益部分融会贯通，成为一个开放性的整体。

　　黄老之学中的各部著作，或多或少均体现出兼采各家的特点。博采众长的开放性有利于引进适应环境的新思想，同时也使得其本身容易被统治者接受，从而实现其历史使命。

---

① 　司马迁：《史记·太史公自序》，见《史记》，第 3289 页。

第一节　儒家仁义礼乐对黄老之学的影响

　　儒家思想在中国思想历史上影响最大,因而先秦百家争鸣之时所招致的非议也颇多。其中,《老子》道家对儒家学说的批评是相当激烈的。《老子》、《庄子》的许多篇章中都将儒家所倡导的仁、义、礼视为大道隐匿,社会堕落的标志。但黄老之学却看到了儒家思想同现实政治融合的一方面。对于仁义礼乐德的现实意义有着较为清醒的认识。

一、马王堆帛书《经法》等四篇古佚书:礼与德

　　古佚书的哲学思想体系,以《老子》道家形而上之"道"为基础,以黄帝方术之学为技术支持,将"推天道以明人事"的思路大大拓宽。整体上非常符合司马谈《论六家要旨》的"道家"特色,可以看作是先秦黄老之学的典型作品。
　　以天道规律为准则对政事进行干涉和管理是古佚书所论治道的一大特色。从实行的效果来看,古佚书中提倡的很多政治观点都与儒墨名法的论点相似。
　　司马谈《论六家要旨》认为:

　　　　儒者博而寡要,劳而少功,是以其事难尽从;然其序君臣父子之礼,列夫妇长幼之别,不可易也。①

---

① 司马迁:《史记·太史公自序》,见《史记》,第3289页。

　　诸子学派中,各家理论均有其未尽之处。但是,儒家的君臣父子之礼,却是值得发扬的长处。古佚书通过天道逆顺来强调君臣、父子、尊卑上下的等级秩序。认为身份差等的存在是维持社会安定的基本要素。这同儒家的君臣父子之礼是殊途而同归。

　　古佚书不止一次将"子代其父"列为破坏国家安定的灾难之首。家是国的缩影,"观国者观主,观家观父,能为国则能为主,能为家则能为父","嫡子父,命曰上曊,群臣离志"。①古佚书在这里指"嫡长子尚未正式继承君位,就已经行使父亲的君权"。其根本原因便在于混乱了君臣父子之等级。

　　《君正》说:"贵贱有别,贤不肖差也。衣服不相逾,贵贱等也。"②认为贤不肖既有明确差等,因此贵贱之别天然合理,身份地位有着严格界限,衣服、制度等也不可逾越。而等级制度是确保国家安定团结、君臣一心的重要保证。

　　古佚书《称》也从反面论证了君臣父子之礼对维护国家安定的重要性。

　　　　　臣有两位者,其国必危。国若不危,君犹存也,失君必危。失君不危者,臣故差也。子有两位者,家必乱。家若不乱,亲犹存也。[失亲必]危。失亲不乱,子故差也。③

一个国家若有了两个高权重位的大臣,则一定会面临危险,但如果国君仍然健在,或者大臣仍可行君臣尊卑之礼,则国家未必立刻陷于困境;一个家庭中若有了两个势均力敌的儿子,则

---

① 　《经法·六分》,见裘锡圭:《长沙马王堆汉墓简帛集成》(四),第134页。
② 　裘锡圭:《长沙马王堆汉墓简帛集成》(四),第134页。
③ 　裘锡圭:《长沙马王堆汉墓简帛集成》(四),第185页。

一定会面临混乱,但如果父亲仍然健在,或者诸子能够固守兄弟尊卑差等,则家庭未必立刻陷于困境。这足以说明,维持尊卑礼制对安定秩序的重要性。

除此之外,同儒家政治家一样,古佚书黄老之学很重视亲民,认为想要在诸侯国之间的征战中取得胜利,必取"顺民心"、"爱勉之",使得"民有德"。《经法·君正》所云顺应民心的举措包括:"从其俗,则知民则";"用其德,民则力";"俗者顺民心也。德者爱勉之[也。]"①遵从百姓的习俗,得到百姓的拥护,任用贤人,使其爱护勉励群众,古佚书认为这些实施举措,势必收到良好的效果:

> 男女劝勉,爱也。动之静之,民无不听,时也。受赏无[德],受罪无怨,当也……[□]苛事,节赋敛,毋夺民时,治之安。②

这些政策措施,实际上也就是古佚书所遵从的"刑德相养"中"德"的内容。

从上文可以看出,黄老之学虽然在哲学上以道家之"道"为皈依,但其治国的思路,却也借鉴了儒家的"礼制"与"德政"。

在此再分析一下古佚书对于墨家学派"强本节用"主张的借鉴。

《墨子》之强本节用,得到司马谈的肯定,《论六家要旨》说:

---

① 裘锡圭:《长沙马王堆汉墓简帛集成》(四),第132页。
② 《经法·君正》,见裘锡圭:《长沙马王堆汉墓简帛集成》(四),第132页。

　　　　墨者俭而难遵,是以其事不可遍循;然其强本节用,不可废也。①

　　古佚书对墨家上述理论亦有所推崇,强本节用与富国强民也是古佚书论述治国之术时强调的重点。

　　古佚书明确指出:"万民之恒事,男农女工。"②经济上的富足无论在何时都是国家强盛的基础。《君正》认为人君要增加人民的收入,减少赋税,"三年无赋敛,则民有得"。"〔有得〕者,发禁弛关市之征也。"③

　　古佚书屡次反对统治者放纵心欲,聚敛财富,挥霍无度,"嗜欲穷"被《称》列为"三死"之一。足见古佚书此问题的重视。

　　《经法·六分》认为,人君要懂得控制自己情欲、嗜好,对于驱骋驰猎、饮食喜乐等娱乐活动要理性对待:

　　　　知王术者,驱骋驰猎而不禽荒,饮食喜乐而不湎康,玩好暴好而不惑心……则国富而民……不知王术者,驱骋驰猎则禽荒,饮食喜乐则湎康,玩好暴好则惑心……则国贫而民荒。④

《经法·四度》也警告说:"黄金珠玉藏积,怨之本也。女乐玩好燔材,乱之基也。守怨之本,养乱之基,虽有圣人,不能为谋。"⑤

---

①　司马迁:《史记》,第 3289 页。
②　《经法·道法》,见裘锡圭:《长沙马王堆汉墓简帛集成》(四),第 127 页。
③　《经法·君正》,见裘锡圭:《长沙马王堆汉墓简帛集成》(四),第 132 页。
④　裘锡圭:《长沙马王堆汉墓简帛集成》(四),第 134 页。
⑤　裘锡圭:《长沙马王堆汉墓简帛集成》(四),第 138 页。

《称》说:"宫室过度,上帝所恶,为者弗居,虽居必路。"①对于华丽的宫室、黄金、珠宝、美玉、女乐、玩好这些奢侈品,如能节制对待,虽不至于对国家产生危害,但终归是怨之本、乱之基,一但沉迷,最后都不能长久。

二、《管子》黄老诸篇对仁义礼法的吸收

《管子》黄老诸篇在对仁、义、礼、法的态度上是十分包容的。这一点同《老子》道家形成较为鲜明的对比。老子认为仁、义、礼是失道失德后,国君维系社会秩序的工具,但是因为失去了"道"、"德"作为基础,仁、义、礼的施用不但难以起到效果,而且会使社会人心更加沉沦。因此《老子》说:"失道而后德,失德而后仁,失仁而后义,失义而后礼,夫礼者,忠信之薄而乱之首。"②又说:"法令滋彰,盗贼多有。"③

但是《管子》黄老诸篇却对儒家的观点较为接受,多次肯定仁义礼教的作用与功效。更重要的是,《管子》将仁义礼法作为"道"的分枝与德用的表现,使得仁义礼法跳出治术工具的范围,拥有了形上的根源与基础,同时也具备了在政治中存在的必要性与普遍性的价值。《管子》认为仁义礼法与道德在内涵上不同,但彼此又有着密切的关联,《心术上》对仁义礼法的特性或功能加以描述曰:

> 虚无无形谓之道。化育万物谓之德。君臣父子人间
> 之事谓之义。登降揖让,贵贱有等,亲疏之体谓之礼。简

---

①　裘锡圭:《长沙马王堆汉墓简帛集成》(四),第181页。
② 《老子》三十八章,见朱谦之:《老子校释》,第152页。
③ 《老子》五十七章,见朱谦之:《老子校释》,第232页。

物小未一道,杀僇禁诛谓之法。①

《管子》认为,以虚静无形为本根的大道,其功能之一便是化育万物。这个道理使用在人间社会中,最显著的表现便是君臣父子等人伦关系的确立。这些上下尊卑的关系可称之为义,化为制度、规矩便可称之为礼。将人伦形成的社会,大小事情一致化、合理化,并以杀戮禁诛为最后手段,这就是法的形成。

《管子》进一步说明道德与仁义礼法的相互关系,《心术上》曰:

> 故礼者,谓有理也。理也者,明分以谕义之意也。故礼出乎义,义出乎理,理因乎宜者也。法者,所以同出不得不然者也,故杀戮禁诛以一之也。故事督乎法,法出乎权,权出乎道。②

礼义皆是理的具体表现或作用,礼义奠基在理的基础上,也因而有了形上大道的支撑。因此,儒家的仁义礼都有了“大道”的形而上保证。

《管子》将仁义礼统摄于“道”之下正符合了时代的要求:在“道”的准则下,倡导礼仪教化的作用。

三、《尹文子》治道对儒家礼乐文化的吸收

《尹文子》虽然对道治最为推崇,认为“大道治者,则名、

---

① 黎翔凤:《管子校注》,第759页。
② 黎翔凤:《管子校注》,第770页。

法、儒、墨自废",向往的是"道行于世,则贫贱者不怨,富贵者不骄,愚弱者不慑,智勇者不陵"①的社会模式,但是面对战国社会战乱频仍的现实,也只能把"道治"设置为美好的理想。针对一系列的社会问题,《尹文子》在"道"的指导下找出两大法门——"名"与"法",认为"政者,名法是也。以名法治国,万物所不能乱"。② 但是,名与法也不能解决所有的社会问题。因此,《尹文子》并不反对吸收其它学派的思想以达到治国安民的目的。

《尹文子》将儒家学派所推崇的仁、义、礼、乐放在与名、法等同的地位上,认为这属于"五帝、三王治世之术也",对于这些措施的功用,《尹文子》一分为二地看待:

> 故仁以道之,义以宜之,礼以行之,乐以和之。③

仁义礼乐对于民众的教育感化作用,得到了《尹文子》的肯定:"圣王知人情之易动,故作乐以和之。"④作者认为,礼乐在天下通行,可以抑制个人的私欲,这无疑是有利于人君统治的。另外,礼义还可以成就君子。"今以礼义招仁贤,所得仁贤者,万不一焉……礼义成君子,君子未必须礼义。"⑤由此可见,仁义礼乐这些道德规范措施,对规范人的感情,约束人的行为,从而稳定社会秩序是有重大意义的。但由于它们并非强制性的法律条文,道德情感上的评判对人的约束力有限,因此《尹文子》对其弊端也看得较为清楚:

---

① 钱熙祚校:《尹文子》,第4页。
② 钱熙祚校:《尹文子》,第9页。
③ 钱熙祚校:《尹文子》,第7页。
④ 钱熙祚校:《尹文子》,第5页。
⑤ 钱熙祚校:《尹文子》,第5页。

> 故仁者,所以博施于物,亦所以生偏私;义者所以立节行,亦所以成华伪;礼者所以行恭谨,亦所以生惰慢;乐者所以和情志,亦所以生淫放。①

但作为名法的有益补充,人君亦可在名法之治外合理利用儒家的礼乐文化。

四、《庄子·天道》诸篇及《鹖冠子》对仁义礼乐的融合

在《庄子·天道》诸篇中,作者也一改内篇传统,开始融汇接纳儒墨法等等各家的观点为我所用。文中直接谈及仁义礼的用例很多,《天道》:

> 古之明大道者,先明天而道德次之,道德已明而仁义次之,仁义已明而分守次之,分守已明而形名次之,形名已明而因任次之,因任已明而原省次之,原省已明而是非次之,是非已明而赏罚次之。②

对于仁义礼法赏罚形名等概念,作者将它们置于"天道"之下。尽管如此,作者并没有像《老子》及《庄子》内篇对儒家、法家的观念予以抵制和责难,而是表现出较为融通的态度。从道家的立场出发,对于仁义、形名、礼乐都给予了一定程度的肯定。《在宥》认为:

① 钱熙祚校:《尹文子》,第7—8页。
② 王先谦:《庄子集解》,第116页。

　　故圣人观于天而不助,成于德而不累,出于道而不谋,会于仁而不恃,薄于义而不积,应于礼而不讳,接于事而不辞,齐于法而不乱。①

认为圣人虽然以道为本,但对于仁、义、礼,也要有所认可。《缮性》中有一段话:

　　夫德,和也;道,理也。德无不容,仁也;道无不理,义也;义明而物亲,忠也;中纯实而反乎情,乐也;信行容体而顺乎文,礼也。②

作者的思维在道家概念道、德和儒家概念仁、义、忠、乐中游走,二者之间显然没有什么障碍,对儒道思想的融合显然相当到位。《刻意》中对儒士的品评也是怀着赞誉的口吻:

　　语仁义忠信,恭俭推让,为修而已矣;此平世之士,教诲之人,游居学者之所好也。③

除了对儒家仁义礼乐等概念的吸收外,《庄子》黄老诸篇还从儒家的礼治中吸取了正尊卑上下的理念,《天道》:

　　君先而臣从,父先而子从,兄先而弟从,长先而少从,男先而女从,夫先而妇从。夫尊卑先后,天地之行也,故圣人取象焉。天尊地卑,神明之位也;春夏先,秋冬后,四时

---

① 王先谦:《庄子集解》,第98页。
② 王先谦:《庄子集解》,第98页。
③ 王先谦:《庄子集解》,第132页。

之序也……夫天地至神，而有尊卑先后之序，而况人道乎！
宗庙尚亲，朝廷尚尊，乡党尚齿，行事尚贤，大道之序也。①

君臣父子，尊卑先后，尚亲、尚尊、尚齿、尚贤的儒家礼治原则，
都成为黄老之学所主张的"大道之序"，并且认为"愚知处宜，
贵贱履位；仁贤不肖袭情，必分其能，必由其名"，这种儒家尊
卑有序的状态是理想社会秩序的体现。由此看来，《庄子·天
道》诸篇对儒家思想的吸收和借鉴，是十分彻底和到位的。

　　从写作时间来看，《鹖冠子》一些篇章显然是较为晚出的。
文章将黄老之学君人南面之术同诸子百家之学作了较多契合。
特别是对儒家的仁义礼等思想有较多融合。

　　《鹖冠子》中，仁、义、礼、乐是合于天道之数的。《学问》中
庞子请教鹖冠子："礼乐仁义忠信，愿闻其合之于数。"鹖冠子
回答：

> 　　所谓礼者，不犯者也。所谓乐者，无灾者也。所谓仁
> 者，同好者也。所谓义者，同恶者也。所谓忠者，久愈亲者
> 也。所谓信者，无二响者也。圣人以此六者，卦世得失逆
> 顺之经。夫离道非数，不可以□绪端，不要元法，不可以劙
> 心体，表术里原，虽浅不穷，中虚外博，虽博必虚。②

　　礼乐仁义忠信，由于与圣人之道相合，因此被圣人用以衡
量世间的顺逆。同时，礼乐仁义等同《鹖冠子》所主之"法"也
是相互协调的。《泰鸿》云：

---

① 王先谦：《庄子集解》，第 116 页。
② 黄怀信：《鹖冠子汇校集注》，第 327—329 页。

范者,非务使云必同知一,期以使一人也。氾错之天地之间,而人人被其和。和也者,无形而有味者也。同和者,仁也,相容者,义也,仁义者,所乐同名也,能同所乐,无形内政。①

法律法规的施行,目的并非使天下均齐为一物而泯灭其各自的属性,将"法"广泛推广于天地间,是为了使人与人之间能够谐和。谐和则生仁,相容则生义。国人如能有统一之"乐",则无形之和便能辅助达到和谐而治的局面。因此,仁、义实际上是成功颁行"法"治的产物。

第二节　法家政治思想在黄老之学的呈现

一、"法"、"术"、"势"在黄老之学中的体现

黄老之学与法家思想的关系十分错综复杂。《管子》、《慎子》、《申子》、《韩非子》等著作中原本就具有法家的政治理念。虽然"法"、"术"、"势"三足而立的政治模式最终由韩非建立起来,但在黄老之学发展过程中,在法家与道家思想的碰撞和交融中,这些原本存在的"法"、"术"、"势"思想元素已经自然而然渗透在黄老思想里。

无论是在《老子》乙本卷前古佚书,还是《管子》黄老篇目,抑或是申不害、韩非的著述,道家与法家两派思想交融痕迹都十分明显。黄老之学虽然没有明确地引用"法"、"术"、"势"

---

① 黄怀信:《鹖冠子汇校集注》,第247—248页。

三位一体的政治构架,但"法"、"术"、"势"的理念已经被黄老之学所吸收,这三者都被作为能够稳固君权,维护统治的政治手段加以利用。

实际上,法治主义的觉醒是中国古代社会发展的必然结果。上古时代所奉行的"刑不上大夫"、"礼不下庶人"迟早会遭到社会发展的淘汰。自春秋中叶,"法"与"礼"的思想斗争便已经开始。孔子说:"道之以政,齐之以刑,民免而无耻;道之以德,齐之以礼,有耻且格。""礼"与"法"同是"齐国"的形式,而其差别就在于,前者的标准是人生而有之的上下尊卑的地位之别,后者的标准是推行于全国的统一的法规律令。儒家思想家认为理想的社会基础应当主要是"礼",是人类尤其是统治者的道德力量,也即"礼治"。而法家思想家则认为社会应当凭借武力、制裁、法律为基础,也即"法治"。这两种社会模式在思想界中形成了针锋相对的对峙。但,即便是儒家思想家也看到了单纯以礼治国的艰巨性。社会的发展,私有财产的增多,政治与经济权利的不均衡所造成的一系列冲突使得"礼"的神圣地位一步步遭到破坏。实际上,即便是反对法治的孔子,也不得不承认"法治"有一定的存在意义,"刑罚不中,则民无所措手足"。面对国家的生存、争霸等一系列大事,完全的"礼"治国家只能存在于理想之中。在战国纷纭复杂的社会环境中,仅凭践履礼仪难以阻止宗室及诸侯之间混乱的冲突。国家必须依靠更加强有力的手段加以维持,这才是天下大治的保证。

这同样也是黄老之学吸纳法家思想的原因。儒与法的论争,两派的选择往往趋于极端对立:或是一味强调礼治的仁慈,或者一味强调刑罚的严厉。这种极端的选择对社会问题的解决显然不是最好的方法。而黄老之学则一方面认可了属于法家的社会组织形式,另一方面,又将这种组织形式纳入始终作为终极依据的"天道"系统。这一点在马王堆帛书《经法》等四篇中表现得十分明显。

古佚书推崇"刑德相养"的统治原则,如果说古佚书黄老之学"德"的思想来自对儒家"德治"的借鉴,则"刑"是明显来自法家思路。

法家之"法治"显示出刻薄寡恩的特征。虽然接受了以"法"、"刑"治国的观点,但对刑法的严酷,《经法》等篇并没有着重地强调。《经法》所体现出的"法治"最大的功效在于其公正性和震慑性。用法律刑狱治理,可使社会秩序稳定。赏罚得当,对有罪当杀者绝不幸免,可使人民产生敬畏之心。但在《十六经·正乱》中,帝王楷模黄帝所颁行的"法治",也体现出其严厉的一面。黄帝战蚩尤,擒获之后,采取了异常严厉的手段加以对待。并且以蚩尤为鉴戒,发布了禁令,口气非常严厉,惩罚措施也非常严酷:

> 帝曰:毋乏吾禁,毋流吾醢,毋乱吾民,毋绝吾道。乏禁,流醢,乱民,绝道,反义逆时,非而行之,过极失当,擅制更爽,心欲是行,其上帝未先而擅兴兵,视蚩尤、共工。屈其脊,使甘其箭。不死不生,悫为地程。帝曰:谨守吾正名,毋失吾恒刑,以示后人。①

在以道家无为之道为最高哲学追求的古佚书中,出现这样的酷刑,也是令人十分震惊的。但如联想到《商君书·赏刑》中"故禁奸止过,莫若重刑。刑重而必得,则民不敢试,故国无刑

---

① 裘锡圭:《长沙马王堆汉墓简帛集成》(四),第159页。

民"，以及"晋文公将欲明刑以亲百姓，于是合诸侯大夫于侍千宫，颠颉后至请其罪，君曰：用事焉。吏遂断颠颉之脊以殉"①的用例，"法"治的严酷本性，便不难理解了。

在黄老思想中，当刑与德的体系内化到世人心中，当法制的国家机器按照天道所昭示的秩序运行，当君主的权威得到天道不言而喻的肯定时，人类社会便完全与天道相对应。在这种法家式的社会秩序中，人们才能看到真正无为自化的理想社会。

无为而治社会的本质，是人君无为而臣下无不为，是人无为而制度无不为，人君、人臣与社会机制三者不可偏废。因此，"道"与"法"、"术"、"势"的结合就不仅仅有着理论上的意义，在操作上也占有较强的优势，更容易付诸实践。因为黄老之学的"法"、"术"等主张虽然借鉴自法家理论，但是同商鞅、申不害的严刑峻法又有着差别。在黄老之学的法治主张中，看不到法家所特有的那种冷酷、刻板和对"德治"的排斥，因此显得贴近人情又切实可行。这是黄老之学的成功，也是它在战国后期和汉代初年大炽的原因。

二、农 耕 与 作 战

农战的主张是法家在战国后期迅速崛起的原因之一。法家重农战，《商君书·垦令》和《农战》两篇都对国家农业和军事实力的发展做了阐述。《经法》等四篇古佚书便吸收了重视农耕和军队建设的理念。

从天道运行规律出发，古佚书多次强调，在阳气上升的春

---

① 严可均校：《商君书》，第29页。

夏秋三季,人君要勉励臣民戮力劳作,不可违背农时,不可扰乱事功,这样才既能得五谷丰收,也可"君臣上下,交得其志。天因而成之"。《经法·君正》也认为:

> 人之本在地,地之本在宜,宜之生在时,时之用在民,民之用在力,力之用在节。知地宜,须时而树,节民力以使,则财生。[1]

而《十六经·三禁》所论"三禁"便有:"爽事,地禁之。"[2]指误农时、败田事,为"地"的禁忌,从天地的角度阐述农业的重要性。

在对待战争的态度上,古佚书在原则上反对穷兵黩武,主张要"持雌节",认为"好凶器"为"三凶"之首,《十六经·本伐》认为兵道的实施应效法天道:

> 道之行也,由不得已。由不得已,则无穷。故困者,起者[也];禁者,使者也。是以方行不留。[3]

用兵是出于不得已为之,但也不能随便放弃武力,要对"不道"之国予以征讨。可见,古佚书虽未像法家一样将战争视为"国之所以兴者",但对于用兵之道,也有一套理论阐述。《十六经·兵容》:

> 兵不刑天,兵不可动。不法地,兵不可措。刑法不人,

---

① 裘锡圭:《长沙马王堆汉墓简帛集成》(四),第132页。
② 裘锡圭:《长沙马王堆汉墓简帛集成》(四),第166页。
③ 裘锡圭:《长沙马王堆汉墓简帛集成》(四),第167页。

兵不可成……天固有夺有予,有祥□□□,□□弗受,反随以殃。三遂绝从,兵无成功。①

文中的"三遂",按魏启鹏先生说应读为"三隧"②,《淮南子·兵略训》:"将者必有三隧、四仪、五行、十守。所谓三隧者,上知天道,下习地形,中察人情。"③是以古佚书认为用兵必须"合天",参于天地、顺于民,如此举事方能成功。举事用兵,必须兼及内(政)与外(交)。《经法·四度》云:"外内皆顺,命曰天当,功成而不废,后不逢殃。"④

《称》中还提出:"□□不执偃兵,不执用兵。兵者不得已而行。"⑤即不一味主张息兵,也不一味主张用兵,用兵是不得已之举,要在尊重兵事的前提下,以合天与正名为权衡,适时而动作。

《十六经·本伐》认为用兵征伐可分三类,"世兵道三,有为利者,有为义者,有行忿者"。⑥其中"为义"用兵,为维护道义而战者,"伐乱禁暴,起贤废不肖",符合《称》提出的"提正名以伐,得所欲而止"⑦要求。《经法·国次》认为:

夺而无予,国不遂亡。不尽天极,衰者复昌。诛禁不当,反受其殃。禁伐当罪当亡,必墟其国。兼之而勿擅,是谓天功……先屈后伸,必尽天极,而毋擅天功……故圣人

---

① 裘锡圭:《长沙马王堆汉墓简帛集成》(四),第 164 页。
② 魏启鹏:《马王堆汉墓帛书〈黄帝书〉笺证》,第 154 页。
③ 何宁:《淮南子集释》,第 1091 页。
④ 裘锡圭:《长沙马王堆汉墓简帛集成》(四),第 138 页。
⑤ 裘锡圭:《长沙马王堆汉墓简帛集成》(四),第 177 页。
⑥ 裘锡圭:《长沙马王堆汉墓简帛集成》(四),第 167 页。
⑦ 裘锡圭:《长沙马王堆汉墓简帛集成》(四),第 180 页。

之伐也,兼人之国,堕其郭城,焚其钟鼓,布其资财,散其子女,裂其地土,以封贤者,是谓天功。功成不废,后不逢殃。①

可见,古佚书虽然在理论上以天道、为义作为用兵的前提,但其希望依靠"伐人之国"来扩大疆界的意图仍然很明显。这同法家依靠农战富国强兵的本质没有什么不同。

---

①　裘锡圭:《长沙马王堆汉墓简帛集成》(四),第130页。

结　语

　　黄老思想的渊源在先秦时代,就思想史研究目前所能掌握的资料而言,已经是不争的事实。黄老之学是先秦诸子学中的一支,也是毋庸置疑的。虽然如此,目前学术界却还没有着手梳理有关先秦黄老之学的一切文献资料,将其发生、发展的背景、过程做一整体的总括。这也是本课题的意义所在。

　　从黄老之学的思想渊源而言,先秦黄老之学同其他诸子学术一样,从原始学术中脱胎而来,而且直接继承了原始学术——原始方术之学与商周官学中极为富有特色的一部分,形成了特殊的“君人南面之术”。这种“治术”将原始道家“精神专一,动合无形”的道论作为立命之根本,以天道阴阳的运行规律为因循,兼采战国其它诸子学派——儒墨名法之长。黄老之学强调因循,所谓“与时迁移,应物变化”,以达到“指约易操”、“事少功多”的成效。黄老之学中包含以法为治,刑名相参的因素。作为内圣外王的治术,黄老之学同时保有一套以形神论为理论基础的“治身”之术。这也是黄老之学的标志之一。

　　本文认为,黄老之学的思想渊源主要有二,一是以《老子》为代表的道家之学,二是黄帝方技数术之学。

　　黄老之学文献的重要特点,是对于"道"以及"天道"的尊崇。无论其最后的落脚点如何,黄老之学文献总是将兼具本源性、永恒性、规律性等多重特征的"道"或"天道"放在不可动摇的位置之上。这个"道"既为自然界万物的本原,独立不偶,恒存于宇宙,同时又是宇宙万物运行的规律,普遍存在于万物之中,这同《老子》既强调"道"为最高本体,又强调"道"在社会和人生中具有决定意义的实践性是一致的。从这个意义上而言,黄老之学言"道"的特色非常明显,属于道家的一个分支。而从《老子》文献与大部分黄老文献的出现时间而言,我们大体可以说黄老之学是继承与发展了《老子》的道论。

　　但同《老子》等传统道家不同的是,黄老之学的思想渊源中,包含有独特的"黄帝方术之学"的知识与技术。这正是从原始学术——原始方术之学和商周官学中继承和发展而来的。从史前文化产生到春秋及其后一段时期,流传保存在民间和官学的知识与技术正是诸子思想生发的基础和土壤。不同的思想群体吸取了原始学术中不同方面的知识加以利用,形成了不同的学派。而先秦诸子思想中很多共同的重要概念和思路,均源自原始学术,例如天地人同源同构的意识、对宇宙时空、天文星气、地理方向的观测体察及天道与人类社会政治事务、人体自身生老病死之间关系的理解、对各种具有形而上神秘含义的方术仪式的解读等等。黄帝之学,同原始学术特别是其中的占卜、预测、择日等知识技术密切相关。战国中后期的天文、星占、历算、阴阳、五行、医方、导引等知识技术本是原始方术之学中占卜、预测、择日术的发展。民间方术偏重于各种数术方技实用知识与技巧,而官学系统则将礼制法度与数术之学并存,并且在数术之学中有选择地加以侧重。而本文所谓"黄帝之学",是指其成熟阶段,也即在战国社会方术发展的背景下,数术家与方技家所掌握的、科技含量较高的、托名黄帝的实用知识与技术。特别是在战国中后期,出现了大量托名黄帝及其臣下的"黄帝书",这标志着黄帝方术之学发展的巅峰。黄帝之学同样尊崇"天道",但"黄帝之学"将"天道"作为其学术的形而上之思想背景,主要将着眼点放在方技术数等形而下的知识与技术之上。天道运行规律的探索在黄帝之学的体系中占有重要的位置。

黄帝之学以战国时代所能拥有的高科技手段不断探索天道运行,道家之学则将这些形而下的实用知识与技术转化为形而上的治国、治身、治心理论。在战国中后期,黄帝之学与道家学术的契合点正在于"推天道以明人事"的天道观念。其契合为道家黄老之学的出现提供了可能。黄帝之学借助黄老之学"推天道以明人事"的思想背景,得到了强有力的思想层面的支撑。这也就意味着,黄帝之学的知识与技术不再单纯为实用而存,它拥有了更为广阔深远的哲学意味。而黄老之学也因为吸收了黄帝方术之学的实用知识与技术,在天道规律的探索与实践方面拥有了更切实的体验。

综合《论六家要旨》的"道德家"定义,考察黄老之学著作的主要特征,本文对黄老之学的内涵总结如下:黄老之学主要是以《老子》道家思想为本,以黄帝方术之学为用,整合儒法,刑名参用,兼顾内修与外炼,形成一种指约易操,事少功多的君人南面之术。

由于历史原因,先秦黄老文献体现出不同于其它诸子文献的特征:一是出土资料多,二是分布散乱,三是传世文献情况复杂。因此对于黄老文献的判断和分析,是非常困难的。这也是本文对先秦黄老之学研究所做出的重大贡献之一。

先秦黄老之学的出土文献,集中发表在马王堆帛书和上博楚简之中,本文所确定的黄老文献包含四种,分别为:马王堆帛书《经法》等四篇、马王堆帛书《九主》、上博楚简《恒先》、上博楚简《三德》、上博楚简《凡物流行》。这些文献内容大部分都未见于传世文献,同时又能与相关传世文献做对比研究,因此无论是思想价值还是文献价值都极高。本文参考中华书局、文物出版社、上海古籍出版社以及相关专家学者对文献所做的相关释文和释义,以上文对黄老之学思想所做定义为标准,特别是其中"推天道以明人事"这个思路特点,详细分析了每一部出土文献的内容的特征。

由于出土文献基本是单篇文献,字数有限,且不同文献之间成文时间先后有差异,这也就意味着,一些文献未能详尽展示成熟黄老之学的所有特点。如《凡物流行》,从其思想特征来看,其产生时代比较早,黄老之学中常有的对"天道"、"道体"的论述在文中未能详尽地表达,但《凡物流行》典型的上篇言天下篇述人的结构,以及对同"道"具有同等地位之"一"的论述,已经流露出典型的黄老气质,再加上其中"治心"理念的提出,综合而言,当属黄老之学文献无疑。再如《三德》篇,不同于其他黄老出土文献,《三德》没有谈论宇宙生成与"天道",但"推天事人"的特征非常明显,且文中充满了威吓与禁忌之语,这是黄帝方术之学的典型反映,因此也属于黄老之学文献。本文对每一篇黄老出土文献都做了细致分析,详细解释了文献所反映的思想内容同黄老之学思想特征相契合之处。为下文讨论黄老之学的发展状况打下基础。

传世的黄老文献的存在方式,也有一些与众不同之处。也即往往是一部著作的某些篇章而非全篇被确定为黄老之学文献,像《管子》、《韩非子》和《庄子》等都是如此。即便有一些可以被整体指认为黄老作品的,其状况也比较复杂,需要经过细致的"辨伪"工作,不能拿来就用。比如像《尹文子》、《鹖冠子》等。

本文经过分析,加以确定的传世黄老作品有以下几种:《管子》之《心术》上下、《内业》、《白心》、《枢言》、《宙合》、《九守》、《形势》、《法法》、《任法》、《明法》等篇章;《庄子》之《在宥》、《天地》、《天道》、《天运》、《刻意》、《缮性》;《尹文子》;《鹖冠子》;《韩非子》之《主道》、《扬权》、《解老》、《喻老》、《二柄》、《难势》等篇目以及《慎子》、《申子》的辑篇。这些篇章,经过本文的辨析,首先其时代性先被确定下来,这些文献成文大部分成文皆在秦之前,属于先秦时代的文献;其次这些文献从整体上符合黄老之学"推天道以明人事"的特征,而每一部作品对黄老之学各种思想特点又有不同程度的倾向和偏重,十分真切地反应出黄老之学发展的历时性特征。

同时,田骈、接舆、环渊三人,并无作品传世,但从司马迁《史记》记载所看,三人思想也同黄老之学相关。田骈在《庄子·天下》中和慎到相提并论,秦汉文献也对其言论事迹有所记载,《汉志》中还著录了《田子》二十五篇在道家类下,从中我们可以了解到田骈是先秦诸子中的重要人物。《史记·孟子荀卿列传》中提到环渊著"上下篇",而接舆之著作史籍中更是没有留下记载。因此对这三人,由于材料遗失太多,只能依靠有限的史料对他们的学说进行了有限的考察,不能不说是一件憾事。

先秦黄老思想有其从简至繁的发展理路,不同文献亦对学术中的不同方面予以阐述。本文从天道观念、心治理论、政治理念、君臣观念等几方面分析了黄老之学发展过程,并分析了黄老之学对诸子学特别是儒家和法家学术的吸收。

　　黄老之学利用黄帝方术之学的技术,对《老子》道家的道论作了充分了改造。这种改造的结果,一是突出了"道"作为"天道"、规律、人间法则的意义,而是为"道生法"预留了空间。黄老之学崇尚"道","道之体"的论述多次出现在黄老文献中,其对《老子》道家的继承非常明显。但对"道体"的描述仅仅是黄老之学君人南面术的理论基础,黄老学术的关注点在"道之用"。马王堆帛书《经法》四篇便相对弱化了"道"超言绝象不可感知的特色,而利用黄帝方术之学,将天道实用、近人的一面表现出来。《经法》四篇吸收了黄帝方术之学中丰富的天文历算知识,并且地将《老子》道论与黄帝之学的天道相结合,将天道的规律与法则运用至人道之上。通过推演天文、星占、历法、推算、预测以及指导人事。《恒先》的宇宙生成论同道家道论是契合而又对其有所增益,而其所描述的宇宙生成模式及其特点,极大地影响了简文中所论述的人世之事,形成一种宇宙论指导下的政治模式。《九主》中,作者放弃论述"道体"而直接将"道之用"贯彻在"法君"中。《三德》也没有体现出对"道体"的描述,而充分发挥了黄帝方术之学中禁忌。《庄子·天道》诸篇哲学思路同传统道家也产生分野,从"天"出发,"道"、"德"、"仁"、"义"、"礼"等等成为并列在"天"之下的逻辑概念,"法天而治"的观念得以凸显。《鹖冠子》中,天道运转自如有序的特点也成为《鹖冠子》对人君执政的要求,直接地对人君提出在政治领域效仿、推广天道的要求。更提出"天曲日术"效仿天道运转规律构建出套政治体制。

　　道家形而上的"道",在黄老之学中同黄帝方术之学中具有规律性质的"天道"相结合,因为黄帝之学的"天道"是能够预测、能够用"度"、"数"等标准加以衡量并效仿的。通过淡化道体本身,并利用数术知识强调、突出道体之用,黄老之学完成了《老子》之道到黄老之道的转化。这是黄老之学天道观念的发展。

形神论的修养理论是黄老之学思想中的重要内容。作为君人南面之术,黄老之学不但将天道理论落实在现实治国操作中,同时,也指导君主通过"治心"——强身健体、净化心灵、体悟天道来使人君的身心也接近天道,符合天道要求。以天道为标准的内圣与外王已成为黄老之学的一项标志,突出体现了黄老之学的君人南面理论内外兼修的追求。《黄帝四经》已经体现出黄老之学形神论"内圣外王"思路,并将修身治心的要求纳入"天道"范畴,人君的一切修养有了超越的含义。《管子》四篇也对"内圣治心"做了精深的思考,提出让"精"进驻人心的体道过程,对外要"正形饰德",对内要"虚欲去智",如此,人君才能在人格修养上同"天道"完全协调一致。这在黄老之学内圣心治理论中是最具代表性的。《凡物流形》则强调人君要坚持"白心",坚持心灵的空虚洁净,而且这种修养最终能够达到"终身自若",也即虽然是严格修养的结果,但却依然能够使人自然而然地达到。《庄子·天道》等黄老诸篇虽无专门论述治心理论的篇章,但对治心的理论依然有涉及。得道之人注重修养内心,而天地之道是修养内心的重要准则,这是《天道》诸篇的基本认识。黄老之学修身养性的要求依然是从"天道"出发最终落实到"法天而治"——兼顾治国与治心,治内与治外两个方面,成为其独特的理论。

在政治理论方面,黄老之学从"天道阴阳"的运转中体会出"法天而治"的精义,赋予了法家之"法"更为深远的依据和内涵。具有道家倾向和具有法家倾向的思维在相同的思路下，形成了黄老之学独特的"道法"理念和刑名观念，这是"法天而治"的具体操作，也是作为君人南面之术的核心内容，本文亦对黄老之学的道法和形名理论做了梳理。黄老之学政治理念的发展，主要表现在通过借鉴黄帝方术之学"理"、"度"、"纪"、"数"、"法"等概念从而在人间落实，通过借鉴吸收法家"法"、"术"、"势"及形名观念，形成了一整套从天道出发，再转化为可具体操作的法术刑名的政治观念。

黄老之学政治领域中道法转关的环节非常重要，一部分黄老之学文献以"道"为本位生出"法"，使"道"之"无为"扩展到社会；一部分文献以"法"为本位吸收"道"，改造扩充了"法"的内涵，使"法"突破"条文律令"的含义，成为"天道"在人间的投射。在道法转关的环节中，黄帝之方术之学成为形而上之"道"与形而下之"法"相互维系支撑的环节，完成了由"道"至"法"的转变。马王堆帛书《经法》等四篇古佚书，提出由道生法，形名相参，抱道执度，刑德兼备。《鹖冠子》提出法天而治的天曲日术，《管子》黄老诸篇则将道法与仁、礼相结合。刑名观念在黄老之学中则是君人南面过程中关键的环节。《经法》等四篇文献要求人君刑名相参，审查三名；《恒先》文献虽篇幅有限，也用大量文字表达了对"名"、"言"的辨别；《管子》诸篇要求人君循名督实、以形定名；《九主》、田慎、尹文以及申不害、韩非的思想中本来便包含着较为浓厚的法以及刑名观念，作者"援道入法"及"援道入名"，为本已存在的"法"、"名"寻找更为高远、终极的依据。从整体来看，黄老之学对"法"的倚重越来越明显，对于刑名的要求也越来越偏重实际。

黄老之学的君臣观念，突出体现了黄老之学作为君人南面术的本质。这个理念与认识的发展同黄老之学审查刑名的观念密切相关。早期的黄老作品《经法》四篇、《九主》等尚倡导一些积极理念,对人君自身道德涵养的水平、对所人君所颁政令是否顺应天道等皆有一系列的要求。而在《管子》、《慎子》等篇章中,已经强调君主运用手段增"势",确保人君的权柄牢牢掌握在自己手中,同时消弭一切权力威胁。以"立法令"来治御下属,以"循物理"来任势尊君。实用目的性很强。随着战国社会失序状态的逐渐加剧,申不害、韩非等人的君臣观念已经发生了很大的改变,君臣之间针锋相对、你死我活的争斗愈演愈烈,君主不得已要采用一些阴谋的方法来确保君位和自身的安危。这也是黄老之学随着时代发展的必然规律。

在黄老之学对先秦其它诸子之学,特别是对法家和儒家学术的吸收方面,司马谈的评价为:"其为术也,因阴阳之大顺,采儒墨之善,撮名法之要,与时迁移,应物变化,立俗施事,无所不宜。"从这里,黄老之学与其它学术知识体系融合沟通的趋向明显可见。儒家对于人性道德和礼治的执着追求,墨家对于逻辑与技术的精彩见解,法家对于社会政治操作手段的精通都可以在黄老思想中找到踪影。

实际上,诸子学术在战国后期互相融合已成为大势所趋,百家争鸣进入尾声。在战国末至西汉初年这段时间中,中国古代思想界经历了一次嬗变,各种思想由分而合。诸子时代思想家们各自确认与坚守的立场和视角已经不足以应付日新月异的社会需要。新的知识体系与文化背景正在形成,这个背景真正将有关宇宙、社会、人类的知识相互综合。新的体系对于过去的思想不再采取"彼可取而代之"式的否定,而是体现出积极的综合与兼容,并在综合与兼容中重新进行整合。这种"百川汇流"的整合过程,使得秦汉之际各种思想具有了宏大的包容精神,而黄老之学便是这个过程中的最终胜出者。

参考文献

一、典籍类

1. 《十三经注疏》,阮元校刻,北京:中华书局,1980 年。

2. 《十三经注疏(标点本)》,李学勤主编,北京:北京大学出版社,2000 年。

3. 《周礼正义》,孙诒让撰,王文锦、陈玉霞点校,北京:中华书局,1987 年。

4. 《春秋左传注》,杨伯峻编著,北京:中华书局,2009 年。

5. 《国语集解》,徐元诰撰,王树民、沈长云点校,北京:中华书局,2002 年。

6. 《论语正义》,刘宝楠撰,高流水点校,北京:中华书局,1990 年。

7. 《逸周书校补注释》,黄怀信撰,西安:西北大学出版社,1996 年。

8. 《逸周书集训校释》,朱右曾撰,北京:商务印书馆,1937 年。

9. 《帛书老子校注》,高明撰,北京:中华书局,1996 年。

10.《墨子间诂》,孙诒让著,孙以凯点校,北京:中华书局,1986 年。

11.《墨子校注》,吴毓江撰,孙启治点校,北京:中华书局,1993 年。

12.《礼记集解》,孙希旦撰,沈啸寰、王星贤点校,北京:中华书局,1989 年。

13.《孟子译注》,杨伯峻译注,北京:中华书局,2005 年。

14.《孟子正义》,焦循撰,沈文倬点校,北京:中华书局,1987 年。

15.《商君书锥指》,蒋礼鸿撰,北京:中华书局,1986 年。

16.《庄子集解》,王先谦撰,沈啸寰点校,北京:中华书局,1987 年。

17.《庄子集释》,郭庆藩撰,王孝鱼点校,北京:中华书局,1961 年。

18.《荀子集解》,王先谦撰,沈啸寰、王星贤点校,北京:中华书局,1988 年。

19.《管子校注》,黎翔凤撰,梁运华整理,北京:中华书局,2004 年。

20.《列子集释》,杨伯峻撰,北京:中华书局,1979 年。

21.《尉缭子今注今译》,刘仲平撰,北京:商务印书馆,1977 年。

22.《韩非子集解》,王先慎撰,钟哲点校,北京:中华书局,1998 年。

23.《尹文子》,钱熙祚校,上海:世界书局,1935 年。

24.《慎子集校集注》,许富宏撰,北京:中华书局,2014 年。

25.《鹖冠子集解》,王心湛撰,广益书局,1936 年。

26.《鹖冠子汇校集注》,黄怀信撰,北京:中华书局,2004 年。

27.《山海经校注》,袁珂撰,成都:巴蜀书社,1993 年。

28.《十一家注孙子校理》,孙武撰,曹操注,杨丙安校理,北京:中华书局,1999 年。

29.《战国策注释》,何建章撰,北京:中华书局,1990 年。

30.《黄帝内经素问译释》,南京中医学院注释,上海:上海科技卫生出版社,1959 年。

31.《黄帝内经灵枢集注》,张志聪撰,北京:学苑出版社,2006 年。

32.《吕氏春秋集释》,许维遹撰,梁运华整理,北京:中华书局,2009 年。

33.《淮南子集释》,何宁撰,北京:中华书局,1998 年。

34.《史记》,司马迁撰,北京:中华书局,1959 年。

35.《盐铁论校注》,王利器撰,北京:中华书局,1992 年。

36.《大戴礼记汇校集注》,黄怀信撰,三秦出版社,2005 年。

37.《大戴礼记汇校集解》,戴德编,方向东撰,北京:中华书局,2008 年。

38.《说文解字》,许慎撰,北京:中华书局,1992。

39.《汉书》,班固撰,北京:中华书局,1962 年。

40.《说苑校正》,刘向撰,向宗鲁校正,北京:中华书局,1987 年。

41.《论衡校释》,王充撰,黄晖校释:北京:中华书局,1990 年。

42.《后汉书》,范晔撰,北京:中华书局,1999 年。

43.《文选》,萧统撰,上海:上海古籍出版社,1986 年。

44.《晋书》,房玄龄撰,北京:中华书局,1974 年。

45.《隋书》,魏征撰,北京:中华书局,1973 年。

46.《群书治要》,魏征撰,厦门:鹭江出版社,2004 年。

47.《初学记》,徐坚撰,北京:中华书局,1962 年。

48.《太平御览》,李昉撰,北京:中华书局,1959 年。

49.《郡斋读书志校证》,晁公武撰,孙猛校正,上海:上海古籍出版社,1990 年。

50.《四书章句集注》,朱熹撰,北京:中华书局,1983 年。

51.《通志》,郑樵撰,杭州:浙江古籍出版社,2000 年。

52.《直斋书录解题》,陈振孙撰,上海:上海古籍出版社,1987 年。

53.《诸子辨》,宋濂撰,北京:太平书局,1962 年。

54.《说郛》,陶宗仪撰,北京:中国书店,1988 年。

55.《四库全书总目》,永瑢等撰,北京:中华书局,1965 年。

56.《全上古三代秦汉三国六朝文》,严可均撰,北京:商务印书馆,1999 年。

57.《二十五史补编》,二十五史刊行委员会,上海:开明书店,1936—1937 年。

二、简帛释文类

1. 马王堆汉墓帛书整理小组:《老子甲本及卷后古佚书》,北京:文物出版社,1974 年。

2. 马王堆汉墓帛书整理小组:《老子乙本及卷前古佚书》,北京:文物出版社,1974 年。

3. 马王堆汉墓帛书整理小组:《经法》,北京:文物出版社,1976 年。

4. 国家文物局古文献研究室:《马王堆汉墓帛书》(一),北京:文物出版社,1980 年。

5. 国家文物局古文献研究室:《马王堆汉墓帛书》(三),北京:文物出版社,1983 年。

6. 国家文物局古文献研究室:《马王堆汉墓帛书》(四),北京：文物出版社,1985 年。

7. 银雀山汉墓竹简整理小组：《银雀山汉墓竹简》（一）,北京：文物出版社,1985 年。

8. 银雀山汉墓竹简整理小组：《银雀山汉墓竹简》（二）,北京：文物出版社,2010 年。

9. 马承源主编：《上海博物馆藏战国楚竹书》（二）,上海：上海古籍出版社,2002 年。

10. 马承源主编：《上海博物馆藏战国楚竹书》（三）,上海：上海古籍出版社,2003 年。

11. 马承源主编：《上海博物馆藏战国楚竹书》（四）,上海：上海古籍出版社,2004 年。

12. 马承源主编：《上海博物馆藏战国楚竹书》（五）,上海：上海古籍出版社,2005 年。

13. 马承源主编：《上海博物馆藏战国楚竹书》（六）,上海：上海古籍出版社,2007 年。

14. 马承源主编：《上海博物馆藏战国楚竹书》（七）,上海：上海古籍出版社,2008 年。

15. 裘锡圭主编：《长沙马王堆汉墓帛书集成》（四）,北京：中华书局,2015 年。

三、研究类著作

1. 郭沫若：《两周金文辞大系》第 3 册,东京：东京开明堂,1932 年。

2. 梁启超：《饮冰室专集》,北京：中华书局,1936 年。

3. 《四部丛刊初编子部·尹文子》,北京：商务印书馆,1936 年。

4. 蔡汝堃：《慎子集说》,北京：商务印书馆,1940 年。

5. 金德建：《古籍丛考》，北京：中华书局，1941 年。

6. 梁启超：《中国古代学术流变研究十篇》，北京：中华书局，1947 年。

7. 郭沫若：《青铜时代》，北京：科学出版社，1957 年。

8. 侯外庐等：《中国思想通史》，北京：人民出版社，1957 年。

9. 罗根泽：《诸子考索》，北京：人民出版社，1958 年。

10. 马叙伦：《庄子天下篇述义》，北京：龙门联合书局，1958 年。

11. 王国维：《观堂集林》，北京：中华书局，1959 年。

12. 钱基博：《读庄子天下篇疏记》，台北：商务印书馆，1970 年。

13. 刘仲平：《尉缭子今注今译》，台北：商务印书馆，1977 年。

14. 祝瑞开：《先秦社会和诸子思想新探》，福州：福建人民出版社，1981 年。

15. 湖南省博物馆：《马王堆汉墓研究》，长沙：湖南人民出版社，1981 年。

16. 张岱年：《中国哲学史史料学》，北京：三联书店，1982 年。

17. 郭沫若：《郭沫若全集》，北京：人民出版社，1982 年。

18. 金德建：《先秦诸子杂考》，郑州：中州书画社，1982 年。

19. 罗根泽：《古史辨》（第四册），上海古籍出版社，1982 年。

20. 罗根泽：《古史辨》（第六册），上海：上海古籍出版社，1982 年。

21. 陈国庆：《汉书艺文志注释汇编》，北京：中华书局，1983 年。

22. 杨树达：《汉书窥管》，上海：上海古籍出版社，1983 年。

23. 伍非百：《中国古名家言》，北京：中国社会科学出版社，1983 年。

24. 《中国笔记小说大观》, 扬州: 江苏广陵古籍刻印社, 1983年。

25. 熊铁基:《秦汉新道家轮略稿》, 上海: 上海人民出版社, 1984年。

26. 刘毓璜:《先秦诸子初探》, 南京: 江苏人民出版社, 1984年。

27. 余嘉锡:《古书通例》, 上海: 上海古籍出版社, 1985年。

28. 张亚初、刘雨:《西周金文官制研究》, 北京: 中华书局, 1986年。

29. 章学诚著, 王重民通解:《校雠通义通解》, 上海: 上海古籍出版社, 1987年。

30. 刘笑敢:《庄子哲学及其演变》, 北京: 中国社会科学出版社, 1988年。

31. 陈梦家:《殷虚卜辞综述》, 北京: 中华书局, 1988年。

32. 余明光:《黄帝四经与黄老之学》, 哈尔滨: 黑龙江出版社, 1989年。

33. 宋兆麟:《巫与民间信仰》, 北京: 中国华侨出版公司, 1990年。

34. 张光直:《中国青铜时代(二集)》, 北京: 三联书店, 1990年。

35. 马国翰:《玉函山房辑佚书》, 上海: 上海古籍出版社, 1990年。

36. 姜义华:《胡适学术文集·中国哲学史》, 北京: 中华书局, 1991年。

37. 陈丽桂:《战国时期的黄老之学》, 台湾: 联经出版事业公司, 1991年。

38. 钱穆:《先秦诸子系年考辨》, 上海: 上海书店, 1992年。

39. 陈鼓应主编:《道家文化研究》(第二辑),上海:上海古籍出版社,1992年。

40. 刘尉华、苗润田:《稷下学史》,北京:中国广播电视出版社,1992年。

41. 陈鼓应主编:《道家文化研究》(第三辑),上海:上海古籍出版社,1993年。

42. 胡家聪:《管子新探》,北京:中国社会科学出版社,1993年。

43. 陈鼓应主编:《道家文化研究》(第四辑),上海:上海古籍出版社,1994年。

44. 陈鼓应主编:《道家文化研究》(第五辑),上海:上海古籍出版社,1994年。

45. 郭沫若:《十批判书》,北京:东方出版社,1996年。

46. 丁原明:《黄老学论纲》,济南:山东大学出版社,1997年。

47. 杨向奎:《宗周社会与礼乐文明》,北京:人民出版社,1997年。

48. 张岱年:《中国哲学史大纲》,北京:中国社会科学出版社,1997年。

49. 李零:《李零自选集》,桂林:广西师范大学出版社,1998年。

50. 白奚:《稷下学研究:中国古代的思想自由与百家争鸣》,北京:三联书店,1998年。

51. 葛志毅、张惟明:《先秦两汉制度与文化》,哈尔滨:黑龙江教育出版社,1998年。

52. 陈福滨主编:《本世纪出土文献与中国古典哲学研究论文集》,台北:辅仁大学出版社,1999年。

53. 蒙文通:《先秦诸子与理学》,桂林:广西师范大学出版社,

1999 年。

54. 张光直:《中国考古学论文集》,北京:三联书店,1999 年。

55. 张光直:《青铜挥麈》,上海:上海文艺出版社,2000 年。

56. 戴卡琳:《解读〈鹖冠子〉》,沈阳:辽宁教育出版社,2000 年。

57. 周勋初:《〈韩非子〉札记》,载于《周勋初文集》(一),南京:江苏古籍出版社,2000 年。

58. 葛兆光:《中国思想史》第一卷,上海:复旦大学出版社,2001 年。

59. 李学勤:《简帛佚籍与学术史》,南昌:江西人民出版社,2001 年。

60. 中国社会科学院考古研究所:《殷周金文集成释文》,香港中文大学出版社,2001 年。

61. 许兆昌:《周代史官文化——前轴心期核心文化形态研究》,长春:吉林大学出版社,2001 年。

62. 李零:《中国方术考》,北京:东方出版社,2001 年。

63. 刘乐贤:《马王堆天文书考释》,广州:中山大学出版社,2004 年。

64. 裘锡圭:《中国出土古文献十讲》,上海:复旦大学出版社,2004 年。

65. 魏启鹏:《马王堆帛书〈黄帝书〉笺证》(卷四),北京:中华书局,2004 年。

66. 陈静:《自由与秩序的困惑——淮南子研究》,昆明:云南大学出版社,2004 年。

67. 丁四新主编:《楚地简帛思想研究》(二),武汉:湖北教育出版社,2005 年。

68. 曹峰:《上博楚简思想研究》,台北:万卷楼图书股份有限公司,2006 年。

69. 李零:《兵以诈立》,北京:中华书局,2006 年版。

70. 刘大钧主编:《简帛考论》,上海:上海古籍出版社,2007 年。

71. 王叔岷:《先秦道法思想讲稿》,北京:中华书局,2007 年。

72. 王叔岷:《诸子斠证》,北京:中华书局,2007 年。

73. 郭沫若:《十批判书》,北京:中国华侨出版社,2008 年。

74. 李锐:《简帛释证与学术思想研究论集》,台北:书房出版有限公司,2008 年。

75. 章太炎:《章太炎谈国学》,长春:吉林人民出版社,2008 年。

76. 张光裕、黄德宽主编:《古文字学论稿》,合肥:安徽大学出版社,2008 年。

77. 张岂之主编:《中国思想学说史·先秦卷(下)》,桂林:广西师范大学出版社,2008 年。

78. 李峰:《西周的政体》,北京:三联书店,2010 年。

79. 王中江:《简帛文明与古代思想世界》,北京:北京大学出版社,2011 年。

80. 陈丽桂:《近四十年出土简帛文献思想研究》,北京:中华书局,2015 年。

81. 曹峰:《近年出土黄老思想文献研究》,北京:中国社会科学出版社,2015 年。

后　记

　　这本书是我的第一部专著,是在我博士论文的基础上修改扩充而成,并得到了国家社科基金青年项目的资助。

　　关于黄老之学的研究既古老又年轻。其"古老"在于,自司马迁使用"黄老"一词后,"黄老"之名就被确定并沿用了下来。在班固《汉书·艺文志》中,我们看到了那么多与黄老之学相关的各类典籍。其"年轻"在于,20 世纪 70 年代,马王堆帛书出土之后,对黄老之学的研究才开始真正有了突破。随之而来的,是 20 世纪 90 年代黄老之学材料的相继出土,以及对传世材料的重新解读和认识。所以说,这是一个非常有意思的话题。

　　我最早关注到黄老这一问题,是 15 年前在河北师范大学跟随王长华先生攻读硕士学位期间。王老师认可我当时的思考角度,并鼓励我继续研究挖掘,给了我很大的动力。因此在山东大学攻读博士学位期间,在导师王承略先生的教育、启发、指导下,进一步确定了我在黄老之学范围内需要深入思考的问题和研究路数,据此而形成我的博士学位论文。现在,博士毕业将近十年,我也将原来 10 多万字的博士论文修改、扩充至现在的体量和规模,最终呈现在读者面前。

从 2003 年懵懂进入古代文学和文化研究领域,跌跌撞撞至今,得到了来自老师、同事、朋友、家人等多方面的支持和帮助。感谢我的两位导师:王长华先生和王承略先生,您们不但是我学术的导师,也是我人生的导师。感谢对我的学业和学术提供了大力支持和热忱帮助的郑杰文先生、张国星先生、曹峰先生;感谢河北师范大学文学院古代文学教研室的各位同仁,本书的若干章节曾在我们的"问道沙龙"中发表,彼时激烈驳辩的场景至今历历在目;感谢河北师大文学院各位领导在工作和生活上给予我的关爱和照顾,特别是在学术研究方面的大力扶持。感谢家人的理解和大力支持,你们永远是我无怨无悔、砥砺前行路程中最坚强的后盾。

本书出版过程中,得到了上海古籍出版社多位编辑老师的帮助。杜东嫣老师先后多次为本书联络、寄样,帮助解决我的各种问题;戎默老师担任责任编辑,一丝不苟,精益求精,为本书增色良多。谨在此对两位表达我深深的谢意。

多年来,关心、帮助、支持我的师友还有很多很多,恕此处实难一一具名,谨怀感恩之心,一并致以诚挚的感谢!

李笑岩

2018 年 9 月